GÜTERSLOHER
VERLAGSHAUS

Gütersloher Verlagshaus. Dem Leben vertrauen

MARK BRAVERMAN
VERHÄNGNISVOLLE
SCHAM

ISRAELS POLITIK UND DAS
SCHWEIGEN DER CHRISTEN

MIT EINEM GELEITWORT VON MITRI RAHEB

AUS DEM AMERIKANISCHEN ÜBERSETZT
VON BERNARDIN SCHELLENBERGER

GÜTERSLOHER VERLAGSHAUS

Bibliografische Information der Deutschen Nationalbibliothek

Die Deutsche Nationalbibliothek verzeichnet diese Publikation
in der Deutschen Nationalbibliografie; detaillierte bibliografische Daten
sind im Internet über http://dnb.d-nb.de abrufbar.

FSC
www.fsc.org

MIX

Papier aus ver-
antwortungsvollen
Quellen

FSC® C014496

Verlagsgruppe Random House FSC-DEU-0100
Das für dieses Buch verwendete FSC®-zertifizierte Papier
Munken Premium Cream liefert Arctic Paper Munkedals AB, Schweden.

Titel der Orignalausgabe:
Mark Braverman: Fatal Embrace
Christians, Jews, And the Search for Peace in the Holy Land
© 2010 by Mark Braverman

1. Auflage
Copyright © der deutschsprachigen Ausgabe 2011
by Gütersloher Verlagshaus, Gütersloh,
in der Verlagsgruppe Random House GmbH, München

Umschlagfoto: Kirche am Bethehemer Grenzübergang »im Schatten der Mauer«,
© Ranko Janz, Berlin
Satz: Satz!zeichen, Landesbergen
Druck und Einband: GGP Media GmbH, Pößneck
Printed in Germany
ISBN 978-3-579-06684-4

www.gtvh.de

INHALT

PROLOG

Jesus predigte und wirkte in Galiläa, trieb dort Dämonen aus und heilte Kranke. Nach kurzer Zeit umgab ihn eine Schar von Anhängern. Die Kunde von seiner Bekanntheit erreichte seine Angehörigen, und da sie befürchteten, er werde sich Schwierigkeiten mit den Autoritäten einhandeln, zogen sie los, ihn zu suchen:

> »Da kamen seine Mutter und seine Brüder; sie blieben vor dem Haus stehen und ließen ihn herausrufen. Es saßen viele Leute um ihn herum und man sagte zu ihm: Deine Mutter und deine Brüder stehen draußen und fragen nach dir. Er erwiderte: Wer ist meine Mutter und wer sind meine Brüder? Und er blickte auf die Menschen, die im Kreis um ihn herumsaßen, und sagte: Das hier sind meine Mutter und meine Brüder. Wer den Willen Gottes erfüllt, der ist für mich Bruder und Schwester und Mutter.«
>
> (Markus 3,31–34)

Tel Aviv in Israel, 2001. Im September 1997 wurde die dreizehnjährige Smadar Elhanan von einem palästinensischen Selbstmordattentäter getötet. Nach ihrem Tod öffneten ihre Eltern Rami und Nurit Peled-Elhanan anderen trauernden Eltern und palästinensischen Helfern, die ihnen ihr Beileid bekundeten, ihr Trauer-Haus. Jahre später sagte Nurit bei einer Ansprache in Tel Aviv:

> »Nach der Ermordung meines kleinen Mädchens fragten mich Reporter, wie ich es fertigbringe, Beileidsbekundungen von der anderen Seite entgegenzunehmen. Ich gab zur Antwort, dass ich mich *tatsächlich* geweigert hatte, der anderen Seite zu begegnen: Als nämlich der damalige Bürgermeister von Jerusalem, Ehud Olmert, kam, um mir sein Beileid auszusprechen, hatte ich den Raum verlassen und mich geweigert, mit ihm zusammenzusitzen. Für mich ist die andere Seite, also der Feind, nicht das palästinensische Volk. In meinen Augen geht der Kampf nicht zwischen Palästinensern und Israelis und

auch nicht zwischen Juden und Arabern. In Wirklichkeit geht es um den Kampf zwischen denen, die Frieden wollen und denen, die Krieg wollen. Mein Volk sind diejenigen, die den Frieden wollen. Meine Schwestern sind die trauernden israelischen und palästinensischen Mütter, die in Israel und in Gaza und in den Flüchtlingslagern leben. Meine Brüder sind die Väter, die ihre Kinder gegen die grausame Besetzung zu verteidigen versuchen und denen, die das wie ich nicht fertigbringen! Wir wurden zwar in eine unterschiedliche Geschichte hineingeboren und sprechen verschiedene Sprachen, aber uns eint mehr als uns trennt.«

GELEITWORT

von Mitri Raheb

Mark Braverman entspricht nicht dem typischen Bild eines amerikanischen Juden. Sehr viel Zeit verbringt er in Kirchen. Die Mitglieder dieser Kirchen sind auch seine Hauptadressaten. Nicht nur das ist außergewöhnlich an ihm, sondern ebenso seine Botschaft. Er versucht weder Kirchen ein schlechtes Gewissen zu machen, indem er ihnen ihre Sünden der Vergangenheit immer wieder vorhält, und sie so zum Schweigen zu bringen, noch versucht er, die Taten des Staates Israel zu verteidigen oder der Öffentlichkeit plausibel zu machen. Er ist vielmehr eine einsame Stimme in der heutigen kargen Landschaft. Er erhebt seine Stimme und warnt vor einem kirchlichen Philosemitismus, der die Wahrheit preisgibt.

Viele sind besorgt über das Auftreten fundamentalistischer Christen in den USA und in einigen Teilen Deutschlands und über deren Theologie, die den heutigen Staat Israel für eigene Zwecke missbraucht, indem es Israel zum Beweis eines Deus Revelatus benutzt. Viele wettern gegen diese Deutung, nicht aber Mark. Er ist einer der ganz wenigen, die auf eine andere vielleicht noch gefährlichere Verbindung zwischen den großen christlichen Kirchen und Israels hinweisen. Diese Verbindung ist gefährlicher, weil sie gerade nicht von Fundamentalisten getragen wird, die ohnehin nicht ganz ernst genommen werden, sondern von einer beredsamen, intellektuellen, liberalen und breiten Schicht wichtiger Persönlichkeiten. Mark weist darauf hin, dass gerade jene Kirchen plötzlich feige werden, wenn es darum geht, Israel wie alle anderen Staaten auch für sein Handeln zur Rechenschaft zu ziehen und Ungerechtigkeiten beim Namen zu nennen.

Für Mark umarmen sich hier die christlichen Kirche und der Staat Israel in fataler Weise. Da geht man auf Kuschelkurs und verschenkt großzügig Streicheleinheiten. Für Mark ist das letzten Endes nichts weniger als eine Schande. Das sind harte Worte. Die hört man nicht gern.

Für mich steht Mark in der Tradition jener Propheten Israels, die es gewagt haben, das zu sagen, was sie wirklich glaubten, auch wenn es unpopulär war.

Nicht weiter verwunderlich, dass er von anderen amerikanischen Juden als sich selbst hassender Jude belächelt wird. Und auf Seiten der Christen zögern einige Kirchen sogar ihn einzuladen, weil sie Angst haben, deswegen von anderen jüdischen Gelehrten angegriffen zu werden.

Im letzten Jahr war Mark Braverman für mehrere Tage unser Gast in Bethlehem. Er interessierte sich für das palästinensisch-christliche Kairos-Dokument, das er übrigens immer wieder verteidigt hat. In Bethlehem führten wir ein Gespräch, indem wir beide der Meinung waren, dass es höchste Zeit für einen Paradigmenwechsel im christlich-jüdischen Dialog ist. Dafür steht Mark Braverman und dafür stehe ich. Ich hoffe, dass Marks Stimme Gehör in der deutschen kirchlichen Landschaft findet. Marks Stimme könnte der nötige Kuss sein, der die deutschen Kirchen aus ihrem Dornröschenschlaf weckt bzw. jene deutsche Israel-Theologen aus ihrer babylonischen Gefangenschaft befreit. Ich hoffe, dass dieses Buch zu einer neuen sachlichen Auseinandersetzung mit dem Thema Israel führt. Dem Gütersloher Verlag gilt mein Dank, dass er dieses Buch auf Deutsch verlegt hat, um gerade so diesen Prozess zu ermöglichen.

Bethlehem, März 2011

Mitri Raheb
Pfarrer der Evangelisch Lutherischen
Weihnachtskirche in Bethlehem,
Präsident des Diyar Konsortiums

VORWORT ZUR DEUTSCHEN AUSGABE

EINE MAUER IN JERUSALEM

Im Sommer 2006 stand ich in einer heruntergekommenen Straße in Ostjerusalem. Einst die Hauptstraße eines pulsierenden und geschäftigen Stadtteils, war sie nun mit Müll übersät und menschenleer. Eine acht Meter hohe Mauer, errichtet vom Staat Israel, hatte sie in der Mitte geteilt. Eine Mauer, die Bauern von Feldern und Marktplätzen abschneidet, Kinder von ihren Schulen trennt, Lehrer von ihren Schülern, Ärzte von den Kliniken, in denen sie arbeiten und Schwangere von den Krankenhäusern, in denen sie ihre Kinder gebären könnten. Die Berliner Mauer, so sagen mir Menschen, die sie kannten, wirkt wie ein Nichts im Vergleich zu dieser Wand. Überwältigt von ihrer Hässlichkeit, fühlte ich mich angesichts ihrer Höhe wie ein Zwerg. Ich war zutiefst erschüttert. Ich kannte diese Mauer. Ich fühlte sie als etwas Lebendiges in meinem Innern.

Mitte des 20. Jahrhunderts wurde ich in das sichere, wohlhabende Milieu des amerikanischen Judentums hineingeboren. Geborgen und behütet von einer alten, majestätischen Tradition wuchs ich auf. Wunderbare Riten, herrliche Ferien und hinreißende Literatur bereicherten meine Jugend. Und doch hatte diese Erziehung eine Kehrseite. Eine Kehrseite, die mich zunehmend bedrückte, je mehr ich anfing, mich von meiner jüdischen Insel herunter zu wagen. Man hatte mich gelehrt, die »Gojim« zu fürchten und zu meiden. »Gojim« – so nannten meine noch in Europa geborene Großmutter aber auch meine in Amerika auf die Welt gekommenen Eltern die Gesellschaft, die die jüdische Blase, in der wir lebten, umgab. »Gojim«, ein Wort, das dem Hebräisch des Alten Testaments entstammt, meint einfach »die Völker«. Aber durch die Jahrhunderte hindurch bis hinein in unsere Tage wurde das Wort mit einer düstereren Bedeutung beschwert. Auch wenn man dies nicht immer explizit sagte, stellte man mir eine Tatsache über die Gojim dennoch deutlich vor Augen: Sie waren gefährlich. Ich bin in der Zeit nach dem Zweiten Weltkrieg aufgewachsen, in der Zeit, in der der jüdische Staat noch jung war. Man brachte mir bei, dass ich zwei Feinde hätte: die Deutschen wegen der Dinge, die sie uns angetan hatten, und die Araber wegen der Dinge, die sie uns antun würden, wenn wir uns nicht gegen ihren mörderischen Hass zur Wehr setzten.

Diese Weltsicht ist tief verwurzelt in der jüdischen Seele. Im Licht dieser Sicht deuten wir unsere Geschichte, in unserer Liturgie geben wir ihr Ausdruck: »In jedem Zeitalter«, so rezitierten wir alljährlich beim Passah-Mahl, »steht ein Feind auf, um uns zu vernichten, und G-tt rettet uns aus seiner Hand.« Das Erbe dieser Geschichte ist ein Gefühl des »Abgetrenntseins«, einer zerbrechlichen Überlegenheit, weil man trotz aller Versuche von Tyrannen, Unterdrückern und – auch das muss gesagt sein – kirchlicher Institutionen, uns klein zu halten oder gar auszuradieren, überlebt hat. Die Geschichte von der Gründung des jungen Staates Israel, erwachsen aus der Asche des Holocaust, ist ganz und gar ein Teil dieser Erzähltradition. Vollkommen umfangen von der zionistischen Romantik der Rückkehr in das jüdische Heimatland bin ich aufgewachsen: Wir waren errettet worden, wieder einmal und vielleicht für immer, aus jahrtausenderlanger Marginalisierung, Verteufelung und mörderischer Gewalt. Ich akzeptierte diese Geschichte und die Identität der Ausgesondertheit, der Verwundbarkeit und Besonderheit, die sie mit sich trug. Ja – ich akzeptierte sie nicht nur, ich begrüßte sie ausdrücklich.

Bis ich die Besetzung Palästinas sah und eine andere Geschichte kennen lernte. Bis ich erkannte, dass das Kolonisierungsunternehmen, dessen Zeuge ich in der Westbank wurde, die Fortsetzung einer Kampagne ethnischer Säuberung war, mit der die ansässige palästinensische Bevölkerung vertrieben und der Weg frei gemacht werden sollte für den jüdischen Staat, einer Kampagne, die ungehindert und mit massiver finanzieller Unterstützung der USA – meiner Regierung – voranschritt. Bis ich Menschen aus Palästina begegnete und erkannte, dass sie mich nicht hassten, obwohl sie gute Gründe zur Klage hatten. Als ich an jenem Tag vor dieser Mauer in Ost-Jerusalem stand, da begann ich zu verstehen, welche Konsequenzen unser Projekt hat, eine nationale Heimstätte zu schaffen. Mir dämmerte die Einsicht, dass wir eine Lösung für unsere Geschichte der Verfolgung und des Leidens nicht würden erreichen können, indem wir ein anderes Volk unterdrückten.

MEINE MAUER STÜRZT ZUSAMMEN

Diese Mauer war nur eine von vielen, die ich in jenem Sommer kennen lernte. Tatsächlich ist Jerusalem eine Stadt der Mauern und der Steine, die eine kraftvolle Sprache sprechen. Ein Stein ließ mich innehalten, als ich auf meinem Weg durch das Labyrinth des jüdischen Viertels der Altstadt um eine Ecke bog. Jemand hatte die blau-weiße Fahne Israels auf die Mauern, die die enge Gasse begrenzten, gemalt. Darunter war eine Tafel, auf der geschrieben stand: Hier wurde am 14. Tag des Monats Adar 5751 (Winter 1991) Elhanan Aaron Attali von den Händen der Söhne des Bösen ermordet. Möge die Erinnerung an ihn ein Segen sein. In seinem Blut leben wir und werden wir Jerusalem erlösen. – »Gedenke, was Amalek dir antat auf deinem Weg aus Ägypten.«

Elhanan Attali war Schüler einer Jeschiwa, eines orthodoxen jüdischen Lehrhauses. Er wurde in der Altstadt Jerusalems ermordet, als er abends auf dem Weg in die Synagoge war. Die israelische Polizei glaubt, dass er von Palästinensern angegriffen wurde, die über das Vordringen jüdischer Besiedlung in arabische und christliche Viertel der Altstadt aufgebracht waren. Eine formale Anklage wurde aber gegen niemanden erhoben. Amalek ist im traditionellen Judentum das Symbol für das absolut Böse. Es steht für die fortwährende Bedrohung unseres Überlebens. Amalek ist der Feind, der in jedem Zeitalter neu versucht, uns zu vernichten. Im biblischen Buch Deuteronomium (25,17–18) heißt das vollständige Zitat:

> »Denk daran, was Amalek dir unterwegs angetan hat, als ihr aus Ägypten zogt: wie er unterwegs auf dich stieß und, als du müde und matt warst, ohne jede Gottesfurcht alle erschöpften Nachzügler von hinten niedermachte. Wenn der Herr, dein Gott, dir von allen deinen Feinden ringsum Ruhe verschafft hat in dem Land, das der Herr, dein Gott, dir als Erbbesitz gibt, damit du es in Besitz nimmst, dann lösche die Erinnerung an Amalek unter dem Himmel aus! Du sollst nicht vergessen.«

Offensichtlich gab es Amalek noch, offensichtlich war der Staat Israel die Antwort auf diese absolute und fortwährende Bedrohung unseres Überlebens, und offenbar durfte ich nicht vergessen. Ziemlich am Beginn dieses Buches berichte ich von einem Besuch in Yad Vashem, der Erinnerungsstätte, an der Israel den Holocaust der Nazis zeigt und der jüdischen Opfer gedenkt. Dieser Besuch war für mich – wie sie später in diesem Buch noch ausführlicher lesen werden – in jenem Sommer ein psychologischer, spiritueller und persönlicher Wendepunkt:

> »Die Ausstellung ist gut durchdacht und gestaltet. Sie liegt unterirdisch – ohne Fenster, ohne Licht von außen, ohne Fluchtmöglichkeit. Man durchquert die ganze altbekannte Geschichte: von den in den 1930er Jahren erlassenen Gesetzen, den Mauern der Isolierung, Entbehrung und Erniedrigung, die sich

immer enger schließen, bis zur »Endlösung«: den Verbrennungsöfen, den gestapelten Leichen, den Gesichtern der Kinder. Finsternis umschließt einem das Herz – man hat das Gefühl, als entkomme man nie mehr diesem Entsetzen, diesem schwarzen Loch des Bösen und der Verzweiflung. Und dann, plötzlich, kommt man heraus. Man steigt eine breite Treppenflucht empor und ist draußen im Licht und in der frischen Luft, steht auf der weiten Terrasse, die den Blick auf die Hügel Jerusalems eröffnet. Das ist das letzte Exponat. Und da traf es mich. Das war nicht bloß ein Museum. Das war eine Lektion; das war eine Indoktrination: angefangen mit dem Bibelzitat am Eingang, hinab in die Tiefen bis hin zu diesem Ausblick: Das Land. Die Belohnung. Unsere Bestimmung.

Diane, eine Mitdelegierte, wandte sich beim Hinausgehen an mich und fragte mich, ob ich gesehen hätte, wie die Nazis es in der Zeit vor den Vernichtungslagern und den Verbrennungsöfen angestellt hatten, die Juden zu marginalisieren, zu enteignen und zu vertreiben. Das sei doch genau das gewesen, was wir hier im Lauf der letzten Tage mit angesehen hätten. Ja, das hatte ich gesehen. Der Bann war gebrochen. Ich hatte es verstanden.

Wie so oft zuvor auf dem heiligen Boden des Holocaust stehend, hatte ich zum ersten Mal die Regel gebrochen: unser Holocaust, der Holocaust, darf niemals mit anderen Katastrophen, mit einem anderen Völkermord verglichen werden. Er muss dastehen als das einzigartige Verbrechen gegen die Menschlichkeit. Und ich hatte eine andere, zwar nicht oft ausgesprochene, aber dennoch fundamentale Regel gebrochen: Niemals darf die Politik Israels mit den Verbrechen der Nazis verglichen werden.«

Man hatte diesen Vergleich »obszön« genannt. Heute weiß ich, dass es obszön ist, diesen Vergleich nicht zu ziehen, zu behaupten: »das sind die – wir sind ganz anders«. Heute erkenne ich, wie gefährlich diese Regel für die jüdische Seele ist, wie gefährlich sie für jede Gruppe ist, die einen besonderen Opferstatus für sich in Anspruch nimmt. Erkannt hatte ich dies, als ich vor der Trennmauer stand. Erkannt hatte ich dies in der engen Gasse der Jerusalemer Altstadt. Eines Jerusalem, das Stein für Stein, Stadtteil für Stadtteil von meinem eigenen Volk eingenommen wurde in dem Bemühen, auf Kosten der Palästinenser Erlösung und Sicherheit zu finden.

Etwas löste sich an diesem Tag im Museum, genau wie an dem Tag, als ich vor der Mauer stand. Die Mauer in mir begann zu bröckeln. Mir wurde klar, dass es die Angst war, die diese Mauer errichtet hatte, die Angst und die über Jahrhunderte der Verfolgung tief eingeprägte Überzeugung, dass wir uns als Juden immer würden verteidigen müssen gegen einen ewigen und erbarmungslosen Feind. Als ich jenem Sommer konfrontiert wurde mit den schockierenden Folgen unserer eigenen Macht, verstand ich: Wir hatten das Feindbild von »den Arabern« aufgebaut, um nicht in den Spiegel schauen zu müssen, um sicher hinter dem »Wir und die anderen« verharren zu können.

RETTUNG VOR DEM ABGRUND

In seinem Klassiker Theologen unter Hitler[1] beschreibt der Historiker Robert P. Ericksen Leben und Werk dreier deutscher protestantischer Theologen, die den Nationalsozialismus und seine rassistische und antisemitische Politik begrüßten. Diese drei Männer, ebenso respektierte wie etablierte Gelehrte, begrüßten den Aufstieg des Nationalsozialismus und unterstützten das Regime mit ihrer Arbeit an den Universitäten und im kirchlichen Establishment. Eine dieser Theologen, Paul Althaus, schrieb dem Aufstieg des Nationalsozialismus eine klare religiöse Bedeutung zu. In den frühen Jahren des Dritten Reiches schrieb er: »Unsere evangelische Kirchen haben die deutsche Wende von 1933 als ein Geschenk und Wunder Gottes begrüßt. Darum empfangen wir den Wendepunkt dieses Jahres als Gnade aus Gottes Hand. Er hat uns vor dem Abgrund und aus der Hoffnungslosigkeit errettet. Er hat uns – so hoffen wir – den Tag des Lebens gegeben«.[2] Andere folgten in gleicher Weise, so Gerhard Kittel, der führende Bibelwissenschaftler jener Zeit. Er war dem Nazi-Regime gefällig, indem er eine theologische Rechtfertigung für seine rassistische Rhetorik und antisemitische Politik entwickelte.

Es entsteht ein erschreckendes, beunruhigendes Bild. Aber – und das ist die Lehre aus seinem Buch – Ericksen warnt vor einer zu schnellen Verurteilung dieser drei Männer. Ihre Geschichte ist nicht so singulär im Deutschland in der ersten Hälfte des 20. Jahrhunderts. Mit religiösen und messianischen Motiven übertünchte nationale Bewegungen haben in der Moderne immer wieder dazu gedient, unterdrückten und traumatisierten Gruppen Hoffnung zu geben und Identität zu stiften. Und bedauerlicherweise hat sich die Kirche oftmals mitschuldig gemacht. Die Geschichte der Kirche in Nazi-Deutschland ist gut beschrieben. Es ist die Geschichte eines durch das Trauma von 1918 und dessen Folgen geistig und wirtschaftliche gebrochenen Volkes. Scham und die Wunde der Niederlage verbanden sich mit den Härten der Zeit – mit Kälte und Hunger, mit dem Gefühl, von der Welt isoliert zu sein. Das Misstrauen gegenüber der Weimarer Republik mischte sich mit dem Argwohn gegen eine »Moderne«, die das traditionelle soziale Gefüge und die tief verwurzelte protestantische Idee der Errettung durch Glauben in Frage stellte. All das führte zu dem dringenden Wunsch, die Würde und – vor allem – den Stolz der Nation wieder zu erlangen. Von dort war es nur noch ein kurzer Weg zu einer völkischen Theologie, zum Faschismus und in die Katastrophe. Und man muss nicht lange suchen, um andere, uns zeitlich nähere Beispiele zu finden.

EINE ZIVILRELIGION

Die Welt litt noch unter den Folgen der Katastrophe des Zweiten Weltkrieges, als ein reaktionäres, rassistisches Regime 1948 in Südafrika die Macht übernahm. Die Buren stammten von den Holländern ab, die Südafrika ursprünglich kolonisiert hatten. Zu Beginn des 20. Jahrhunderts hatten die Briten ihnen eine vernichtende militärische, kulturelle und politische Niederlage beigebracht. Man hatte ihnen, so meinten sie, ihr historisches und gottgegebenes Recht, Südafrika zu beherrschen und seine natürlichen – und menschlichen – Ressourcen auszubeuten, geraubt. Unter dem Schutz der Niederländisch-Reformierten Kirche Südafrikas gestalteten die Buren ein politisches und soziales Modell, das dem der völkischen Theologie, das die deutschen Kirchenleitungen während der Nazizeit entwickelt hatten, entsprach. D. F. Malan, Führer der National Party Südafrikas und erster Premierminister der neuen Regierung, stellt fest:

> »Unsere Geschichte ist das größte Meisterwerk aller Zeiten. Diese nationale Selbstständigkeit ist unsere Aufgabe, weil sie uns gegeben wurde vom Architekten des Universums selbst. Sein Ziel war die Gestaltung einer neuen Nation unter den Nationen der Welt. ... Die zurückliegenden 100 Jahre waren Zeugen eines Wunders, hinter dem ein göttlicher Plan stehen muss. Ja, die Geschichte der Buren enthüllt einen Willen und eine Entschlossenheit, die einem das Gefühl vermitteln: Das Burentum ist nicht ein Werk von Menschen, sondern eine Schöpfung Gottes.«[3]

Diese »Zivilreligion«, die nach den Worten des südafrikanisches Historikers und Theologen John W. de Gruchy »entwickelt wurde, um die Buren aufzurichten in ihrem Ringen um Identität, um ihr Überleben und um ihre Macht allen Widrigkeiten zum Trotz«, wurde die theologische Rechtfertigung für die Apartheid.[4] »Ein geschlagenes Volk braucht eine Deutung seiner Geschichte, einen Mythos, der es ihm ermöglicht, in dem, was ihm widerfahren ist, einen Sinn zu erkennen. ... Es überrascht nicht, dass die Geschichte der Buren, wie die Geschichte anderer Nationen, einen geweihten Charakter annahm ...«[5] Als 1948 mit dem Aufstieg der National Party erst einmal die politische Grundlage geschaffen war, lieferte die Kirche das theologische Fundament für die Apartheid. Eine Missionskonferenz der Niederländisch-Reformierten Kirche empfahl 1950 eine »territoriale Apartheid«. Damit bereitete sie den Weg für eine ungeheuerliche Apartheidsgesetzgebung. Gesetze trennten die Volksgruppen und entzogen den Nicht-Weißen ihre fundamentalen Rechte auf Land, Bewegungsfreiheit und gesellschaftliche Teilhabe. »Die National Party«, so de Gruchy, »war, wenn sie vielleicht auch selbst keine Kirche war, so doch von ihren Wurzeln her durchtränkt von Religion – einer säkularen Religion.«

EINE NATION WIE ANDERE NATIONEN

Für die bedrängten und geschundenen Juden Osteuropas wurde die Idee nationaler Selbstständigkeit in der zweiten Hälfte des 19. Jahrhunderts zu einem zentralen Gedanken. Sie wurde zum Fundament einer mächtigen Ideologie, die, wenn es auch nicht zu einer ausformulierten Theologie kam, faktisch doch eine Art ziviler Religion begründete. In Kapitel 4 dieses Buches werden wir die Frage des Zionismus aufnehmen und darüber nachdenken, wie wir – mit den Worten von Jaqueline Rose – »die ebenso bestechende wie gefährliche Macht verstehen können, die von Israels vorherrschender Vision seiner selbst als Nation ausgeht«[6]. Rose beschreibt den Zionismus als eine der kraftvollsten Bewegungen des 20. Jahrhundert mit »dem Potential, sich selbst zu sakralisieren«. Wie die Deutschen nach der Schmach von 1918 und wie die Buren nach der Niederlage gegen die Briten, so strebten die Juden Europas nach Anerkennung ihrer Würde, nach der Erlösung von Leiden und nach der Heilung ihres Gefühls der Beschämung, das sich einstellt, wenn Menschen wiederholt marginalisiert und ihrer Rechte beraubt werden. Die Worte zweier bedeutender zionistischer Autoren aus dem ausgehenden 19. Jahrhundert können dies verdeutlichen:

»Nationales Selbstwertgefühl! Woher sollen wir es bekommen? ... Das jüdische Volk hat viele Mutterländer, aber kein eigenes Vaterland; es hat keinen Ort, sich zu sammeln, kein Zentrum, keine eigene Regierung, keine akkreditierten Botschafter. Überall ist es zu Gast, aber nirgendwo zu Hause ...«[7]

»Wir sind Volk – ein Volk ... Diese Idee muss ihren Weg finden noch in das allerletzte Loch hinein, in dem unsere Leute hausen ... unser Leben wird einen neuen Sinn haben ... Ich glaube, dass eine erstaunliche Gestalt des Judentums in der Welt erscheinen wird. Wir werden schließlich als freie Männer auf unserer eigenen Scholle ruhen und in unseren eigenen Heimstätten in Frieden sterben ... Die Welt wird befreit durch unsere Freiheit, reicher durch unseren Wohlstand, aufgewertet durch unsere Größe.«[8]

DIE KRISE ISRAELS

Die Beispiele machen deutlich, dass unterdrückte und traumatisierte Völker gerne den Weg in einen von religiösen und messianischen Aspekten beeinflussten Nationalismus gewählt haben, um Erlösung zu finden von Scham, Leiden und Erniedrigung. Die Juden sind da keine Ausnahme. Aber können wir den Zionismus wirklich mit dem Rassismus Südafrikas zur Zeit der Apartheid und mit dem Faschismus der Nazis vergleichen? Der Nationalsozialismus erwuchs in Deutschland als eine totalitäre, rechtsgerichtete Ideologie, die Deutschland von der von ihr so wahrgenommenen moralischen Degeneration und politischen Schwäche der Weimarer Republik erretten wollte. Im Gegensatz dazu wuchs der politische Zionismus auf einem sozialistischen Nährboden im Russland des späten 19. Jahrhunderts und war von seinen Ursprüngen her und im Blick auf seine politische Philosophie entschieden nach links orientiert. Die Gründer des Staates Israel standen für eine politische Ideologie der Gleichheit und Demokratie, und Israel hält an der demokratischen Staatsform fest. Aber ein aus einem unverarbeiteten kollektiven Trauma geborener Nationalismus wird unweigerlich seine destruktiven Kräfte in der Gesellschaft zur Geltung bringen, die auf ihm gründet. Frühe Kritiker des Zionismus und Menschen, die gegen das Konzept eines jüdischen Staates opponierten, wie Judah Magnes oder Martin Buber, warnten vor den Folgen eines Projektes »Heimat« nach jüdischen Regeln. Und Stimmen im heutigen Israel, wie denen von Avraham Burg oder Boaz Evron, denen wir in diesem Buch noch begegnen werden, bezeugen mit ihrer leidenschaftlichen Kritik an der israelischen Politik und Gesellschaft den prophetischen Charakter dieser Warnungen. Trotz allen demokratischen Geistes treibt Israel – manche würden sagen: es stürmt voran – hinein in die Umarmung eines vom Militär geprägten Rassismus. Denn dessen Auftrag ist von fundamental ethnischer und nationalistischer Natur. Manche sehen nun die Schuld an Israels Abgleiten in den Rassismus bei »radikalen« Religiösen oder bei Elementen des rechten Spektrums und nicht beim zionistischen Projekt selbst. Aber Plünderungen durch Siedler, die dauerhafte Besetzung palästinensischer Gebiete, die brutale Unterdrückung von Widerstand aus dem Volk, rassistische Gesetze, mit denen die Landbesitzverhältnisse geregelt werden, und die Tatsache, dass Araber in Israel de facto Bürger zweiter Klasse sind, sind keine Unfälle oder tragische Abweichungen von dem ansonsten demokratischen Geist in Israel. Ethnische Säuberungen und die militärische Kontrolle über eine unterworfene Bevölkerung (bekannt auch als Apartheid) sind die vorhersehbaren Methoden, einer angestammten, nicht-jüdischen Bevölkerung zu begegnen, die auf dem Gebiet lebt, das zu einem unabhängigen jüdischen Staat erklärt wurde. Die schlichte Wahrheit ist, dass in Israel die Trennlinie zwischen rassistischer Demagogie und offizieller Regierungspolitik so gut wie verschwunden ist.

In seiner frühen Geschichte hat das Christentum partikularistische und triumphalistische Tendenzen übernommen, die seine Botschaft pervertierten und den Geist seiner eigentlichen Sendung vergifteten. Noch immer kämpft es damit, dieses Erbe zu überwinden und sich auf seine Verpflichtung zu Universalität und sozialer Gerechtigkeit zu besinnen. »Das Christentum muss sich wandeln oder untergehen« schrieb 1998 der amerikanische Bischof John Spong. Heute sieht sich das jüdische Volk angesichts der katastrophalen Folgen seines modernen Projektes eines ethnischen Nationalismus einer Krise gleichen Ausmaßes gegenüber.

DIE KIRCHE: AUFRUF UND HERAUSFORDERUNG

Im Deutschland der Nazizeit und im Südafrika unter dem Apartheidsregime wie auch zu anderen Zeiten in der Geschichte der Neuzeit hat die Kirche in prophetischer Weise gegen die staatlicherseits sanktionierte Verletzung von Menschenrechten Stellung bezogen. Dies war auch gerade dann der Fall, wenn sich das kirchliche Establishment mitschuldig machte am Bösen. In den ersten Jahren des Dritten Reiches begründete eine Anzahl deutscher Pfarrer und Theologen die Bekennende Kirche. Die von den Nationalsozialisten protegierte Reichskirche erklärten sie für häretisch. Mitglieder dieser Gruppe ließen ihren Worten Taten folgen: Sie retteten Opfer der Regimes, wagten offenen Widerspruch gegen die Regierung und setzten so ihr Leben aufs Spiel. In Südafrika begannen die Kirchen schon in den 1950er Jahren einer Regierung den Kampf anzusagen, deren Politik einen Verrat an einem Herzstück des Christentums, nämlich dem Prinzip der Gleichheit der Menschen, darstellte. Die kritischen Stimmen in Südafrika wurden unterstützt vom Reformierten Weltbund und schließlich von der Kirche weltweit, die sich offen der Apartheid entgegenstellte. Es war ein Kampf, der zusammen mit anderen Bewegungen gewaltfreien Widerstandes dazu beitrug, das Ende des Apartheidregimes herbeizuführen. In den USA war es in den 1960er Jahren der baptistische Pfarrer und führende Bürgerrechtsaktivist Martin Luther King jr., der die Bewegung gegen die Rassengesetze der Südstaaten anführte. Wiederholt forderte er das kirchliche Establishment selbst heraus, dem er sein Schweigen und seine passiver Komplizenschaft vorwarf. Die schwarzen Kirchen fanden schnell die Unterstützung von Kirchen in den ganzen Vereinigten Staaten, dann auch die der amerikanischen Gesellschaft als Ganzer, und so entstand eine überwältigenden Bewegung, die das Recht des Landes wandelte.

Die Kirche ist heute erneut herausgefordert. Sie ist aufgerufen, das Leiden der Palästinenser unter der Besatzung zu benennen und Israel dabei zu helfen, den Weg aus einer Politik hinaus zu finden, die ihre Gesellschaft krank macht und fundamentale Grundsätze des jüdischen Glaubens verletzt. Einzelne Kirchen und ökumenische Einrichtungen haben angefangen, ihre Stimme gegen die Verletzung der Rechte der Palästinenser durch Israel in Geschichte und Gegenwart zu erheben. Doch sieht sich die Kirche einem gewaltigen Hindernis gegenüber, sich dieser Sache anzunehmen. Die Wirklichkeit für die Kirchen heute ist, dass die Wachsamkeit gegenüber dem Antisemitismus und die Bewahrung der mühsam gewonnenen Beziehung zur jüdischen Gemeinschaft den Bemühungen um Gerechtigkeit für das palästinensische Volk im Wege stehen.

Wie es dazu kommen konnte, ist nicht schwer zu verstehen. Vor 65 Jahren standen Christen vor den Öfen in Auschwitz und fragten: »Was haben wir getan?« Seit dieser Zeit prüft das Christentum in einem gewissenhaften und oft schmerzvollen Prozess seine eigene Theologie und bemüht sich, Brücken der Versöhnung zum jüdischen Volk zu bauen. Doch dieser Prozess ist über das Bemühen, den Glauben von antijüdischen Lehrsätzen zu »reinigen«, hinausgegangen. In dem Willen, ein Gegenmittel gegen vergiftete antijüdischen Glaubenslehren, so die von der »Ablösung« oder »Überwindung« des Judentums durch das Christentum, zu finden, haben die Christen im Westen eine Theologie übernommen, die den höheren jüdischen Anspruch auf das Land faktisch unterstützt. Diese revidierte Theologie beinhaltet die Rückkehr zu einem archaischen Gottesbild, zu einem Gott, der sich an einen bestimmten geografischen Ort bindet und einem bestimmten Volk den Vorzug gibt. Es hat das Christentum, das die Menschheit aus dem Partikularismus herausführte, dazu gebracht, eine gefährliche, anachronistische Ideologie von Landbesitz und Eroberung zu billigen.

Die historischen, psychologischen und geistigen Ursprünge dieses Phänomens finden sich in der Reaktion der deutschen Kirche auf die Verbrechen der Nazizeit. In einem kürzlich erschienenen Sammelband unter dem Titel Jews and Christians: Rivals or Partners in the Kingdom of God? beschreibt der deutsche evangelische Theologe Bertold Klappert die Situation der deutschen Kirche in der Nachkriegszeit. Er diskutiert, wie sich, konfrontiert mit der Ungeheuerlichkeit des Verbrechens gegen die Juden, der Fokus der deutschen protestantischen Theologie verschob: weg von der Gewissheit der Kirche, ihre theologische Kernaufgabe sei es, den Ansprüchen des Staates zu widerstehen, hin zu einer Haltung der Buße für die Schuld des Christentums am Völkermord der Nazis. Klappert zitiert seinen Lehrer Hans Iwand, der ebenfalls Mitglied der Bekennenden Kirche war und in einem Brief aus dem Jahre 1959, in dem er die »akademische und theologische Schuld« der Kirchen an Auschwitz erörtert, fragt:

> »Wer wird diese Schuld einmal von uns und unseren Vätern – denn dort begann es – nehmen? ... Wie kann ein Volk rein werden, das den – freilich vergeblichen – Aufstand gegen Israel und seinen Gott hinter sich hat?«[9]

Dieser Schrei nach Läuterung zeigt die Motivation und die Richtung der Theologie an, die im Nachkriegsdeutschland entstand und sich von da in der westlichen Welt verbreitete. Im ersten Kapitel zitiere ich den katholischen Theologen Gregory Baum, der 1997 erklärte: »Falls die Kirche die in ihre Lehre eingewobenen antijüdischen Tendenzen ausräumen will, wird es mit ein paar marginalen Korrekturen nicht getan sein. Sie muss den Kern ihrer Verkündigung überprüfen und dem Sinn des Evangeliums für unsere Zeit eine neue Deutung geben«[10]. »Antijudaismus«, so schreibt der evangelische Theologe Robert T. Osborne, »ist die christliche Sünde.«[11] Susanna Heschel, eine prominente jüdische Gelehrte, notiert, dass dieses Thema für deutsche Hochschulen ein zentraler Gegenstand sei: »Viele deutsche Theologen halten den Holocaust und die Jahrhunderte des christlichen Antijudaismus, die in Deutschland gediehen, für die zentralen Probleme, die angegangen werden müssen, wenn das Christentum in Deutschland eine Zukunft und wenn Deutschland ein moralisches Gewicht in der Gemeinschaft der Nationen haben soll.«[12]

Sicherlich war es eine Stunde der Wahrheit für die christliche Welt, als sie sich mit den Verbrechen des Dritten Reiches konfrontiert sah. Aber die Beschäftigung mit der Schuld gegenüber den Juden hat einem weit tiefer gehenden Prozess der Selbstprüfung im Weg gestanden. Denken wir noch einmal an Iwands Worte: »Wie kann ein Volk rein werden, das den – freilich vergeblichen – Aufstand gegen Israel und seinen Gott hinter sich hat?« Reinheit ist ein schwieriges und gefährliches Wort. Es führt ganz offensichtlich verstörende Assoziationen von rassischer, ethnischer und nationaler Reinheit mit sich. Reinheit anzustreben, kann die Verleugnung nicht akzeptierter Aspekte des individuellen oder kollektiven Selbst beinhalten. Indem wir danach streben, rein zu werden und unseren Sündenbock in die Wüste zu schicken, laufen wir Gefahr, in unseren kollektiven und individuellen Traumata gefangen zu bleiben. Indem die Christen die Juden aus dem minderen Status innerhalb der christlichen Lehren heraus- und in den herausgehobenen Status des von Gott geliebten Volkes hineinhoben, umgingen sie die Notwendigkeit, die Ursachen für die Judenverfolgung in der Geschichte zu betrachten. Das, was schmerzlich offensichtlich ist, muss klar und deutlich ausgesprochen werden: Palästina wurde dem jüdischen Volk als modernes Schuldopfer dargebracht. Die revidierte Theologie, die die Rechtfertigung für dieses Geschenk bietet, ist genau dies: eine neue Interpretation der christlichen Auffassung von der Bedeutung des Landes, um zu rechtfertigen, dass dieses den Juden als den privilegierten Bewohnern überlassen werden kann. Theologisch bedeutet dies einen gewaltigen Schritt rückwärts. Von Anfang an kam das Christentum ohne das Konzept Landverheißung aus, weil es diese Idee als Symbol für das Gottesreich verstand, das keine Grenzen kennt und keinem bestimmten Volk gehört.[13] Ein Schuldopfer heilt keine zerrüttete Beziehung und ermöglicht den Parteien nicht, in eine produktive Zukunft voran zu schreiten. Wie diese Beziehung tatsächlich erneuert und in den Dienst der Arbeit gestellt werden kann, zu dem die Glaubensgemeinschaften heute aufgerufen sind, das ist Gegenstand dieses Buches.

EINE NEUE STRUKTUR

Der israelisch-palästinensische Konflikt hat sowohl für jüdische als auch für christliche Gemeinschaften eine Krise heraufbeschworen. Die schmerzensreiche Beziehung zwischen Christen und Juden nach der so genannten »verhängnisvollen Trennung« der beiden Glaubensweisen vor 2000 Jahren ist für beide ein beschwerliches Erbteil. Bei Juden hat die beständig und immer wieder gemachte Erfahrung von Marginalisierung und physischer Hilflosigkeit das Gefühl hervorgerufen, auf einer Insel zu leben, sich verteidigen zu müssen und Ansprüche erworben zu haben. Für Christen hat ihre Geschichte, die geprägt ist von Machtgewinn und triumphalistischen Lehren, eine Schuld zurückgelassen, einen Drang zur Reue und die Sehnsucht nach einer Erneuerung der geistigen und kulturellen Nähe zum »Mutterglauben«. Im gegenwärtigen historischen Kontext führt die Kombination dieser Sehnsüchte zur der »verhängnisvollen Scham«, die diesem Buch den Titel gibt. Die dringende Notwendigkeit, den israelisch-palästinensischen Konflikt zu lösen, fordert beide Gemeinschaften dazu heraus, den Konsequenzen dieser Denk-, Glaubens- und Verhaltensmodelle zu begegnen und nach Wegen zu suchen, sie zu überwinden.

Bei Christen gibt es eine fortwährende Kontroverse darüber, was eine glaubwürdige Einstellung zu diesem Konflikt ausmacht. Wir neigen dazu anzunehmen, dass es hierbei um eine Debatte um die Fakten der Situation geht: Um welche Klagen und Forderungen beider Parteien geht es? Was braucht es, um Frieden zu schaffen? In den meisten Fällen beschränkt sich die Diskussion auf solche Fragen. Aber die Frage, um die es tatsächlich geht ist nicht die danach, was fair und gerecht ist – im Allgemeinen erkennen Christen Unrecht, wenn sie es sehen und wissen, was dagegen zu tun it. Die Sache um die es geht und die selten, wenn überhaupt, wahrgenommen wird, ist die, dass ein Eintreten für Gerechtigkeit in Palästina die christlich-jüdischen Beziehungen gefährdet. Diese Beziehungen zur jüdischen Gemeinschaft, besonders diejenigen, die von Geistlichen, Kirchenleitungen und Gelehrten über Jahrzehnte hin aufgebaut worden sind, sind für Christen ungeheuer wichtig. Die Angst davor, sie könnten beim Einsatz für Gerechtigkeit in Palästina gestört, vielleicht für immer zerstört werden, verursacht verständlicherweise Unbehagen, Furcht und Konflikte.

Für Deutsche ist die ganze Angelegenheit problematisch und schmerzhaft. Seitdem es mit der Tatsache der nationalsozialistischen Verbrechen konfrontiert wurde, hat sich das deutsche Volk engagiert um die Aussöhnung mit dem jüdischen Volk bemüht. Dabei wurden enge Beziehungen mit Juden sowohl auf institutioneller wie auch auf persönlicher Ebene geknüpft. Diese Verbindungen sind nun bedroht, denn während das Bewusstsein für die Menschenrechtsverletzungen durch Israel wächst, sind jüdische Organisationen und auch manche kirchlichen Institutionen nicht bereit, ein Wort oder eine Aktion zu tolerieren, die die uneingeschränkte und massive finanzielle und diplomatische Unterstützung Israels durch den Westen in Frage stellen könnte«. Jeder, der die Aktivitäten des Staates Israel hinterfragt, riskiert, des Antisemitismus bezichtigt zu werden. Führende Persönlichkeiten jüdischer religiöser Gruppen und gesellschaftlicher Organisationen nutzen sehr bewusst das christliche Bemühen, die mühsam erworbenen Beziehungen zur jüdischen Gemeinschaft zu erhalten, aus, ebenso wie die extreme Sorge, man könne auch nur den Anschein erwecken, jüdische Bedürfnisse oder Empfindlichkeiten kritisch zu hinterfragen. In

Deutschland ist diese Dynamik besonders ausgeprägt. Israels Politik in Frage zu stellen, war schlicht tabu.

Dieser tragische Konflikt zwischen dem Drang zur Sühne für die historischen Verbrechen gegen die Juden bei den Christen (und besonders den deutschen Christen) auf der einen Seite und der zunehmend dringenden Notwendigkeit, das Unrecht, das den Palästinensern angetan wird, zu beseitigen auf der anderen Seite, verursacht Schmerz, das kann nicht geleugnet werden. Aber man darf nicht zulassen, dass dieses Unbehagen die Bemühungen vereitelt. Wir stehen am Beginn einer neuen Phase der christlich-jüdischen Beziehungen. Von den antijüdischen Aspekten christlicher Lehre abzurücken und Brücken des Vertrauens und Verstehens zur jüdischen Gemeinschaft zu bauen war und ist ein wichtiges Bemühen – es gilt, die Wachsamkeit gegen den Antisemitismus wie gegen jede andere Form des Rassismus aufrecht zu erhalten. Aber die Herausforderung besteht nicht länger darin, die Vergangenheit in Ordnung zu bringen. Die dringende Herausforderung besteht darin, nach vorne zu sehen. Die Aufgabe, der sich die Glaubensgemeinschaften heute gegenüber sehen, ist es nicht, einen christlich-jüdischen Dialog um seiner selbst willen zu führen oder eine Versöhnung im Hinblick auf vergangene Sünden und Tragödien zu erreichen. Vielmehr ist gewissenhaft und bewusst das Augenmerk darauf zu richten, die Grundursache für den israelisch-palästinensischen Konflikt zu beseitigen: die Vertreibung der Palästinenser und die Etablierung von Apartheidsstrukturen der Diskriminierung. Wir stehen vor einer prophetischen Herausforderung, die uns vereinigen muss – dabei ist es ohne Bedeutung, ob wir Christen, Juden, Muslime, Amerikaner, Deutsche, Südafrikaner oder Israelis sind.

Was zählt ist, ob wir einem Triumphalismus anhängen oder die Gemeinschaft suchen, ob wir die Ausbeutung der Armen nicht sehen, oder danach streben, sie von ihrer Bedürftigkeit zu befreien, ob wir die Erde weiter ausplündern oder sie ehren und bewahren. Die Zeiten fordern uns dazu heraus, treu zu den Prinzipien zu stehen, die den Kern unserer Zivilisation und unserer Glaubenstraditionen ausmachen. Was zählt ist Gerechtigkeit – um der der Israelis und der Palästinenser willen, und schließlich um der ganzen Menschheit willen, die sich nach einer Lösung dieses Konfliktes sehnt.

April 2011

ZUR EINFÜHRUNG

Im Frühjahr 1916 stand Dahar Nassar auf der Spitze eines Hügels in Mittelpalästina. Nach Westen hin konnte er die Küstenebene sehen, die sich bis zum Mittelmeer hin erstreckte, im Norden lagen die Türme und Minarette Jerusalems und im Osten das Moab-Gebirge. Dahar Nassar liebte dieses Stück Land, den höchsten Punkt des fruchtbaren Hügellandes südlich von Bethlehem. Er als Christ empfand es als wohltuend, nahe beim Geburtsort Jesu und der alten »Patriarchenstraße« nach Hebron zu leben. Das Land und seine Fruchtbarkeit erfüllten sein Herz. So konnte Nassar vor seinem inneren Auge schon die Terrassen sehen, die den Umrissen der Hügel folgen würden. Dort würde er die Weinstöcke pflanzen, die in der Sommerhitze gleißen würden. Er stellte sich die Obstplantagen vor, die er im Tal Richtung Süden anlegen würde, und die Oliven- und Mandelbäume, deren Reihen sich über die Kuppe und den Ostabhang hinabziehen würden. Er dachte an die schützenden Stellen für seine Familie, die er in den über den Abhang des Hügels verstreuten Höhlen finden würde, diesen Höhlen, die die palästinensischen Hirten und Bauern schon seit Jahrtausenden nutzten. Vierhundert *dunam* – über 250 Hektar ... Nassar zahlte den Preis, unterschrieb die Papiere und murmelte leise ein Gebet vor sich hin, als er die Besitzurkunde in sichere Verwahrung legte: »Das ist für meine Kinder und Enkel.«

Dahar Nassar zahlte genau wie seine palästinensischen Landsleute Steuern an den osmanischen Sultan. Und mit allen diesen Bauern und Dorfbewohnern erlebte er nach dem Ende des Ersten Weltkriegs, wie die Regierungsgewalt über das Land auf die britische Krone überging. Seine Söhne Bishara und Naif, die die Farm übernahmen, mussten mit ansehen, wie 1948 an die Stelle der britischen Truppen jordanische Beamte traten. Und 1967, nach dem Ende des Krieges, in dem sich Israel der Kontrolle über die Westbank bemächtigte, wurde Bisharas Sohn Daoud Zeuge, wie die Fahne mit dem blauen Davidsstern gehisst wurde. Die Nassars hatten unter vier verschiedenen Besatzern gelebt: drei Königen und jetzt Israel. Erst dieser letzte Besatzer hatte sich darangemacht, ihnen ihr Land wegzunehmen.

Es war im Frühling 2009. Ich befand mich in einem Aufnahmestudio des *National Public Radio* in Chicago. Rechts von mir saß Daoud Nassar, links von mir mein Freund und Kollege Bill Plitt. Bill und ich hatten Nassar im Sommer 2006 auf der Reise einer amerikanischen interreligiösen Delegation nach Israel und in die Palästinensergebiete kennengelernt. Bill und ich hatten einen gemeinnützigen Verein gegründet, um Daoud darin zu unterstützen, auf dem Land seiner Vorfahren bleiben zu können und sein Werk als Leiter des »Tent of Nations« fortzuführen, eines internationalen Friedenszentrums, das er auf dem Gelände seiner Farm eingerichtet hatte. Wir waren auf einer Vortragsreise, um die Amerikaner auf Daouds Werk aufmerksam zu machen. Wir wollten Spendengelder auftreiben, um ihm zu helfen, Zisternen zu graben, Solaranlagen einzurichten und sich einen Bagger zu kaufen, bevor die israelische Regierung, die von Daouds hartnäckiger Weigerung, von seiner Farm abzuziehen, frustriert war, auch noch die letzte Straße sperrte, die den Zugang zu ihr ermöglichte.

Nach einigen einleitenden Fragen wollte der Gastgeber der Sendung wissen, wie ich dazu gekommen sei, mich in diesem Projekt zu engagieren. Ich erwiderte: »Sie meinen wohl, wie ein Jude aus Philadelphia dazu kommt, die Landbesitzrechte eines christlichen palästinensischen Farmers zu verteidigen?« Er lächelte: Natürlich war es genau das, was er wissen wollte. Ich erzählte ihm, dass ich entsetzt gewesen sei, zu sehen, was Daoud und seinen palästinensischen Landsleuten seitens der israelischen Regierung angetan wird. Ich habe enge familiäre Bande nach Israel und das sichere Gefühl, dass die Zukunft der Bürger Israels davon abhänge, ob die Menschenrechte der Palästinenser in Israel und den besetzten Gebieten gewahrt würden. Mir sei aufgegangen, dass das Einzige, was ich als Jude und Amerikaner dazu beitragen könne, sei, mich für Gerechtigkeit und Koexistenz im Heiligen Land einzusetzen. Der Gastgeber, dem offensichtlich die hitzige Kontroverse innerhalb der amerikanischen jüdischen Gemeinschaft über die Politik Israels bekannt war, setzte mit der richtigen Frage nach: »Wie war das für Sie? Sie haben bestimmt bei ihren Mitjuden interessante Reaktionen ausgelöst.«

Diese Frage hatte ich seit meiner Rückkehr von der Westbank schon unzählige Male beantwortet, zuweilen ohne dass man sie mir gestellt hatte. Wenn ich bei den etablierten jüdischen Gemeinschaften von meinen Erlebnissen im besetzten Palästina erzählte, war es, als schlage man mir die Tür vor der Nase zu. Wenn ich von meinem Entsetzen sprach, von meiner tiefen Sorge angesichts der Ungerechtigkeit, die ich mit angesehen hatte, und von den katastrophalen Auswirkungen sowohl auf die Besatzer als auch auf die Besetzten, sagten viele Juden zu mir, ich sei meinem Volk untreu und hätte »zur palästinensischen Seite übergewechselt«. Man brachte mir bei, wenn ich Israel kritisierte, würde ich zum Feind des jüdischen Volkes und öffnete die Tür zum nächsten Holocaust.

Manche dieser Reaktionen grenzten ans Bizarre und zeigten Ängste, von denen ich gemeint hatte, wir hätten sie längst hinter uns: Ein rabbinischer Student informierte seine Kommilitonen, ich sei offensichtlich ein Konvertit zum Christentum, der sich als Jude »verkleide«, um die Zerstörung des jüdischen Volkes voranzutreiben. Ein Abend mit Lesungen von israelischer Protestdichtung, den ich im lokalen *Jewish Community Center* in Washington, DC, organisiert hatte, wurde abgesagt, nachdem man dahintergekommen war, dass ich zum Vorstandskomitee von *Partners for Peace* gehörte, einer Organisation, die als antisemitisch auf der Schwarzen Liste der örtlichen *Federation of Jewish Agencies* stand. Ein Freund unserer Familie, ein junger Rabbi, der geäußert hatte, er pflichte meiner Einschätzung bei, dass die Politik Israels gesetzeswidrig und unmoralisch sei, lehnte meinen Antrag ab, in seiner Synagoge zu sprechen. Er erklärte mir ganz offen, wenn er mir dort einen Auftritt erlaube, würde ihn das seinen Job kosten. Aus diesem Grund kann ich nach der Erfahrung all der Jahre seit meiner Rückkehr von meiner Reise nicht viel Gutes über die Einstellung des amerikanischen jüdischen Establishments zum Thema Israel sagen. Das verletzte mich und machte mich wütend, und mir war klar, dass ich damit vor einem Problem stand: Wie wirksam könnte ich als Aktivist oder Autor sein, wenn so viel Wut auf meine eigene Gemeinschaft deutlich würde, ganz unabhängig davon, wie gerechtfertigt diese Wut war?

Aber an diesem Morgen gab ich eine andere Antwort. Gestern hatten wir uns noch in einem Vorort von Chicago mit einem Rabbi getroffen, der uns gesagt hatte, er könne nicht den Unabhängigkeitstag Israels feiern, also den Gedenkfeiertag der Gründung des Staates Israel, an genau dem wir beisammensaßen. Er erklärte uns, dies sei für die Juden kein Tag zum Feiern, sondern eher zur Gewissenserforschung – wegen Israels Überfall auf Gaza, seiner Menschenrechtsverletzungen in der Westbank und weil Israel versagt habe, für die Vertreibung einer Dreiviertelmillion Palästinenser die Verantwortung zu übernehmen, als man 1948 Platz für den Staat hatte schaffen wollen. Die Geschichte, die wir uns selbst erzählen müssten, sei nicht die Geschichte unseres Siegs über unsere Feinde, sondern eine Geschichte all dessen, was das palästinensische Volk – als Ergebnis unseres Erfolgs bei der Gründung des jüdischen Staats – verloren habe. Dieses Gespräch hatte mir Hoffnung gemacht, Hoffnung darauf, dass, wenngleich dies nur ein Anfang war, sogar die organisierte jüdische Gemeinschaft in den USA eines Tages zur Einsicht kommen könnte, dass in der Tat die Zukunft des jüdischen Volkes davon abhängt, ob wir es schaffen, in dieser Frage eine echte Selbstüberprüfung zustande zu bringen. Mir gab das ein wenig Hoffnung, dass es für einen Kurswechsel vielleicht doch noch nicht zu spät sei. So konnte ich an diesem Morgen meinem Gastgeber im Rundfunk eine andere Antwort geben als meine übliche. Ich sagte zu ihm, allmählich komme etwas in Bewegung.

Ich hatte mich optimistischer gegeben, als ich mich fühlte. Nachdem ich schon so viel über mein Volk und unser Projekt einer nationalen Heimat nachgedacht hatte, hatte ich nicht das Gefühl, es bestünden Aussichten auf Frieden.

EINE FATALE VERBINDUNG

Das jüdische Volk hat immer mit der Spannung zwischen Universalismus und Partikularismus gelebt: Universale Züge trägt unser ethischer Codex, auf Einzigartigkeit ausgerichtet ist unsere kulturelle und historische Erzähltradition, die mit dem Alten Testament beginnt. Im derzeitigen Augenblick der jüdischen Geschichte spielt der globale politische Aspekt eine wichtige Rolle. Seit der Gründung des Staates Israel im Jahr 1948 waren die meisten Juden im Westen der Überzeugung, ihr Überleben hänge davon ab, dass sie die Vorherrschaft im historischen Palästina errichteten und aufrechterhielten. Aus diesem Grund schufen die amerikanischen Juden ein einflussreiches System von philanthropischen Bildungs- und Lobby-Organisationen, damit die finanzielle und politische Unterstützung für Israel seitens der US-Regierung und privater Quellen kräftig weiterströmen konnte. Wir Juden möchten zwei widersprüchliche Anliegen unter einen Hut bringen. Wir möchten uns als Universalisten und der Menschenwürde verpflichtet verstehen, als im Besitz einer religiösen Überzeugung, die auf dem tiefen Respekt vor der Würde des Menschen und dem grundsätzlichen, ausdrücklichen Engagement für die universale Gerechtigkeit beruht. Zugleich aber bleiben wir auch hartnäckig dabei, die Politik der israelischen Regierung zu unterstützen, eine Politik, die die Menschenrechte der Palästinenser verletzt und unter Verstößen gegen das internationale Recht eine stetig weiter voranschreitende Kolonisierung von besetzten Gebieten betreibt. Diese Politik ist das wichtigste Hindernis für die friedliche Lösung dieses ein halbes Jahrhundert alten Konflikts.

Die amerikanischen Juden haben diese Situation nicht selbst geschaffen. Wir wurden dabei von unseren christlichen Landsleuten unterstützt, die aus ihrem Gefühl heraus, für den historischen Antisemitismus verantwortlich zu sein, die Auffassung vertreten, sie hätten kein Recht, irgendwelche Handlungen zu kritisieren, die Israel ausführen könnte – selbst wenn diese Handlungen gegen die Grundsätze der Menschenrechte und Gerechtigkeit verstoßen, die Juden und Christen gleichermaßen am Herzen liegen. Da sich Israel mit allem, was es will oder tut, auf die starke Unterstützung der nichtjüdischen Bevölkerung in Amerika und auch Westeuropa verlassen kann, blieb die Politik der US-amerikanischen Regierung über viele Jahrzehnte beharrlich bei ihrer bedingungslosen Unterstützung der Politik Israels, das palästinensische Gebiet de facto zu kolonisieren. Diese Politik bleibt das Haupthindernis für eine friedliche Lösung des Konflikts. Es handelt sich hier um eine fatale Verbindung: Die beiden mächtigen, tiefsitzenden Kräfte – das christliche Anliegen der Wiedergutmachung und das jüdische Bedürfnis nach Sicherheit und autonomer Macht – sorgen gemeinsam dafür, dass wir in Israel/Palästina keinen Schritt weiterkommen. Die Zähigkeit und Macht dieser Überzeugungen haben einen maßgeblichen Teil dazu beigetragen, dass jeder Schritt in Richtung einer friedlichen Beilegung des Konflikts vereitelt wurde.

Aber es beginnen sich Stimmen zu regen, die diese Politik infrage stellen und dagegen protestieren. Einer zunehmenden Zahl von Juden sowohl in Amerika als auch Israel ist klar geworden, dass Israels derzeitiger Kurs auf tragische Weise selbstzerstörerisch ist und sich ändern muss, wenn die israelische Gesellschaft fortbestehen und gedeihen soll. Hinzu kommt, dass die Christen auf Gemeinde- und Konfessionsebene die Menschenrechte für die Palästinenser anmahnen. Sie haben die Verstöße gegen sie bei ihren Pilgerreisen ins Heilige Land mit eigenen Augen gesehen und lesen in zunehmendem Maß darüber in den Medien oder verfolgen es im Internet.

In der Politik sind Überzeugungen und Wahrnehmungen genauso wichtig wie Fakten. Im Fall des Konflikts in Israel/Palästina spielen die Themen der kulturellen und nationalen Identität und des religiösen Glaubens eine zentrale Rolle. Daher ist es von entscheidender Bedeutung, über die reinen Fakten hinaus auch die Stärke dieser Einflüsse zu untersuchen, die in unserer westlichen Kultur wurzeln und bei der Aufrechterhaltung dieses Konflikts eine direkte Rolle spielen. Im vorliegenden Buch wird die These vertreten, dass diese Überzeugungen eine Hauptrolle dabei spielen, dass der produktive Dialog steckenbleibt und wir mit der Suche nach einer friedlichen Lösung dieses Konflikts nicht weiterkommen. Solange wir nicht begreifen, welche Kraft diese Überzeugungen haben, werden wir auch keinen Frieden im Heiligen Land finden.

Ganz im Gegensatz zu den Unterstellungen einiger meiner Religionsgenossen bin ich nicht »auf die Zerstörung des Staates Israel aus«. Im Gegenteil, ich mache mir riesige Sorgen wegen seiner Gefährdung und mir liegt daran, dass Israels Leistungen, Kultur, Sicherheit und – vor allem anderen – sein Volk erhalten bleiben. Ich empfinde das, was zwei andere Juden auch empfunden haben müssen: der Prophet Jeremia und achthundert Jahre nach ihm Jesus von Nazareth, die im Angesicht Jerusalems über die selbst verschuldete Zerstörung weinten, die sie mit ansahen, und die Katastrophe, die sie vorausahnten. Auf den folgenden Seiten werde ich ausführlicher darlegen, dass der Schlüssel zur Lösung darin liegt, die Tragik zuzugeben und angesichts der Zerrissenheit zu weinen. Der Alttestamentler Walter Brueggemann schreibt in seinem Buch *The Land*, »der Begriff ›Exil‹ im historischen oder ideologischen Sinn [sei] für Israels Selbst-Unterscheidung maßgeblich geworden« (2. Aufl. xvii). Und der jüdische Befreiungstheologe Marc Ellis sagt: »Wir müssen willens sein, Juden zuzulassen, die sich auf ihr Gewissen berufen und bereit sind, … ins Exil zu gehen, um die missbräuchlichen Praktiken des jüdischen Staats zu bekämpfen.«[1] Ich glaube mit Brueggemann, Ellis und anderen, die gründlich über Themen wie Glaube, das Volk und seine Geschichte nachgedacht haben, dass das Exil zur Wiederherstellung und sogar Erneuerung führen kann. Wie diese Erneuerung beschaffen sein könnte und was sie nicht nur für das jüdische Volk bedeutet, sondern für die Menschen aller Glaubensrichtungen, ist die Frage, auf die ich mit diesem Buch eingehen möchte.

Jim Wallis von der Bewegung *Sojourners* hat uns darauf aufmerksam gemacht, dass große soziale Bewegungen entstehen, wenn die Politik versagt. Dieses Buch ist ein Aufruf zum Handeln. Ich bin der festen Überzeugung: Wenn es irgendeine Hoffnung auf anhaltenden Frieden auf der Grundlage der Gerechtigkeit im Heiligen Land geben soll, dann wird dieser das Ergebnis einer breiten sozialen Bewegung sein, die an der Basis anfängt, und zwar bei Glaubensgemeinschaften und Organisationen von Aktivisten, die sich in ihrem eigenen Land und in Israel/Palästina für den Frieden engagieren. Wenn ich uns Juden aufrufe, uns unserem eigenen Schatten zu stellen, und den Christen helfe, ihre Zurückhaltung zu überwinden, die Handlungen mancher Juden in Frage zu stellen, dann tue ich das in der Hoffnung, dass dieses Buch die aufkeimende soziale Bewegung voranbringt, damit sich die Politik Israels und seiner politischen Verbündeten in der Region ändert.

EINE ANMERKUNG ZUR »AUSGEWOGENHEIT«

Wenn das Gespräch in den USA auf diese Thematik kommt, wird auffallend stark betont, man müsse alles »ausgewogen« betrachten. Dem Grundmuster nach verläuft das immer so: Man darf keine Informationen über die Einschränkung der Menschenrechte im besetzten Palästina geben oder über gezielte Tötungen, Abriss von Häusern, erniedrigende und lebensbedrohliche Ausgangssperren oder über andere Beispiele des Leidens der Palästinenser sprechen, ohne zugleich auch davon zu reden, was »die andere Seite« erträgt. »Die andere Seite«, das sind die Israelis, die ja auch leiden, weil sie von terroristischen Angriffen bedroht werden und ihre völlige Auslöschung befürchten müssen. Was in diesem Zusammenhang wichtig ist, ist nicht die offensichtliche Berechtigung dieses Arguments. Uns in Amerika liegt natürlich sehr an Fairness und der Berücksichtigung aller Gesichtspunkte. Aber der springende Punkt bei diesem Argument ist der politische Kontext. Meiner Erfahrung nach wird die Forderung nach »Ausgewogenheit« fast immer als Instrument dazu benutzt, alle diejenigen Handlungen Israels abzuschwächen und gar nicht erst genauer in Augenschein zu nehmen, die meiner Auffassung nach die Wurzel der Bedrohung des Wohlbefindens und Überlebens Israels sind.

Der vernünftige Diskurs wird folglich von der anscheinend unüberwindlichen Vorstellung behindert, es gebe »zwei Seiten«: die israelische (oder jüdische) und die palästinensische (oder arabische). Von daher ist die Welt in zwei Lager gespalten, in das Lager »pro-Israel« und das »pro-Palästinenser«. Man muss entweder dem einen oder dem anderen angehören. Ich werde häufig dem »pro-palästinensischen« Lager zugeteilt, weil ich Israel kritisiere und von der Beschneidung der Rechte der Palästinenser spreche. Diese Zuordnung lehne ich ab. Es geht nicht um einen Kampf zwischen guten und bösen Menschen, in dem die Juden die Gauner und die Palästinenser die unschuldigen Opfer wären, und erst recht nicht umgekehrt. Es geht vielmehr um die Tatsache, dass dieser Konflikt solange zu keinem Ende kommen wird, bis voll und ganz anerkannt und behoben ist, dass die Geburt des Staates Israel mit einer massiven Verletzung der Menschenrechte einherging und diese Beeinträchtigung bis heute weitergeht. Um diese Geschichte korrekt zu erzählen, muss man auch die Tatsachen mit einbeziehen, die bis vor Kurzem (jedenfalls weithin) nicht in unseren Medien oder von den Kanzeln unserer Kirchen oder unserer Synagogen erzählt wurden. Es ist eine Geschichte, in der der Machtunterschied zwischen den beiden Konfliktparteien schmerzlich offen zutage liegt und sich entsetzlich deutlich zeigt, dass Israel systematisch das Ziel der ethnischen Säuberung verfolgt und vollends die politische und wirtschaftliche Kontrolle über die nichtjüdischen Bewohner des historischen Palästina erlangen will.

Das sehe nicht allein ich so; alle, die versuchen, die Situation selbst in Augenschein zu nehmen – von früheren US-Präsidenten über südafrikanische Menschenrechtsaktivisten und israelische Journalisten bis zu amerikanischen oder europäischen christlichen Touristen – kommen zum gleichen Schluss. Die preisgekrönte internationale Korrespondentin Christiane Amanpour von CNN sagte unlängst über die Frage der »Objektivität« bei der Berichterstattung: »Objektivität bedeutet, dass man die Wahrheit berichtet. Es bedeutet nicht, dass man ein falsches Äquivalent erschafft, also sagt: ›Einerseits gibt es dies, andererseits das‹. Es bedeutet nicht, das Opfer gegen den Aggressor aufzuwiegen. Falls wir das tun, machen wir uns zu Komplizen.«[2] Amanpour beschreibt hier den Taschenspielertrick, den man gewöhnlich anwendet, um die Diskussion abzulenken und entgleisen zu lassen: eine Situation, in der einer Gruppe von einer anderen bestimmte Rechte abgesprochen werden, so darzustellen, als sei das ein »Konflikt zwischen zwei Rechtsansprüchen«.

Konkrete Ereignisse und Erfahrungen sind die Antriebskräfte unserer intellektuellen Unternehmungen, unserer Forschung und unserer Suche nach Antworten. Das vorliegende Buch entstand aufgrund dessen, was ich mit eigenen Augen gesehen und in meinem Herzen empfunden habe. Es ist eine Reaktion auf mein Entsetzen und meine tiefe Trauer darüber. Es stammt von einem Juden, der tief erschüttert ist von der Tatsache, dass Israel im Begriff ist, Palästina ethnisch zu säubern. Dieses Projekt begann im Zeitraum von 1947 bis 1949 im Lauf der Vorbereitungen und der Errichtung des Staates Israel. Das Vorhaben, die ansässige Bevölkerung loszuwerden, ging weiter, als Israels Sieg im Sechs-Tage-Krieg von 1967 die viel bessere Möglichkeit dazu eröffnete, und es wurde weiter vorangetrieben im Zuge der Annexions- und Kontrollstrategie, zu denen es 1993 beim Abkommen von Oslo kam.[3] Dieses Vorhaben wird bis zum heutigen Tag immer weiter verfolgt, auf eine Art und Weise, die man nur als wahre Orgie hektischer Siedlungstätigkeit bezeichnen kann, um schnell die notwendigen Fakten dafür zu schaffen, sich diese Gebiete auch politisch unter den Nagel reißen zu können. Das ist die Realität, die mich zum Schreiben der folgenden Kapitel antreibt und mir den Stoff liefert. Es ist die Realität, die mich auf diesen Weg gesetzt hat.

ÜBER DIESES BUCH

Dieses Buch besteht aus drei Teilen. Im 1. Teil werden die Grundzüge beschrieben, von denen ich glaube, dass sie die Barrieren für einen Friedensschluss im Heiligen Land darstellen. Das 1. Kapitel liefert einen Überblick über die Diskussion in den USA, darüber, wie man diesen über ein halbes Jahrhundert andauernden Konflikt lösen könnte, sowie über die Fragen, die sich daraus für die christlichen und jüdischen Gemeinden ergeben. Im 2. Kapitel schildere ich, wie ich als Jude im Nachkriegsamerika aufwuchs und verdeutliche die Identitätskrise und die Geisteshaltung, die das Ergebnis meiner Begegnung mit der Besetzung Palästinas durch die Juden waren. Im 3. Kapitel geht es um die Auswirkung des Antisemitismus auf die jüdische Geschichte und die heutige jüdische Erfahrung, und im 4. Kapitel folgt dann eine Darstellung des Zionismus: seiner Ursprünge, Konsequenzen, Kritiker und Verfechter. Dieses letzte Kapitel fasst die Bemühungen etlicher jüdischer Autoren zusammen, die historischen, psychologischen und spirituellen Kräfte zu verstehen, die die Handlungen des Staates Israel antreiben und das Weltjudentum dazu veranlassen, eine Politik zu befürworten, die viele als das größte Hindernis für den Frieden betrachten.

Im 2. Teil sehen wir etwas genauer auf das Projekt der Christen nach dem Zweiten Weltkrieg, eine Wiedergutmachung für den Antisemitismus zu leisten. Die Kapitel 5 und 6 bieten einen Überblick über das Bemühen der Christen, die Theologie zu revidieren, die implizit zweitausend Jahre lang hinter dem westlichen Antisemitismus steckte. Dabei achten wir besonders auf die Auswirkungen dieses Unterfangens auf die Einstellung der Christen zum heutigen politischen Zionismus. In den Kapiteln 7 und 8 sehen wir uns das Denken einer Anzahl gegenwärtiger progressiver christlicher Theologen bezüglich des Heiligen Landes und des jüdischen Volkes an. Wir werden sehen, dass sogar bei den Denkern, die sich leidenschaftlich dem Universalismus, der Gleichheit und der sozialen Gerechtigkeit verschrieben haben, eine Zurückhaltung zu beobachten ist, dem jüdischen Volk ein Vorzugsrecht auf das Land zu bestreiten.

Im 3. Teil lege ich meine Ansicht dar, dass eine Rückkehr zu dem Modell der *Communio*, das die frühe Christenheit auszeichnete, den Schlüssel zum Frieden im heutigen Heiligen Land liefern könnte. Das 9. Kapitel beginnt mit der Vorstellung mehrerer jüdischer progressiver Autoren. Wir werden sehen, dass sie zwar mit den ethischen und theologischen Fragen ringen, die der politische Zionismus aufreißt, aber in ihrem Denken dennoch hartnäckig daran festhalten, dass die Juden einen besonderen Besitzanspruch auf das Land haben. Im 10. Kapitel kommen die Stimmen der Sozialkritiker innerhalb Israels zu Gehör und es wird diese Erörterung mit Einsichten aus den heutigen Bemühungen um gewaltfreie Lösungen ergänzt. In den Kapiteln 11 und 12 wird die Besprechung von Alternativen zur Gewaltanwendung als Lösung für den Konflikt im Heiligen Land fortgesetzt. Wir werden uns das Werk heutiger Wissenschaftler genauer ansehen, die die Evangelien als Bericht einer Bewegung zur sozialen Umwandlung verstehen.

Schließlich kommen wir im 13. Kapitel auf die Glaubensgemeinschaften – insbesondere der Kirchen in Amerika – zu sprechen und ihre Schlüsselrolle dabei, an der Basis eine breite Bewegung in Gang zu bringen, die den politischen Wandel herbeiführen könnte, der notwendig ist, um Frieden zu schaffen. Dieses Kapitel enthält auch eine Handlungsanleitung und eine Vision für eine neue interreligiöse Agenda, die auf dem Engagement für universale Gerechtigkeit beruht.

TEIL 1:
DEN BANN BRECHEN

Hillel sagt: »Wenn ich nicht für mich bin, wer wird dann für mich sein? Aber wenn ich nur für mich bin, wer bin ich dann?«
Ethik der Väter 1,14

Zwei fürchterliche Dinge geschahen den Juden in diesem Jahrhundert: der Holocaust und die Lehren, die sie daraus zogen.
Der israelische Autor Boaz Evron 1981

Ich fürchte mich vor dem,
was die Vergangenheit meiner Zukunft antun wird.
Yehuda Amichai, From Man You Came and to Man You Shall Return

KAPITEL 1
DER AUGENBLICK DER WAHRHEIT

»Plötzlich wusste ich, dass der erste Schritt in Richtung der Versöhnung von Juden und Palästinensern der sein müsste, die Menschenwürde wiederherzustellen. Nach Gerechtigkeit und Redlichkeit, danach hatte ich gehungert: Sollte ich wirklich mein Leben dafür einsetzen, Gottes Botschaft zu meinem Volk zu tragen, so würde ich genau wie Jesus die Menschen aufrichten müssen, die erniedrigt und unterdrückt worden waren.«

Elias Chacour, melkitischer Erzbischof von Akka, Haifa, Nazareth und ganz Galiläa in Blood Brothers

Als ich als Junge in den 1950er Jahren die Hebräische Schule in Philadelphia besuchte, bekamen wir einmal jährlich einen Pappumschlag mit einem Schlitz zum Einstecken von Münzen. Die Umschläge kamen vom »Jewish National Fund«, einem gemeinnützigen Verein, von der Zionistischen Weltorganisation 1901 gegründet, um in Palästina Land für jüdische Siedler kaufen und kultivieren zu können. Ein Bild auf dem Umschlag zeigte, wie gut aussehende, gebräunte Menschen in kurzen Hosen einen Baum pflanzten. Wenn die Umschläge voll waren, schickte man sie ein und bekam dafür eine Urkunde mit dem eigenen Namen darauf und einem größeren Bild eines Baumes: des Baumes, den man in Israel gepflanzt hatte. Das machte Spaß und war aufregend: Wir erhoben Anspruch auf unser Heimatland. Ich sah Bilder von Kibbuzim und Tälern voller Orangenhaine, und ich träumte davon, eines Tages dorthin zu gehen.

Vier Jahrzehnte danach, nun schon in mittlerem Alter, sah ich Bilder von israelischen Planierraupen, die dreihundert Jahre alte Olivenbäume entwurzelten, und jüdischen Soldaten, die palästinensische Dorfbewohner zurückdrängten, die angesichts der Zerstörung ihrer Haine hysterisch weinten. Ich reiste in die Westbank – in das von den Israelis besetzte palästinensische Land – und

sah die Hügel, von allen Bäumen gerodet, um darauf Ortschaften für ausschließlich jüdische Siedler zu bauen. Ich sah die Häuser der Palästinenser, die zerstört
und Obstgärten, die dem Erdboden gleichgemacht worden waren, um Platz für
eine acht Meter hohe Betonmauer zu schaffen, die palästinensische Städte,
Dörfer und Felder durchschneidet. Ich kaufte es den Israelis nicht ab, dass sie
der Verteidigung dienen sollte. Was ich sah, überzeugte mich davon, dass diese
Mauer nicht diesem Zweck diente.

WELCHER FRIEDENSPROZESS?

Der israelisch-palästinensische Konflikt zieht alle, die versuchen wollen, ihn zu
lösen, in einen Strudel der Widersprüche und Feindseligkeiten. Einer wachsenden Zahl von Parteigängern aller Seiten scheinen die zögerlichen Versuche zu
einem »Friedensprozess« zur Lösung des Konflikts zwischen Israel und seinen
palästinensischen Untertanen in zunehmendem Maß vergeblich – und das
trotz der Bemühungen amerikanischer Präsidenten, europäischer Staatsmänner
und breiter Koalitionen arabischer Regierungen. Tatsächlich scheint das ganze
Bemühen um eine »Beilegung« des Konflikts auf einer kollektiven Selbsttäuschung zu beruhen: Während die Weltmächte Israel scheinbar zur Ordnung
rufen, lassen sie Israel freie Hand für eine Politik, die den Widerstand der Palästinenser nur steigert und verspricht, den Konflikt endlos zu verlängern. Zugleich vernehmen wir Kritik am Terrorismus der Palästinenser und ihrem Versagen, sich erfolgreich selbst zu regieren. Dabei übersehen wir, dass wir das
Wachstum einer gesunden Gesellschaft und die Fähigkeit, kompetente Regierungsstrukturen zu entwickeln, sabotieren. Zum einen unterstützen wir uneingeschränkt Israels Politik der Kontrolle und Annexion und zum andern lassen
wir die Palästinenser wirtschaftlich in Dritte-Welt-Manier in der Abhängigkeit
von Israel. Obwohl die Sympathie für das Streben der Palestinänser nach Selbstbestimmung und politischer Autonomie wächst, werden Akte des Volkswiderstands der zunehmend verarmenden und frustrierten Bevölkerung weiterhin
als Terrorismus diffamiert und in die gleiche Schublade wie der Anschlag vom
11. September 2001 geworfen. Die gewaltfreien Aktionen von Palästinensern
und Israelis sowie von internationalen und gemeinsamen palästinensisch-israelischen Organisationen werden von den Medien ignoriert.

Derweil ist zwischen denjenigen amerikanischen Juden, die unerschütterlich
den jüdischen Staat gegen alle seine Kritiker in Schutz nehmen, und denen, die
besorgt fragen, ob dieser seine Seele verloren habe, eine Art Bürgerkrieg ent-

brannt. Ein mächtiges, gut organisiertes System amerikanischer jüdischer Institutionen – Synagogen, jüdische philanthropische Vereine, politische Lobby-
Gruppen – ist rasch dabei, jede mögliche Kritik am jüdischen Staat zu
unterdrücken oder zu neutralisieren und jede Drohung, die finanzielle und
politische Unterstützung Israels seitens der USA in Frage zu stellen, im Keim
zu ersticken. Der Pfarrer, der in seiner Gemeinde einen Vortrag über die Menschenrechte der Palästinenser zulässt, wird mit Protesten und Leitartikeln seitens jüdischer Organisationen eingedeckt, die ihm Antisemitismus vorwerfen.
Christliche zionistische Fundamentalisten tun sich mit der pro-Israel-Lobby
zum Säbelrasseln gegen den Iran zusammen. So wird tatsächlich im Diskurs
über diesen Konflikt die Wirklichkeit auf den Kopf gestellt: Die Siegreichen und
Mächtigen werden als die Opfer betrachtet, die Enteigneten als die Unterdrücker.

DAS BEMÜHEN UM DIE WAHRHEIT

In diesem Klima der Leugnung und politischen Verweigerung lässt sich kaum
ein Fortschritt in eine Richtung machen, die die Ursprünge des Konflikts anspricht und der Region Frieden bringt. Je länger man in dieser Sackgasse stecken
bleibt, desto verzweifelter und politisch schwächer werden sowohl die israelische Regierung als auch die Palästinenserbehörde (die Verwaltungsinstanz, die
1994 als Regierung über Teile der Palästinensergebiete in der Westbank und in
Gaza eingerichtet wurde), weil sie darauf beschränkt sind, nachweislich zum
Scheitern verurteilte politische Maßnahmen ständig zu wiederholen. Zugleich
ist es insbesondere in den letzten fünf Jahren zu bahnbrechenden Publikationen
gekommen, in denen das Augenmerk auf die der derzeitigen Situationen zugrundeliegenden Schlüsselthemen gelenkt wird. Ein Großteil dieser Arbeiten
zielt direkt auf die Mythen, falschen Behauptungen und Verleugnungen, die der
Weltöffentlichkeit präsentiert wurden und dazu beitragen, dass der Kreislauf
der Gewalt weitergeht und die politische Pattsituation anhält:
– Ende 2006 veröffentlichte der frühere US-Präsident Jimmy Carter sein Buch
   Palestine: Peace not Apartheid. Darin beschrieb er die Besetzung als illegal
   und als Verstoß gegen die Grundsätze der Menschenrechte sowie zahlreiche
   UN-Resolutionen und identifizierte sie als Ursache des derzeit festgefahre-
   nen Zustands. Carter schrieb:»Zur Aufrechterhaltung der Besetzung haben
   die israelischen Streitkräfte ihre unbeugsamen Unterworfenen der grundlegenden Menschenrechte beraubt. Kein objektiv denkender Mensch konnte

die derzeitigen Zustände in der Westbank persönlich mit ansehen und diese Diagnose in Frage stellen.«[1]

- Im gleichen Jahr veröffentlichten die Professoren John Mearsheimer von der Universität Chicago und Stephen Walt von Harvard den Aufsatz *The Israel Lobby and U.S. Foreign Policy*. Darin vertraten sie die Meinung, die exzessive Macht des politischen Aktionskomitees und der Mitglieder der Koalition von Organisationen, die hinter Amerikas massiver Unterstützung Israels stünden, hielten die USA auf einem politischen Kurs, der im Gegensatz zu seinen nationalen Interessen stehe. Dieser Aufsatz erschien dann in längerer Form 2007 als Buch, das zum Bestseller wurde.[2]

- In einer Reihe von Schriften und öffentlicher Auftritte rief Erzbischof Tutu von Südafrika, der zusammen mit Präsident Carter die Politik Israels als Apartheids-Politik bezeichnete, zu einer globalen Bewegung auf, die sich gegen Israels Verletzung der Menschenrechte in den besetzten Gebieten erheben sollte.

- Israelische Historiker (die sogenannten »Neu-Historiker«) veröffentlichten unablässig neue Primärquellen, die ein Geschichtsbild vorstellen, das ganz im Gegensatz zur zionistischen Schilderung der Geburt des Staates im Jahr 1948 steht, man habe damals lediglich einen Selbstverteidigungskrieg gegen überlegene arabische Armeen geführt. Ilan Pappe brachte 2006 in seinem Buch *Die ethnische Säuberung Palästinas* ans Licht, dass ein Plan bestanden habe, große Gebiete Palästinas von seinen ursprünglichen palästinensischen Bewohnern zu säubern, und zwar bereits vor dem Beschluss der Vereinten Nationen im Jahr 1947, Palästina in einen arabischen und einen jüdischen Staat aufzuteilen. Dieser Akt sei dann von den jüdischen Streitkräften von 1947 bis 1949 durchgeführt worden. Pappe behauptete, die nachfolgende Politik des Staates Israel hätte ein Programm der ethnischen Säuberung fortgesetzt.[3]

- Eine ständig zunehmende Zahl israelischer Journalisten und Kritiker der israelischen Gesellschaft hat die Gewaltmaßnahmen und Illegalität der Besetzung und den politischen und sozialen Schaden für den Staat Israel aufgezeigt, den dieser sich durch die Unterjochung der Palästinenser in der Westbank und in Gaza selbst zufügt. Die jüdisch-israelischen Journalisten Gideon Levy und Amira Hass lieferten wöchentliche Berichte und Kommentare in israelischen Zeitungen und dokumentierten damit Menschenrechtsverstöße in den besetzten Gebieten. Der Journalist Gershom Gorenberg zeigte 2006 in seinem Buch *The Accidental Empire: Israel and the Birth of the Settlements, 1967–1977*[4] auf, wie die Macht der religiösen Siedlerbewegung und das Versagen der israelischen Regierung zu der massiven und immer noch andauernden illegalen Besetzung führte. Er schilderte, wie »gemäßigte« linksgerichtete israelische Regierungen das Projekt der Beschlagnahmung und Kontrollübernahme zuließen und anschließend unterstützten. Diese Haltung ist nun für den anhaltenden Konflikt und das Scheitern sämtlicher Friedensinitiativen verantwortlich.

– Bekannte israelische Persönlichkeiten haben begonnen, die Vorstellung, Israel sei eine Demokratie, in Frage zu stellen. Es wächst das Bewusstsein, dass Israels unablässige Bemühungen, sicher zu stellen, dass Juden die Mehrheit der Bevölkerung ausmachen, ein Haupthindernis für die Errichtung einer demokratischen Gesellschaft ist. Hinzu kommt, dass Gesetze über den Besitz von Land und Immobilien, die in der Phase der vor-staatlichen Kolonisierung erlassen wurden, um die Ansiedlung von Juden zu erleichtern und dann in Kraft blieben, um dem Verkauf von Land und Wohnraum an Nichtjuden Grenzen zu setzen, zunehmend rechtlich in Frage gestellt werden. In einem Artikel in *The New Yorker* vom 30. Juli 2007 über Avraham Burg, einen prominenten Israeli und früheren Sprecher der Knesset, wurde Burgs Warnung zitiert, dass Israel – »Holocaust-besessen, militaristisch, fremdenfeindlich und wie Deutschland in den 1930er Jahren anfällig für eine extremistische Minderheit« – Gefahr laufe, seinen Status als Demokratie zu verlieren.

– Amerikanische und britische Journalisten und früher in der Außenpolitik Tätige begannen das Bild Amerikas als »ehrlichen Makler« beim Friedensprozess zu hinterfragen sowie die dem angeblich »großzügigen Angebot« zugrundeliegenden Verzerrungen offenzulegen, das die Palästinenserführung abgelehnt hatte. 2001 stellten Professor Hussein Agha und der Politikwissenschaftler und Berater des Außenministeriums Robert Malley in einem einflussreichen Artikel in der *New York Review of Books* die allgemein vertretene Ansicht in Frage, dass einzig Yassir Arafat und das palästinensische Verhandlungskomitee am Scheitern des Friedensprozesses im Jahr 2000 schuldig seien.[5]

– Die öffentliche Aufmerksamkeit hat sich dadurch verstärkt, dass es eine ganze Reihe von bekannt gewordenen Versuchen gab, hochrangige Kritiker Israels im akademischen, religiösen und öffentlichen Raum zum Schweigen zu bringen. Dazu gehörten die Versuche, Israel-kritischen Akademikern die Amtszeit zu verkürzen, die Auftritte von bekannten Persönlichkeiten wie Erzbischof Tutu zu verhindern und die harsche Kritik am Buch des früheren Präsidenten Carter von 2006.

– Das kirchliche Establishment in den USA legt eine zunehmende Sensibilität für die Menschenrechtsfragen bezüglich der Palästinenser an den Tag und hat damit begonnen, auf den Gebieten des Unterrichts, der Weltmission und der Kampagnen zugunsten Benachteiligter Projekte einzuleiten. Auch wurden Initiativen gestartet, Geldanlagen von solchen Einrichtungen abzuziehen, die Profite aus Aktivitäten erzielen, die die Menschenrechte in den besetzten Gebieten beeinträchtigen.

Die amerikanische Öffentlichkeit wird sich zunehmend stärker dessen bewusst, dass die Hindernisse für den Frieden komplexer Natur sind und Israel alles andere als ein unschuldiges Opfer ist, sondern in beträchtlichem Maß Schuld trägt und dafür auch zur Verantwortung gezogen werden muss. Wir lassen eine allzu simple Vorstellung dieses Konflikts nach David-und-Goliath-Manier hinter uns (bei der paradoxerweise Israel als der David gesehen wurde, obwohl es militärisch sehr viel stärker ist) und treten in einen differenzierteren Diskurs ein, an dem Journalisten, Politikwissenschaftler, Theologen, Historiker und Persönlichkeiten des öffentlichen Lebens teilnehmen. Das ist ein Diskurs, bei dem wir als Gesellschaft verstärkt bereit zu sein scheinen, die eigentliche Natur dieses Konflikts genauer zu untersuchen.

DER ENTSCHEIDENDE ANSTOSS

Im Herbst 2006 war ich gerade aus Israel und der Westbank zurückgekehrt. Ich war dorthin mit einer interreligiösen Gruppe gereist, der auch eine Anzahl progressiver Christen angehörte, die in verschiedenen protestantischen Denominationen[6] aktiv waren. Begleitet von einem Mitdelegierten hielt ich in einer Kirchengemeinde in Washington, DC, einen Vortrag über meine Reise. Diese Gemeinde war recht bekannt für ihr aktives Engagement in Fällen, bei denen es um die Menschenrechte und soziale Gerechtigkeit ging. Der Pastor der Gemeinde stellte meinen Kollegen und mich vor und hörte sich unsere Ausführungen aufmerksam an. Wir sprachen beide von unseren großen Sorgen darüber, wie Israel internationales Recht und die Menschenrechte der Palästinenser der Westbank verletze. Ich meinerseits sprach ganz offen über mein Entsetzen über die Besatzung, den Schaden, den diese Politik der israelischen Politik zufüge, den Schmerz, den mir das Verhalten meines Volkes bereite und über meine Sorgen, wohin das führe. Ich schilderte meine »Bekehrung« von einem Juden, der einigen Zügen der Politik Israels kritisch gegenüberstanden, aber dessen zionistische Vision unterstützt hatte, zu jemandem, der jetzt Israels guten Willen, wirklich mit den Palästinensern Frieden schließen zu wollen, radikal in

Zweifel stellte und das zionistische Projekt als Ganzes ablehnte. Meiner Auffassung nach seien die Enteignung der Palästinenser im Jahr 1948 und die Besetzung der Palästinensergebiete seit 1967 die Wurzel des palästinensischen Widerstands und mir gehe es einzig und allein darum, dem palästinensischen Volk Gerechtigkeit widerfahren zu lassen, denn das sei der einzige Weg zum Frieden.

Nach dem Vortrag trat der Pastor der Kirche an mich heran und erklärte mir, er stimme zwar vielem von dem, was ich gesagt hätte, zu und bewundere meine Leidenschaft, aber seiner Auffassung nach müsse man beim Reden über den israelisch-palästinensischen Konflikt auf die Gefühle der Juden Rücksicht nehmen. Ich fragte ihn, was er damit meine. Seine Antwort lautete ungefähr so: »Ich habe die Geschichte des Christentums studiert und muss Ihnen sagen, dass ich mich als Christ persönlich für den schrecklichen Antisemitismus und sogar für den Holocaust der Nazis verantwortlich fühle. Ich habe mich während meiner gesamten Amtszeit als Pastor für soziale Gerechtigkeit engagiert und dabei auch etliche Jahre mit einer interreligiösen Gruppe von Christen und jüdischen Geistlichen zusammengearbeitet. Bis vor Kurzem war vom Thema Israel und den Palästinensern noch überhaupt nicht die Rede. Als jedoch 2004 das Thema auf den Tisch kam, dass die Presbyterianische Kirche ihr Geld nicht mehr in Firmen investieren solle, die an der israelischen Besatzung beteiligt sind, beschloss ich, dieses nicht weiter zu verfolgen, und zwar aus Rücksichtnahme auf die Rabbis in unserer Gruppe, die dagegen waren, unser Geld von solchen Firmen abzuziehen.«

Mein jüdischer Stammbaum muss astrein sein, denn ich brachte es fertig, ihm in die Augen zu sehen und ihm mit dem, was man nur als »Chuzpe«[7] bezeichnen kann, zu erwidern: »Herr Pastor, Sie müssen mit Ihrem christlichen Schuldgefühl dringend etwas anderes tun. Die Rabbis, die sich mit Ihnen nicht auf eine ehrliche Diskussion über Israel und den Zionismus einlassen, sind keine Freunde Israels. Wir Juden sind ungemein gefährdet und Israel ist in Gefahr. Wir brauchen Ihre Hilfe als christliche Führungsgestalt und als ein für Gerechtigkeit und Frieden engagierter Mensch. Wenn Sie es zulassen, dass diese Diskussion untersagt wird und Sie sich in diesem Konflikt nicht engagieren, ist das nicht das, was Jesus von Ihnen will.« Der Pastor kam nicht ins Wanken; er gab weder seinen Standpunkt auf, noch wies er meine Herausforderung ab. Es war jedoch der Beginn eines andauernden Dialogs zwischen uns und einer Freundschaft, die ich schätze. Aber genau in diesem Augenblick geschah noch etwas anderes: Ich erhielt den Anstoß zu meiner Berufung, denn mir ging auf, dass ich eine Stimme habe, die ich erheben sollte. Aus meiner Begegnung mit diesem Pastor ergab sich dieses Buch hier.

PARALLELE KRISEN

In seiner Einführung zu Rosemary Ruethers Buch *Faith and Fratricide* von 1995[8] kam der katholische Theologe Gregory Baum auf die Bemühungen der Kirche zu sprechen, sich mit dem jüdischen Volk zu versöhnen und über ihre tief verwurzelten anti-jüdischen Vorurteile hinwegzukommen. Das Problem sei, stellte Baum fest, dass »falls die Kirche ganz die in ihre Lehre eingebauten antijüdischen Tendenzen ausräumen will, es mit ein paar marginalen Korrekturen nicht getan sein wird. Sie muss den Kern ihrer Verkündigung überprüfen und dem Sinn des Evangeliums für unsere Zeit eine neue Deutung geben« (6f.). Zusammen mit einer großen Anzahl anderer sowohl christlicher wie jüdischer Schriftsteller leitet Baum die Notwendigkeit dieses kühnen Unterfangens von den Nachwirkungen der Vernichtung der Juden im Nazi-Deutschland ab:

> »Erst seit dem Holocaust von sechs Millionen jüdischen Opfern sind einige christliche Theologen willens, diese Frage auf radikal neue Weise anzugehen. Aarne Siirala erzählt uns in seinem Buch *Voice of Illness*, dass er bei seinem Besuch der Vernichtungslager von Entsetzen überwältigt worden sei. Ihm sei aufgegangen, dass im Kern unserer Tradition etwas zutiefst krank sei. ›Auschwitz hat eine Botschaft, die wir hören müssen: Es offenbart eine Krankheit, die sich nicht nur am Rand unserer Zivilisation austobt, sondern in deren innerstem Kern, mitten im Besten, was wir geerbt haben … Es fordert uns auf, uns der negativen Seite unseres religiösen und kulturellen Erbes zu stellen‹« (7).

DIE KRISE FÜR DIE JUDEN

Dieses Buch entstand als Reaktion eines Juden auf eine ähnliche Erfahrung, wie sie Siirala machte. Sie ist ein Spiegelbild davon: Viele Juden – Akademiker, Theologen, Geistliche, Laien –, und vor allem solche, die die besetzten Palästinensergebiete bereist haben, machten ebenfalls diese Erfahrung, die Baum als »Augenblick der Wahrheit« bezeichnet. Es handelt sich um die Reaktion einer jetzt siegreichen, dominanten Gruppe auf die Folgen ihres Tuns. Es wird sichtbar, zu welchen Formen der Unterdrückung, der brutalen Missachtung der Menschenrechte und der fundamentalen Abschaffung der Gerechtigkeit ihre Aktionen geführt haben.

Die Reaktionen derjenigen Juden, die sich offen auf die Wahrnehmung der schlimmen Folgen des zionistischen Unternehmens eingelassen haben, sind unterschiedlich. Sie reichen von der ansatzweisen Bereitschaft, hinter die Kulissen des zionistischen Traums zu blicken, über das Entsetzen angesichts der Menschenrechtsverletzungen durch Israel bis rundweg zur Ablehnung der Vorstellung eines Staates, der für die Juden geschaffen und von ihnen geleitet wird. Für mich gibt es eine klare Trennungslinie zwischen denen, die zwar kritisch gegenüber der Politik Israels sind, aber weiterhin die Rechtmäßigkeit eines jüdischen Staats im historischen Palästina vertreten, und denen, die die zionistische Vorstellung, wie sie im heutigen Staat verwirklicht wird, für die Wurzel der Ungerechtigkeiten der derzeitigen Situation halten.

Was diese beiden Gruppen oft voneinander trennt, ist der Umstand, ob sie die Erfahrung gemacht haben, die Besatzung wirklich ganz aus der Nähe mit anzusehen, oder nicht. Wer sie macht, gerät nicht nur in eine Krise wie ich, sondern der wird sich auch der Ereignisse bewusst, die mit der Errichtung des Staats vor über sechzig Jahren verbunden waren. Das sind Ereignisse, die bis vor Kurzem von Israel und dem Großteil der übrigen Welt noch rundweg geleugnet wurden. Wenige derjenigen, die die Besatzung als das verstehen, was sie ist – nämlich das systematische Unternehmen, die autonome und freie Existenz der Palästinenser in der Westbank und in Gaza zu unterhöhlen, um diese Gebiete selektiv zu annektieren und schließlich vollständig unter die Kontrolle Israels zu bringen –, sehen trotzdem nicht, dass dies nichts anderes ist als die Weiterführung der ethnischen Säuberung, die zwischen 1947 und 1949 durchgeführt wurde. Betrachtet man das so, dann geht einem erst richtig auf, was der politische Zionismus in Palästina angerichtet hat. Das Problem ist nicht nur der »Fehler«, diese Gebiete besetzt zu haben; das Problem ist, dass man die angestammten Einwohner eines Landes enteignet und zum Teil vertrieben hat, um dort einen Staat zu gründen, und dass man mit der Enteignung und Missachtung der Menschenrechte der dort Ansässigen bis heute weitermacht.

Besonders unheimlich und tragisch ist der Umstand, dass bei der derzeitigen Diskussion die Rollen der beiden feindlichen Parteien einfach vertauscht werden: Die Juden werden als die Opfer dargestellt und die Palästinenser als die Aggressoren. In Wirklichkeit waren und sind vorwiegend die Palästinenser die Opfer: Sie werden enteignet, entmachtet und gedemütigt. Im historischen Palästina waren die Juden in jeder Hinsicht siegreich und allmächtig. Es stimmt zwar, dass die Juden Israels zu Opfern von Akten gewalttätigen Widerstands seitens extremistischer Palästinensergruppen werden; die terrorisierende Wirkung solcher Akte soll gar nicht verharmlost werden. Während ihrer über sechzigjährigen Geschichte haben die Bürger Israels sechs Kriege, zwei Aufstände, unablässige Selbstmordanschläge und lange Phasen des grenzüberschreitenden Beschusses mit Raketen mitgemacht. So haben sie damit im Angesicht einer

Bedrohung gelebt, die sie als endlos erlebt haben. Aber diese Auswirkungen auf die Israelis müssen im Kontext der katastrophalen Verluste gesehen werden, die die Palästinenser bei der Geburt des Staates erfahren haben, sodann der von zwei Kriegen um den Libanon verursachten Verluste, der anhaltenden Auswirkungen der militärischen Besetzung auf die palästinensische Gesellschaft und erst unlängst der Anfang 2009 erfolgten Invasion und Bombardierung Gazas. Die Angriffe auf Israel sollte man deshalb nicht als Ausdruck unversöhnlicher anti-jüdischer Gefühle verstehen, sondern als Reaktionen einer zutiefst verwundeten und zunehmend verzweifelten einheimischen Bevölkerung.

Zugleich wurde der von der Verzweiflung und Erniedrigung eines vertriebenen und besetzten Volks genährte palästinensische Widerstand von politischen Kräften inner- und außerhalb Palästinas angeheizt und ausgenutzt. Akte des Widerstands wie Selbstmordattentate und Raketenangriffe sind angsterregend. Aber grundsätzlich können sie Israels Macht und Sicherheit nicht gefährden. Selbstmordattentate sind schrecklich und schockierend. Aber es ist zu leichtfertig und zu billig, ein gesamtes Volk deswegen als terroristisch zu brandmarken, doch genau das ist passiert. Das Bild der Palästinenser als eines gewalttätigen Volkes, das auf die Vernichtung Israels versessen ist, stimmt nicht. In Wahrheit ist es so, dass die Palästinenser weithin ein friedliches, geduldiges Volk sind. Ihre Hauptsünde im Lauf der letzten etwas mehr als sechzig Jahre war ihr relativ großes Unvermögen, sich angesichts des hervorragend und effizient organisierten Kolonialprojekts der Zionisten ihrerseits effizient organisieren zu können – eine Aufgabe, die ihnen von den Engländern während deren dreißigjähriger Herrschaft aus der Hand genommen worden war. Den Preis dafür bezahlen sie jetzt. Denn ihre Wirtschaft und ihre Infrastruktur werden immer weiter zerstört und das Programm fortgesetzt, ihre Fähigkeit, sich selbst zu regieren, lahmzulegen. Israel hat mit Unterstützung der USA übernommen, was die Engländer übriggelassen hatten, und das mit weit größerer Effizienz und Gründlichkeit. Eine wachsende Zahl von Juden in Israel und außerhalb des Staates sieht das, und auf uns wirkt das vernichtend: Wenn ich als Jude die Verbrechen mit ansehe, die in meinem Namen begangen werden, bin ich schockiert und entsetzt und gerate in eine Identitätskrise. Und ich bin damit nicht der Einzige.

DIE KRISE FÜR DIE CHRISTEN

Diese Krise für die Juden findet ihre schmerzliche Parallele in der Konfrontation der Christen mit dem Holocaust der Nazis. Die Christen, die schon alle Mühe haben, ihr Verhältnis zum Antisemitismus zu klären, stehen nun auch noch vor der komplexen Realität eines jüdischen Staats. Paradoxerweise verdankt der politische Zionismus seinen Erfolg in mancher Hinsicht dem Holocaust, also derselben Katastrophe, die eine radikale Neueinschätzung der Grundlagen des Christentums angestoßen hat. Die Historiker haben festgestellt, dass es im 19. und 20. Jahrhundert im christlichen Europa einen tief verwurzelten Zionismus gab, der die Ansiedlung der Juden in Palästina befürwortete. Von daher gibt es im Christentum zwei Strömungen: eine konservative (den christlichen Zionismus) und eine liberal/progressive (diejenige der interreligiösen Versöhnung). Beide führen zur Bereitschaft, sowohl die Idee als auch die Realität des jüdischen Staates zu befürworten. Und beide wirken sich stark dahingehend aus, die Kritik an Israel zu unterdrücken. Das hilft die Zurückhaltung vieler Christen zu verstehen – das angemessenere Wort wäre sogar: die Phobie –, Israel wegen seiner Menschenrechtsverletzungen und seiner Weigerung zur Verantwortung zu ziehen, und den Palästinensern Recht widerfahren zu lassen. So stehen wir hier vor einem erschreckenden Paradox: Die Christen sind infolge ihres Versuchs, die *gegen* die Juden verübten Verbrechen zu sühnen, blockiert, die *von* den Juden verübten Verbrechen anzuklagen.

Wohin führt das die Juden, die sich heute hin- und hergerissen fühlen zwischen ihrem Einsatz für die Gleichheit aller Religionen und Rassen und ihrer Verbundenheit mit dem Staat Israel? Wohin führt das die heutigen Christen, die sich für soziale Gerechtigkeit einsetzen und sich gemeinsam als Glaubensgemeinschaften engagieren? Dieses Buch wird immer wieder auf diese Fragen zurückkommen: Was ist die richtige Einstellung der übrigen Menschheit gegenüber dem jüdischen Volk und unserem nationalen Projekt, uns unsere eigene Heimat zu schaffen? Und was müssen wir als jüdische Gemeinschaft tun, die wir uns mit unserer schmerzlichen Situation im historischen Palästina herumplagen? Wie sieht die Zukunft aus, die wir uns selbst schaffen wollen?

KAPITEL 2
MEIN WEG

Könnten wir sagen, zur Heilung unseres historischen Traumas könnte es dann kommen, wenn wir in den Gesichtern der palästinensischen Menschen unsere eigenen blutigen, erniedrigten Gesichter sehen, die dennoch große Hoffnung ausstrahlen?

Marc Ellis, Beyond Occupation

Ich bin in fünfter Generation der Enkel eines palästinensischen Juden. Mein Großvater Joseph Back war der direkte Nachkomme eines der großen chassidischen Rabbiner Europas. Seine Familie siedelte sich im frühen 19. Jahrhundert aus religiösem Eifer im jüdischen Quartier der Altstadt von Jerusalem an. Joseph kam im Jahr 1900 in Jerusalem zur Welt, war also orthodoxer Jude, Palästinenser und Untertan des osmanischen Sultans. Als Junge spielte er in den engen gepflasterten Gassen der Altstadt mit jüdischen und arabischen Spielkameraden und betete in einer Synagoge, die ganz in der Nähe des im Jahr 70 n. u. Z. von den Römern zerstörten Tempels lag. Als junger Mann (der nach allem, was über ihn erzählt wird, ein etwas missratener Spross dieser frommen Familie war) ließ er die Armut Jerusalems hinter sich, um sich auf die angeblich mit Gold gepflasterten Straßen Amerikas zu begeben. Das schaffte er, weil seine Ehe arrangiert worden war. Denn meine Großmutter und zwei ihrer Schwestern, Amerikanerinnen in erster Generation und Töchter eines streng orthodoxen Juden, waren ins Heilige Land geschickt worden, um dort Männer mit angemessenem frommen Stammbaum zu finden. Mein Großvater entsprach diesem Standard, und so konnte er mit meiner Großmutter nach Amerika ziehen. Sie ließen sich in der geschäftigen Einwanderer-Enklave South Philadelphia nieder. Meine Mutter, ihr erstes Kind, kam dort drei Monate nach ihrer Ankunft Anfang 1921 zur Welt. 1945 heiratete sie wiederum einen Amerikaner in erster Generation, den charmanten und stattlichen Sohn von zwei der über zwei Millionen jüdischen Einwanderer, die vor den Pogromen in Russland zwischen 1880 und 1924 nach Amerika geflohen waren, ehe die US-Einwanderungsbehörden die Tür zuschlugen.

Ich kam 1948 zur Welt, einen Monat vor der Ausrufung des Staates Israel. Den Zionismus sog ich mit der Muttermilch auf, einen ganz religiös geprägten Zionismus. Trotz meiner ungewöhnlichen Familiengeschichte war meine Erfahrung keineswegs etwas Besonderes. Jeder in den Nachkriegsjahren in Amerika geborene praktizierende Jude wurde in einer Religion aufgezogen, die eine Mischung aus politischem Zionismus und rabbinischem Judentum war. In diesem quasi-messianischen Eintopf war die Liebe zum Staat Israel ganz eng mit der treuen Einhaltung der Gebote verquickt. Landkarten des neuen Staates und Fotos aus dem Alltagsleben auf den landwirtschaftlichen Kollektiven (mit der einen Hand am Pflug, der anderen am Gewehr) hatten in den Klassenzimmern der Synagogen ihren selbstverständlichen Platz neben Bibelgeschichten und Hebräischunterricht. Bei Schulfesten und anderen Feierlichkeiten sangen wir neben traditionellen liturgischen Gesängen auch zionistische Volkslieder und israelische Militärballaden. Die mythologisch gefärbte Geschichte der jüdischen Landnahme und der Geschichte des Staates Israel war genauso Bestandteil des Lehrplans meiner jüdischen Schulausbildung wie der Unterricht in den Riten und der Theologie des Judentums. In unseren Gebeten baten wir Gott darum, den Staat Israel zu beschützen und zu segnen als »die erste Blüte unserer Erlösung«. Mir wurde beigebracht, dass dank Heroismus und Tapferkeit ein Wunder geschehen sei und meine Generation dadurch ganz besonders gesegnet werde. Die Geburt des Staates Israel galt nicht nur als historisches Ereignis, sondern sie *war Erlösung*. In jeder Generation, so heißt es in dem Lied, dass wir alljährlich bei der Passahfeier sangen, stünden Tyrannen auf, uns zu unterdrücken – Pharao, Chmielnitzki, Hitler und natürlich Gamal Nasser – und der Herr strecke seine Hand aus, um uns von ihnen zu befreien. Die jüdische Geschichte sei eine Geschichte des Ringens, des Exils, der Unterdrückung und des Hingeschlachtetwerdens, die jetzt und endlich mit der Rückkehr in eine Heimat gekrönt worden sei.

ICH BEGEGNE MEINER ISRAELISCHEN FAMILIE

Mein Großvater hatte das Heilige Land verlassen, aber das Herz der Familie war in Jerusalem geblieben. Zwei der vier Kinder von Joseph und mehrere seiner Enkel waren nach Israel ausgewandert. Die jüngere Schwester meiner Mutter, Sylvia, war die Erste, die 1947 nach Palästina ging, mit der Welle der amerikanischen Juden, die den zionistischen Traum verwirklichen wollten, der nach dem Ende des Holocausts endlich wahr werden sollte. Für Sylvia bot diese Reise in mancher Hinsicht auch den Fahrschein raus aus einer Familie, der sie sich nie richtig zugehörig gefühlt hatte: Die ältere Schwester – meine Mutter – war dominierend und fühlte sich für alles verantwortlich (Sylvia war wild, künstlerisch, chaotisch, rebellisch); die Brüder bekamen alles und hatten viele Privilegien; der Vater war ernst, religiös und arbeitete hart; die Mutter war emotional warm, aber erschöpft von den Entbehrungen der amerikanischen Wirtschaftskrise Anfang der 1920er-Jahre. Sylvia schloss sich der religiös-zionistischen Organisation *Hashomer Hadati* an, gab sich den hebräischen Namen Yaffa und ging an Bord eines Schiffs, um – in zionistischem Jargon gesprochen – eine *halutza*, eine Pionierin zu werden. Sie lernte dort einen tschechischen Flüchtling kennen, den sie später heiratete, einen der wenigen aus seiner Familie, der dem Holocaust Hitlers entkommen war, und ließ sich nieder, um das jüdische Heimatland aufzubauen.

Im Sommer 1965 war ich siebzehn, saß auf der hinteren Veranda meiner Tante Yaffa in K'far Haroeh, einem religiös geprägten, von Landwirtschaft lebenden Dorf auf einem Hügel mit Blick auf Israels Küstenebene. Eine riesige, mit einer Kuppel gekrönte und an der höchsten Stelle errichtete *Jeschiwa* (ein Haus für jüdische Studien) beherrschte die Siedlung, die aus einfachen gekalkten Häusern bestand und von Zitruswäldchen umgeben war.

Das war das Israel der Bilderbücher und Geschichten meiner Kindheit. Ich war nach Israel im Rahmen des von der *United Synagogue of Conservative Judaism* gesponserten Sommerprogramms für Jugendreisen gekommen. Mit den Kindern auf dem Schulhof hatte ich Hebräisch gesprochen, mich mit dem Ladenbesitzer in der Stadt und dem Farmer auf dem Feld unterhalten. Bei der Fahrt über die Bergstraße nach Jerusalem hatte ich die ausgebrannten Jeeps vom »Befreiungskrieg« von 1948 gesehen, die man immer noch als Denkmäler der Schlacht um die Hauptstadt längs der Straße zur Stadt hatte liegen lassen. Ich hatte die Brüder meines Großvaters getroffen, die wie er (und wie ich) aussahen und herzlich und liebevoll mit dem Enkel des »Abtrünnigen« umgingen: Ich war der Junge, der »heimgekommen« war. Nach siebzehn Jahren religiöser Erziehung und Ausbildung in Sprache, Geschichte und Kultur passte jetzt alles genau zusammen. Ich war voller Stolz auf das moderne Israel; auf das, was mein Volk geleistet hatte, auf dieses rührige Land, das aus der Asche von Auschwitz entstanden war. Ich war in das Land verliebt – zutiefst, ja geradezu entzückt.

Wir saßen gemeinsam bei einem Mahl: Yaffa, ihre drei Kinder und ich. Sie sprachen über die Araber. In welchem Zusammenhang das war, weiß ich nicht mehr. Aber ich erinnere mich noch an den Ton und die Einstellung: Das war die Art, auf die man zur Zeit vor der Bürgerrechts-Bewegung in Philadelphia, wo ich aufgewachsen war, über die Schwarzen gesprochen hatte. Ich empfand den Rassismus und ich begriff die Angst, die direkt unter seiner Oberfläche lag. Zwar wusste ich, dass es im Land Araber gab – damals sprach man noch nicht von Palästinensern –, aber in der Geschichte, die man mir erzählt hatte, gab es sie nur als Feinde, die man im Krieg besiegt hatte, die aber weiterhin die Sicherheit des jungen Staates bedrohten. In diesem Augenblick begriff ich, dass es in dieser Geschichte noch mehr gab. In diesem Augenblick, mitten in meinem Anfall von Begeisterung und Entzücken über das Wunder des jüdischen Staates und mitten in der herzlichsten familiären Liebe, die ich je verspürt hatte, ging mir auf, dass es ein Problem gab, und ein fataler Bruch den zionistischen Traum durchzog. Der Traum, der das Märchenbuch-Land geschaffen hatte, in dem es Kibbuzim und Städte aus weißem Stein gab, und Männer mit schwarzen Hüten, die in aller Freiheit ihre Alte Welt des Geistes und Studierens erschaffen konnten – dieser Traum stand auf wackligen Fundamenten, auf Fundamenten der Verdrängung. Es gab hier auch andere Menschen. Diese Menschen waren bereits hier, als wir von den Küsten eines ungastlichen, mörderischen Europas her anreisten. Ich wusste das und ich konnte auch sehen, dass in dieser Versammlung meiner Blutsverwandten diese »Anderen« nichts zählten. Und ich wusste irgendwie sogar schon damals, dass dieser fundamentale Bruch sich vergrößern und schließlich den Traum von Unabhängigkeit und Sicherheit zerstören würde.

So war der Same des Zweifels gelegt, aber meine Bindung an das Land blieb stark. Zurück in den USA, verfolgte ich als College-Student aus der Ferne das Drama des Sechs-Tage-Krieges und jubelte über Israels Sieg. Wieder hatte David über den Goliath der arabischen Länder gesiegt, die auf unsere Vernichtung aus waren: »Jerusalem gehört uns!« Die Romanze mit dem Land blühte wieder auf, stärker denn je. Nach dem College lebte ich ein Jahr in einem Kibbuz in Galiläa und achtete nicht weiter darauf, was es zu bedeuten hatte, dass noch immer palästinensische Häuser aus der Zeit vor 1948 auf dem Gelände des Kibbuz standen, mit alten Olivenbäumen, die ihre Felder und Wege säumten. Was ich allerdings nicht übersehen konnte, war die Begegnung mit einer Palästinenserfamilie, die unten an der Straße wohnte. Sie war obdachlos geworden, als ihr Dorf, das in Sicht meines Kibbuz gelegen hatte, in einen Trümmerhaufen verwandelt worden war. Sie erzählten mir die Geschichte ihrer Vertreibung im Jahr 1948. Als die jüdischen Soldaten sie vertrieben hätten, seien sie immer und immer wieder in ihre Häuser zurückgekehrt, obwohl ihnen die Soldaten gesagt hätten, ihre Anwesenheit bedeute ein »Sicherheitsrisiko«. Schließlich hätten diese das ganze Dorf gesprengt. »Golda hat unser Dorf in die Luft gejagt!«, so drückten sie es aus. *Golda? Meine Golda Meir*, neben David Ben-Gurion die Heldin meines Volkes? *Meine Golda* hatte Menschen aus ihren Häusern verjagt, ihnen ihre Farmen gestohlen, ihre Dörfer in die Luft gesprengt? Da wurde in mich eine andere Saat gelegt.

Nach meiner Heimkehr trat Israel gegenüber meinem Schulabschluss, meiner Eheschließung und dem Aufziehen meiner Kinder zwar in den Hintergrund. Meine Sorgen um Israel wuchsen jedoch mit jedem weiteren Schritt des illegalen Siedlungsbaus. Aber immer noch hielt ich mich an die jüdische Erzähltradition: die Besatzung stelle zwar einen bedauerlichen Verstoß gegen die Menschenrechte dar, sei aber der Preis für die Sicherheit. Die Saat des Zweifels schlummerte fast vierzig Jahre lang. Dann besuchte ich die Westbank.

DAS ANDERE ISRAEL

Als ich im Sommer 2006 Israel und die besetzten Gebiete bereiste, fiel meine Abwehr gegen die Realität der Verbrechen Israels in sich zusammen. Ich sah mit eigenen Augen, wie für die Trennungsmauer breite Schneisen palästinensischen Lands in Beschlag genommen wurden und an den Kontrollpunkten alle Bewegungen der Palästinenser innerhalb ihres eigenen Territoriums genau überwacht und Landwirtschaft, Handel, Zugänge zu Gesundheitsdiensten, Schulen und das soziale Miteinander erstickt wurden. Ich sah das Netzwerk neuer Straßen, auf denen nur Israelis fahren durften. Ich erfuhr von den gezielten Tötungen, nächtlichen Razzien und kollektiven Bestrafungen. Ich sah die massive, immer weiter vorangetriebene Bautätigkeit für illegale jüdische Siedlungen und Städte. Ich hörte aus erster Hand von den tückischen Akten jüdischer Siedler, und mir schossen Begriffe wie Apartheid und ethnische Säuberung in den Kopf, ungewollt und unleugbar.

In diesem Sommer fiel meine letzte Nacht in Palästina auf den neunten Av, einen jüdischen Tag des Fastens und Betens, der Tradition nach das Datum der Zerstörung des salomonischen Tempels und des Anfangs des Exils der Juden vor über zweitausend Jahren. Am Abend dieses Tages wird der Text des Buches der Klagelieder gesungen, ein Quellentext unseres Trauerns, als dessen Verfasser die Tradition den Propheten Jeremia angibt. Es ist die erschütternde Beschreibung eines gestürzten und traumatisierten Volkes:

Schwer gesündigt hat Jerusalem,
deshalb ist sie zum Gespött geworden.
Alle, die sie einst bewunderten, verachten sie,
weil sie in Schande gefallen ist.

Grauen und Grube wurden uns zuteil,
Tod und Verwüstung.
Tränenströme vergießen meine Augen
über die Zerrissenheit meines armen Volkes.

(Klagelieder 1,8; 3,47–48; wörtlich nach der Textfassung des Autors)

In dieser Nacht saß ich auf einem Hügel, von dem aus man die Altstadt über-
blickt, in Gesellschaft von Gruppen betender Juden, zumeist eingewanderter
Amerikaner, die meinem Gefühl nach am Heiligtum ihres Jerusalem beteten –
eines Jerusalem, das sie auf Kosten des palästinensischen Volkes für sich »be-
anspruchten«; eines Jerusalem, das auch für die Palästinenser ein spirituelles
und politisches Zentrum ist; eines Jerusalem, das diesen weggenommen wird,
Straße um Straße, Farm um Farm, Dorf um Dorf. Ich stand auf dem Hügel und
sang die Worte, wie ich sie alljährlich an diesem Tag hörte, Schilderungen des
Hungers, der Vergewaltigung, der Ermordung, der Zerstörung von Häusern
und der Verbannung aus dem Land, und ich konnte diese Worte nur im Namen
der Palästinenser aussprechen. In diesen Worten empfand ich jetzt *ihr* Leiden.
Und meine Augen vergossen Ströme von Tränen um sie, meine palästinensischen Brüder und Schwestern, und ja, um die Zerrissenheit meines eigenen
Volkes.

ZWEI WELTEN

Ich war diesen Sommer als Delegierter einer interreligiösen Friedensgruppe
angereist, der *Interfaith Peace Builders* (»Interreligiöse Friedensstifter«), einer
Organisation, die als Programm der FOR *(Fellowship of Reconciliation,* »Genos-
senschaft der Versöhnung«*)* begonnen hatte. Die FOR ist eine alte, faszinierende
Organisation. Sie wurde 1914 nach Ausbruch des Ersten Weltkrieges von einem
englischen Quäker und einem deutschen Lutheraner gegründet, die sich auf
einem Bahnsteig in Köln zum Zeitpunkt, als ihre Länder gegeneinander in den
Krieg zogen, gemeinsam geschworen hatten, sich für den Frieden einzusetzen.
Die FOR hat sich seitdem überall auf der Welt, wo ein Konflikt im Gang ist, für

Frieden und Versöhnung eingesetzt. Die »Interreligiösen Friedensstifter« widmen sich auch der Aufgabe, Beziehungen zwischen Israelis, Palästinensern und nordamerikanischen Friedensaktivisten zu knüpfen, indem sie Delegationen von Nordamerikanern nach Israel/Palästina schicken. Das war die Art Reise, von der ich seit Jahren geträumt hatte, und so hatte ich mich dafür gemeldet.

In diesem Sommer lebte ich in zwei Welten. Ich erwachte allmorgendlich im Haus meines Onkels Nate und meiner Tante Toby in der Sektion der »Deutschen Kolonie« von Jerusalem, einem Stadtbezirk, in dem bis 1948 wohlhabende« Palästinenserfamilien gewohnt hatten, die jetzt als Vertriebene in der Westbank oder im Ausland lebten. Dieser Bezirk ist jetzt einer der schicksten in Westjerusalem und vollständig von Juden bewohnt. Niemand von ihnen wagt sich je in das arabische Ostjerusalem, außer zu gelegentlichen Einkaufstouren auf den arabischen Marktplatz oder zu einer religiösen Pilgerfahrt an die Westmauer in der Nähe des im Jahr 70 n. u. Z. zerstörten jüdischen Tempels. Von 1948, als das jüdische Militär sich angesichts der Arabischen Legion aus der ummauerten Altstadt und der östlichen Hälfte Jerusalems zurückzog, bis 1967, als die israelische Armee im Sechs-Tage-Krieg den Ostteil zurückeroberte, hatte eine Mauer im Stil derjenigen von Berlin die Stadt geteilt.

Die Mauer aus Holz und Mörtel war jetzt weg, aber die ethnografische Schranke blieb. Ich verließ am Morgen das jüdische Westjerusalem und ging zu Fuß auf die Ostseite, um mich meiner Delegation anzuschließen, die an diesem Tag herumreiste und Treffen mit Gruppen hatte, die sich der Friedensarbeit widmeten. Ich überquerte die Straße, auf der früher die Grenzmauer verlief, und es war wie ein surrealer, geradezu magischer Moment – wie ein Spezialeffekt in einem Film –, als ich jäh in eine andere Welt eintrat. Mit einem Schritt hatte ich das jüdische Westjerusalem verlassen und das arabische Ostjerusalem betreten. Ich ging die Saladin-Straße hinunter und genoss den Anblick, die Geräusche und die Atmosphäre dieses Ortes. Im Gegensatz zum ruhigen, frommen, gepflegten und sauber geordneten Westjerusalem war Ostjerusalem voller schreiender Farben und in tumultartiger Bewegung. Jeden Tag erlebte ich diesen lebhaften Kontrast zwischen den beiden Kulturen. Einerseits gab es da die palästinensische Kultur, leidenschaftlich, umtriebig, weise, zutiefst mit dem Land verbunden. Und andererseits gab es die neue israelische Zivilisation: von Europa hierher versetzt, in die alte Landschaft eingefügt, wunderbar kreativ, hart arbeitend und voller Hunger nach Leben … und ohne Blick für die Menschen, die sie verdrängte. Ich sprach einen vornehm wirkenden Mann in arabischer Kleidung an, um ihn nach dem Weg zu fragen und hätte das fast auf Hebräisch getan, denn ich hatte ganz vergessen, dass ich die unsichtbare Schranke überschritten hatte, die Juden und Palästinenser trennt.

In meinen ersten achtundfünfzig Lebensjahren war »Jerusalem« für mich das jüdische Westjerusalem gewesen. Jetzt hatte ich die gesamte Stadt entdeckt, die zweigeteilt war. In dieser geteilten Stadt musste ich wählen, auf welcher Seite ich leben und welche Sprache ich lieber sprechen wollte. Diesen Wechsel machte ich zweimal täglich: morgens in Richtung Osten, abends zurück nach Westen. Ich merkte, dass ich mich zunehmend auf der Ostseite daheim fühlte. Dieses Gefühl verstörte mich zutiefst. Ich fühlte mich zerrissen. Was bedeutete es jetzt, Jude zu sein? Wer war ich?

DIE GESTOHLENE ZUKUNFT

Unsere Delegation reiste eines Tages in das Gebiet von Bethlehem in die Stadt Beit Sahour, ein herrlicher Ort in der Westbank mit Häusern, kleinen Fabriken, Geschäften, hübschen Kirchen und stattlichen Moscheen, die sich die Seiten eines Tals in den Hügeln südlich von Jerusalem hinauf und hinab erstreckten. Längs des Nordrands des Tales, wo einst ein bewaldeter Hügel den höchsten Kamm geschmückt hatte, lag jetzt Har Homah, eine illegale jüdische Siedlung. Der Anblick war geradezu obszön: eine graue, ausfernde Narbe aus Beton in der Landschaft. Har Homah beherrscht das Tal und die nur für Juden gestattete jüdische Straße, die Jerusalem mit Bethlehem verbindet, verknüpft das geplante »Größere Jerusalem«[1] mit dem fruchtbaren Gebiet südlich von Bethlehem, das im Wesentlichen zum südlichen Vorort des jüdischen Jerusalem wird. Die Straße markiert die Grenze der Bewegungsfreiheit der palästinensischen Bewohner des Tals. Alle, die diese Straße überqueren, und sei es nur zu Fuß, bekommen eine Geld- oder andere Strafe oder müssen mit noch schlimmeren Folgen rechnen. So sitzen die Menschen von Beit Sahour als Gefangene in ihrem eigenen Land fest. Frustration und Wut nagen an ihnen.

Die Mitglieder unserer Delegation verbrachten die Nacht als Gäste einer Anzahl von Familien in Beit Sahour. Als meine Mitdelegierte und ich beim Haus unserer Gastgeber ankamen, begrüßte uns Najwa, eine warmherzige, anmutige Frau ungefähr meines Alters, die seit drei Jahren verwitwet war. Sie hatte Freude am Leben und kultivierte mit Hingabe den Olivenhain und Gemüsegarten auf dem zu ihrem Haus gehörigen Stück Land, von dem aus man einen Blick über die Stadt hatte. »Fühlen Sie sich wie zu Hause«, sagte sie bei der Begrüßung zu uns. Ihr einundzwanzigjähriger Sohn Awad erinnerte mich an meinen Sohn Jakob: braunes gekräuseltes Haar, tiefgründige, intensiv blickende Augen, von stattlicher Figur und mit großen Händen. Er war gerade dabei, an der Universität

Bethlehem seine Abschlussprüfung in Buchhaltung zu machen. Mit seinem Diplom würde er im besetzten Palästina praktisch keine Aussicht auf eine Arbeitsstelle haben. Er wollte aber seine Familie und Heimatstadt nicht verlassen, doch, so sagte er, »Ich habe hier keine Zukunft«. An diesem Abend kam sein Freund George zu Besuch. Auch George war einundzwanzig, ein gutaussehender, strahlender junger Mann, sprühend von Leben und Humor. Aber seine Stimmung wechselte, als ich ihn fragte, womit er sich derzeit beschäftige. George war ein begabter Computerprogrammierer. Zur Zeit, als er die Highschool besuchte, hatte er sich noch frei über die Grenze zwischen Israel und der Westbank bewegen können, um eine Ausbildung bei israelischen Software-Firmen zu machen. Man habe ihn dort akzeptiert und geschätzt und er habe zuversichtlich in die Zukunft geblickt. Aber nach dem Ausbruch der Zweiten *Intifada*[2] im Jahr 2000 sei alles anders geworden. Plötzlich hätten sich die Israelis ablehnend verhalten und ihm gekündigt. »Sie behandelten mich so, als sei ich ein Terrorist. Sie sahen mich an, als hätte ich Sprengkörper umgeschnallt!« Man sah in seinen Augen deutlich den tiefen Schmerz. Er war tief verletzt und wie erstarrt. Jetzt besuchte er die Schule, um Buchhalter zu werden, aber seine Begeisterung war verschwunden. Was bleibt einem Einundzwanzigjährigen, der keine Zukunft mehr sieht?

Meine Gespräche mit Awad und George wühlten mich tief auf. Beim gemeinsamen Essen mit Nawja, ihren beiden Kindern und meiner Mitdelegierten Nicole wandte ich mich an Nawja und sagte: »Die Israelis haben vor euch Angst. Sie kennen euch nicht und wollen euch auch gar nicht kennen.« Nawja schwieg, ihre Augen waren traurig und sie wusste, dass ich recht hatte. Später rief ich meine Tante in Westjerusalem an – ohne recht zu wissen, warum; ich hatte einfach das Gefühl, mit ihr reden zu müssen –, und während ich mit ihr sprach, überkam mich die Macht meiner Gefühle und ich sagte: »O Gott, Toby, wir bringen sie um! Wir errichten Mauern, um sie unsichtbar zu machen. Wir würgen ihr Wachstum ab, bremsen ihre jungen Menschen völlig aus, und das scheint uns überhaupt nichts auszumachen! Das ist fürchterlich, einfach fürchterlich!« Die bestenfalls wacklige Telefonverbindung nach Westjerusalem brach ab, als mir diese Worte über die Lippen kamen und zu meiner Überraschung und gegen meinen Willen liefen mir Tränen übers Gesicht.

Aber wer war dieses »Wir«? Ich bin kein Israeli, aber als Jude fühlte ich mich für die Vorgehensweise dieses Staates verantwortlich. Sicherlich war ich verantwortlich für jede weitere Untätigkeit meinerseits, jetzt, da ich das gesehen hatte, was mir begegnet war und das empfunden hatte, was mich erschütterte. Aber mir war nicht klar, was ich tun sollte. Ich fühlte mich innerlich zerrissen: War das nicht Israel, das Land, das uns Sicherheit bieten sollte, der Traum von Jahrtausenden, der rettende Hafen vor dem Antisemitismus?

Aber die Berufung, Zeugnis abzulegen, ist ungemein stark. Während ich hier über die Erfahrung dieses Sommers schreibe, muss ich spontan an die israelische Friedensaktivistin und Journalistin Amira Hass denken, ein Kind von Überlebenden des Holocausts, die in Ramallah in der Westbank lebt. Sie schickt der israelischen Presse wöchentlich Berichte, um ihren jüdischen Landsleuten die Wahrheit über die Auswirkungen der Besetzung zu beschreiben. Hass sagt, es sei ihre Mutter gewesen, die ihr den Weg zu ihrem Einsatz als Jüdin und Israelin gewiesen habe. Diese sei 1944 eines Tages im Vernichtungslager Bergen-Belsen mit vielen anderen aus einem Viehwagen gestiegen und habe dabei eine Gruppe von deutschen Frauen auf Fahrrädern gesehen, die angehalten hätten, um ihnen mit gleichgültiger Neugier ins Gesicht zu sehen. Hass schrieb: »Für mich wurden diese Frauen zum abscheulichen Symbol dafür, wie man unbeteiligt von außen zusehen kann, und schon in jungen Jahren beschloss ich, nicht zu den Zuschauern gehören zu wollen, die sich heraushalten.«

DER BERG DER ERINNERUNG

Auf einem Hügel im Hügelland westlich von Jerusalem gibt es den Herzlberg, der auch als Har Hazikaron, »Berg der Erinnerung« bekannt ist. An seiner höchsten Stelle befindet sich das Grab von Theodor Herzl, dem Gründer des politischen Zionismus. Auf dem Herzlberg sind die israelischen Staatsoberhäupter und andere Nationalhelden bestattet. Am nördlichen Abhang ist Israels nationaler Militärfriedhof. Und am westlichen Hang befindet sich Yad Vashem, Israels Holocaust-Museum. Am Morgen, an dem unsere Gruppe dort ankam, war der Parkplatz bereits voller Autos und Busse und es wimmelte von vielen Gruppen von Schülern, Soldaten in Ausbildung und solchen wie der unsrigen.

Die Besucher gehen auf ihrem Weg vom Parkplatz zum Museum durch einen riesigen Torbogen, der als Inschrift die Worte des Propheten Hesekiel aus seiner berühmten Vision von den ausgetrockneten Gebeinen trägt: »Und ich will meinen Odem in euch geben, dass ihr wieder leben sollt, und will euch in euer Land setzen, und ihr sollt erfahren, dass ich der Herr bin.« (Hes 37,14) Beim Anblick dieser Inschrift blieb ich wie angewurzelt stehen. Wir waren gerade vier Tage lang in Jerusalem und der Westbank gewesen. Was ich da alles gesehen hatte, hatte mich vor Empörung innerlich fast zerrissen. So fühlte ich mich jetzt an diesem Ort dem erlösenden zionistischen Traum ganz und gar nicht nahe. Das letzte Mal war ich sechs Jahre zuvor zu diesem Museum gepilgert. Seit meinem damaligen Besuch hatte man das Museum neu aufgebaut; dieses war jetzt die neue und verbesserte Version. Man hatte einen Großteil des Bestands und der Gebäude des ursprünglichen Museums übernommen, aber in einen neuen architektonischen Rahmen einbezogen und ihm neue Exponate hinzugefügt. Auf das erste neue Exponat stößt man gleich beim Eintreten:

Ich stand vor einer riesigen Wand, die als Projektionsfläche für einen Film dient, der die verlorene Welt der Juden Osteuropas vor Augen führt. Vor mir bewegten sich quer über eine Landkarte Russlands, Polens und Deutschlands eine große Anzahl überwältigender, herzzerreißender Fotografien einer Welt, die verlorengegangen war: Handwerker, Musiker, Arbeiter, Lehrer, Dörfer, Lehrhäuser, Kinder. Sie alle gibt es nicht mehr. Der Film schloss mit einem Chor jüdischer Kinder irgendwo in Europa, die das *Hatikva* (»Die Hoffnung«) sangen, das zionistische Gedicht, das die Nationalhymne des Staates Israel ist.

Ich war erschüttert. Eine Hand hatte in mein Innerstes gegriffen, sich meines Herzens bemächtigt und mich zurück in meine Vergangenheit geholt, in die kollektive Erinnerung meines Volkes. Wie konnte ich dieser den Rücken kehren? Wie konnte ich von meiner Geschichte weggehen, von diesem nicht in Zahlen zu fassenden, unauslotbaren Verlust, und erst recht von Israel, meiner Erlösung? Es hatte gewirkt. Ich hing am Haken. Was sollte ich jetzt tun? Ich hatte keine Wahl. Leer, benommen und verwirrt wandte ich mich um und begab mich ins Museum.

Die Ausstellung ist gut durchdacht und gestaltet. Man geht regelrecht körperlich in das Vorgestellte *hinein*. Sie liegt unterirdisch – ohne Fenster, ohne Licht von außen, ohne Fluchtmöglichkeit. Man wird durch Korridore und Tunnel geführt, kennt sich nicht mehr aus und kann nur bis zum Ende durchgehen. Man durchquert die ganze altbekannte Geschichte: von den in den 1930er Jahren erlassenen Gesetzen, den Mauern der Isolierung, Entbehrung und Erniedrigung, die sich immer enger schließen, bis zur »Endlösung«: den Verbrennungsöfen, den gestapelten Leichen, den Gesichtern der Kinder. Finsternis umschließt einem das Herz – man hat das Gefühl, als entkomme man nie mehr diesem Entsetzen, diesem schwarzen Loch des Bösen und der Verzweiflung. Dann gelangt man um eine Ecke in den letzten Ausstellungsraum und steht jäh vor den riesigen Fotos der Schiffe, die die Flüchtlinge an die Küsten von Israel bringen, und ihre Gesichter leuchten vor Hoffnung und Dankbarkeit. Man sieht und hört David Ben-Gurion die israelische Unabhängigkeitserklärung verlesen. Und dann, plötzlich, kommt man heraus. Man steigt eine breite Treppenflucht empor und ist draußen im Licht und der frischen Luft, steht auf der weiten Terrasse, die den Blick auf die Hügel Jerusalems eröffnet. *Das ist das letzte Ex-*

ponat. Und da traf es mich. Das war nicht bloß ein Museum. Das war eine Lektion; das war eine Indoktrination: angefangen mit dem Bibelzitat am Eingang, hinab in die Tiefen bis hin zu diesem Ausblick: Das Land. Die Belohnung. Unsere Bestimmung.

Der achtundfünfzigjährige Bann war gebrochen. Ich hatte es erfasst. Und etwas losgelassen, und es war in Ordnung.

Diane, eine Mitdelegierte, wandte sich beim Hinausgehen an mich und fragte mich, ob ich gesehen hätte, wie die Nazis es anstellten, die Juden zu marginalisieren, zu enteignen und zu vertreiben, in der Zeit vor den Vernichtungslagern und den Verbrennungsöfen. Das sei doch genau das gewesen, was wir hier im Lauf der letzten Tage mit angesehen hätten. Ja, das hatte ich gesehen. Der Bann war gebrochen. Ich hatte es kapiert. Und es war in Ordnung.

Ich war wie schon so oft über den heiligen Boden des Holocausts gegangen und hatte zum ersten Mal die Regel gebrochen: Dass unser Holocaust, der Holocaust schlechthin, sich mit keiner anderen Katastrophe, keinem anderen Völkermord, keinem anderen Verbrechen vergleichen lässt. Dass er als der Gipfel jedes Verbrechens gegen die Menschlichkeit, als der Völkermord schlechthin, stehen muss. Und nicht nur das. Ich hatte auch eine fundamentale Regel gebrochen, die so maßgeblich ist, dass man über sie nicht einmal spricht: Ich hatte die Juden mit den Nazis verglichen. Und das war in Ordnung. Denn zum ersten Mal wusste ich, was ich tun musste; ich wusste, wie ich den Holocaust verstehen und einordnen musste. Denn eines hatte sich nicht geändert: Der Holocaust der Nazis würde weiterhin das grundlegende, mich prägende historische Ereignis meines Lebens bleiben. Aber jetzt, von diesem Tag an, lag der Sinn des Holocausts für mich darin, mich für die Gerechtigkeit für die Palästinenser einzusetzen. Es gab da zu viele Parallelen, zu viele Ähnlichkeiten im Vorgehen, wie Israel den Palästinensern das antat, was die Nazis uns angetan hatten. Wir hatten zwar keine Vernichtungslager eingerichtet. Aber wir waren zu Ungeheuern, zu Verfolgern geworden und wir waren dabei, unsererseits eine Zivilisation umzubringen.

Hier hatte ich das entsetzlichste Paradoxon vor mir: Indem wir unserer eigenen Erinnerung ein Denkmal setzten und die Liturgie unserer Vernichtung noch einmal nachspielten – um die Formulierung des Theologen Marc Ellis zu verwenden –, hatten wir die Geschichte eines anderen Volkes ausgelöscht. Es ist ein entsetzliches Paradox, dass Yad Vashem und Har Herzl auf diesen Hügeln westlich von Jerusalem angelegt sind, auf diesen Hügeln voller Schutt der von uns abgerissenen palästinensischen Dörfer. Manche von ihnen sind sogar als Parks für die Juden von Jerusalem eingerichtet. Die meisten sind Ruinenfelder, deren Steine in der Sonne bleichen und über verfallene Terrassen von verwilderten Olivenbäumen und Weinstöcken Wache halten, über Zeugen von zerstörtem Leben und einer ermordeten Zivilisation.

DAS AUSLÖSCHEN DER ERINNERUNG
UND DER MUT ZUM ERINNERN

Mit dem Slogan »Culture, Leisure and Opportunity!« – »Kultur, Muße und erfüllte Wünsche!« – wirbt ein Immobilienmakler vor dem zerstörten Bahnhof von Manshiyah an der Südspitze von Tel Aviv, wo das von Wolkenkratzern beherrschte Stadtgebiet seine Metall- und Glasfinger ausstreckt, um nach den letzten Fetzen der palästinensischen Gesellschaft an Israels Küstenstreifen zu greifen. Die großartige Hassan Bek-Moschee hat als schweigende Zeugin das verwüstete Land bewacht, das sich von der Küste bis zum Industriegebiet erstreckt, dieses Land, das einst Teil der blühenden Palästinenserstadt Jaffa war.

Unsere Delegation stand auf dem sandigen Boden und besah sich den Bahnhof, der einst die Menschen Palästinas mit Kairo, Beirut und Damaskus und der weiten Welt verbunden hatte. Die Moschee wurde Zeugin der schrittweisen Zerstörung der Wohnbezirke, für die sie einst gebaut worden war. Jaffa war ehemals ein Knotenpunkt des Handels und der Kultur Palästinas, eine Stadt mit zahlreichen steingepflasterten Straßen, die vom Hafen heraufführten. Jetzt birgt sie Läden, die gebrannte Tonteller und Ölbilder mit religiösen Themen für den israelischen Touristenmarkt feilbieten, klimatisierte Büros von Grundstücksmaklern und Fischrestaurants. Die Umwandlung von Manshiyah zur Großstadt-Verkaufsmeile ist der letzte Schritt zur endgültigen Auslöschung der letzten Hinweise auf die Gesellschaft, die einst hier blühte. Aus den Einkaufsstätten und Wohngebieten des einst geschäftigen Bahnknotenpunkts sind jetzt profitträchtige Plätze für Investoren aus Tel Aviv geworden. Nur die große Moschee steht noch. Sie ist noch keine Ruine und noch keine Synagoge, als Bauwerk noch zu gut erhalten, als dass man sie einfach abreißen könnte. Aber die Wolkenkratzer haben bereits die Oberhand. »Die Stadt frisst die Moschee«, erklärte uns unser israelischer Führer, ein Friedensaktivist.

1948 wurden die Palästinenser von Jaffa ins Meer getrieben. Auf einem Einzelfoto ist diese Szene festgehalten: Es zeigt Menschen, die verzweifelt ins Wasser des Hafens fliehen, Männer und Frauen, mit ihren Habseligkeiten beladen und ihren Kindern auf den Schultern. Viele sind ertrunken. Die weißglühende Sonne und der namenlose Fotograf waren die einzigen Augenzeugen, während die Welt wegblickte und diese Übernahme schweigend billigte, diese Eroberung, diese Auslöschung. Heute ehrt knappe fünfhundert Meter nördlich des Strands ein Museum die jüdischen »Helden der Befreiungsschlacht um Jaffa«. Es wurde auf den Ruinen eines palästinensischen Hauses erbaut und dient als beliebter Hintergrund für offizielle Hochzeitsfotos – »Kultur, Muße und erfüllte Wünsche!«

Mitten darin fanden wir Zeichen der Hoffnung. Unter der Oberfläche einer israelischen Gesellschaft, die Bürotürme hochzieht, riesige Gebäude für Software-Entwicklungsfirmen, die wie wild Straßen baut, Land beschlagnahmt und mit ihrer militärischen Stärke protzt, geht der Kampf um Menschenwürde und Frieden weiter. An diesem Tag traf sich unsere Delegation mit einer Anzahl außergewöhnlicher Menschen aus Organisationen, die dem Wahnsinn und der Selbstzerstörung, in die der Konflikt geführt hat, die Stirn bieten.

Wir besuchten *Combatants for Peace* (»Kämpfer für den Frieden«), eine palästinensisch-israelische Gruppe früherer Kämpfer, und wir trafen Bassam Aramin, der als Junge ins Gefängnis gesteckt worden war, weil er mit seinen Schulkameraden die palästinensische Flagge gehisst hatte und sich jetzt leidenschaftlich für Gewaltfreiheit und für Selbstbestimmung für das palästinensische Volk einsetzt. Bassams zehnjährige Tochter war sechs Monate vor unserem Besuch von der israelischen Armee ermordet worden, aber Bassam blieb dennoch bei seinem Engagement zur Überbrückung der Kluft zwischen den beiden Gesellschaften. Gemeinsam mit seinen israelischen Partnern trifft er Gruppen von israelischen und palästinensischen Schulkindern und erzählt ihnen seine Geschichte. Seine Partner sind Menschen, die sich weigern, die israelische Armeeuniform anzuziehen und in den besetzten Gebieten Dienst zu tun. Wir saßen mit dem jüdischen Israeli und Kriegsveteranen Rami Elhanan zusammen, der, nachdem seine Tochter von einem palästinensischen Selbstmordattentäter getötet worden war, mit seiner Frau Nurit eine Selbsthilfegruppe für trauernde Eltern gegründet hatte. Die Mitglieder dieser Gruppe von Israelis und Palästinensern, die wegen des Konflikts ihre Kinder verloren haben, treffen sich, um die Grenzen der Trauer und des Konflikts zu überwinden und weigern sich einander Feind zu sein.

Wir hatten auch eine Begegnung mit Mitgliedern von *Zochrot* (»Wir erinnern uns«), einer Gruppe von Israelis, die sich der Aufgabe widmen, über die *Nakba* zu unterrichten, die ethnische Säuberung von über fünfhundert palästinensischen Dörfern sowie Klein- und Großstädten, die 1948 im Lauf der Militärkampagne zur Errichtung des Staates Israel durchgeführt wurde. Und wir saßen mit den Männern und Frauen von *New Profile* zusammen, einer Organisation von Israelis, die sich darum bemühen, eine trotz des Militarismus, der ihre Schulen, die Medien und den gesamten politischen Prozess dominiert, für ihre Kinder lebensfreundliche Gesellschaft zu gestalten.

Unser Tag endete damit, dass wir in der heißen Sonne von Tel Aviv standen, das glitzernde Mittelmeer im Rücken, und auf den zerstörten Bahnhof blickten, das grelle Werbeplakat der Grundstücks-Verkaufsagentur und die stattliche einsame Moschee. Inmitten von so viel ausgelöschter Geschichte hatten wir Menschen gefunden, die sich für den Erhalt von Respekt engagierten. Wir waren inmitten von Zerstörung, Verlust und Verzweiflung Zeugen des Mutes zur Hoffnung geworden und der hartnäckigen Entschlossenheit, für den Frieden und die Menschenwürde zu kämpfen.

DREI LEHRMEISTER

Zuweilen – und das sind seltene und kostbare Momente – begegnen wir Menschen, die zu unseren Herzen sprechen, ohne Vorwurf und ohne uns etwas vorzuenthalten. Sie sprechen, ohne dabei zu denken: »Ich darf nicht zu deutlich werden und Gefahr laufen, jemanden zu verletzen oder ihm eine Predigt zu halten.« Ein solcher Mensch ist Nora Carmi von *Sabeel*. Unsere Delegation verbrachte mit ihr an unserem ersten ganzen Tag in Jerusalem anderthalb inspirierende und für manche von uns niederschmetternde Stunden. *Sabeel* ist eine Organisation christlicher Palästinenser, die die Befreiungstheologie vertritt. Die Mitglieder von *Sabeel* – das arabische Wort bedeutet »der Weg« und auch »die Quelle lebenspendenden Wassers« – stellen sich den harten Herausforderungen des Lebens im heutigen Palästina, indem sie sich an die Sendung und das Leben Jesu zu halten versuchen. Bei *Sabeel* tut man das unter anderem, indem man strikte Gewaltlosigkeit vertritt. Dazu gehört, dass man gewaltfreie Aktivistengruppen aller drei abrahamitischen Religionen in Israel/Palästina unterstützt und mit ihnen zusammenarbeitet, Unterrichtsmaterialen erstellt und verbreitet, lokale und internationale Konferenzen organisiert und Jugendarbeit betreibt.

Nora arbeitet seit Jahren für *Sabeel*. Sie ist in Jerusalem geboren und Flüchtling in ihrem eigenen Land, denn ihre Familie verlor 1948 ihr Haus in Westjerusalem. Die Kriege und Konflikte im Land haben Nora – die Mutter und Großmutter ist – viel Schmerz, Verlust und Angst gebracht. Dennoch hält sie an ihrem Glauben und Engagement fest und lässt sich vom Leben und der Botschaft Jesu inspirieren. »Jesus war ein palästinensischer Jude, der unter römischer Besatzung lebte«, erklärte Nora. Und wie wir alle wüssten, habe er sich angesichts dieser Situation nicht zum Hass auf seine Unterdrücker hinreißen lassen und auch nicht den gewalttätigen Aufstand gefördert. Im Gegenteil: Er habe den gewaltfreien Widerstand gegen die Übel des römisches Reiches gelehrt.

Nora erläuterte uns: »Wir haben nicht das Recht, dieses Land zu zerstören.« Und sie forderte uns mit der Frage heraus: »Wie bringen wir diesem Land der Muslime, Juden und Christen den Frieden?« Ich fragte Nora, ob sie der Auffassung sei, das Vorhandensein eines jüdischen Staats habe zur Ungerechtigkeit geführt. Sie hielt kurz inne und antwortete dann darauf mit einem einfachen »Ja«. Das sagte sie, weil sie das Ideal vertritt, es müsse einen einzigen Staat geben, in dem Juden und Palästinenser als Gleichberechtigte miteinander leben können, auch wenn sie nicht sehr optimistisch ist, dass es dazu je kommen könnte. Trotz dieses Pessimismus hat Nora einen starken Glauben und bleibt gelassen. »Politische Reiche dauern nicht lange«, ist sie sich sicher.

Für mich war es wichtig, diese Frage gestellt zu haben. Es war eine Frage, die ich mir selbst schon lange stellte. Ich hatte nicht das Gefühl, dass Noras Antwort anti-israelisch war, und ganz gewiss nicht antisemitisch. Nora sagte: »Ich empfinde für die Juden Israels Trauer und Mitleid, wie ich das für uns alle empfinde, die wir darunter leiden, gerade diese Phase der Geschichte mitmachen zu müssen.« Ihre Aussage nahm bereits vorweg, was wir mehrere Stunden später auch vom Israeli Rami Elhanan vom Kreis der trauernden Eltern zu hören bekommen sollten. Rami hat sich der Förderung der Gewaltlosigkeit und des gegenseitigen Verständnisses zwischen Juden und Palästinensern verschrieben und stellte die Frage, was daran jüdisch sei, wenn man über Jahrzehnte ein Volk systematisch demütige und beherrsche. Die Antwort gab er selbst: »Nichts daran ist jüdisch.«

Beim Weggehen wandte ich mich an meine Mitdelegierte Yolande und sagte zu ihr: »Ich würde ganz zu dieser Frau stehen.« Yolande sagte nichts, aber wir wussten beide, was ich meinte. Nora hatte uns gezeigt, was es heißt, standhaft zu bleiben: seiner selbst und seines Glaubens derart sicher zu sein und dazu mit so großer Überzeugung und Klarheit, mit solchem Engagement und so großer Liebe zu stehen, dass einen nichts niederschmettern kann – nichts von außerhalb seiner selbst und nichts von innen her. Beim Verlassen von *Sabeel* nahm ich mir ein Exemplar des Buchs von Naim Ateek, *Justice Only Justice: A Palestinian Theology of Liberation*: »Gerechtigkeit, nur Gerechtigkeit: Eine palästinensische Befreiungstheologie«[3]. Ich sollte Palästina immer noch im Zustand innerer Zerrissenheit verlassen, immer noch unsicher, wo ich mit meinem Judentum stand, aber dieses Buch enthielt den Schlüssel zur Lösung meiner Fragen.

Naim Ateek war 1948, im Jahr meiner Geburt, acht Jahre alt. Es war das Jahr, in dem zionistische Soldaten seine Familie aus ihrem Haus, ihrer Farm, ihrer Kirche und ihrem Dorf vertrieben. Pater Ateek sprach zu mir aus den Seiten dieses Buches, in dem er seine Erfahrung mit der Enteignung und Besetzung schildert. Er zieht in seinem Buch eine direkte Linie von den Propheten des Alten Testaments meiner Jugend zu Jesus von Nazareth. Glaubte ich an den Ruf der Propheten nach Gerechtigkeit? War mir beigebracht worden, dass der Kern meiner Identität als Jude Mitleid mit allen Menschen sei sowie die prophetische Aufgabe, in Demut mit meinem Gott meinen Weg zu gehen? Mir ging auf, dass das Gefühl der Empörung, die ich angesichts der Handlungen meines eigenen Volkes empfand, so jüdisch war, wie es nur sein konnte. Der Einsatz für Gerechtigkeit in Israel und Palästina, der in den Monaten nach meiner Rückkehr in die USA immer mehr Gestalt annahm, sollte meine Synagoge werden.

Mir ist aufgegangen, dass ich beim Erzählen meiner Geschichte erklären muss, warum ich nicht zum Christentum konvertiert bin. Ja, Naim Ateek hatte mir die Botschaft Jesu nahegebracht und seine Worte sprachen meine jüdische Identität an. Ich sah Jesus mit den Worten des Theologen Marcus Borg als »Sozialpropheten wie die großen Sozialpropheten Israels«. In diesem Sommer nach meiner Rückkehr aus Palästina und Israel kam ich eines Sonntagnachmittags von einem Vortrag in einer kirchlichen Gruppe heim. Es war ein Vortrag im Rahmen einer ganzen Serie von Vorträgen in Kirchengemeinden und Seminaren mit kirchlichen Gruppen, die ich in diesem Monat gehalten hatte. Da wandte sich meine Frau halb im Scherz und halb im Ernst (nach dreißig Ehejahren hatte sie es gelernt, auf Unerwartetes gefasst zu sein) mit der Frage an mich: »Wirst du womöglich Christ?« Auf diese Frage war ich nicht vorbereitet gewesen. Aber meine Antwort war spontan: »Nein, ich werde Jude.«

Yad Vashem hatte den Bann gebrochen. *Sabeel* hatte mir zum Durchbruch zurück zu den Propheten geholfen. Aber ich hatte auf meinem Weg noch weitere Lehrer.

Einer von ihnen war Said Rabieh, der Reiseführer unserer Delegation, ein Palästinenser mit Bildung, Humor und von integrem Charakter. In der letzten Woche unserer Reise hatte unsere Delegation an einem Freitagabend an einem jüdischen Gottesdienst teilgenommen. Es hatte sich um die traditionelle Eröffnungsfeier des jüdischen Sabbats gehandelt, der wie alle jüdischen Feiertage beim Sonnenuntergang des Vorabends beginnt. Das ist ein wunderschöner, von frohem, mystischem Geist erfüllter Gottesdienst. Er beginnt mit dem Singen einer Reihe von Psalmen und mittelalterlichen Gesängen, die Gottes Handeln des Erneuerns und der Kontemplation preisen, das wir nachahmen, indem wir das Gebot einhalten, so zu ruhen, wie Gott am siebten Tag ruhte. Die Synagoge, die wir besuchten, war in Jerusalem von der *United Synagogue of Conservative Judaism* errichtet worden, einer amerikanischen jüdischen Denomination, die einen Mittelweg zwischen den Polen der Orthodoxen und der Reformjuden wählt. Es ist die Glaubensgemeinschaft, in der ich aufgewachsen und erzogen worden bin. Diese besondere Synagoge liegt mitten in Westjerusalem und ist eigens für amerikanische Juden eingerichtet, die Israel besuchen oder dort leben. Zuerst hatte ich gemischte Gefühle, denn ich hatte schon längere Zeit keine Synagoge mehr von innen gesehen, aber als der Gottesdienst begann, fühlte ich mich ganz in das Singen und den Geist hineingezogen.

In diesem Augenblick kam eine größere Gruppe herein. Ich kannte die Leute nicht persönlich, wusste aber, wer sie waren. Es war eine Gruppe jüdischer Teenager auf einer Sommertour, die von der gleichen amerikanischen jüdischen Denomination organisiert worden war, also derjenigen, in der ich aufgewachsen war. Diese Jugendlichen nahmen einen großen Teil der Plätze im vorderen Teil ein und begannen begeistert mitzusingen, ganz im Geist des Gottesdienstes. Sie erhoben ihre Stimmen und Arme zum Himmel und begrüßten ekstatisch im Stil der mittelalterlichen Kabbalisten den Sabbat. Mein Herz erstarrte. Ich sah mich selbst vor vierzig Jahren als Siebzehnjährigen auf der gleichen von der Synagoge organisierten Tour. Da wandte ich mich an Maia, eine Quäkerin, die seit vielen Jahren in Palästina Friedensarbeit leistet, und flüsterte ihr zu: »Diese Gruppe kenne ich. Sie lieben ihr Judentum und sie lieben Jerusalem. Die Palästinenser existieren für sie überhaupt nicht. Für das Vergnügen, ihr Judentum in ihrem Jerusalem feiern zu können, würden sie über ihre Leichen gehen.« Maia sah mich einfach nur an und nickte; sie verstand, was ich meinte.

Es war eine heftige emotionale Reaktion; ich war von mir selbst überrascht. Etliche Mitglieder unserer Delegation, die mitbekamen, was ich zu Maia gesagt hatte – offensichtlich wurde das herumerzählt – waren entsetzt und nahmen mir das übel. Sicherlich war meine Einschätzung dieser Jugendlichen ungerecht, denn ich kannte sie doch gar nicht. Ich hatte meine persönliche Problematik ins Spiel gebracht, meine eigene Wut und Scham, meine eigenen immer noch ungeklärten Gefühle darüber, dass ich als Kind religiös programmiert worden war. Ich war mir so gut wie sicher, dass die Teenager, die ich da vor mir hatte, nicht das gesehen hatten, was ich gesehen hatte, und sich nicht bewusst waren, was den Palästinensern Jerusalems angetan worden war und immer noch angetan wird. Aber das war nur zum Teil das, worum es ging: Ihnen war die zionistische Erzähltradition indoktriniert worden, genau wie mir in meiner Jugend. Waren sie, die sich des Preises gar nicht bewusst waren, den das palästinensische Volk für ihr »jüdisches« Jerusalem zahlen musste, nicht Komplizen dieses Unrechts?

Nach dem Gottesdienst setzte ich mich mit Said zusammen, der gekommen war, um uns in unser Hotel zu bringen. Ich musste mit ihm reden, denn ich konnte meine Gefühle nicht für mich behalten. Ich erzählte ihm die Geschichte und erklärte ihm, wie intensiv es für mich gewesen sei, auf diese Weise in den Spiegel zu schauen, und ich wiederholte meinen Ausspruch, aber dieses Mal in der zweiten Person: »Said, für das Privileg, in ihrem Jerusalem Gottesdienst halten zu können, würden sie über deine Leiche gehen.« Said schwieg und nahm das in Ruhe hin; auch er verstand, was ich meinte. »Das ist mein Volk«, sagte ich. »Dahin kehre ich zurück.« Da gab er mir zur Antwort: »Dann weißt du, was du zu tun hast.«

Ein weiterer Lehrer war Professor Marc Ellis. Nach meiner Heimkehr nahm ich mir sein Buch *Toward a Jewish Theology of Liberation* (»Auf dem Weg zu einer jüdischen Befreiungstheologie«)[4] vor und konnte es fast nicht mehr aus der Hand legen, bevor ich die letzte Seite gelesen hatte. Dieser Mann sprach zu meinem Geist, wie es die Quäker formulieren. Ellis lud mich ein, ihm in sein Exil, dem »konstantinischen Judentum«, zu folgen, und ich nahm diese Einladung dankbar an. Ich hatte mich selbst schon seit Jahren in einer Art von Exil gefühlt, aber das war isoliert und einsam gewesen; es war die Erfahrung, dass bezüglich meines Jude-Seins etwas fehlte. Mir war bewusst, dass ich mich in der Synagoge nicht mehr zu Hause fühlte, dass die Liturgie nicht mehr für mich oder zu mir sprach und dass ich mich nicht mehr als Teil der Gemeinde erlebte. Das hatte in meiner Identität eine Leerstelle gelassen. Ich suchte danach, wie ich Jude sein könne. Ellis war wie ich auf einem Weg, und das war ein Weg, der in die Richtung einer ungewissen, aber dringend notwendigen Veränderung führte.

EINE NEUE GEMEINSCHAFT

Dieser Sommer in der Westbank und in Israel war der Anfang eines neuen Weges. Während ich aufwuchs, war ich Teil einer enggestrickten, stark isolierten jüdischen Gemeinde gewesen. Alles hatte sich um die Synagoge gedreht, und dazu hatte auch das glühende Bekenntnis zum neuen jüdischen Staat gehört. Nach meiner Heimkehr aus dem Mittleren Osten begann ich eine neue Gemeinschaft zu gründen. Das Wort »Synagoge« heißt auf Hebräisch *Beit Knesset*, wörtlich: »Versammlungshaus«. Ich begann rasch eine neue *Beit Knesset* zu finden, und diese Gemeinschaft war viel, viel weiter als die eng zusammengeschweißte religiöse Gemeinschaft meiner Kindheit. Viele Mitglieder dieser neuen Gemeinschaft waren Christen, einige Muslime. Aber es gab auch Juden. Manche lernte ich auf dem Weg über ihre Schriften kennen, vor allem Marc Ellis. Und manche waren Israelis; ihnen werden wir auf den folgenden Seiten begegnen: Jeff Halper vom »Israelischen Komitee gegen Hauszerstörungen«; Ilan Pappe, der Historiker, der die schmerzliche Geschichte der ethnischen Säuberung Palästinas bei der Geburt des jüdischen Staates aufgezeichnet hat; Rami Elhanan vom »Kreis trauender Familien«; Eitan Bronstein, Tal Dor und Norma Musih von *Zochrot*. Ich griff nach ihren Büchern, hörte sie ihre Geschichten erzählen und fühlte mich dadurch nicht mehr so allein. Ich las David Shulman, Professor an der Hebräischen Universität in Jerusalem, der gemeinsam mit anderen jüdischen Israelis und mit Palästinensern im gewaltfreien Widerstand gegen die Besetzung aktiv ist. Shulman schreibt in seinen Memoiren *Dark Hope: Working for Peace in Israel and Palestine* (»Dunkle Hoffnung: Friedensarbeit in Israel und Palästina«) darüber, wie er in seinen Wohnbezirk in Westjerusalem zurückkam, nachdem er am Wiederaufbau eines zerstörten palästinensischen Hauses in der Westbank mitgearbeitet hatte. Die Ähnlichkeit mit meiner eigenen Erfahrung war verblüffend:

> »Am Spätnachmittag bin ich zu Hause in Katamon.[5] Der Kontrast schockiert mich. Ich bin wieder in der ersten Welt, in einer gepflegten Vorstadtstraße mit ihren eleganten Steinhäusern und Zypressen. Niemand scheint außer Haus zu sein – vielleicht halten sie alle ihren Sabbatschlaf –, aber die Autos längs der Straße sprechen deutlich genug: Viele von ihnen tragen ein an die Antenne geknüpftes orangenes Band als Solidaritätszeichen mit den Siedlern von Gush Katif[6], zum Zeichen, dass ihre Besitzer Sharons Plan, aus Gaza abzuziehen, ablehnen. Meine Nachbarn – viele, vielleicht die meisten von ihnen – stehen auf Seiten der Siedler und der Rechten. Sie glauben nicht an den Frieden und, was noch schlimmer ist, ihnen ist das Schicksal der Palästinenser völlig gleichgültig, zum Beispiel dasjenige von Arafat Musa und seinem Haus. Arafat Musa ist ja schließlich bloß ein palästinensischer Araber ... und spielt gar keine Rolle. Warum sich also wegen seines Hauses den Kopf zerbrechen? Plötzlich, wie so oft, überkommt mich ein schreckliches Gefühl der Einsamkeit. Kurz überlege ich, ob ich nicht umdrehen und nach Anata[7] zurückfahren soll, wo ich Freunde habe.«

Die jüdische Liturgie spricht von der Sammlung der im Exil Lebenden. Traditionellerweise war damit die Rückkehr ins Heilige Land gemeint. Aber ich hatte mich der Zahl der Juden zugeordnet, die eine andere Art von Exil empfinden, bei der man auf eine andere Art von Heimkehr hofft, auf eine andere Sammlung. Bei dieser Sammlung richtet sich der Blick nicht in unsere archaische Vergangenheit, sondern in unsere noch unbekannte Zukunft.

KAPITEL 3
DER ANTISEMITISMUS, DIE JÜDISCHE IDENTITÄT UND DER STAAT ISRAEL

Der Antisemitismus war eine überwältigende Kraft und die Juden mussten ihn für ihre Zwecke einsetzen oder von ihm verschlungen werden. Nach seinen eigenen Worten war der Antisemitismus seit der Zerstörung des Tempels die für das gesamte Leiden der Juden verantwortliche »Antriebskraft«, und die Juden würden darunter so lange leiden, bis sie lernten, ihn zu ihrem eigenen Vorteil zu nutzen.

Hannah Arendt über Theodor Herzls Buch *Der Judenstaat*

In meiner Kindheit verbrachten mein Bruder und ich zuweilen eine Nacht im kleinen Reihenhaus unserer Großeltern in Philadelphia. Südphiladelphia war in den 1950er Jahren eine Einwanderer-Enklave; dort wohnten die Juden, die Iren und die Italiener. Es war eine umtriebige, bunte, dicht an dicht lebende Gemeinschaft. Dort gab es eine Fülle von Straßenmärkten sowie Synagogen und Kirchen, die alle nach Vorbildern in den Herkunftsländern gebaut waren. Auf den Straßen roch es nach Essen und Müll. Unzählige heimatlose Katzen und Hunde tummelten sich in dem Labyrinth der Gassen hinter den eng nebeneinanderliegenden Straßen voller kleiner, bescheidener Sandsteinhäuser. Mein Bruder und ich schliefen in einem winzigen Hinterzimmer. Wenn man sich aus dem Fenster lehnte, sah man direkt in den winzigen Hinterhof des Nachbarn.

In einer Sommernacht gab es einmal besonders starken Lärm. Als wir uns fürs Zubettgehen richteten, rief uns die Großmutter mit ihrem weichen jiddischen Akzent ans Fenster, von dem aus man direkt über das Tal sah und sagte: »*Gojim*«, was das jiddische Wort für Nichtjuden ist. Sie zeigte auf eine kleine Ansammlung von Menschen, die sich laut unterhielten, lachten und Trinkgläser in der Hand hielten. »Die sind *schikker*«, erklärte sie uns, und ohne genau zu wissen, was das bedeutete, wusste ich, dass das lauter Betrunkene waren und dieser gesellige, laute Zustand etwas Schändliches war. Meine Großmutter knüpfte daran eine Lektion, indem sie uns die Geschichte von dem Juden und dem *Goj* erzählte, die für den gleichen Arbeitgeber arbeiteten. Im Lauf der Jahre stieg der Jude zum stellvertretenden Chef auf, während der *Goj* einfacher Arbeiter blieb. Eines Tages fragte der *Goj* den Juden: »Chaim, wie kommt es, dass wir beide hier zusammen angefangen haben und du jetzt der Zweithöchste bist, während ich immer noch Steine schleppe?« Der Jude sah ihn an, sprach kein Wort, ging mit ihm in den Hinterhof des *Goj* und ließ ihn dort in den Mülleimer blicken, der voller leerer Schnapsflaschen war. »Das ist der Grund«, sagte der Jude. Die Antwort des *Goj* auf diese Lektion ist nicht überliefert. Vermutlich (und zweifellos in der Vorstellung meiner Großmutter) blieb er wegen seiner *gojischen* Mentalität unverbesserlich.

Ich erinnere mich noch genau an diesen Augenblick. Dieser Schreck eines Achtjährigen ist kein klar umrissenes Gefühl. Es ist wie eine feuchte, schwere Decke, die sich über das Herz legt. Diese Decke verdunkelt mit ihrem Gewicht die Farben der Welt und die klaren Linien des Staunens über die im Alltag erfahrbaren Dinge. Ich stellte zu dieser Lektion meiner Großmutter keine Fragen. Sie besagte, dass die Welt außerhalb unserer kleinen jüdischen Blase von betrunkenem, ignorantem (und daher gefährlichem) Pöbel bevölkert war. Aber – das weiß ich heute – ich nahm ihr das nicht ab.

Im Jahr 2006 befand ich mich in einem großen Konferenzraum in Washington, DC, und wohnte einer Podiumsdiskussion der Carnegie-Stiftung zum Thema »Politik und Diplomatie: Die nächsten Schritte im arabisch-israelischen Friedensprozess« bei. An der Stirnseite des Raums saßen acht Männer, vier Palästinenser und vier Juden. Als Erster sprach ein Palästinenser, der – in jammerndem Tonfall, ich kann es nicht anders beschreiben – eine Wiederaufnahme der Verhandlungen verlangte, bevor es zu spät sei. Das Wirtschaftsembargo gegen die neu gewählte palästinensische Regierung mit ihrer Hamas-Mehrheit dauerte tatsächlich schon fünf Monate. Er erklärte uns: »Wir haben nicht mehr viel Zeit!« Angesichts der Tragik seiner Ausführungen kamen mir fast die Tränen, und ehrlich gesagt schockierte es mich regelrecht, mit welcher Zurückhaltung er die Erniedrigung und Verzweiflung seiner Bevölkerung beschrieb. »Ich bin Mitglied des Gesetzgebenden Rats der Palästinenserbehörde«, fuhr er fort, »und habe seit vier Monaten kein Gehalt bezogen. Dabei bin ich einer der Privilegierten, aber ich weiß nicht, wie ich im kommenden Jahr über die Runden kommen soll!« Ich hatte das Gefühl, im Raum werde es dunkler; es herrschte Schweigen. Ich empfand Scham, Peinlichkeit und Wut.

Dann kam ein Israeli an die Reihe. Ich hielt den Atem an: Was würde er dazu sagen? Er war Journalist einer bekannten israelischen Tageszeitung und hatte jetzt einen einträglichen Posten an der *Brookings Institution* nebenan, einer gemeinnützigen politischen Forschungseinrichtung. Dieser Israeli lehnte sich zurück, lächelte – *und fing mit einem Witz an.* Es war, als halte er nach einem guten Essen eine Tischrede. Es wirkte so, als wolle er uns zuerst einmal gut unterhalten und aufwärmen, ehe er uns ein Licht aufsteckte. Da hatten wir eindeutig den siegreichen Eroberer vor uns, der alle Karten in der Hand hielt. »Wir werden mit ihnen reden, wenn die Gewalttätigkeiten aufhören«, verkündete er feierlich, nachdem er seine Späße gemacht hatte und es endlich um das Thema ging, wem etwas vorzuwerfen sei und wie man das bereinigen könne. Das war die Standardlinie, die alte Geschichte. Aber das Schlimmste waren nicht seine Worte, das Schlimmste war seine Arroganz. Nein – es war sogar weniger seine Arroganz; es war seine Blindheit, seine alles beiseite wischende Unsensibilität für die Gefühle, die der Sprecher vor ihm geäußert hatte. Der neben ihm sitzende Palästinenser war für ihn Luft; er zählte einfach nicht. Und so ging das weiter. Die anderen Palästinenser auf dem Podium lehnten sich auf ihren Stühlen nach vorn und protestierten schwach, die Zeit rinne davon und man müsse die Verhandlungen wieder aufnehmen. Die Israelis lehnten sich zurück, hielten dagegen, dass der Sieg der Hamas[1] kaum noch Spielraum für Verhandlungen lasse und sprachen von einseitigen Maßnahmen, was bedeutete: Sie würden einfach tun, was sie wollten. Unter den Delegierten war ein früherer israelischer General, der in *diesem* Kontext, bei *dieser* Podiumsdiskussion vom Recht der Juden auf das Land sprach. Aber wiederum waren das eigentlich Schlimme nicht die Worte und nicht die Politik, so schockierend dies auch alles war; es war diese Leugnung, diese absolute, schockierende, arrogante Leugnung der Existenz der Anderen.

ALTER UND NEUER ANTISEMITISMUS

Die in diesen beiden Erinnerungen zutage tretenden Erfahrungen – die fünfzig Jahre moderner jüdischer Geschichte einrahmen – beginnen zu erklären, warum wir heutige Juden vor dem quälenden moralischen und politischen Dilemma stehen, das der Staat Israel verkörpert. Die Angst, die Insel-Mentalität und das zerbrechliche Überlegenheitsgefühl – alle diese Empfindungen, die meine Großmutter als Erbe aus Europa mitbrachte – das alles hängt direkt mit der Blindheit und Arroganz der israelischen Staatsmänner, Politiker und Meinungsbildner zusammen, wie ich sie an diesem Tag in Washington vorgeführt bekam. Das alles führt auch zu der starren, unerbittlichen Einstellung des institutionellen amerikanischen Judentums zu Israel, wie sie heute offen zutage tritt; jene Position, die Israel um jeden Preis unterstützt und die in der amerikanischen Politik im Mittleren Osten eine so mächtige Rolle gespielt und die amerikanische jüdische Gemeinschaft derart gespalten hat.

Ein gutes Beispiel dafür ist das *American Jewish Committee*. Laut seiner Website ist das AJC eine internationale Organisation mit dem Zweck, »die Rechte und Interessen des jüdischen Volkes ... hier in Amerika und weltweit ... zu verteidigen.« Auf dieser Website heißt es weiter, die Arbeit des AJC bestehe darin, den Staat Israel als »Amerikas Partner in Demokratie und Frieden« zu unterstützen, und insbesondere wird seine Rolle betont, ein Verbündeter Israels »in seinem Kampf gegen eine zweitklassige Behandlung in der UN und im Internationalen Roten Kreuz« zu sein. Das AJC rühmt sich selbst, »die verantwortungsvollste, einflussreichste und wirkungsvollste Stimme der amerikanischen jüdischen Gemeinschaft« zu sein. In jüngster Zeit sah sich das AJC allerdings veranlasst, seine Bemühungen zur Verteidigung jüdischer Interessen noch zu verstärken. Laut dem AJC wächst der Antisemitismus; der Beweis dafür sei die immer stärkere Kritik am Staat Israel. Was das Komitee am meisten bestürzt und verwirrt, ist der Umstand, dass diese Angriffe aus den Reihen der Juden selbst kommen.

Im Jahr 2006 veröffentlichte das *American Jewish Committee* einen Aufsatz von Alvin Rosenfeld, Professor für jüdische Studien an der Universität von Indiana mit dem Titel »Das ›progressive‹ jüdische Denken und der neue Antisemitismus«[2]. Darin griff Rosenfeld eine Reihe jüdischer Autoren an, die geäußert hatten, sie lehnten die Politik des Staates Israel ab und in diesem Zusammenhang Fragen bezüglich der Legitimität des Zionismus als politischer Ideologie formuliert hatten. Rosenfelds Text war die jüngste Salve im erbittert geführten Kampf, der derzeit innerhalb der jüdischen Gemeinschaft über das Thema Israel tobt. Rosenfelds Kernpunkt ist, wie schon sein Titel andeutet, dass diese Juden eine feindselige Haltung gegenüber ihrem eigenen Volk einnähmen. Dem liegt die Annahme zugrunde, dass alles, was nicht vollkommene Unterstützung Israels als jüdischem Staat ist, Antisemitismus sei, der Zerstörung dieses Staats Tür und Tor öffne und damit das Überleben des jüdischen Volkes selbst bedrohe. Rosenfeld schreibt: »Einige der leidenschaftlichsten Vorwürfe gegen die Juden enthalten heute bösartige Anklagen gegen den jüdischen Staat. Tatsächlich nimmt heute der Antisemitismus weithin die Form des Antizionismus an, und das in so starkem Maß, dass manche in den heutigen Bestrebungen, den jüdischen Staat loszuwerden, eine Parallele zu den früheren Versuchen sehen, alle Juden aus der Welt zu schaffen« (8).

Rosenfelds Aufsatz ist ein Beispiel für die Folgen eines Denkansatzes jüdischer Intellektueller, die sich erstmals in den 1970er Jahren in Reaktion auf

Kritik an Israel zu Wort meldeten. Diese Autoren gehörten eindeutig der amerikanischen jüdischen neo-konservativen Bewegung an (und manche mögen bestreiten, sie seien darin führend gewesen), die in den 1970er Jahren an Bedeutung gewann. Die Autoren Forster und Epstein etwa vertraten 1974 in einem Buch mit dem Titel *The New Anti-Semitism*[3] die Position, dass die Stimmen, die sich besorgt darüber äußerten, dass Israel in Palästina die Rechte der Araber mit Füßen trete – zum Beispiel, indem es die Souveränität über ganz Jerusalem beanspruche – in Wirklichkeit von einem mit der »radikalen Linken« verbandelten Antisemitismus motiviert seien (9). Diese neue Bedrohung des Weltjudentums äußere sich hauptsächlich in der Ablehnung des Staates Israel und des Zionismus als Ideologie. Bis zum heutigen Tag melden sich die Verfechter Israels und des Zionismus weiterhin regelmäßig in diesem Sinn, sooft mit zunehmender Regelmäßigkeit in akademischen, journalistischen und Aktivistenkreisen Kritik an Israel und am Zionismus auftaucht. Ihre Argumente und ihr Tonfall reichen vom respektabel Akademischen bis zum Schrillen, Beleidigenden und manche scheuen mitunter auch eine Fäkälsprache nicht. Das amerikanische jüdische Establishment, das seit der Befürwortung des Staates Israel durch Präsident Harry Truman im Jahr 1948 zuverlässig die Geldströme fließen lässt und das öffentliche Image Israels wirksam pflegte, glaubt sich jetzt in der Situation, immer weitere Buschfeuer des Protests ausrotten zu müssen. Rosenfelds Aufsatz fasst die Argumente gut zusammen und führt zugleich diese Geisteshaltung vor Augen.

DIE MACHT DER ANGST

Rosenfeld beginnt seine Ausführungen damit, erst einmal die Angst zu schüren, indem er das ganze Spektrum des weltweiten Antisemitismus entfaltet. Er stellt es so dar, als sei ganz Europa von einer neuen Welle zunehmenden Judenhasses erfasst und als ob der Islam an jeder Straßenecke von Kairo bis Islamabad arabische Übersetzungen von Hitlers *Mein Kampf* und der *Protokolle der Weisen von Zion*[4] feilböte, um die Massen dazu aufzuwiegeln, die zionistischen Eindringlinge zu vertreiben. Rosenfeld referiert sogar Gerüchte, wonach Juden für die Anschläge des 11. September 2001 verantwortlich seien, für den Tsunami in Südasien und die Ermordung von Präsident Kennedy, nur um damit zu beweisen, dass der Antisemitismus im Vormarsch sei. Daher müssten wir ganz wachsam auf jegliches Anzeichen für eine antijüdische Einstellung achten, und folglich auch auf die Kritik an Israel. Nachdem Rosenfeld auf diese Weise den

Gegner ausgemacht hat, richtet er seinen Zorn gegen diejenigen Juden, die es wagen, die moralische Überlegenheit und den Rechtsanspruch der Juden infrage zu stellen. Israel infrage zu stellen bedeute, den Schutz gegen den Antisemitismus aufzugeben und praktisch zur Vernichtung des jüdischen Volkes einzuladen.

Rosenfeld und alle, die diesem Weltbild zustimmen, finden heutzutage merkwürdige Kumpane. Beim Eröffnungsessen der Konferenz von AIPAC, dem Komitee für amerikanisch-israelische Öffentlichkeitsarbeit im März 2007 in Washington, DC, wurde Pastor John Hagee, der führende christliche Zionist und Gründer der »Vereinigung der Christen für Israel« begeistert empfangen. Hagee wusste die tiefsitzenden jüdischen Ängste trefflich zu nutzen und erntete dafür den donnernden Applaus der Konferenzteilnehmer. Er sprach über die neueste Bedrohung für die Juden, den Iran, dessen Führer »nicht weniger als einen nuklearen Holocaust« verspreche. Damit sei die Situation die gleiche wie im Jahr 1938, nur sei jetzt Iran Deutschland und [Präsident Mahmud] Ahmadinedschad der neue Hitler. Und er zog den Schluss, dass »wir Irans Nukleardrohung stoppen müssen, und zwar auf der Stelle, und mutig zu Israel stehen müssen, der einzigen Demokratie im Mittleren Osten.«

Das ist offensichtlich Angstmacherei. Wir in den USA haben erst unlängst nur zu gut gelernt, wie wirksam man damit eine bestimmte Politik durchsetzen kann. Rosenfeld hat auf diese Weise einen klassischen Scheingegner aufgestellt. Natürlich gibt es den Antisemitismus. Und tatsächlich kann man sagen, dass er in der westlichen Zivilisation tiefe Wurzeln hat, mit tragischen Folgen in der ganzen neueren Geschichte. Aber wenn man den Vorwurf des Antisemitismus als Keule benützt, um alle berechtigte Kritik an Israel niederzuschlagen, ist das kurzsichtig, töricht und gefährlich.

DIE JÜDISCHE ERZÄHLTRADITION

Wir müssen uns die historische Erfahrung, die uns dieses Denken gelehrt hat, aufmerksam ansehen. Denn das ist die jüdische Erzähltradition, also die Geschichte, die wir einander selbst erzählen: *Wir haben durch die Jahrhunderte überlebt, weil wir es fertiggebracht haben, uns vor einer Welt zu schützen, die auf unsere Vernichtung aus ist. Wir haben uns angesichts aller Ausgrenzung, Entrechtung und Dämonisierung unsere Würde bewahrt, indem wir uns unseren kühnen Stolz und unser Überlegenheitsgefühl über die uns umgebenden ignoranten, gewalttätigen Kräfte nicht nehmen ließen.* Denn der Antisemitismus ist genau wie alle anderen rassistischen Ideologien nicht einfach bloß ein Angriff auf die physische Sicherheit oder die wirtschaftliche Überlebensfähigkeit einer Gruppe, sondern zugleich auch ein Angriff auf die Würde und das Menschsein seiner Zielobjekte. Der Zionismus war die Antwort des europäischen Judentums auf die verheerenden Auswirkungen des Antisemitismus und insbesondere auf die Verzweiflung darüber, dass es der Aufklärung nicht gelungen war, den Juden Europas alle bürgerlichen Rechte und die Gleichheit vor dem Gesetz zu verschaffen. Die nationalistische Bewegung des Zionismus ist vom dringenden Bedürfnis nach Würde und Selbstbestimmung genauso stark angetrieben wie vom Gefühl der physischen Verwundbarkeit. Das moderne Israel ist deshalb für die Juden vor allem anderen eine Quelle des Stolzes: Es ist großartig, überlebt zu haben, und Israel ist der Beweis dafür, dass wir überlebt haben. Von daher verkörpert Israel als solches ein Ideal: die zum Blühen gebrachte Wüste; den »neuen Juden«, braungebrannt, stolz und stark; und das wieder in Besitz genommene Jerusalem. Wer dieses Bild infrage stellt, trifft mitten ins Herz des tiefsitzenden jüdischen Bedürfnisses nach Sicherheit und Wohlbefinden. Er aktiviert in uns eine Angst, die so tief verwurzelt und durch und durch verinnerlicht ist, dass wir vergessen haben, wie stark sie uns umtreibt.

Rosenfelds Angriff auf die Juden, die Israel kritisieren und den Zionismus hinterfragen, hat seine Quelle in dieser Angst. Der Rosenfeld, der seine Mitjuden wegen ihrer Kritik an Israel maßregelt, greift nicht nur *Ideen* an, die er für inakzeptabel oder für seine Weltsicht bedrohlich hält, sondern er verteidigt sich *persönlich*. Die Juden, die er anprangern will, drohen eine mächtige Tradition der Verdrängung zu durchbrechen; sie stellen die bei den amerikanischen Juden inzwischen allgemein verbreitete Einstellung in Frage, *überhaupt nichts* sehen und *überhaupt nichts* fühlen zu wollen, was das mächtige Symbol Israel als Quelle von Kraft, Sicherheit und Integrität ankratzen könnte. Unsere Kriege sind sauber: Akte heroischer Selbstverteidigung gegen gnadenlose Feinde. Unser Projekt ist für die ganze Welt edel und gut: Wir fanden ein ödes, primitives Land vor und brachten die Wüste zum Blühen. Daher sind unsere Taten nicht nur notwendig, sondern sie haben teil an der Rechtschaffenheit des zionistischen Projekts.

In Rosenfelds lautstarkem Aufruf, uns zur Wagenburg zusammenzuschließen – eine Einstellung, die heute repräsentativ ist für die Mehrheit der religiösen und säkularen jüdischen Führer quer durch die USA – sehe ich die Tragödie des modernen Judentums angesichts seiner Konfrontation mit den unbequemen Realitäten Israels. Sicher gibt es für diese Einstellung historische Gründe – von ihnen war oben die Rede –, und wir sind zweifellos nicht die einzige Gruppe, die sich dieser willentlichen Blindheit schuldig macht, dieses Gefühls, einen besonderen Anspruch zu haben und etwas Besonderes zu sein.

Aber diese Einstellung ist bei vielen heutigen Juden derart stark und beherrschend, dass sie das Ausmaß einer regelrechten Leugnung annimmt. An keiner Stelle in Rosenfelds Aufsatz findet sich auch nur der geringste Hinweis auf das Leiden der Palästinenser – nicht einmal das verharmlosende, widerwillig, unredlich geäußerte Eingeständnis, der »unglücklichen Missbräuche«, unter denen die Palästinenser zu leiden hätten, wie man es oft von den »liberaleren« Elementen des »pro-Israel«-Lagers zu hören bekommt. Aber noch wichtiger und letztlich bestürzend und potenziell tragisch ist das Fehlen jeglicher Besinnung auf das Thema Gerechtigkeit. Sicher, Israel mag bedroht sein – die Zukunft ist ungewiss und alle geopolitischen Allianzen sind instabil und launenhaft. Was in der globalen Arena an einem Tag zu Wohlergehen führt, kann sich schon am andern Tag ins Gegenteil wenden. Und sicher, der Antisemitismus regt sich weiterhin, und wo er nicht aktiv ist, schlummert er wahrscheinlich. Aber wo bleibt die Gerechtigkeit? Wie sieht es mit unserem Gewissen aus? Angesichts unserer Geschichte voller Verfolgung, Entrechtung, Verschleppung und Erniedrigung und angesichts des immer noch in unserem kollektiven Herzen bohrenden Schmerzes aus der direkten Erfahrung des Völkermords – wo bleibt der Schmerz, wo bleibt das Entsetzen darüber, was in unserem Namen vom Staat Israel einem anderen Volk angetan wird? Wo ist das Eingeständnis *unserer* Gewalttätigkeit?

DIE JÜDISCHE GESCHICHTE: DAS ÜBERLEBEN UND SEIN SCHATTEN

Der Zionismus war die Antwort auf den Antisemitismus des christlichen Europas. Die Tatsache, dass es im 18. und 19. Jahrhundert in Europa trotz der Aufklärung nicht zur Anerkennung der Juden als emanzipierter, voll gleichberechtigter Gruppe kam, sondern der politische Antisemitismus im späten 19. Jahrhundert zunahm, mündeten in der Geburt des politischen Zionismus unter der Führung von Theodor Herzl. Der Zionismus brachte den starken Drang des jüdischen Volkes zum Ausdruck, sich als Nation unter den anderen Nationen in einem eigenen Land zu etablieren und dort in voller Selbstbestimmung leben zu können. Aus diesem Grund hört man in Synagogenpredigten, in Vorlesungen über jüdische Geschichte, im Schulunterricht und in erregten Diskussionen über die Frage Israel-Palästina so oft die Redewendung »viele Jahrhunderte lang«, mit der die Schilderung des Leidens der Juden unter der Herrschaft unserer Unterdrücker eingeleitet wird. Sogar in unserer Liturgie, namentlich im Passah-Seder, kommt sie vor. Die Geschichte vom Überleben der Juden trotz endloser Verfolgungen ist in vieler Hinsicht unser *cantus firmus*; sie steckt sozusagen in unserer DNS; sie ist das Mantra unserer Volksgemeinschaft.

Dieser einmalig jüdische Zug ist nicht das Produkt irgendeiner kulturellen Verrirrung oder eines kollektiven Charaktermangels. Die Kampagne der Nazis zur Ausrottung des Weltjudentums wurde Teil unserer einzigartigen jüdischen »Vernichtungsliturgie«, wie Marc Ellis formuliert (»Liturgy of Destruction«, 103), das heißt der Art und Weise, wie wir unserem Leiden einen Sinn gegeben haben, indem wir es in den größeren Kontext der Geschichte des Judentums stellten. Aus diesem Mutterboden der Verwundbarkeit und des Opferseins stammt der zionistische Ruf: »Niemals wieder!« Während der Jahrhunderte der Verfolgung, Marginalisierung und Dämonisierung war die Entwicklung dieser besonderen Ausdrucksform der »Charakter-Rüstung« Teil unserer Überlebensstrategie. Wir überlebten zum Teil dadurch, dass wir Rituale, Gewohnheiten und Züge einer Inselmentalität sowie Stolz und Zähigkeit entwickelten, was es uns ermöglichte, nie zu vergessen, nie mit der Wachsamkeit nachzulassen und immer stolz zu sein auf unsere hartnäckige Vitalität angesichts derer, »die danach trachten, uns zu vernichten«. Wenn wir in unserem modernen liturgischen Sprachgebrauch vom Staat Israel als »der ersten Blüte unserer Erlösung« sprechen, ist das ein Reflex der Realität unseres Überlebens und es bedeutet, dass wir es geschafft haben, im Kontext der jüdischen Geschichte politisch selbstbestimmt leben zu können.

Im 1. Kapitel war von der Auswirkung des Holocausts der Nazis auf die christliche Theologie die Rede. Die Nazi-Ära hatte eine ähnlich tiefe Auswirkung auf das jüdische Denken. Der orthodoxe Rabbi Irving Greenberg formuliert als einer der wichtigsten Meinungsführer den modernen orthodoxen Standpunkt, was die Bedeutung des Staates Israel in der zeitgenössischen jüdischen Geschichte betrifft. Seine Vision des Stellenwerts Israels im heutigen jüdischen Leben ist voller messianischer Aussagen. Er schreibt:

> »Wenn Gott in Auschwitz das Morden und Foltern nicht stoppte, was wollte dann also die unendlich leidende Göttliche Gegenwart damit sagen? Es war ein Schrei, zu handeln, ein Aufruf an die Menschen, den Holocaust zu stoppen, ein Aufruf an das Volk Israel, sich auf eine neue, noch nie dagewesene Ebene der Bundespflicht zu erheben. Es war, als hätte Gott gesagt: ›Genug! Beendet das! Niemals wieder! Bringt Erlösung!‹ Die Welt hörte nicht auf diesen Aufruf, den Holocaust zu stoppen. Die europäischen Juden waren nicht in der Lage, ihm zu folgen. Das Weltjudentum reagierte nicht angemessen

darauf. Aber die Antwort kam dann schließlich mit der Schaffung des Staates Israel. Die Juden brachten genug Macht und Verantwortung auf, um zu handeln. Und diesem Aufruf folgten die sogenannten säkularen Juden genauso wie die sogenannten religiösen. Genau wie Gott in Treblinka dabei war, so zog er auch mit Israel nach Jerusalem.«[5]

Diese Vision formuliert ein Rabbi, aber ein breites Spektrum des heutigen Judentums sieht das genauso. Der Holocaust und die anschließende Errichtung des Staates Israel haben ihren Platz als die wichtigsten Ereignisse der modernen jüdischen Geschichte eingenommen.

Als Juden müssen wir den Schatten begreifen, den diese Geschichte heute auf uns wirft. Wir haben uns angestrengt, um die Herren unseres Schicksals zu werden, aber nachdem wir das geschafft haben, müssen wir auch wahrhaben, dass wir für unsere Taten und die Folgen dieser Taten verantwortlich sind. Da wir frei sind, haben wir auch die freie Wahlmöglichkeit. Die Tragödie der Geschichte der jüdischen Diaspora wurzelt sowohl in unserer eigenen kulturellen Erzähltradition als auch in der Realität unserer Geschichte von Ohnmacht und Passivität. Der Zionismus wollte dies ändern und das ist ihm zweifellos gelungen, und zwar weit über alle Erwartungen der Juden und Nichtjuden hinaus. Aber wenn wir jetzt zu Sklaven der Folgen unserer Ermächtigung werden, sind wir nicht mehr frei und auch nicht wirklich mächtig. Indem der jüdische Staat den Holocaust zur Rechtfertigung von Unrechtshandlungen benutzt, verrät er den Sinn, den wir aus unserer Geschichte der Verfolgung und Marginalisierung ziehen sollten. Man kann nicht seine eigene Erlösung, auch nicht die vom unsagbar Bösen, dadurch bewirken, dass man ein anderes Volk unterdrückt. Ja, in der derzeitigen Phase, in der die Juden in Israel über Macht und Selbstbestimmung verfügen, geraten wir für unser Volksein in Gefahren, die bei Weitem größer sind als diejenigen, denen wir in Jahrtausenden der Verfolgung ausgesetzt waren.

FRAGEN, DENEN SICH DIE AMERIKANISCHEN JUDEN STELLEN MÜSSEN

Wir Juden müssen die Bereitschaft aufbringen, unsere tiefe Verdrängung der Ungerechtigkeiten, die wir im Namen des Zionismus begangen haben, zu überwinden. Walter Brueggemann schreibt über den prophetischen Aufruf zu trauern und zu klagen. Nur auf diesem Weg, so erklärt er, können wir hoffen, den

Schritt in eine neue und bessere Welt zu tun. Nach Brueggemanns Ansicht können wir nur dann die reichen Wohltaten Gottes empfangen, wenn wir, mit dem Propheten Jeremia gesprochen, unsere eigene Zerrissenheit beweinen und uns der Tatsache stellen, dass wir großes Leiden verursacht haben. Anders gesagt, wir müssen die Verdrängung dessen, das wir getan haben, aufbrechen. Die Struktur der Macht verpflichtet sich genau dem Gegenteil. Der Staat stellt die Geschichte auf den Kopf, um die Wahrheit zu überdecken: *Wir tun das, was wir tun, um der nationalen Sicherheit willen. Die anderen sind die Terroristen; sie sind daran schuld, dass es keinen Frieden gibt.*

Eine besonders »gerissene« Form der Verdrängung, die diese Unfähigkeit zu trauern beweist, ist die Art, wie manche Juden zwar Einwände gegen einige der Maßnahmen der israelischen Regierung erheben, es jedoch vermeiden, die grundlegenden Fragen der Gerechtigkeit anzuschneiden. Das geschieht auf verschiedene Weise. Die erste ist der »pragmatische« Ansatz, der im Wesentlichen ein Aufruf ist, mit einer aufgeklärten Position unser Eigeninteresse zu vertreten. Die Besetzung, so sagen die Vertreter dieser Position, sei ein Fehler gewesen. Wenn man den Palästinensern die Selbstbestimmung verweigere und sie der Erniedrigung seitens einer Militärverwaltung unterwerfe, brüte diese Hass und Verzweiflung aus, die sich in Form von Gewaltausbrüchen gegen die Israelis entladen. *Wir müssen uns um unserer selbst willen aus den besetzten Gebieten zurückziehen.* Manche amerikanische jüdische Organisationen vertreten diesen Standpunkt und hoffen dabei, nicht vom Mainstream der jüdischen Gemeinschaft marginalisiert oder als »pro-palästinensisch« gebrandmarkt zu werden. Sie sagen, Israel solle klüger vorgehen und seine Politik ändern, damit es in Frieden leben und den wirtschaftlichen Aderlass wegen des endlosen Konflikts beheben könne. In informellen Diskussionen haben einige amerikanische Juden, die diese Position äußern, mir gegenüber bekannt, dass ihre Haltung in Wirklichkeit viel extremer sei, was ihre Gefühle bezüglich der Politik Israels angehe. Sie hielten es aber für wichtig, aus strategischen Gründen damit hinter dem Berg zu halten, um sowohl für das jüdische Establishment als auch für die führenden Politiker akzeptabel zu bleiben.

Eine zweite Art der Verdrängung, die ich für schlimmer halte, findet sich in den Reihen der jüdischen Progressiven. Der jüdische Befreiungstheologe Marc Ellis weist in seiner Kritik an dieser Fraktion des amerikanischen Judentums darauf hin, dass die ihr angehörenden Juden zwar die Rechtmäßigkeit der Ansprüche der Palästinenser anerkennen und die Menschenrechtsverletzungen seitens Israels verurteilen, aber dennoch die Vorstellung vertreten, die jüdische Vorherrschaft sei eine befriedigende Lösung der jüdischen Geschichte. Aus dieser Sicht gibt man zu, dass Gerechtigkeit walten müsste, möchte diese aber verwirklicht sehen im Kontext der Unterstellung des jüdischen Mainstreams, dass die Juden ein Recht auf das historische Palästina hätten. Folglich behauptet die progressive jüdische Fraktion, die Besetzung sei falsch, weil sie gegen unsere jüdischen Werte verstoße. Wir müssten nur diesen schmutzigen Punkt bereinigen, dann werde alles gut und wir könnten uns des Landes mit reinem Gewissen erfreuen.

Bei dieser Ansicht beschränkt man die Diskussion auf die Handlungen nach 1967 und verdrängt dabei die Vorgeschichte von der Vertreibung der Palästinenser. Von daher vermeiden die progressiven jüdischen Organisationen und Einzelnen konsequent das Gespräch über die *Nakba*, die »Katastrophe«. Mit diesem arabaischen Wort wird die Tatsache bezeichnet, dass die israelischen Streitkräfte von 1947 bis 1949 im Rahmen einer ethnischen Säuberung eine Dreiviertelmillion muslimischer und christlicher Palästinenser aus dem historischen Palästina vertrieben haben. Und zudem drücken sie sich auch um die grundlegende Frage: Wie kann ein jüdischer Staat, der als Hafen und Heimat ausschließlich für Juden gegründet wurde, eine echte Demokratie sein und seinen nichtjüdischen Bürgern Gerechtigkeit und faire Behandlung widerfahren lassen? Zugleich verdrängen sie auch die damit zusammenhängende und genauso grundlegende demographische Frage: Wie lässt sich in Israel eine jüdische Mehrheit aufrechterhalten, wenn die Mehrheit der Menschen, die einen legalen Anspruch auf dieses Land hat, nichtjüdisch ist? Vor allen anderen Fragen treibt diese Frage die israelische Außenpolitik an und nährt den derzeitigen politischen und militärischen Konflikt. Insgesamt möchte ein breites Spektrum der Juden außerhalb Israels – von den »Etablierten« bis zu den »Progressiven« – diese Fragen vermeiden; sie gelten als unerlaubt.

Das ist Verdrängung. Es ist das Versagen, die Konsequenzen der jüdischen Handlungen in Israel/Palästina vor und nach 1948 zu akzeptieren und folglich die Weigerung, über die spezifisch jüdische Tragödie zu trauern, unter der wir heute leiden: dass wir das palästinensische Volk vertrieben und verfolgt haben. Wenn wir einfach zu den Grenzen von vor 1967 zurückkehren, wird nicht alles besser. Damit wird Israel noch lange keine gerechte Gesellschaft bezüglich der innerhalb seiner Grenzen lebenden palästinensischen Bürger. Damit wird auch nicht alles das getilgt, was den Palästinensern angetan wurde, die 1948 aus ihren Groß- und Kleinstädten sowie ihren Dörfern vertrieben wurden. Man räumt damit auch nicht der Gerechtigkeit den obersten Platz ein, sondern dieser bleibt weiterhin dem angeblichen Rechtsanspruch der Juden auf Israel vorbehalten. Folglich vertritt man weiterhin die Auffassung, die Juden hätten gegenüber den nichtjüdischen Bewohnern des historischen Palästinas ein besonderes, vorrangiges Recht auf dieses Land, ganz gleich, auf welcher Seite der endgültigen

Grenzlinien diese Palästinenser wohnen mögen, wenn es zu einer endgültigen politischen Einigung kommen sollte. Damit verhindern wir, dass uns das Entsetzen über die Verbrechen packt, die wir begehen und über das Leiden, das wir schon verursacht haben. Diese Einstellung beschwichtigt uns, damit wir nicht vor Schmerz über unsere Sünden und Grausamkeiten zu weinen brauchen. Sie erspart uns die Qual, uns den Widersprüchen und peinigenden Auswegslosigkeiten zu stellen. Sie blockiert die Diskussion. Sie verschließt unsere Herzen.

Walter Brueggemann schreibt, dass Propheten das Volk zu einer Emotion bewegen könnten, die für sein Gedeihen und Überleben wichtig sei: »Ich glaube, die dem Propheten eigene Redeweise ist es, mit *der Sprache der Trauer* die Gefühllosigkeit der Könige zu durchbrechen und die Gemeinschaft so weit zu bringen, dass sie über ein Begräbnis klagt und weint, das in Wirklichkeit ihr eigenes Begräbnis ist.«[6]

Die erbitterte Leidenschaft und Tiefe der derzeitigen Spaltungen innerhalb der Gemeinschaft des Diaspora-Judentums ist schmerzlich und zutiefst beunruhigend, aber ich sehe dennoch die Möglichkeit zum Dialog. Diese Krise bietet uns Juden auch Chancen, die wir ernsthaft nutzen sollten. Deshalb müssen wir das Gespräch darüber fördern. Falls wir es verhindern, bringt uns das selbst in große Gefahr. Als Juden sind wir dafür verantwortlich, unser Verhältnis zu Israel genau zu überprüfen, statt nur passiv die uns vom jüdischen Establishment erzählte Geschichte zu schlucken, also das, was uns die Synagogen, jüdischen Föderationen, Lobby-Organisationen und der ganze übrige Apparat erzählen. Sie alle sind damit beschäftigt, den gewaltigen Strom an finanzieller und politischer Unterstützung Israels seitens der US-Regierung und privater Quellen im Fluss zu halten. Wir müssen unsere Überzeugungen und Gefühle bezüglich des Sinns dieses Staates für uns persönlich überprüfen, vor allem im Hinblick auf den Antisemitismus. Glaube ich zum Beispiel als in Amerika lebender Jude, dass der Staat Israel für mich wichtig ist, falls ich mich in meinem derzeitigen Heimatland unsicher oder benachteiligt fühlen würde? Habe ich persönlich das Gefühl, dass die Existenz eines jüdischen Staates ein wesentlicher Bestandteil meines Jüdischseins ist, oder der religiösen Werte und Glaubensüberzeugungen, die ich als Jude vertrete? Glaube ich, dass die Welt den Juden einen Staat schuldet, nachdem sie so viele Jahrhunderte hindurch jener Gewalt und Verfolgung ausgesetzt waren, die im Holocaust der Nazis gipfelte?

Als Juden, die außerhalb von Israel leben, müssen wir uns zudem die Frage stellen, aus welchen Quellen wir unsere Informationen über die Geschichte des Staates Israel und dessen derzeitige Politik beziehen. Auf welche Nachrichtendienste verlassen wir uns und welche Websites suchen wir auf? Was wissen wir über die Diskussion, die heute innerhalb Israels stattfindet, und der z. B. die Tageszeitung *Haaretz* regelmäßig Platz einräumt. Und was wissen wir über die Diskussionen, die jüdische israelische Historiker anstoßen, die immer öfter die zionistische Geschichtsschreibung kritisch durchleuchten?

ANTI-ZIONISMUS MUSS KEIN ANTISEMITISMUS SEIN

Aber diese Diskussion wird in den USA heute weithin erstickt. Wer Israel kritisiert, wird schlicht und einfach als judenfeindlich etikettiert. Einer der Scheingegner von Rosenfeld ist der »Anti-Zionismus«. Wer den Zionismus infrage stellt, ist für Rosenberg ein Antisemit. In Rosenfelds Loyalitätstest fällt nicht nur die aktuelle Kritik Israels durch, sondern so gut wie jede Diskussion, die Israels derzeitigen Kurs hinterfragt. Diese Beschuldigung ist das Lieblingsargument der Vertreter von: »Israel hat immer recht« und sie schwingen die Keule »Antisemit« gegen Juden und Nichtjuden gleichermaßen. Aber es ist wichtig, den »Antisemitismus« klar und deutlich von jener Kritik an Israel zu unterscheiden, die aus Entsetzen, Scham oder Wut über die illegalen Handlungen des jüdischen Staats vorgebracht wird. Der Zionismus ist eine Ideologie, und als solche kann man sie wie jede andere Ideologie vertreten und darüber streiten. Im Gegensatz dazu ist der Staat Israel eine politische Gegebenheit, nämlich ein Nationalstaat, der sich genau wie jeder andere Staat an Menschenrechtsstandards, internationales Recht, Fairness und den üblichen Anstand halten muss. Es ist durchaus möglich, dass man ein glühender Zionist ist und dennoch entsetzt – oder zumindest tief besorgt – über Israels Politik und Aktionen und sich deshalb angetrieben fühlt, diese Besorgnis öffentlich zu äußern oder aus ihr heraus politisch aktiv zu werden. Weist diese Einstellung auf die Notwendigkeit hin, die Definition des Zionismus grundsätzlich zu überarbeiten oder sogar die Frage aufzuwerfen, ob der Begriff überhaupt noch für das weitere Nachdenken über die Zukunft des Judentums tauglich ist? Der israelische Staatsmann, Autor und bekannte Kritiker der israelischen Gesellschaft und Politik Avraham Burg sagte 2008 in einer Ansprache in einer Synagoge in Washington, DC: »Der Zionismus ist nicht die Torah. Er ist ein Kapitel unserer Geschichte. Lasst uns das nächste Kapitel aufschlagen!«[7]

Jüdische Historiker, Sozialtheoretiker und Theologen der Gegenwart haben damit begonnen, die Auswirkungen zu untersuchen, die das Faktum der Eigenstaatlichkeit auf die jüdische Religion als solche hat. Der israelische Professor für Sozialpsychologie Benjamin Beit-Halahmi ist der Auffassung, für amerikanische Juden sei der Zionismus zu »einer ›Religion‹ geworden, die von der Klasse der Hohenpriester der jüdischen Organisationen gepflegt« werde[8]. Marc Ellis schrieb 2004, dass »sich das jüdische Leben des Mainstreams zu einer neuen Form des Judentums entwickelt hat, das ein Reich errichten und aufrechterhalten will, welches der konstantinischen Christenheit ziemlich gleicht.«[9] In seinem Buch *Toward a Jewish Theology of Liberation* von 2004 weist er zudem darauf hin, dass die Reformbewegung des Judentums in Amerika vor dem Zweiten Weltkrieg über die Frage eines jüdischen Staats tief gespalten gewesen, aber nach dem Holocaust jede Meinungsverschiedenheit darüber praktisch verstummt sei. Folglich war für mich als 1948 Geborenen der Zionismus – im Sinn einer uneingeschränkten Liebe zum Staat Israel und dessen bedingungsloser Befürwortung – unentwirrbar mit meiner religiösen Erziehung und Praxis verquickt. War der Zionismus dereinst eine Ideologie und Bewegung unter einigen Juden gewesen, so ist er inzwischen vom Judentum selbst praktisch untrennbar geworden. Verblüffend ist, dass dieser Begriff von Extremisten beider Seiten gleichermaßen gebraucht und missbraucht werden kann: sowohl von den unkritischen Verfechtern des Expansionismus und Militarismus Israels, die unablässig auf der Hut sind vor jeder nur möglichen Gefährdung des Überlebens der Juden und höchst sensibel für alle Anzeichen eines sich anbahnenden Holocausts, als auch von den unverblümten Antisemiten.

DER LOYALITÄTSEID

Rosenfeld behauptet, das Ziel der Kritiker Israels sei nicht der Rückzug Israels aus den besetzten Gebieten oder eine Änderung seiner Staatspolitik gegenüber seinen eigenen arabischen Bürgern, sondern die Auslöschung des jüdischen Staats selbst. Auf einige der Feinde, auf die Rosenfeld abzielt, trifft das zu, wenn man darunter versteht, dass sie prinzipiell gegen den Begriff und die Realität eines Staates sind, der auf der Grundlage einer ethnisch-nationalistischen Ideologie gegründet ist und aufrechterhalten wird. Aber ist das Antisemitismus? Mit dieser Logik hätte Rosenfeld auch Rabbi Judah Magnes, der bis zu seinem Tod im Jahr 1948 Kanzler der Hebräischen Universität war, und Martin Buber, den hervorragenden jüdischen Philosophen, als Antisemiten bezeichnen müssen. Beide waren gegen die Errichtung Israels als jüdischem Staat. In Wirklichkeit fordert er eine Loyalitätserklärung nicht gegenüber dem Staat Israel, sondern gegenüber einer Ideologie, deren hauptsächliche Manifestation der Staat ist.[10] Für ihn ist die Loyalität gegenüber dem Staat Israel ein Test darauf, ob man loyal zum jüdischen Volk hält. Wenn man den Staat und den Zionismus grundsätzlich infrage stelle, so meint er, handle man antisemitisch. Es sei daran erinnert, dass der Aufsatz mit einem Katalog der Anzeichen für einen stark anwachsenden Antisemitismus vor allem in der islamischen Welt beginnt. Antisemitismus und Anti-Zionismus nennt er in einem Atemzug.

Es geht ihm darum, jegliche Kritik an Israel in politischer, philosophischer, historischer oder ethischer Hinsicht zu unterbinden, ja für völlig unzulässig zu erklären. Das sei ein schlüpfriger Boden, würde Rosenfeld sagen: Anti-Israel ist gleich antisemitisch und Antisemiten wollen dem jüdischen Volk den Garaus bereiten. In Wirklichkeit hat uns Rosenfeld tatsächlich auf schlüpfrigen Boden geführt, der aber anders beschaffen ist als er meint. Was wir hier in voller Entfaltung sehen, ist die Tyrannei eines Ideologen: Das ist die Denkungsart, die im Namen Gottes oder der Nation zur Unterdrückung führt. In seiner Tirade gegen jeglichen Gedanken an Wirtschaftssanktionen gegen Israel oder irgendwelche Bedingungen, die man Israel auferlegen könnte, wirft Rosenfeld diejenigen, die Israel dazu zwingen möchten, sich an die vom internationalen Recht geforderten Menschenrechtsstandards zu halten, in einen Topf mit denjenigen, die »Israels Legitimität und moralische Berechtigung infrage stellen ... [und denjenigen,] die grundsätzlich das Ende der jüdischen nationalen Existenz fordern« (24). Wieder ist der Tenor nur allzu klar: *Wir sind im Recht, und wenn ihr nicht für uns seid, seid ihr gegen uns.* Jede Kritik an Israel liefert dessen Feind Hilfe und Trost. Sogar manche Begriffe erklärt Rosenfeld für unerlaubt: Israels Handlungen zum Beispiel als »brutal, unterdrückerisch oder rassistisch« zu bezeichnen, sei antisemitisch und dürfe überhaupt nicht zugelassen werden (16).

Diese Argumentation ist nicht nur logisch fragwürdig, sondern geradezu gefährlich. Nach Rosenfelds Ausführungen ist es überhaupt nicht gestattet, irgendwelche Ansichten zu haben, die von dem abweichen, was üblicherweise vom Mainstream als »pro-Israel« bezeichnet wird. Das »Gebaren« – um Rosenfelds Ausdruck zu gebrauchen –, sich etwa mit dem Leiden des unterdrückten palästinensischen Volkes zu identifizieren, indem man eine Anstecknadel mit der palästinensischen Flagge trägt oder sich darum bemüht, einen Weg zum Frieden zu finden, indem man die Wurzeln der entsetzlichen Selbstmordattentate sucht, sei »bizarr« und »grotesk« (24).

LEICHTE ZIELE

Rosenfeld legt nie direkt seine Sympatie für den politisch rechten Flügel offen und macht nicht deutlich, wie diese seine Einstellung zu Israel beeinflusst. Jedoch zeigt er wiederholt seine ideologische Neigung, indem er sich abschätzig und geradezu verunglimpfend über alle Ansichten oder Personen äußert, die mit der politisch Linken verbunden sind. Er tut die antiisraelische »Hysterie«, wie er sie nennt, abschätzig als »politisch motiviert« ab, womit er sie eindeutig als »vom linken Flügel« herkommend qualifiziert (20). An einer Stelle verwendet er die Autorin und Professorin Jacqueline Rose als Paradebeispiel für das linke anti-zionistische Lager und behauptet: »Heutzutage gibt es viele wie Rose. Einige davon dürften – wie sie – nichts anderes als *Radikale aus dem linken Flügel* sein ...« (25; Hervorhebung von mir). Nachdem er auf diese Weise alle in diese Kategorie fallenden Autoren abgetan hat, erklärt Rosenfeld, der Anti-Zionismus sei für diese Leute nur eine Möglichkeit mehr, »sich als Linke zu profilieren.« Sodann unterstellt er mit einem weiteren typischen Schluss seiner atemberaubenden Logik: »Der Anti-Zionismus ... hat viele Züge mit den antijüdischen Ideologien der Vergangenheit gemeinsam« (25). Welche Ideologien das sind oder worin die »gemeinsamen Züge« mit dem Anti-Zionismus bestehen, erklärt er nie. Stattdessen beklagt er lauthals, dass diese umnachteten Ideologen den Zusammenhang einfach nicht sehen wollten, was für das jüdische Volk eine tödliche Gefahr bedeute, und das sei »mehr als nur schade – es ist ein Verrat« (25).

Rose ist nur eine aus den Reihen der hochrangigen Kritiker Israels, die Rosenfeld dem Lager der politischen Linken zuteilt, aber sie ist eine seiner Lieblingsfiguren. Die britische Akademikerin ist vor allem durch ihr Werk über das Verhältnis von Psychoanalyse, Feminismus und Literatur bekannt geworden. Allein der Umstand, sie den Linken zuordnen zu können, genügt Rosenfeld, sie ganz und gar abzuqualifizieren. Rose hat nach ihrer eigenen Aussage in ihren Schriften zum Zionismus versucht, »einen klaren Weg zwischen der übersteigerten Identifikation mit allem, was der Staat selbst tut und einer ganzen Reihe von Schmähungen dieses Staats einzuschlagen.«[11] Aber Rosenfeld will nichts von Nuancen wissen. Er übt sich in platter Kritik und nimmt Begriffe wie den »Messianismus« unter Beschuss, die Rose im Rahmen einer sorgfältigen Analyse einführt. Rosenfeld nimmt die Begriffe jedoch unglaublicher- und paradoxerweise buchstäblich, sodass er Rose vorwirft, sie glaube, die Zionisten hätten sich von einem jüdischen messianischen Spinner des Mittelalters direkt inspirieren lassen. In gleicher Manier reitet er auf Roses Gebrauch des Wortes »Katastrophe« herum, mit dem sie den derzeitigen Zustand in Israel und dem palästinensischen Palästina beschreibt. Aber er verknüpft den Begriff mit dem arabischen *Al Nakba*, also dem palästinensischen Begriff für die ethnische Säuberung Palästinas zwischen 1947 und 1949. Von daher wirft er ihr vor, sie liege »ganz auf der Linie ... dieser Lesart der Geschichte ..., [dass] die Schaffung Israels zu einer historischen Ungerechtigkeit gegenüber den Palästinensern geführt« habe (10). Reicht es als Grund aus, sie in Grund und Boden zu verdammen, weil sie einräumt, den Palästinensern sei Unrecht geschehen? Hier zeigt Rosenfeld wiederum sein wahres Gesicht: Er leugnet rundweg die Ungerechtigkeiten, die Israel begangen hat. Wenn man diese Tatsache jedoch zugibt, ist man sein Feind und der Feind des jüdischen Volkes und zugleich ein Mensch, der bar aller Vernunft ist. Nach Rosenfelds Auffassung haben Juden nicht das Recht, Israel zu kritisieren, ja sie dürfen nicht einmal auf den Gedanken kommen, Israel sei nicht vollkommen – oder nicht grundsätzlich berechtigt, alles zu tun, was es will. In seiner weiteren Attacke gegen Rose wendet sich Rosenfeld mit einer anderen verqueren Argumentation gegen deren Frage: »Wie konnte eines der meistverfolgten Völker der Welt dazu kommen, selbst einige der größten Grausamkeiten des modernen Nationalstaats zu begehen?« (115). Darauf entgegnet er: »Im Vergleich mit den wirklich entsetzlichen Verbrechen im ... Sudan, in Kambodscha ... Serbien ... oder Chile – steht Israel in Wirklichkeit relativ gut da« (11). Das ist nach allen Regeln des logischen Diskurses und Anstands ein nicht ernstzunehmendes Argument und erübrigt jeden weiteren Kommentar.

PROTESTSTIMMEN EINEN MAULKORB VERPASSEN

Ist Alvin Rosenfeld mein spezieller Gegner? Ist es fair, seinen offensichtlich polemischen Aufsatz als repräsentatives Beispiel für die Einstellung des amerikanischen jüdischen Establishments gegenüber der Kritik an Israel zu nehmen? Gibt es hier nicht auch gemäßigtere, verantwortlichere Stimmen? Die Antwort darauf lautet: Rosenfelds Aufsatz ist die Spitze des Eisbergs der Ablehnung, mit der jüdische Institutionen alten Stimmen begegnen, die den Status quo der unhinterfragten und bedingungslosen Unterstützung des Staates Israel durch die USA für problematisch halten. Einzelnen Juden, die die verordnete Billigung alles dessen, was der jüdische Staat politisch unternimmt, in Frage stellen, wird heute vom gesamten jüdischen religiösen und säkularen Establishment in den USA auf unzählige Weisen unverzüglich vorgeworfen, sie seien unloyal, antisemitisch und linkslastig. Diese hohe Empfindlichkeit gegenüber allem, was die Unterstützung Israels schwächen könnte, ist aber nicht auf Juden und jüdische Institutionen beschränkt. Die Israel-Lobby – eine »lose Koalition von Individuen und Organisationen, die aktiv darauf hinarbeiten, die Außenpolitik der USA in eine israelfreundliche Richtung zu lenken«, um die Definition von Mearsheimer und Walt sowie auch von Rabbi Michael Lerner im *Tikkun Magazine* zu verwenden – hat ein weites Netz gespannt, um ihre Mission erfüllen zu können, alle »anti-israelischen« Äußerungen und Aktivitäten, die sie als dem jüdischen Staat feindlich gesinnt empfindet, zu unterbinden.[12] Mearsheimers und Walts Adjektiv »lose« beschönigt die Tatsache allerdings, dass dieser gut finanzierte, bestens organisierte und strategisch effiziente Verbund von Organisationen die Presse, den US-Kongress, akademische Einrichtungen und alle größeren christlichen Denominationen gründlich überwacht. In den letzten Jahren wurde eine ganze Reihe von Beispielfällen öffentlich bekannt: Professor Norman Finkelstein wurde aus seinem Amt an der DePaul University entfernt; der Versuch misslang, die Berufung von Professorin Nadia Abu El-Haj ans Barnard College zu verhindern; der Auftritt von Erzbischof Tutu an der St. Thomas University wurde abgesagt (der Erzbischof ist zum deutlichen Kritiker der Apartheids-Politik Israels und der Blockade des Gaza-Streifens geworden). Der Aufsatz von Mearsheimer und Walt über die Israel-Lobby wurde schließlich in einer britischen Zeitschrift veröffentlicht, obwohl er ursprünglich vom Magazin *The Atlantic Monthly* in Auftrag gegeben worden war, das ihn dann aber ohne eine Angabe von Gründen abgelehnt hatte.

Derweil schreiben unsere besten Denker und Autoren weiter. Alvin Rosenfeld hat mit seinem Aufsatz über den neuen Antisemitismus wider Willen einen wichtigen Beitrag zum Anliegen geleistet, Gerechtigkeit und Erneuerung voranzutreiben: Seine »Feindesliste« liefert allen, die nach mutigen Stimmen suchen, eine hervorragende Aufstellung von Lektüreempfehlungen. Es wäre nur zu wünschen gewesen, dass er dem Werk von Sara Roy mehr Aufmerksamkeit gewidmet hätte. Sie arbeitet am Zentrum für Studien über den Mittleren Osten der Harvard Universität und gehört heute zu den mutigsten – und ausgesprochen jüdischen – Stimmen des Gewissens. Rosenfeld fertigt Roy mit zwei kurzen Sätzen ab und macht ihr insbesondere ihre Kritik daran, dass es innerhalb der jüdischen Gemeinschaft als »Häresie« gelte, die Handlungen und politischen Maßnahmen Israels mit denjenigen der Nazis zu vergleichen, zum Verruf.

Wenn Rosenfeld Roy angreift, weil sie es wagt, auf die Ähnlichkeiten zwischen den Handlungen Nazi-Deutschlands bei der Besetzung fremder Staaten und Israels bei seiner Besetzung der Westbank und der Blockade Gazas hinzuweisen, liefert er wahrscheinlich den treffendsten Beweis für die beängstigende Verblendung, auf der seine Ansichten beruhen. Roy schildert auf eindrucksvolle Weise die zentrale Bedeutung des Holocausts in ihrer persönlichen Geschichte, auf der ihr Einsatz für die Menschenrechte beruht. Sie hat genau wie andere jüdische Autoren, etwa Norman Finkelstein, aufgezeigt, wie die Tragödie des Holocausts von etlichen verzerrt und missbraucht worden ist. Sie ruft uns auf, uns im Licht der Bedeutung dieses Kapitels unserer Geschichte, ja des zweitausendjährigen Antisemitismus, unserer derzeitigen misslichen Lage zu stellen. Sie fordert uns auf, daraus die moralische Klarheit zu gewinnen, die wir für unseren Weg nach vorn brauchen. In ihrem bewegenden Aufsatz von 2007 schreibt Roy, die Tochter eines Überlebenden des Nazi-Holocausts ist:

»Meine Mutter und ihre Schwester waren gerade von der russischen Armee aus dem Konzentrationslager befreit worden. Nachdem die russischen Soldaten alle Nazibeamten und Wächter, die das Lager geführt hatten, festgenommen hatten, erklärten sie den überlebenden Juden, sie könnten jetzt ihren deutschen Verfolgern antun, was sie wollten. Viele der Lagerinsassen, die völlig abgemagert und kaum noch am Leben waren, fielen daraufhin unverzüglich über die Deutschen her und misshandelten sie. Meine Mutter und meine Tante blieben in nur wenigen Metern Entfernung von der schrecklichen Szene stehen, die sich da vor ihren Augen abspielte, und fielen einander weinend in die Arme. Meine Mutter, die die körperlich Stärkere der beiden war, umarmte meine Tante und drückte sie an sich, und meine Tante, die kaum richtig stehen konnte, klammerte sich an meine Mutter, als wollte sie sie nie mehr loslassen. Sie sagte zu meiner Mutter: ›Das können wir nicht tun. Unser Vater und unsere Mutter würden sagen, das ist falsch. Sogar jetzt, nach allem, was wir mitgemacht haben, müssen wir Gerechtigkeit suchen, nicht Rache. Einen anderen Weg gibt es nicht.‹ Meine immer noch weinende Mutter küsste ihre Schwester und die beiden, immer noch eng umschlungen, wandten sich ab und gingen weg.

Was ist also die Quelle unserer Erlösung, unseres Heils? Sie liegt letztlich in unserer Bereitschaft, den anderen anzuerkennen – die Opfer, die wir geschaffen haben, die Palästinenser, Libanesen und auch Juden – und auch die Ungerechtigkeit, die wir als trauerndes Volk begangen haben. Vielleicht können wir dann eine gerechtere Lösung finden, mit der wir versuchen, lieber ganz gewöhnlich als absolut zu sein, und bei der wir endlich begreifen, dass unsere einzige Hoffnung nicht die ist, friedlich in unseren eigenen Häusern sterben zu können, wie es ein zionistischer Beamter vor langer Zeit formuliert hat, sondern die, in diesen Häusern friedlich leben zu können.«[13]

WO GEHT ES NUN WEITER?

Roys eindrucksvolle Geschichte weist den Weg. Wenn wir uns von unserer Wut, Trauer, Enttäuschung und Empörung über das Böse, das wir selbst erfahren haben, lösen, öffnen wir uns für die Mitgliedschaft in der größeren Menschheitsgemeinschaft. Dieser Impuls wurzelt tief in der jüdischen Psyche. Wir bewiesen ihn, als die jüdische Linke gegen den Irakkrieg protestierte und als unsere Synagogen eine Kampagne gegen den Völkermord in Darfur starteten. Wir brachten ihn zum Ausdruck bei unserem leidenschaftlichen Engagement in der amerikanischen Bürgerrechtsbewegung seit ihren Anfängen in den 1950er Jahren. Zu meinen frühesten Erinnerungen gehört, wie ich meinen Vater bei unzähligen Auftritten in Synagogen in Philadelphia begleitet habe, wo er Vorträge und Seminare über das »Vorurteil« hielt, wie wir das damals nannten, nämlich den Rassismus gegen die Schwarzen. Mein Vater war Mitglied der *Anti-Defamation League* (ADL) von *B'nai Brith*, die damals an vorderster Front für die Rassengleichheit kämpfte. Für meinen Vater und die ADL gehörte es unbedingt zum Judesein, als Mitglied der Gesellschaft, in der wir lebten, aktiv für die Durchsetzung der Menschenrechte einzutreten.

Ich bin ein in der Mitte des 20. Jahrhunderts geborener Jude. Man muss mich nicht über den Antisemitismus belehren. Als Jude habe ich psychisch immer einen gepackten Koffer unter dem Bett und ein wachsames Auge auf den in der westlichen Zivilisation vorhandenen Antisemitismus, der unter den entsprechenden Bedingungen aus seinem latenten Zustand in den virulenten übergehen kann. Aber ich bin nicht bereit, weil ich eines Tages vielleicht eine Zuflucht vor Diskriminierung oder einer regelrechten physischen Gefahr brauche, den immer weiteren Ausbau eines militarisierten, expansionistischen Staats zu unterstützen, der heute mehr dazu beiträgt, den Antisemitismus zu schüren, als eine Lösung für ihn herbeizuführen.

Doch nehmen wir einmal an, der Antisemitismus sei weltweit im Vormarsch. Unterstellen wir sogar, es liege nicht an den sechzig Jahren der Enteignung und ethnischen Säuberung, sondern an einer eingefleischten Judenfeindlichkeit, dass es ständig zu Gewalttaten der Palästinenser kommt. Selbst wenn das alles so wäre: Ist es denn eine Lösung, eine abscheuliche Mauer zu bauen, die Land vernichtet, den Handel und die Landwirtschaft abwürgt und Familien und Dörfer in der Mitte durchtrennt? Ist es eine Lösung, seine Söhne und Töchter zum Hass zu erziehen und zur Angst vor einem ganzen Volk und ihnen zu befehlen, in deren Städte, Dörfer und Häuser einzudringen und sie vor den Augen ihrer Kinder zu demütigen und zu erniedrigen – und eben diesen Kindern Furcht und Schrecken einzujagen und ihnen die Zukunft in ihrem eigenen Land zu rauben? Kann denn irgendjemand glauben, dass dies eine *Antwort* auf den Antisemitismus sei?

GESCHICHTE UND ERINNERUNG

Der britische jüdische Historiker und Autor Tony Judt war unlängst scharfen Angriffen ausgesetzt, weil er die Politik Israels kritisiert und insbesondere auf die destruktiven Auswirkungen des Zionismus auf das jüdische Leben in der Diaspora hingewiesen hatte. Rosenfeld lässt die Gelegenheit nicht aus, Judt herunterzumachen, weil er die Frage in den Raum gestellt hatte, ob der jüdische Staat, wie er jetzt existiert, die beste Lösung gegen den Antisemitismus sei und nicht tatsächlich Israels Aktionen zum weltweiten Antisemitismus beitrügen. Judt stellte 2007 in einem Blog der *Washington Post/Newsweek* das Thema Israel und die Einstellung der Juden Amerikas in den größeren Kontext der Weltpolitik. Er schreibt:

>»Ich betrachte die Hysterie um das ›Thema Israel‹ im amerikanischen Leben – und das schändliche Schweigen darüber, was tatsächlich in den Gebieten passiert, die Israel besetzt hält – als ein weiteres Symptom für die provinzielle Ignoranz und Isolation der USA in weltpolitischen Fragen. Wir können uns weiterhin gegenseitig in der Ansicht bestätigen, dass der Rest der Welt voller Antisemitismus ist, der unausrottbar und primitiv ist und auf die Ausrottung der Juden abzielt. Oder wir können – in diesem Punkt und in anderen – wieder in ein internationales Gespräch eintreten und uns die Frage stellen, warum nur wir (zusammen mit einer politischen Klasse in Israel, die rücksichtslos auf der Straße in die Selbstzerstörung hinein weiterfährt) die Welt so sehen oder ob wir uns womöglich täuschen.«

Ich stimme Judt darin zu, dass es für uns amerikanische Juden umso dringender notwendig ist, unsere historisch gewachsene Inselmentalität und die Haltung des Selbstschutzes abzulegen, weil diese sich auf unsere Welt als ganzes verhängnisvoll auswirken. Wir Juden können es uns nicht mehr leisten, nur an uns selbst zu denken, uns nur als Opfer und belagerte Minderheit zu sehen. Die Einstellung und das Verhalten, die dadurch erzeugt wird, hat nicht nur uns in große Gefahr gebracht, sondern trägt in signifikanter Weise zur Gefährdung der gesamten Welt bei. Wenn wir tatsächlich ein »Licht für die Völker« sein sollen, müssen wir mit den Kräften des Fortschritts gemeinsame Sache machen und die Durchsetzung der Menschenrechte fördern. Als Juden müssen wir Teil der Lösung sein. Traurigerweise – und Rosenfelds Aufsatz ist nur ein Symptom dieser Tatsache – sind wir immer noch damit beschäftigt uns darin zu bestärken, nicht Teil des Problems zu sein.

Sara Roys Buch von 2007 *Failing Peace: Gaza and the Palestinian-Israeli Conflict* ist ein leidenschaftliches Plädoyer dafür, endlich das moralische Problem wahrzunehmen, das sich dem jüdischen Volk in diesem kritischen Augenblick unserer Geschichte stellt.

»Warum ist es so schwierig, ja unmöglich, die Palästinenser in das jüdische Geschichtsverständnis mit einzubeziehen? Warum wird die Notwendigkeit so wenig wahrgenommen, unsere eigene Erzähltradition zu hinterfragen? Warum pflegen wir stattdessen lieber Überzeugungen und Gefühle, die uns unbeweglich machen? Warum ist es für jüdische Intellektuelle praktisch eine Pflichtübung, fast überall in der Welt Rassismus, Unterdrückung und Ungerechtigkeit zu bekämpfen und es zugleich geradezu für einen Akt der Häresie zu halten, das Gleiche zu tun, wenn Israel der Unterdrücker ist?«

Wir Juden haben Sinn für Menschenrechtsthemen – den moralischen Imperativ dazu spüren wir in unseren Knochen. Aber wir sind Menschen. Wir machen Fehler; wir bedürfen der Korrektur. Das sagten uns in früheren Zeiten die Propheten, und jetzt sagen es uns die heutigen Propheten ebenso. Trotz des zunehmend energischeren Protests des jüdischen Establishments gegen auch nur die leiseste Äußerung der Ablehnung von Israels Handlungen werden die Stimmen des Gewissens innerhalb der jüdischen Gemeinschaft immer lauter. Wir werden dazu gezwungen, einzusehen, dass wir noch einen weiten Weg vor uns haben. Wir stehen heute an einem historischen Wendepunkt. Wir haben die Wahl. Für uns Juden und auch für alle Amerikaner und Europäer, die sich Gedanken über unsere Beziehung zur Welt als ganzer und zur heutigen Menschenrechtsproblematik machen, gibt es keine wichtigeren Fragen als diejenigen, die Roy in ihrem Text aufwirft, und keine ernüchterndere Schlussfolgerung als diejenige, die sie zieht. Solange wir es zulassen, dass unser Denken gegenüber den offen vor uns liegenden Ungerechtigkeiten und Entsetzlichkeiten verschlossen bleibt, unsere Stimmen stumm und unsere Augen geschlossen bleiben, wird es zu immer weiteren Konflikten, immer weiteren Enteignungen und zu immer mehr unschuldigen Toten kommen. Und es wird kein Friede einkehren, weder im Mittleren Osten, noch in unserer Mitte, noch in unseren Herzen.

EINE EINFACHERE ZEIT

Meine Großmutter mochte ich sehr. Sie war eine zärtliche Frau mit einem großen Herzen. Sie brachte ihre vielköpfige Familie durch die Große Depression und kämpfte ihr Leben lang gegen ihr persönliches Erbe an, einen tyrannischen Vater gehabt und nicht die Erlaubnis bekommen zu haben, eine höhere Schulbildung durchlaufen zu dürfen, also mit dem Los, als Mädchen in einem ultraorthodoxen Haushalt aufzuwachsen. Sie war ein Kind ihrer Zeit und unserer gemeinsamen Geschichte, wie ich sie schon im 2. Kapitel kurz skizziert habe. Zu meinen vielen Erinnerungen an sie gehört ein Gruppenfoto aus den 1950er Jahren, das in ihrem Haus hing. Darauf sitzt meine Großmutter mit vielleicht sechzig anderen Frauen, alle in düsteren Kleidern und zweckmäßigen Schuhen. Vor ihnen ist ein Spruchband, das sie als lokales Komitee der *Pioneer Women* (»Pionierfrauen«) bezeichnet, einer amerikanischen zionistischen Organisation für Frauen, die in den 1920er Jahren gegründet worden war, um die jüdische Kultur und die zionistischen Prinzipien zu fördern und materielle Unterstützung für die jüdische Ansiedlung in Palästina und nach 1948 für den Staat Israel beizutragen. Meine Großmutter blickte mir aus der ersten Reihe entgegen, sichtlich stolz auf ihre Mitgliedschaft und treu in ihrem Engagement für das Überleben des jungen jüdischen Staates. Für sie gab es keine Palästinenser und keine *Nakba*. Es gab nur diese kostbare Wirklichkeit Israel, diesen wunderbaren Ort der jüdischen Kultur, dieses Bollwerk »gegen die Völker, die uns zu vernichten trachten«. Ja, sie war ein Kind ihrer Zeit – und für die Juden Amerikas war das eine einfachere Zeit.

Diesen Luxus, dass alles ganz einfach scheint, haben wir nicht mehr. Wir ringen darum, mit den Folgen unserer derzeitigen Situation fertig zu werden und machen uns an die schwierige Aufgabe, uns selbst zu überprüfen und notwendige Reformen vorzunehmen. Aber um das zu können, müssen wir zuerst einmal verstehen, wer wir sind und wie wir an diesen Punkt gekommen sind. Diese Fragestellung hat viele Facetten. Aber ganz gewiss ist das Verhältnis von Judentum und Zionismus ein entscheidendes Thema. Das ist der Gegenstand des folgenden Kapitels.

KAPITEL 4
EINE BEWEGUNG VOLLER HOFFNUNG UND SEHNSUCHT

Der Anspruch der Juden auf das Land – historisch nur schwach, aber desto rabiater biblisch begründet – ruht darum auf diesem einzigartigen Wesenszug der jüdischen Selbststilisierung, der Fähigkeit nämlich, das Schicksal in den Boden einzugraben.

Jacqueline Rose, The Question of Zion

In der Einleitung habe ich Daoud Nassar vorgestellt, den Enkel eines palästinensischen Christen, der 1916 gute vierzig Hektar Land im fruchtbaren Hügelland südlich von Bethlehem gekauft hatte. Auf diesem windigen Hügel spielt derzeit ein weiterer Akt der israelischen Besetzung Palästinas. Die Farm Nassars steht allein und ist der letzte Hort des Widerstandes in einem Gebiet, das für die Beschlagnahmung durch den jüdischen Staat markiert ist. 1991 brachte Israel hier eine seiner Hauptmethoden zur Landbesetzung und Kontrolle der besetzten Gebiete zur Anwendung und erklärte das Eigentum Nassars zum »Staatseigentum«. Damit lag die Beweislast für ihren Besitzanspruch bei der Familie Nassar. Wenige Palästinenser sind in der Lage, ihr Besitzrecht auf ihr Land in der Westbank gemäß den israelischen Standards zu beweisen, denn dieses Gebiet hat in den letzten zweihundert Jahren oft die Besitzer gewechselt. Israels Vertreibungskampagne funktioniert. Farm um Farm, Dorf um Dorf ziehen sich die palästinensischen Bauern in die überfüllten städtischen Enklaven zurück, die für alle diejenigen Palästinenser vorgesehen sind, die nicht auswandern wollen oder können. Es entstehen eine Art Bantustans, Homelands, die nur noch über das Netzwerk der von Israel kontrollierten wenigen für die Palästinerser offenen Straßen zugänglich sind: Hebron, Bethlehem, Ramallah, Jenin, Nablus, Jericho. Daoud aber hat seinen Fall bis zum israelischen Verfassungsgericht durchgeboxt und im Lauf von achtzehn Jahren fast zweihunderttausend Dollar für Gerichtskosten und Landvermessungsgebühren aufgewendet. Das Gericht hat sein Besitzrecht bestätigt. Der gescheiterte israelische Staat versuchte daraufhin, das Land mit privaten Mitteln an sich zu reißen, das heißt auf dem Weg fragwürdiger Arrangements mit Dritten – eine weitere übliche Methode der Beschlagnahmung von Land. Daoud wurde von vorgeschickten Strohmännern immer wieder gebeten, seine Preisvorstellungen für das Land zu nennen, aber er blieb fest. Er sagt:»Wir dürfen nicht aufgeben. Dieses Land ist meine Mutter. Seine Mutter kann man nicht verkaufen.«

Eines Tages saß Daoud auf seinem Traktor und war dabei, ein an die benachbarte Siedlung angrenzendes Landstück zu bearbeiten. Da kam ein junger Bursche zu ihm, kaum älter als siebzehn oder achtzehn, der ein halbautomatisches Gewehr trug – die Standardausrüstung der jüdischen Siedler in der Westbank. Der Junge sprach ihn an und fragte:»Was tust du hier auf unserem Land?« Daoud gab einfach zur Antwort:»Das ist mein Land.« »Nein«, entgegnete der Junge,»das ist unser Land« und fummelte dabei nervös an seinem Gewehr herum. Daoud, der sich nicht so leicht einschüchtern lässt, sah dem Jungen direkt in die Augen und sagte:»Mein Großvater hat dieses Land gekauft. Wir haben die Papiere, um das zu beweisen.« Der junge Jude zeigte zum Himmel und gab zur Antwort:»Du hast Papiere von hier unten. Wir haben Papiere von Gott.«

WESSEN LAND IST DAS?

Wie praktisch jede andere Stelle in dem als Palästina bekannten schmalen Landstreifen zwischen Mittelmeer und Jordan ist auch das Land, auf dem Daouds Farm liegt, geschichtsträchtig. In diesem Fall ist die Geschichte relativ jung. Das Land der Familie Nassar liegt fast genau in der Mitte des heutigen Siedlerblocks Etzion, eines Gebiets, das für den Staat Israel von großer nationaler Bedeutung ist. 1943 hatten religiöse Juden in der Nähe der Straße, die Jerusalem mit dem südlichen Hebron verbindet, die Siedlung Kfar Etzion gegründet. Bis zum Jahr 1947 war die Zahl der dort Lebenden auf 163 Erwachsene und 50 Kinder angewachsen. Der Kibbuz erhielt schließlich zusammen mit drei weiteren in dieser Zeit errichteten Kibbuzim den Namen Gush Etzion (»Etzion-Block«). Im Teilungsplan der Vereinten Nationen für Palästina vom 29. November 1947 lag der Etzion-Block außerhalb der vorgeschlagenen Grenzen des jüdischen Staats. Als sich die Streitkräfte auf jüdischer und arabischer Seite zur Schlacht um die Kontrolle über Palästina formierten, gewann die Lage des

Etzion-Bocks an der wichtigen Straße von Jerusalem nach Hebron große strategische Bedeutung.

Als die Feindseligkeiten im Winter 1947/48 zunahmen, wurde die Lage für die Juden von Kfar Etzion zunehmend verzweifelt, nachdem mehrere Hilfskonvois dorthin angegriffen worden waren, Verluste erlitten hatten und wieder nach Jerusalem umkehren mussten. Im Januar wurden die Frauen und Kinder evakuiert. Der Endangriff der arabischen Kräfte begann am 12. Mai 1948, und am 13. Mai hissten die Verteidiger die weiße Fahne. Was dann folgte, wurde in Israel als das *Massaker von Kfar Etzion* bekannt. Manche Fakten sind umstritten, aber allgemein einig ist man sich darüber, dass die arabischen Freischärler 129 jüdische Bewohner niedermachten. Unklar bleibt, ob dazu ein Befehl gegeben worden war oder ob jemand das Feuer eröffnete und andere mit einfielen. Laut einem Bericht riefen arabische Soldaten »Deir Yassin!«, den Namen eines palästinensischen Dorfes in der Nähe von Jerusalem, in dem im Monat zuvor jüdische Kämpfer über einhundert Männer, Frauen und Kinder ermordet hatten.

Kfar Etzion wurde zum Symbol des Heroismus und Märtyrertums der Menschen, die starben, um dem Staat zu seiner Existenz zu verhelfen. Die Toten von Kfar Etzion wurden auf dem Jerusalemer Herzl-Berg auf Israels Soldatenfriedhof beigesetzt.

1967 eroberte Israel den Etzion-Block zurück. Die Israelis, die 1948 als Kinder aus dem dortigen Kibbuz evakuiert worden waren, starteten eine öffentliche Kampagne zur Wiederbesiedlung dieser Stätte, die Premierminister Levi Eschkol genehmigte. Kfar Etzion wurde im September 1967 wieder als Kibbuz eröffnet und wurde damit die erste israelische Siedlung in der Westbank.[1] Der Etzion-Block ist einer der drei größten Siedlungsblocks in der Westbank und dieses Gebiet hat eine intensive Entwicklung und Expansion erfahren, wobei Einwanderer aus dem Ausland angesiedelt wurden und Israel dies aktiv gefördert hat. Der gesamte Etzion-Block liegt in der Zone C, die nach den Abkommen von Oslo von 1993 der Zivil- und Militärkontrolle Israels unterliegt. Die Trennungsmauer umschließt den gesamten Block an seiner Nord-, Ost- und Südgrenze und schneidet die rund 25 000 palästinensischen Dorf- und Stadtbewohner, die innerhalb der Mauern leben, von Bethlehem, Ostjerusalem und dem Rest der Westbank ab. Die meisten jüdischen Siedlungen in diesem Block sind von sehr religiösen Siedlern bewohnt. Israel beansprucht diesen Ausschnitt der Westbank als Gebietsteil des biblischen davidischen Königreichs.

Eine dieser jüdischen Siedlungen ist Neve Daniel. Sie ist nach dem Hilfskonvoi aus Jerusalem benannt, der im März 1948 zum Umkehren gezwungen wurde, was den Anfang vom Ende der Bewohner von Kfar Etzion markierte.

Die Siedlung mit rund 1500 religiösen jüdischen Einwanderern aus der früheren Sowjetunion, aus Frankreich und Nordamerika grenzt östlich an das Land der Familie Nassar. Tatsächlich findet sich auf neueren israelischen Landkarten das Gebiet, auf dem die Farm der Nassars liegt, nicht mehr als Grundbesitz dieser Familie eingezeichnet, sondern ist nur noch hellblau markiert und damit als Erwartungsland für die weitere Expansion der Siedlung ausgewiesen.

Der Bürgermeister von Neve Daniel ist Schaul Goldstein. Sein Vater kämpfte in der Schlacht, in der Israel 1967 dieses Gebiet von Jordanien zurückeroberte. 2007 wurde Goldstein für einen größeren Artikel in der *Los Angeles Times* vom Reporter Richard Boudreaux interviewt, der zur Vorbereitung dieser Story das Land der Familie Nassar besucht hatte. Goldstein wird in diesem Artikel mit der Aussage zitiert:»Meiner Ansicht nach ist Israel vom Mittelmeer bis zum Jordantal ein jüdischer Staat. Seine Landflächen sind in erster Linie und vor allem für jüdische Bürger gedacht.«[2]

Dieser Zeitungsartikel erläutert auch den jüngeren historischen Hintergrund für Goldsteins Behauptung. Seit 1967, als das Land besetzt wurde, heißt es darin, habe Israel ein Programm verfolgt, den Palästinensern Land wegzunehmen und es für den Ausbau jüdischer Siedlungen zur Verfügung zu stellen. »Stück für Stück«, so heißt es in diesem Artikel,»bemächtigt Israel sich der Farmen, Weidegebiete und Wasserquellen, um die Siedlungen von Gush Etzion für eine stetig wachsende Bevölkerung auszuweiten, die jetzt über 55 000 zählt.« Die Zukunft, die man für die Palästinenser im Umfeld des Etzion-Blocks vorsieht, sei klar, schreibt Boudreaux:»Zu diesem Plan gehört eindeutig nicht, dass auch diese Gemeinden gedeihen oder überhaupt fortbestehen. Dieses Land beanspruchen die Juden.« Und er zitiert einen lokalen palästinensischen Anwalt:»Die Palästinenser dieser Gegend werden von ihren Arbeitsplätzen und Schulen abgeschnitten, von ihrer medizinischen Versorgung, von ihrer Großfamilie und sogar vom übrigen Palästina ... Ich glaube nicht, dass diese kleinen Gemeinden noch lange überleben können.«

HERREN DES LANDES

Wie wirkte diese Geschichte auf die Leser der *Los Angeles Times*, als sie am 27. Dezember 2007 beim Morgenkaffee einen Blick in die Zeitung warfen? Was denkt ein Amerikaner, wenn er von einem kolonialistischen Projekt hört, das den Einwohnern eines Gebietes ihr Land wegnehmen will, weil Kolonisten der Überzeugung sind, es sei kraft göttlichen Rechts ihr Eigentum?

Diese Geschichte sollte Amerikanern aufgrund ihrer eigenen Geschichte zwar schmerzlich vertraut vorkommen, aber der Umstand, dass sie sich in unserer Zeit erneut abspielt, sollte sie dennoch schockieren. Die Israelis dagegen hören diese Geschichte schon über zwei Jahrzehnte, denn Amira Hass, eine israelische Reporterin für die Tageszeitung *Haaretz*, liefert ihnen schon genau so lange immer wieder Erfahrungsberichte über den Alltag aus den besetzten Gebieten. Hass lebte von 1993 bis 1997 in Gaza und berichtete von dort; dann zog sie nach Ramallah in der Westbank, wo sie heute noch wohnt. Sie veröffentlicht regelmäßig Berichte über die Auswirkung der Besetzung auf die palästinensische Gesellschaft, während die Zahl der jüdischen Siedler seit Mitte der 1980er Jahre um über eine Viertelmillion zugenommen hat. Hass hat die zunehmende Unverfrorenheit der ideologisch motivierten Siedler aufgezeichnet, die die landwirtschaftlichen Arbeiten der Palästinenser mit Waffengewalt schikanieren, während dieses Verhalten von den israelischen Sicherheitskräften erlaubt, ja sogar geschützt wird. Dieses Verhaltensmuster zieht sich von Jenin im Norden bis Hebron im Süden quer durch die ganze Westbank und ergänzt die offizielle staatliche Politik, Straßen zu sperren, Häuser abzureißen, Straßen nur von Juden befahren zu lassen und Land und Wasserquellen zu enteignen. So handelt es sich bei der Besetzung um einen unerbittlich vorangetriebenen Prozess der Enteignung und Vertreibung. Hass ist überzeugt, dass die Siedler auf Geheiß des Staates handeln.

Hass berichtete im August 2007 darüber, wie sie, ein weiterer israelischer Journalist und drei Menschenrechtsbeauftragte der UN von jüdischen Siedlern angegriffen wurden. Die bewaffneten Ideologen stoppten den Jeep des Teams, schlugen dessen Windschutzscheibe ein und nahmen alle gefangen. »Sie benahmen sich wie die Herren des Landes«, schrieb die Journalistin und erklärte, dass die in den besetzten Gebieten geltenden Gesetze der israelischen Polizei und dem Militär direkte Maßnahmen gegen die Siedler verbieten; im Gegenteil, die Soldaten seien offiziell dazu da, die Siedler zu »schützen«. »Diese Taktik ist aus Hebron wohlbekannt. Es ist die gleiche Taktik, die dazu verhalf, die Altstadt vom Großteil ihrer palästinensischen Bewohner zu säubern: Juden belästigen und drangsalieren diese und drohen dann, ihre Opfer bei der israelischen Polizei anzuzeigen ... Sie terrorisieren die Palästinenser, weil die israelischen Autoritäten ihnen das gestatten. Damit tun sie auf ihre Weise das Gleiche, was auch die ›legitimen‹ Besatzungsbehörden tun: Sie vertreiben die Palästinenser von ihrem Grund und Boden, um Platz für die Juden zu schaffen. Mit anderen Worten: Sie halten sich an Anweisungen, die sie erhalten haben.«[3]

Diese Ereignisse sind nicht zufälliger Natur und keine Ausrutscher einiger Spinner in der israelischen Gesellschaft. Der jugendliche Siedler, der Daoud

Nassar auf seinem Feld anpöbelte; die Soldaten, die von Weitem zusehen oder nur ab und zu einmal und dann nur halbherzig eingreifen, um das Blutvergießen infolge gewalttätiger Ausschreitungen nationalistischer Fanatiker zu verhindern; die Regierungsbehörden, die die systematische Enteignung einer eingesessenen Bevölkerung erleichtern; die Unternehmer, die die nur Juden vorbehaltenen Straßen bauen und Häuser und Felder mit Bulldozern zerstören, um die Trennungsmauer zu bauen – sie alle sind Teil eines Systems, das aus der gleichen Quelle seine Kraft bezieht.

Juden in Amerika und in Israel, die sich als Sympathisanten für die »Sache der Palästinenser« bezeichnen, distanzieren sich gern von dem, was sie als den »Extremistischen Rand« bezeichnen, der aus der ideologischen Siedlerbewegung bestehe. Sie behaupten, die kriminellen, rassistischen Aktionen dieser gewalttätigen Minderheit seien nicht das wahre Gesicht der Besetzung. Natürlich müsse man einräumen, dass die Besetzung tatsächlich hie und da die Rechte der Palästinenser beschneide. Aber das werde ein Ende haben, sobald Israel auf dem Verhandlungsweg ein Abkommen mit den Palästinensern treffen könne. Das ist die klassische Verteidigungsrede: Die Siedler sind schlimm, aber wir, die Guten, stehen zu den Menschenrechten, zu fairem Verhalten und Gewaltfreiheit. Die Berichte von Hass und das Zeugnis eines jeden, der als Augenzeuge die ständig weiter vorangetriebene ethnische Säuberung von den Hirten im Süden der Westbank und den Farmern im fruchtbaren Gebiet im Hügelland und den Tälern des Nordens miterlebt hat, strafen diese »gemäßigte« Position Lügen. Die Analyse von Amira Hass ist auf tragische Weise zutreffend: Die Siedler handeln nach dem Willen und der Absicht der israelischen Regierung.

DIE PEINLICHE SPUR DER VERGANGENHEIT

Wie konnte es so weit kommen? Das genau ist die Frage, die Jacqueline Rose gestellt hat, die Autorin, die Alvin Rosenfeld vom AJC als eine der »neuen Antisemiten« der Linken ausgemacht hat. Rose besuchte die Westbank 2002, um eine Dokumentation zu erstellen, und wurde dort dazu angeregt, ihr zwar kurzes aber eindrucksvolles Buch *The Question of Zion* herauszugeben. Das Buch versucht, »die zugleich faszinierende und gefährliche Kraft der machtvollen Vision Israels von sich selbst als Nation« zu verstehen[4].

Rose beginnt ihr Buch mit der Schilderung eines Selbstmordattentats 2003 in Haifa, bei dem vier Kinder ums Leben kamen. »Während Ariel Sharon in

Reaktion darauf seine Flugzeuge nach Syrien schickte«, schrieb sie, habe der israelische Rundfunk ein Interview mit Golda Meir gebracht, das dreißig Jahre zuvor während des Yom Kippur-Kriegs aufgenommen worden war, und in dem sie ausführte, Israel sei nicht für den Krieg verantwortlich, »denn alle Kriege gegen Israel haben nichts mit Israel zu tun« (xi). Rose bespricht die Fragen, die wir uns nicht nur als Juden, sondern auch als Weltbürger stellen müssen: Was ist die Quelle für Israels Bild von sich selbst als Nation? Was ist das für ein kollektives jüdisches Bewusstsein, dass wir glauben können, unschuldig an dem Drama zu sein, in dem wir uns befinden? Wer ist dieses Volk, das sich selbst, mit Roses Worten gesprochen, so darstellt, »als sei es ewig in der Defensive, so als sei Schwäche eine Waffe und die Verwundbarkeit seine größte Stärke?« (xiii). Und sie fährt fort: »Was hat beim Entstehen dieser Nation und der Bewegung, aus der sie geboren wurde, mitgespielt, das es erlaubte – und immer noch erlaubt –, die Last seiner eigenen Geschichte abzuschütteln und sich auf derart offenkundige Weise selbst blind zu stellen?« (xii).

Rose empfindet genau wie auch ich eine persönliche Nähe zu dem, was sie als »den legitimen Wunsch eines verfolgten Volkes nach einem Heimatland« bezeichnet (xii). Aber nachdem sie genau wie ich davon erschüttert wurde, mit eigenen Augen die Realität der Besetzung mit anzusehen, stellt sie die gleiche Frage, die ich mir auch stellte: Wie konnte der zionistische Traum die Seele des Judentums derart vergiften? Rose glaubt jedoch, dass es zu nichts führe, einfach nur den Zionismus vom Judentum zu unterscheiden, um diesen dann zu widerlegen oder verunglimpfen zu können. Ihr geht es vielmehr darum, »die Vorstellungswelt des Zionismus von innen her zu erfassen, um begreifen zu können, warum er zu einer derart leidenschaftlichen und anscheinend unauflöslichen Gefolgschaftstreue führt« (13).

Rose bezeichnet den Zionismus als »eine der mächtigsten Bewegungen des 20. Jahrhunderts ... Als Bewegung hat der Zionismus die ungeheure Kraft, sich selbst zu sakralisieren« (14). Diese Kraft des Zionismus entspringt seiner Fähigkeit, die Realität zu transzendieren, also weit über das, was als möglich wahrgenommen wird, hinauszugehen. Theodor Herzl hat diese Einstellung in seinem berühmten Ausspruch von 1902 genau auf den Punkt gebracht: »Wenn du willst, ist es kein Traum.« Trotz der als dringend empfundenen Notwendigkeit einer Lösung für die unerträglichen Verhältnisse, in denen sich die Juden Osteuropas im 19. Jahrhundert befanden, wusste der Zionismus immer, so Rose, »dass er sich in Richtung eines imaginären und womöglich nicht realisierbaren Raums bewegte. Der Zionismus stellt sich vor allem andern als Bewegung der Hoffnung und Sehnsucht vor« (16). Sie behauptet, der Zionismus sei eine Form des Messianismus, und der Messianismus »gedeiht in finsteren Zeiten. Er ist wie der Zionismus ein Kind des Exils« (17). Und so richtet Rose die historische Linse kühn direkt auf die gegenwärtige Situation: »Von daher ist die messianische Erlösung eine Form der historischen Rache. Grausam gesprochen ist sie eine Form, Punkte wett zu machen. Die Gewalttätigkeit einer grausamen Geschichte wiederholt sich und soll so Heilung bringen« (20).

Für mich trifft sie mit der Identifizierung dieses Zusammenhangs, so schrecklich er auch ist, ins Schwarze. Wie sonst könnten wir die Entsetzlichkeiten und die Tragödie, die sich in Israel und Palästina abspielt, einordnen, dieses blutige Drama, das sowohl Juden wie Palästinenser immer stärker zermürbt? Aber Rose geht es in ihrer Analyse nicht darum, zur Fürsprecherin der unterdrückten Palästinenser zu werden. Sie wendet sich mit ihrem kurzen Buch von nur drei Kapiteln auf 150 Seiten an die Juden. Und sie erläutert:»Wir stehen hier vor einem Paradox. Es war das Elend, das das jüdische Volk in die apokalyptische Tradition und ihre Katastrophenbotschaft trieb. Aber das Elend begleitet die Vision auf ihrem Weg vorwärts in den Anbruch einer neuen Geschichte und quartiert sich unerbittlich mitten im Traum ein. Die Zukunft, die eigentlich erlösen sollte, trägt in sich die gefürchtetsten Züge der Vergangenheit« (20).

Roses ungeschminktes, durch ihren psychoanalytischen Ansatz geprägtes Bild hilft die Frage beantworten, was es ist, das das jüdische Volk ins zionistische Unternehmen treibt. Und ist nicht die Aufarbeitung dieser psychologischen Thematik für das Verständnis der »Frage Zionismus« unerlässlich? Sind das nicht die Fragen, die wir uns als Juden stellen müssen, wenn wir versuchen, das tragische Dilemma zu begreifen, in dem wir uns befinden? Aber wie weit müssen wir in unsere kollektive Erfahrung zurückgehen, um die Wurzeln unseres derzeitigen Verhaltens freilegen zu können? Rose weist ausdrücklich darauf hin, dass der Geist der Erfüllung messianischer Sehsüchte »im Herzen des Zionismus steckt, *selbst wenn oder vielleicht gerade weil er nicht weiß, dass er darin steckt*« (53; Hervorhebung im Original). Die Geschichte, die wir uns selbst erzählen, und unsere Liturgie sind durchzogen von Geschichten vom Opfersein und Leiden. Rose geht es darum, darauf hinzuweisen, dass es diese in der langen Geschichte begründete Eigenschaft ist, die den Traum von unserer Erlösung einfärbt. Und sie stellt die Frage: »Wie um alles auf der Welt lässt sich denn etwas beenden, das als Sinnschema die Annalen der Geschichte durchzieht und bis in alle Ewigkeit weiterreicht?« (20). Wir müssen das begreifen, um der Hörigkeit gegenüber diesem Mechanismus zu entkommen. Eine Möglichkeit, das zu erreichen, liegt darin, sich unsere Helden genauer anzusehen.

DER ARCHITEKT ISRAELS

Theodor Herzl mag der Visionär gewesen sein, der den politischen Zionismus schuf, aber es war David Ben-Gurion, geboren 1886 als David Gruns im polnischen Plonsk (das damals zum russischen Reich gehörte), der zum Architekten des Staates Israel wurde. Rose zufolge war Ben-Gurion von einer messianischen Vision für das jüdische Volk besessen, und diese Vision fand ihren Ausdruck im politischen Zionismus. Als engagierter Zionist glaubte Ben-Gurion nicht, dass die Juden weiterhin über die ganze Welt verstreut sein sollten. So fasste er eine radikal andere Zukunft ins Auge. In seinen Memoiren heißt es: »Die Emanzipation der Juden führte nicht zur Assimilation, sondern zu einer neuen Ausdrucksform ihrer nationalen Einmaligkeit und messianischen Sehnsucht.«[5] Einzigartigkeit und Besonderheit sind ein Schlüsselelement dieses Selbstverständnisses. Die Juden sind nach den Worten des Segensspruchs von Bileam in Numeri 23,9 »ein Volk, es wohnt für sich, es zählt sich nicht zu den Völkern«. Für Ben-Gurion sollten die Juden nicht an irgendeinem beliebigen Ort ihre Besonderheit ausleben, sondern seiner Überzeugung nach war das Land Israel der einzige Ort für dies besondere, einmalige Volk. So sah er Israel als das einzig angemessene Ziel dieser Sehnsucht. Er schrieb: »Ohne einen messianischen, emotionalen, ideologischen Impuls, ohne die Vision der Wiederherstellung und Erlösung gibt es keinen irdischen Grund, weshalb sogar die unterdrückten und benachteiligten Juden ... von allen Orten her nach Israel ziehen sollten ... Die Einwanderer waren von einer unsterblichen Vision der Erlösung ergriffen, die zur vorrangigen Motivation ihres Lebens wurde« (ebd.).

Es ist klar, dass das Schicksal aller jüdischen Einwanderer nach Palästina – der von ideologischem Eifer Angetriebenen, der vor der Verfolgung Fliehenden und derjenigen, die aus beiden Gründen kamen, sowie auch aller derjenigen Palästinenser, deren Landbesitz und Existenz dem zionistischen Projekt im Weg standen – in der Hand dieses brillanten, messianischen, fanatischen Träumers lag. Es sei daran erinnert, dass dieser Mann 1906 Russland verlassen hatte. Der für seine Laufbahn entscheidende Impuls war die Erfahrung, dass die jüdische Emanzipation scheiterte. Die Brille, durch die er die Welt sah, war seine Erfahrung als Mitglied einer isolierten, unterdrückten Gruppe, die einem versagenden, mörderischen, autokratischen Staat ausgeliefert war. In seinen Schriften und Äußerungen sprach Ben-Gurion nicht vom Überleben des Judentums, sondern vom Überleben der Juden selbst. Obwohl er persönlich ein nicht-praktizierender, säkularer Jude war, gebrauchte er eine religiöse Sprache. Rose zitiert aus einer Ansprache Ben-Gurions von 1950, zwei Jahre nach der Errichtung des Staates: »Die Rückkehr nach Zion und zur Bibel ist der höchste Ausdruck der Wiedergeburt und Auferstehung des jüdischen Volkes, und je vollständiger die Rückkehr wird, desto näher kommen wir einer vollen politischen und geistigen Erlösung.«[6]

Es ist, als hörten wir die Stimme David Ben-Gurions aus dem Mund von Shaul Goldstein, dem Bürgermeister von Neve Daniel, der die »Wiedergeburt und Wiederauferstehung des jüdischen Volkes« in der »Heimkehr nach Zion« durchsetzt. Wenn man von Daoud Nassars Land die umliegende Landschaft in Augenschein nimmt und mit dem Auto durch Gush Etzion fährt, springt einem die Vitalität und vorwärtstreibende Kraft dieses Projekts überall ins Auge. Über den Hügel westlich von Daouds Farm breitet sich in das Tal hinab die »Siedlung« von Beitar Illit und droht das palästinensische Dorf Nahalin zu verschlingen. Der Begriff »Siedlung« als Bezeichnung für diesen Ort trifft die Sache allerdings nicht, was selbst die Bewohner zugeben. Wenn man von der Hauptstraße, einer nur für Juden reservierten Straße, in die Nähe von Beitar Illit kommt, stößt man an dessen Eingang auf ein riesiges Schild mit der Aufschrift: »Beitar Illit: Eine Stadt der Torah und der Gottesliebe in den Hügeln von Judäa.«[7] Der Besucher der Website der Stadt wird mit einem Immobilienangebot begrüßt, einer Werbung für die Stadt, die der Reklame zufolge eine bis auf die Römerzeit zurückgehende Stätte ist, die damals von jüdischen Zeloten besetzt und besiedelt gewesen sei. Die Zeloten sind zurückgekehrt. Aber dieses Mal haben *sie* die Armee und *sie* errichten Befestigungen, um ihre Kolonie zu schützen. Rose sieht dies alles ganz klar und benennt die unausweichlichen Auswirkungen. »Es ist schockierend, mit ansehen zu müssen, wie eine offensichtlich begeisterte Nation, die glühend davon überzeugt ist, dass sie das Gute in der Welt tut, nicht nur andere vernichtet, sondern auch am eigenen Grab schaufelt« (21).

Aber ist das so schockierend? Ist es nicht unvermeidlich, dass eine Nation, »die glühend davon überzeugt ist, dass sie das Gute in der Welt tut«, angesichts der sie umgebendenUmstände den Weg zu ihrer eigenen Vernichtung vorantreibt? Im Schlusskapitel seines 2006 erschienenen Buchs *Die ethnische Säuberung Palästinas* zieht der israelische Historiker Ilan Pappe die unvermeidliche Parallele zwischen dem heutigen jüdischen Staat, der hohe Mauern baut, um sich selbst gegen die feindseligen »Anderen« abzuschirmen, zu den Kreuzfahrern des Mittelalters, »deren Lateinisches Königreich von Jerusalem fast ein Jahrhundert lang eine befestigte Insel blieb, weil sie sich hinter den dicken Mauern ihrer undurchdringlichen Burgen gegen die Integration in die sie umgebende muslimische Welt abschirmten und so Gefangene ihrer eigenen verzerrten Wirklichkeit blieben.«

Offenbar unfähig, sich selbst Einhalt zu gebieten, und durch die beträchtliche und bedingungslose finanzielle und politische Unterstützung durch die

USA dazu befähigt, setzt Israel das Unternehmen der kolonialistischen Besiedlung und den Bau seiner Mauer fort. Die palästinensischen Opfer betrachten das mit einer bemerkenswerten Mischung aus wütender Frustration und philosophischer Ruhe. Im Sommer 2006 besichtigte unsere Delegation gleich an unserem ersten Tag in Jerusalem die Mauer. Die acht Meter hohe Betonschranke durchschneidet wie ein riesiges Hackbeil das Dorf Al Azaria, das einst in der Nähe des palästinensischen Ostjerusalem lag, jetzt aber eine isolierte Enklave ist. Wir standen dort, wo einst die Hauptstraße verlief, heute – genau wie so viele andere ehemalige Durchgangsstraßen durch Städte in Palästina – eine leere, von Müll übersäte Fläche. Wir waren benommen von diesem unbeschreiblich abscheulichen Anblick und fühlten uns angesichts der Größe und Hässlichkeit dieser Mauer physisch und emotional wie Zwerge. Ich blickte nach links und sah einen kleinen Lebensmittelladen, der geblieben war und im Schatten der Mauer weiterexistierte. Er war von der Art, wie es sie überall auf der Welt gibt. Natürlich kamen keine Kunden mehr. Es fehlte jenes Leben, das man in solchen Läden antrifft: Kunden, die kommen und gehen und Ortsansässige, die zu einem Plausch mit dem Mann hinter der Ladentheke stehen bleiben. Mehrere von uns betraten den Laden. »Was tun Sie jetzt?«, fragte ich den Mann hinter dem Ladentisch. »Was soll ich machen?«, gab er zur Antwort. Ja, bislang habe ihm dieser Laden sein gutes Auskommen verschafft: Er habe damit eine Familie ernährt und Reisen machen können. »Jetzt« – er wies mit einer Geste auf den leeren Laden und die verlassene Straße – »ist alles dahin.« Ich rang um Worte. »Und wie kommen Sie damit klar?«, fragte ich ihn. Er lächelte und sah mir direkt in die Augen: »Das Leben ist ein Kreislauf. Die Sonne geht auf und unter. Auf gute Zeiten folgen schlechte Zeiten und die guten Zeiten kommen wieder.«

Wir müssen uns fragen, wie wir es dazu haben kommen lassen: dass wir jetzt in der Rolle der Unterdrücker sind, gegen unsere eigenen Werte von Humanität und Gerechtigkeit verstoßen und die merkwürdige Realität eines jüdischen Staates verteidigen, eines kolonialen Projekts, das gegen den Protest und den gewalttätigen Widerstand der ansässigen palästinensischen Bevölkerung und des Großteil der arabischen Welt durchgeführt wurde. Sooft man sich mit Israel beschäftigt, wird man mit dieser Frage konfrontiert. Wenn man antworten will, kommt man nicht darum herum, zunächst den Holocaust zu erwähnen. »Es waren die Schrecken des Zweiten Weltkriegs, die das jüdische Volk vor ein unlösbares Problem stellten«, erläutert Rose (118). Sie erzählt dazu eine Episode, in der ein Journalist einen palästinensisch-israelischen Filmemacher fragt: »Können Sie mir sagen, welchen Grund es für den Staat Israel gibt?« Der Filmemacher antwortet: »Den Holocaust« (119).

Die Realität dieser Katastrophe durchdringt die israelische Gesellschaft. Der israelische Schriftsteller David Grossman sprach im Oktober 2008 in einem Vortrag an der *American University* in Washington, DC, darüber, wie die israelische Gesellschaft den Nazi-Holocaust als eine fortwährende Wirklichkeit erfährt und nicht als etwas, das in der Vergangenheit geschah. Wenn wir über den Holocaust sprechen, erläuterte Grossman, sprechen wir immer von dem, was »da drüben« geschah. Wir sprechen nie von dem, was »damals« geschah. Der israelische Schriftsteller Avraham Burg sieht im Holocaust die für Israel zentrale Realität, die jeden Aspekt des Alltagslebens infiziere und sogar die Regierungspolitik antreibe:

> »In unseren Augen sind wir immer noch Partisanenkämpfer, Ghettorebellen, Schatten in den Lagern, ganz gleich, wie die Nation, der Staat, die Streitkräfte, das Bruttosozialprodukt oder unser internationales Ansehen beschaffen sind. Die Schoah ist unser Leben und wir werden sie nicht vergessen und werden sie niemanden vergessen lassen. Wir haben die Schoah aus ihrem historischen Kontext gezogen und sie zum Argument und Plädoyer für jegliche Handlung gemacht. Wir vergleichen alles mit der Schoah, verkleinern alles im Vergleich mit der Schoah, und deswegen ist alles erlaubt – seien es Mauern, Belagerungen, ... Ausgangssperren, Entzug von Nahrungsmitteln und Wasser oder willkürliche Morde ... Alles halten wir für gefährlich ...« (78).

Rose weist darauf hin, dass diese jüdische Weltsicht weit in die Geschichte zurückreiche, bis ins Mittelalter und in die jüdische mystische Tradition der Kabbala. Unter Berufung auf den Fachmann Gershom Scholem schreibt sie, die Kabbala sei als Reaktion auf die berüchtigten Massaker des Chmielnitzki im 17. Jahrhundert in Osteuropa entstanden, nämlich als Versuch, »der historischen Katastrophe einen höheren Sinn zu verleihen.« Für die jüdischen Gemeinden Osteuropas seien es damals finstere Zeiten gewesen, Zeiten der Unsicherheit und des ungeheuren Leidens. Die kabbalistischen Schriften hätten sich starken Zuspruchs erfreut, weil sie dem Volk von einer Zeit erzählten, in der es nicht nur von all dem erlöst, sondern sogar mit Herrlichkeit, Sieg und Glück beschenkt werde. Auf diese Weise hätten das Exil und das Leiden des jüdischen Volkes kosmische Bedeutung angenommen. Von daher habe im modernen politischen Zionismus ein Schuss Mystik gesteckt, auch wenn er sich selbst als eine säkulare Bewegung gesehen habe. Dieser visionäre Charakter, so vermutet Rose, habe den Tenor und die Richtung des politischen Zionismus grundlegend beeinflusst. Palästina sei für ihn nicht in erster Linie eine reale Landschaft gewesen, sondern ein in messianische Begriffe gefasstes Ideal. Die modernen Zionisten, die religiösen wie die säkularen, hätten die Sprache der Kabbala übernommen. Rose zitiert Abraham Isaac Kook, den ersten Oberrabbiner des modernen Palästina und spirituellen Mentor des heutigen religiösen rechten Flügels: »Die Erwartung der Erlösung ist die treibende Kraft, die das Exil-Judentum am Leben erhält, und dass der Judaismus des Landes Israel die Erlösung selbst ist.«[8]

Roses Analyse mag radikal wirken – aber sie erklärt den Wahnsinn, mit dem heute der jüdische Staat in Missachtung des internationalen Rechts und letztlich seiner eigenen Interessen vorgeht. Mit was sonst haben wir es hier zu tun als mit der glühenden Sehnsucht nach Erlösung und der Befreiung von Elend, Angst und Hilflosigkeit? Burg hat darauf hingewiesen, dass das aus extremer Verfolgung geborene messianisch gefärbte Verlangen nach Rettung und Erlösung unabhängig von der historischen Realität und dem derzeitigen historischen Kontext weiterbestehe. Es lasse sich als das grundlegende Prinzip in praktisch jedem Argument für die Verteidigung der Existenz Israels als jüdischem Staat erkennen. Dabei komme es kaum darauf an, ob dies von Seiten der Liberal-Progressiven oder der Konservativen geäußert werde. Wie wir in den folgenden Kapiteln sehen werden, gehen sogar christliche Autoren so weit, dass sie ein Stück weit den Tonfall und Inhalt dieser jüdischen Sehnsucht nach Erlösung übernehmen.

JÜDISCHE MACHTERGREIFUNG: EINE LIBERALE RECHTFERTIGUNG

Rabbi Arthur Hertzberg verkörpert das liberale jüdische Establishment der Nachkriegszeit. Sein Werk liefert einen wichtigen Kontrapunkt zu Roses bohrender Kritik. Hertzbergs Buch *The Zionist Idea* (»Die zionistische Idee«) von 1959 wurde zum Klassiker für Juden und auch Nichtjuden. Gegen Ende seines Lebens (Hertzberg starb 2006) äußerte er sich zwar kritisch gegenüber dem jüdischen Triumphalismus, der nach dem Krieg von 1967 einsetzte, aber er machte es sich zur Aufgabe, den Zionismus gegen Kritiker der jüdischen Linken zu verteidigen. Dabei trat er weder in der Pose des Polemikers noch des Apologeten auf, sondern erwies sich als Mensch mit einer ausgewogenen, fairen Sichtweise, der auch willens war, Israel und den Zionismus zu kritisieren, wenn das notwendig war. Zudem erwies sich Hertzberg selbst als religiöser Jude, der dennoch den mit Religion vermischten Zionismus ablehnte. Der Untertitel seines Buchs von 2003: *The Fate of Zionism: A Secular Future for Israel and Pa-*

lestine (»Das Schicksal des Zionismus: eine säkulare Zukunft für Israel und Palästina«)[9] markiert diesen Standpunkt deutlich. Nach Hertzbergs Überzeugung kann Israel nur dann überleben und der Zionismus seinen Zweck erfüllen, wenn es seinen normalen Platz unter den Nationen der Welt einnimmt und sich dabei nicht von religiösen Rechtfertigungen oder Zielen leiten lässt. Das heißt natürlich, dass Hertzberg die Auffassung widerlegen muss, der Zionismus sei messianisch gefärbt. Folglich weist er in seinem Buch entschieden zurück, er lasse sich bei seinem Engagement für den Zionismus von irgendwelchen messianischen Überzeugungen oder Gefühlen leiten: »Ich habe nie geglaubt, dass irgendeine Version der zionistischen Ideologie den Juden eine radikale, messianische Lösung für ihr lang anhaltendes Elend biete, fast überall auf der Welt eine verfolgte Minderheit zu sein« (179).

Doch – lässt sich nicht auch hinter dieser Aussage das gleiche Bild vom Juden als des ewig Verletzlichen und Bedrohten ausmachen, das den jüdischen Messianismus nährte? Hertzbergs liberale Positionen, die auf einer gut informierten und intelligenten Analyse der zionistischen Geschichte und der israelischen Politik basieren, sind nicht unausgewogen. Sie vernachlässigen aber eine kritische Befragung der ideologischen Idee vom »Ausnahmestatus« Israels, wie sie Rose und andere hinterfragen. Es liegt ihm sehr daran, genau wie andere progressive jüdische Denker den Zionismus in einem positiven, humanitären Licht darzustellen. Aber wie wir sehen werden, bleiben bei ihm dennoch die Grundlinien einer zionistischen Ideologie intakt, die den jüdischen Ansprüchen einen Vorrang vor denjenigen anderer einräumen.

Hertzberg beginnt *The Fate of Zionism* mit der Wiedergabe von David Ben-Gurions verblüffender Rede von 1967 vor der damals regierenden Arbeitspartei. Ben-Gurion hielt die Ansprache einige Wochen nach Abschluss des Sechs-Tage-Krieges, in dem sich Israel der Westbank (einschließlich Ostjerusalems), Gazas, des Sinais und der Golan-Höhen bemächtigt hatte. In dieser Rede warnte er: Wenn Israel die im Krieg eroberten Gebiete nicht *auf der Stelle* wieder hergeben werde, steuere es in die Katastrophe. Damit werden die Leser zunächst in die Irre geführt: Sie müssen davon ausgehen, dass hier einer spricht, der Israel und vielleicht sogar den Zionismus selbst ins Gebet nimmt! Ein Irrtum, wie sich zeigt. In Wirklichkeit ist das Buch ein Frontalangriff gegen Israels Kritiker: Es brandmarkt sie als »linke« Intellektuelle, die nur allzu gern Israel verurteilten und darüber vergäßen, dass es auch anderswo in der Welt zu Menschenrechtsverletzungen komme. Hertzberg greift zu dem altbewährten Buhmann-Manöver und stellt den radikalen fundamentalistischen Rand in Israel als das Element vor, dem gegenüber man die gemäßigteren, liebenswürdigeren Zionisten bevorzugen müsse. So liefert Hertzbergs Buch unter seiner progressiven, »ausgewogenen« Oberfläche genau genommen eine Verteidigung des jüdischen Hoheitsanspruchs auf das historische Palästina.

Hertzberg versucht die jüdische Machtübernahme zu kritisieren, aber zugleich rechtfertigt er sie. Er steht zum zionistischen Standardargument, dass der Staat die notwendige Antwort auf den Antisemitismus und die weiterbestehende Realität des Daseins der Juden als »verfolgter Minderheit« sei – und gleichzeitig äußert er Kritik an Israel. Dazu nimmt er uns gedanklich bis 1967 zurück und führt das Lieblingsargument der jüdischen Progressiven ins Feld: »Die große Dummheit war die Besetzung.« Und er vertritt, Ben-Gurion sei mit seiner Warnung, man solle die 1967 eroberten Gebiete nicht behalten, prophetisch gewesen. Das Argument lautet also, dass diese Besetzung das großartige zionistische Experiment verderbe und den Traum zerstöre. Hertzberg schreibt, Ben-Gurion habe gesehen, »dass der Zionismus den er in frühen Jahren des 20. Jahrhunderts als Bewegung mitgeformt hatte, deren Hauptziel die Schaffung und Unterstützung eines jüdischen Nationalstaats in Palästina gewesen war, nach dem Geschehen vom Juni 1967 durch den israelischen Triumphalismus und durch Mythen über das Anbrechen eines messianischen Zeitalters überlagert worden sei« (ix). Und so habe er befürchtet, der Zionismus werde »durch eine neue – und falsche – Religion ersetzt« (xi).

Das sind wichtige Gesichtspunkte, aber Hertzberg schreibt auf diese Weise die Geschichte um. Tatsächlich kann man sagen, dass der blitzschnelle, vollständige Sieg von 1967 zu einer Euphorie und einem Triumphalismus zuvor noch nicht gekannten Ausmaßes geführt hatte. Aber es wird zunehmend klar, dass dieser Triumphalismus und Messianismus schon lange vor dem militärischen Sieg von 1967 in der Vision und der konkreten Umsetzung des jüdischen Staates sehr lebendig vorhanden waren. 1967 traten diese Eigenschaften nur verblüffend klar und deutlich ans Licht, und seitdem beherrschen sie die politische Landschaft.

EIN SÄKULARER MESSIANISMUS

In seiner Argumentation, die Hertzberg für einen einen Ansatz hält, der die Religion aus der Gleichung heraushält, bezeichnet er den Messianismus als weitere Quelle des Bösen. Er spricht sich energisch gegen die Vorstellung aus, dass die Entstehung des jüdischen Staates die Endzeit oder eine radikale Verwandlung des jüdischen Lebens ankündige. Und er prophezeit: »Nur manche Juden werden nach Zion *(sic)* zurückkehren, während andere lieber in der Diaspora bleiben werden. Aber sie werden sich für diejenigen begeistern, die für das gesamte jüdische Volk ein Heimatland aufbauen, und sie werden sie unterstützen und sich mit ihnen identifizieren« (179). Hier schenkt er also auch dem Diaspora-Judentum einen Kuchen, den es essen und zugleich aufbewahren kann: Die Juden können weiterhin im Westen ihr komfortables Dasein führen und sich dennoch der quasi-messianischen Realität eines »Heimatlandes« für das »gesamte jüdische Volk« erfreuen. Die Existenz dieses »wieder aufgebauten« Heimatlandes verleiht dann dem jüdischen Leben allüberall eine neue Farbe. Was Hertzberg uns hier vorgibt, ist ein säkularer Messianismus: eine Lösung für das »lang anhaltende Elend« der Juden. Der Zionismus und seine Verwirklichung im Staat Israel ist mit seinen Worten »ein Instrument des Überlebens und der Wiedergeburt in einem tragischen Jahrhundert« (180). Zudem beschränke sich diese Lösung nicht allein darauf, eine Antwort auf den Holocaust zu sein, sondern sie weise in die Zukunft: »Das waren die Zwecke, denen der Zionismus das ganze 20. Jahrhundert hindurch diente, und das sind auch die Zwecke, denen er weiterhin dient« (180). Offensichtlich ist deshalb das Elend, eine verfolgte Minderheit zu sein, nicht vorbei. In seinem abschließenden Kapitel schreibt Hertzberg: »Der Staat Israel ist die Garantie dafür, dass die Juden tatsächlich ein Land haben, in das sie gehen können« (180). Das sei auch eine Frage dessen, was er als unser »kulturelles Überleben« bezeichnet: »Gäbe es Israel nicht mehr, so würden die Juden und die Welt insgesamt die nationale Heimstätte verlieren, in der die Juden auf die ihnen eigene Art mit den moralischen und spirituellen Problemen des heutigen Lebens ringen« (180).

Hertzberg verwahrt sich somit dagegen, dem Zionismus wohne ein messianischer Zug inne, bekräftigt aber ohne Einschränkung das Faktum Israels als »Heimatland«. Was ist nun eigentlich der genaue Unterschied zwischen diesen beiden Vorstellungen? Schon allein der Begriff »Heimatland« beruht auf der Überzeugung, dass die Notwendigkeit eines solchen bestehe: Diese Überzeugung ist das Herz und die Basis des Zionismus. Das »Heimatland« ist die Lösung des jüdischen Problems, seines »lang anhaltenden Elends, fast überall auf der Welt eine verfolgte Minderheit zu sein« (179). Folglich führt uns das liberale Argument für den politischen Zionismus tragischerweise nicht in eine Zukunft der Sicherheit und Koexistenz, sondern wiederum zurück in unsere Erfahrung der Hilflosigkeit und des Opferseins. Es lässt die messianisch gefärbte dringende Notwendigkeit eines Heimatlandes wieder aufleben. Wie Rose und andere dokumentiert haben, war das von Beginn an eine grundlegende Komponente des Zionismus. Wir sehen dieses Anliegen heute in der kolonialistischen Politik des Staates und deren Unterstützung durch die jüdischen Gemeinschaften in der Welt wieder neu aufleben. Ein wesentlicher Bestandteil dieses dem Zionismus zugrundeliegenden Kernglaubens ist, was Marc Ellis als den Mythos von der jüdischen Unschuld bezeichnete. Das ist ein Wesenselement des jüdischen Empfindens und es hängt mit dem zusammen, was Ellis unsere »Vernichtungs-liturgie« nennt: die fixe jüdische Idee, verletzbar und in der Opferrolle zu sein. Diese fixe Idee hat zur Folge, dass in unseren Augen nur unser Leiden wichtig ist und im Vergleich damit dasjenige der anderen belanglos wird, *selbst wenn deren Leiden von uns verursacht ist.* Im Mittelpunkt stehen immer die Interessen der Juden; dagegen ist die Erfahrung oder die Sichtweise anderer zweitrangig. Ellis weist darauf hin, dass dieses Thema sich selbst dann deutlich abzeichnet, wenn jüdische Theologen den Versuch unternehmen, sich direkt mit der Frage Israel/Palästina zu beschäftigen. Dabei tritt die gleiche Art zu denken zutage, nämlich dass wir uns als Juden als das Zentrum der Welt sehen, sowie die gleiche Bereitschaft, die Verantwortung für die Gewaltausschreitungen den anderen, in diesem Fall den Palästinensern, zuzuschieben. Er zitiert den progressiven orthodoxen jüdischen Theologen Irving Greenberg: »Die Palästinenser werden sich ihre Macht damit verdienen müssen, dass sie friedlich leben und Israel davon überzeugen, dass sie ihm zum Wohl gereichen, oder indem sie sich einer Situation fügen, in der Israels Stärke garantiert, dass die Araber ihre Macht nicht dazu verwenden können, um Israel zu gefährden.«[10]

Ist es da ein Wunder, dass der Friede so unerreichbar bleibt? War das nicht immer schon die Position Israels, die voll und ganz von Israels »Makler« USA unterstützt wurde, der »Verhandlungen« mit den palästinensischen »Partnern« führte? Unsere Weltsicht – unsere Einstellung gegenüber den Anderen – ist in einer Weise von unserem Besitzanspruch konditioniert und so stark mit der Zwangsvorstellung unseres ewigen Opferseins verbunden, dass wir den Anderen nur als Bedrohung sehen können, die neutralisiert werden muss. Wir sind immer auf der Hut. Das ist unsere Optik. Das jüdische Leidensbewusstsein hat immer noch die Oberhand über alle unsere anderen Erwägungen in Bezug auf Gerechtigkeit, Fairness oder Universalismus. Hertzberg plädiert für einen Säkularismus und Universalismus, der auf der biblischen Tradition beruhen müsse, aber sein Engagement für den Zionismus widerspricht alledem. Er beruft sich auf den großen jüdischen Weisen Hillel, der gelehrt habe, »was dir verabscheuenswert ist, das tue auch dem andern nicht an« (182). Aber im gleichen Atemzug verlangt er nach dem jüdischen Staat, der als Hafen für Juden dienen solle, falls Juden in irgendeiner unbestimmten Zukunft irgendwo in Not kommen sollten. Diese beiden Ziele lassen sich nicht miteinander vereinbaren. Jeder Anspruch Hertzbergs, eine ausgewogene Sicht zu bieten, ist dadurch verwirkt, dass er in seinem Buch zwei Lieblingsargumente des »pro-Israel«-Lagers ins Feld führt. Das erste lautet, die Palästinenser seien kein

»echtes« Volk, denn die Bezeichnung und der Begriff »Palästinenser« seien erst in Reaktion auf die jüdische Besiedlung Mitte des 20. Jahrhunderts entstanden. Daher sei jeder konkurrierende oder vorausgehende Anspruch auf das Land seitens der sogenannten Palästinenser ungültig. Das entspricht Golda Meirs berühmtem Ausspruch von 1969 über die Palästinenser als Volk: »Sie haben nie existiert.« Das zweite Argument lautet, die Kritik an Israels Menschenrechtsverletzungen sei nichts als ein dürftig verkleideter Antisemitismus; und solche Vorwürfe, selbst wenn sie auf Fakten beruhten, verrieten eine gefährliche Voreingenommenheit gegen Israel. Warum, so lautet dieses Argument, reagiere man »geradezu hysterisch« (110) auf Israel, wo doch zum Beispiel im Irak Saddam Hussein, in Syrien Hafez Assad und im Sudan Omar Hassan Ahmad al-Bashir sich der Massaker an Zehntausenden ihrer eigenen Bürger schuldig gemacht hätten?

Diese Argumente offenbaren die wahre Absicht von Hertzbergs Unternehmen, nämlich jeden echten Dialog über die Zukunft Israels im Mittleren Osten unmöglich zu machen und zu blockieren, indem man die Kritik an Israel als Antisemitismus abtut. Ist es nicht töricht, ja unverzeihlich, die Diskussion auf den Vergleich zu reduzieren, welcher Konflikt blutiger oder welcher Diktator noch grausamer sei? Die Errichtung des Staates Israel und die nachfolgende Verweigerung gleicher Rechte für die Palästinenser innerhalb Israels ab 1948 und in jüngerer Zeit innerhalb der besetzten Gebiete Westbank und Gaza stellt in der heutigen Welt einen der eklatantesten, systematischsten Verstöße gegen die Menschenrechte durch die Regierung eines ganzen Volkes dar. Er begann mit einer zweijährigen Kampagne der ethnischen Säuberung, die der Westen als solche immer noch nicht zugeben will. Darauf folgte ein koloniales Projekt der Enteignung und Kontrolle, das nun schon mehr als sechzig Jahre lang anhält und finanziell und politisch von den größten Weltmächten unterstützt wird.

Hertzbergs Selbstdarstellung als Gelehrter, der eine offene Kritik am Zionismus unternimmt und zu einem vernünftigen, »säkularen« Ansatz zurückkehrt, hält einer genaueren Prüfung nicht stand. Mit der folgenden Behauptung bekennt er vollends Farbe: »Die Quelle der Wut der Araber ist, dass sie mit den Juden im Krieg liegen. Die Quelle der Wut im Westen ist, dass die westlichen Liberalen und Linken im Krieg miteinander liegen« (111).

»ENTWEDER WIR ODER SIE«

Gegenüber Hertzbergs angeblich progressiver Einstellung sind die unverblümt parteiischen Äußerungen klar zionistischer jüdischer Organisationen geradezu schlicht. Der Vorsitzende der *Zionist Organisation of America*, einer der ältesten und lautstärksten militanten zionistischen Organisationen in der amerikanischen Szene, ist Morton Klein. Er veröffentlichte am 23. Oktober 2008 einen Leitartikel im *JTA, The Global News Service of the Jewish People* mit dem Titel »Palestinian Statehood Not the Answer« – »Ein Palästinenserstaat ist nicht die Antwort«. Klein schrieb: »Erst wenn die Palästinenser ihre Akzeptanz Israels als jüdischem Staat deutlich zeigen, werden Verhandlungen nicht mehr Blutvergießen, sondern den Frieden bringen.« Dazu führte er Statistiken an, die zeigten, dass seit Beginn der Verhandlungen im Jahr 1993 Tausende von Israelis getötet worden seien. Zudem zeigten Meinungsumfragen, dass die Palästinenser mehrheitlich hinter den terroristischen Anschlägen und Raketenangriffen auf Israel stünden und seit der Einrichtung der Palästinenserbehörde als Ergebnis des Osloer Abkommens von 1993 der palästinensischen Jugend ein »Kult der Selbstmordattentäter und des Märtyrertums« eingetrichtert worden sei. Sodann wiederholt Klein den Mythos von den zahlreichen westlichen und israelischen »Angeboten«, einen Palästinenserstaat zu errichten, angefangen mit der *Peel Commission* von 1937 über den Teilungsplan der UN von 1947 bis zum Angebot von Clinton-Barak von 2000, die die Palästinenser aber alle »abgelehnt« hätten. Er kommt selbstverständlich zum Schluss, die Palästinenser seien nie für einen eigenen Staat neben Israel gewesen, sondern »mehr als ihren eigenen Staat wollen die Palästinenser den Sieg in Form von Israels Untergang.«

Es ist schwer zu verstehen, wie im Herbst 2008 – während die Bush-Regierung einen letzten verzweifelten Versuch unternahm, einen Frieden auszuhandeln, und Israels Premierminister Olmert warnte, Israel sei »am Ende«, wenn die Hoffnungen auf eine Zwei-Staaten-Lösung scheiterten – etwas Derartiges von einer Organisation veröffentlicht werden konnte, die den Anspruch erhebt, die Interessen des jüdischen Volkes zu vertreten. Das lässt sich eigentlich nur so erklären: Es ist die Äußerung eines Vertreters, der hartnäckig am innersten Kern des Zionismus festhält, der einzig und allein die Verletzlichkeit und das Leiden des jüdischen Volkes im Auge hat und der Auffassung ist, die Juden hätten ein Recht auf dieses Land. Zentral für die Aufrechterhaltung dieses Glaubenssystems ist es, alle Schuld den anderen zuzuschieben: Die Gewalttätigkeit entstamme nur *deren* Hass und Feindseligkeit. Wir seien dem Angriff eines Feindes ausgesetzt, der uns hasse und auslöschen wolle.

Mit einem solchen Feind kann man natürlich nicht reden geschweige denn verhandeln.

Es wird zunehmend klarer, in welchem Ausmaß Israels Führer und ihre Unterstützer im Westen diese »Feinde« brauchen, um die Gültigkeit dieses Glaubenssystems aufrechtzuerhalten. David Harris, der Geschäftsführer des *American Jewish Committee*, schrieb am 19. Oktober 2008 im Internetmagazin dieser Organisation:

>»Es gibt für das jüdische Volk im wirklichen Leben Gefahren. Diese sind nicht, wie manche behaupten, von Organisationen erfunden, die Angst schüren oder von älteren Juden, die überall, wo sie hinschauen, Antisemiten sehen. Sie existieren tatsächlich und man muss sie aufzeigen und ihnen die Stirn bieten.
>
>Könnte Iran seinen Wunsch nach einer Welt ohne Israel noch klarer äußern? Wie oft noch müssen Sprecher von Hamas und Hisbollah von den Juden als ›den Söhnen von Affen und Schweinen‹ sprechen, ehe man sie ernst nimmt? Wie oft noch muss Israel in der UN unfair behandelt werden, bis man zugibt, dass sich kein anderes Land auf der Welt dieses gleichen Status ›erfreut‹? Wie viel mehr Verschwörungstheorien müssen Juden noch angedichtet werden, bis die Welt begreift, dass man uns übel mitspielen will – Theorien wie, dass die Juden am 11. September daheim geblieben sind [weil sie angeblich um die bevorstehenden Anschläge wussten], dass die Lehman Brothers Milliarden in Israel horten oder dass die amerikanischen Juden die Außenpolitik der USA steuern?«[11]

Es gibt progressive Zionisten, die Einspruch erheben und sagen würden, diese Beispiele seien extrem und wenn ich sie hier anführte, lieferte ich ein voreingenommenes Bild der derzeitigen Positionen der Befürworter der israelischen Politik. Sie werden entgegnen, viele amerikanische Juden hätten Sympathien für die Palästinenser, die zweifellos durch uns viel gelitten und ein Recht auf ihren eigenen Staat hätten.

Ich möchte dem entgegenhalten, dass die in diesen Aussagen von amerikanischen zionistischen Organisationen vertretenen Ansichten genau die Kernüberzeugungen – oder man könnte geradezu sagen: die Grundsätze – des Zionismus wiedergeben. Diese gelten weiterhin, ohne dass diejenigen Juden etwas daran ändern, die versuchen, sie abzumildern oder einzuschränken, indem sie für Gerechtigkeit, Fairness oder Menschenrechte für diejenigen plädieren, denen wir übel mitgespielt haben. Sie bestimmen weiterhin die Handlungen des Staates Israel und bilden den Hintergrund der finanziellen und politischen Unterstützung dieser Handlungen seitens des Mainstreams der jüdischen Gemeinschaft in den USA.

Den Beweis liefert die Politik. Der Beweis ist für jeden sichtbar, der die Besetzung sieht. Israel möchte nicht mit den Palästinensern teilen. Es möchte, dass sie gehen.

DAS ZIEL: DIE GEMEINSAME MENSCHHEITSFAMILIE

In der jüdischen Gemeinschaft erheben sich immer zahlreichere Stimmen der Opposition, ja des Protests gegen das zionistische Programm. Sie haben Vorläufer: In den Jahren vor der Geburt des jüdischen Staates erhoben Geistesgrößen wie der Philosoph Martin Buber und der Kanzler der Hebräischen Universität Judah Magnes ihre Stimmen angesichts der Idee eines jüdischen Staates. Aber diese Stimmen wurden unter dem Eindruck des Holocausts und angesichts des Sieges der jüdischen Soldaten bei der Verteidigung des neu errichteten Staats zum Schweigen gebracht. Doch heute werden diese Stimmen wieder laut in den Stellungnahmen und Schriften von Akademikern, Journalisten und Kritikern der isrealischen Gesellschaft. Derzeit dürfte sich kaum eine kompromisslosere und klarere Position finden als die von Professor Joel Kovel. Kovels Buch *Overcoming Zionismus* (»Den Zionismus überwinden«) erschien 2007 und wurde, außer in der linken Presse, bemerkenswert wenig besprochen. Seine zentrale These lautet, für den Zionismus sei das eingefleischte Stammesdenken des Judentums verantwortlich, das er als den »Fluch des Judentums« bezeichnet.

»Der theologische Reflex, ein Ausnahmevolk zu sein, ist als der ›Bund‹ bekannt, eine Art von Verheißung, die Yahweh gegeben habe ... Ein kennzeichnender Aspekt des jüdischen Seins ist der Gehorsam gegenüber einer gebieterischen oder Schuldgefühle einflößenden inneren Stimme, und beides ist Produkt eines Gefühls der Besonderheit und verstärkt diese Besonderheit. Es führt in eine Art von moralischem Universum, in dem die Diktate des Stammes und diejenigen der universalen Gottheit zusammengefügt werden können, insbesondere unter Umständen, in denen die größere Gesellschaft die Trennung der Juden von den anderen durch Gesetz oder Verfolgung erzwingt. Wenn das geschieht, ... werden das Anderssein und das besondere Auserwähltsein ein und dasselbe; spirituelle Größe und kollektiver Narzissmus fließen ineinander ... Wenn der ethische Bezugspunkt die Stammeseinheit ist, dann wertet das alle anderen ab und man gehört nicht mehr einfach der Menschheit an, sondern setzt sich höher als die Menschheit. Dieses Dilemma steckt als Spuk im Zionismus, sobald sein Staat etabliert ist und dessen Eroberungslogik die Juden auf den Fahrersitz hebt. *Aber es ist viel älter als der Zionismus.*«[12]

Wenn man sich der Idee eines jüdischen Staates verschreibt, so Kovel, »nimmt man den Partikularismus, der der potenzielle Fluch jedes Staates ist, und vermischt ihn mit dem Gefühl, etwas Einmaliges zu sein, das der tatsächliche Fluch des Judentums ist, und verleiht damit dem Rassismus einen objektiven, andauernden, institutionalisierten und verstockten Charakter« (165).

Kovel sieht den Zionismus in der richtigen Perspektive. Das ist unbequem und wir winden uns unwillkürlich, kommen aber nicht mehr vom Haken. Kovel kann mit seinem unerbittlichen Blick auf den Zionismus und dessen Beziehung zu den Stammesursprüngen des Judentums zugleich auch die Propheten in einen realistischen Rahmen setzen. Er schätzt die Kraft ihrer Vision, sieht jedoch auch ihre Grenzen angesichts des Stammesrahmens, innerhalb dessen sie sich bewegen. Dementsprechend schreibt er dem Christentum das Verdienst zu, den Schritt über dieses Stammesdenken hinaus getan zu haben. Wenn man zugibt, dass es diese Stammeselemente im Judentum tatsächlich gibt, zeigt sich die Diskontinuität zwischen Judentum und Christentum in schlichter Klarheit. Kovel führt ins 1. Jahrhundert zurück, zum Auftreten jenes jüdischen Propheten und Sozialreformers vor zweitausend Jahren namens Jesus: »Jesaja war der größte alttestamentliche Prophet; aber der größte aller Propheten ... war Jesus von Nazareth. Jesus war authentisch jüdisch und wurde dennoch zum Wendepunkt in der jüdischen Geschichte, die nach ihm von denjenigen definiert wurde, die ihm nicht folgten. Jesus war der Jude, der den Bund ins Universale ausweitete, indem er dessen Stammeshülle aufbrach und ihn auf die gesamte Menschheit ausdehnte« (32). In den folgenden Kapiteln werden wir zusammen mit christlichen Theologen und Gelehrten ins Palästina des 1. Jahrhunderts zurückkehren. Die politischen Umstände, die zu den Ereignissen der damaligen Zeit führten, werden den Verständnisrahmen für die Herausforderungen und Möglichkeiten liefern, vor denen wir heute stehen.

Der jüdische Befreiungstheologe Marc Ellis formuliert diese Herausforderungen genauer. Er setzt sich mit den verwirrenden Konsequenzen der jüdischen Machtübernahme auseinander und versucht, uns verstehen zu helfen, was uns in diese Sackgasse gebracht hat. Dabei macht sich Ellis große Sorgen um das Überleben der Juden. Aber für ihn besteht die Frage nicht darin, wie sich angesichts einer feindlichen Welt die Sicherheit der Juden gewährleisten lässt, sondern wie das Judentum im 21. Jahrhundert die Auswirkungen der Tatsache in den Griff bekommen kann, dass es ihm *gelungen* ist, an die Macht zu kommen und wie es aus seiner chronischen Opferrolle herauskommen kann. Ellis schließt an Walter Brueggemann und andere christliche Theologen an, die die Rolle der Prophetie darin sehen, sich gegen unterdrückerische soziale Verhältnisse zu wenden. Die Juden, so Ellis, müssten heute ihre prophetische Stimme wiederfinden, um den destruktiven Auswirkungen ihres politischen und militärischen Erfolgs begegnen zu können. Er stellt die Frage: »Wird die jüdische prophetische Stimme die Machtübernahme durch die Juden überleben? Wird das prophetische Wort die Gefühllosigkeit der jüdischen Gemeinschaft durchbrechen können? Kann dieses Wort die Macht des israelischen Staates in jene Vision vom Heimatland verwandeln, die Judah Magnes und Hannah Arendt hatten?«[13]

Ellis sieht im Gegensatz zu bedeutenden Vertretern des Zionismus wie Hertzberg die entscheidende Bedeutung des Wortes »Heimatland« nicht darin, einen wirklichen beherbergenden Ort darzustellen, sondern für ihn verbindet sich damit die Vision der Koexistenz mit anderen in einer pluralistischen, wahrhaft demokratischen Gesellschaft. Um diese Vorstellung zu untermauern, zitiert er den Aufsatz »The Holocaust: Learning the Wrong Lessons« (»Der Holocaust: Die falschen Lehren, die man daraus zog«) des israelischen Journalisten und Schriftstellers Boas Evron. Dieser hinterfragt darin die Vorstellung, Israel existiere, um die Juden vor einem weiteren Holocaust zu bewahren und weist darauf hin, dass die Lektion »niemals wieder« Israel auf irgendeine Art mit der Notwendigkeit verknüpfe, dem Holocaust ein jüdisches Heimatland entgegenzusetzen. Er stellt die zuweilen implizit und öfter auch explizit geäußerte Grundannahme in Frage, der Holocaust gebe Israel seinen Sinn (als Schutz vor der Ausrottung) und Israel gebe auch umgekehrt dem Holocaust seinen Sinn (als Impuls zur Erlösung davon).

Ellis betont nun, wir müssten aus dem Holocaust eine andere Lehre ziehen, und er zitiert Evron in diesem Zusammenhang: »Die wahre Garantie gegen eine ideologisch begründete Ausrottung besteht nicht in militärischer Stärke und Souveränität, sondern in der *Ausrottung der Ideologien, die irgendeine Menschengruppe aus der Menschheitsfamilie aussondern.*«[14] Für Evron, so Ellis weiter, »liegt die Lösung im gemeinsamen Ringen, das darauf abzielt, die nationalen Unterschiede und Schranken zu überwinden, statt diese zu verstärken und noch höher zu bauen, wie es starke Bewegungen innerhalb Israels und der zionistischen Bewegung fordern« (54).

Ellis wendet sich unerbittlich dagegen, einer mit Macht ausgestatteten Religion eine Rolle zuzuweisen, was er– unter Anspielung auf das prototypische christliche Beispiel – als »konstantinisch« bezeichnet. Er verordnet diese Enthaltsamkeit nicht nur den Juden, sondern allen religiösen Gruppen, und er entwirft seine Vision einer Zukunft, in der die traditionellen Grenzen gegenüber dem gemeinsamen Anliegen der sozialen Gerechtigkeit in den Hintergrund treten:

> »Neben dem konstantinischen Christentum gibt es jetzt auch ein konstantinisches Judentum. Und auch der konstantinische Islam ist eine Realität. Aber es gibt auch Christen, Juden und Muslime, die unter dem Konstantinismus leiden und gegen ihn sind. Könnte es sein, dass diejenigen, die an der konstantinischen Religiosität teilhaben – seien es Juden, Christen oder Muslime –, in Wirklichkeit ein und dieselbe Religion praktizieren, wenn auch mit unterschiedlichen Symbolstrukturen und Ritualen? Und dass diejenigen, die auf Gemeinschaft aus sind, ebenfalls ein und dieselbe Religion pflegen? ... Bewegungen für Gerechtigkeit und Mitgefühl quer durch alle Grenzen von Gemeinschaft und Religion könnten die Vehikel für ein besseres Verständnis jener Gemeinsamkeiten in der Religiosität sein, die sich nicht länger mit traditionellen religiösen Etiketten kennzeichnen lassen« (217).

Ellis hält ein leidenschaftliches Plädoyer für eine Erneuerung des jüdischen Lebens und der jüdischen Theologie, die auf dem Besten unserer Tradition gründet. Er stellt dabei die Vorstellung in Frage, ein jüdischer Staat sei zentral, ja notwendig für das physische wie spirituelle Überleben der Juden. Er schreibt: »Ein praktizierender Jude betrachtet aus befreiungstheologischer Sicht Israel weder als zentral noch als peripher, sondern eher als notwendigen und mangelhaften Versuch, eine autonome jüdische Präsenz im Mittleren Osten zu schaffen« (214). Aus dieser Sicht ist das heutige Judentum auf dem falschen Weg, wenn es sich als Credo und Sendungsauftrag die unerschütterliche Unterstützung Israels als dem politischen Hafen für alle Juden erwählt hat. Diejenigen, die wie er gegen die konstantinische Richtung seien, die das Judentum eingeschlagen habe, hätten sich dafür entschieden, »im Exil außerhalb des jüdischen Mainstream zu leben« (206). Ich verstehe Ellis Anspielung auf das Bild des Exils, um die Erfahrung heutiger Juden zu beschreiben, die sich entschieden haben, nicht der zionistischen Lehre anzuhängen – und ich empfinde den Zustand dieses Daseins im Exil selbst als sehr schmerzlich. Dennoch zögere ich, den Begriff »Exil« als Sammelbegriff für unsere Identität zu verwenden. Mit »Exil« mag der Verlust der Bindung oder der Zugehörigkeit zu einem Ort oder der Verlust eines bislang gültigen Selbstverständnisses ganz gut beschrieben sein – aber versetzt einen nicht das Exil auch zugleich in eine weitere Landschaft der Identität? Ellis entwirft selbst das Bild einer möglichen verlockenden Zukunft. Das ist eine Zukunft, um die sich nicht nur das jüdische Volk, sondern die gesamte Menschheit mühen muss, »eine breitere Glaubenstradition ... mit anderen ringenden Gemeinschaften im gemeinsamen Kampf um Befreiung« (207). Für Ellis ist es diese lebendige Gemeinschaft, die wir anstreben müssen, in dem die religiösen Identitäten gewahrt bleiben, die Grenzen und Unterschiede jedoch in den Hintergrund treten. Der Zionismus hat das jüdische Volk und mit ihm zusammen die Menschheit nicht in Richtung dieser Vision geführt, sondern eher davon entfernt.

TEIL 2:
JENSEITS VON SÜHNE

Jesus verbreitet seine Botschaft genau wie der Deutero-Jesaja im Raum zwischen Festhalten und Sehnsucht. Ginge es nur um Festhalten, dann wären seine Worte lediglich kritisch. Geht es um Sehnsucht, dann besteht die Aussicht, dass sie antreibend wirken. Die verblüffenden Werke Jesu – Speisen, Heilen, Dämonenaustreiben, Vergeben – geschahen nicht an Menschen, die an der alten Ordnung festhielten, sondern an Menschen, die voller Sehnsucht waren, weil die alte Ordnung sie enttäuscht oder ausgelaugt hatte.

Walter Brueggemann, The Prophetic Imagination

Wir können nicht weiterhin so tun, als wären wir die Auserwählten und alle anderen Menschen seien die nicht Erwählten ... Jesus gab seinen Jüngern den Auftrag, in die ganze Welt hinauszugehen (Matthäus 28,16–20). Sie sollten die Grenzen ihrer Nation, ihres Stammes und insbesondere ihrer Religion überschreiten.

John Shelby Spong, The Sins of Scripture

KAPITEL 5
SCHADENSBEKÄMPFUNG:
DIE CHRISTLICHE THEOLOGIE
NACH DEM HOLOCAUST

Es geht nicht mehr um die Legitimität des Judentums. Solange es den Christen nicht gelingt, im Neuen Testament einen Abschnitt zu finden, der substanziell frei von Judenfeindlichkeit ist, wird die Legitimität des Christentums zum Thema.

John G. Gager, The Origins of Anti-Semitism

Als ich damals in Washington den Pastor auf seine Zurückhaltung ansprach, den Staat Israel zu kritisieren, war mir noch nicht klar, wie tief diese Zurückhaltung den amerikanischen (und auch europäischen) Christen in den Knochen steckt. Tatsächlich wurzeln die Gefühle, die mein Bekannter damals äußerte, in einer Bewegung in der christlichen Theologie, die nach dem Zweiten Weltkrieg begann, hergebrachte theologische Positionen zu revidieren. Es ist wichtig, diese tiefgreifende Umwandlung der Einstellung zum Judentum, die sich in der Christenheit der zweiten Hälfte des 20. Jahrhunderts entwickelte, zu verstehen. Als Ergebnis dieser Veränderung betrachtete man schließlich die Juden nicht mehr als Volk, mit dem man Mitleid haben oder das man schmähen musste, sondern als ein Volk, das man bewundern sollte; das man nicht bekehren, sondern dem man nacheifern sollte. Dieser Wandel wird zwar in Seminaren oder bei Konferenzen zuweilen ausdrücklich zugegeben, aber selten oder nie öffentlich erörtert, selbst nicht in Kreisen des Klerus oder der Führer der kirchlichen Denominationen. Jedoch ist diese Einstellung inzwischen fest in unserer modernen Kultur und im Mainstream der amerikanischen Christenheit verankert. Sie wirkt sich auf die Art und Weise aus, wie die Christen über die Juden und wie sie mit diesen sprechen. Und vor allem ist die neue christliche

Haltung dem Judentum gegenüber folgenreich für den interreligiösen Dialog über den Staat Israel. In den folgenden beiden Kapiteln wollen wir uns eine Reihe protestantischer und katholischer Autoren genauer ansehen, die die Art und Weise beeinflusst haben, wie Generationen amerikanischer Christen über das jüdische Volk denken und sich ihm gegenüber verhalten. Der Einfluss dieser Theologen und Fachleute ist nicht nur bei den Geistlichen zu spüren, die sich an der Universität und im Studium mit ihnen auseinandergesetzt haben, sondern auch bei den Laien, die diese Positionen auf dem Weg über den Gottesdienst, die kirchliche Erziehung und die Literatur übernommen haben.

PAUL VAN BUREN: EIN EINZIGER BUND

Der amerikanische Theologe Paul van Buren wird allgemein anerkannt, ja verehrt als – wie es vor Kurzem erst R. Kendall Soulen formulierte – »Pionier unter den Theologen, der sich der Aufgabe verschrieb, das Verhältnis der Kirche zum jüdischen Volk auf eine neue Grundlage zu stellen.«[1] Van Buren war tief beeinflusst vom jüdischen Theologen und Philosophen Franz Rosenzweig und übte einen gewaltigen Einfluss auf spätere christliche Denker aus, die sich mit der Zukunft des Verhältnisses des Christentums zum Judentum beschäftigten. 1997 veröffentlichte der christliche Autor und politische Aktivist James Wallis sein Buch unter dem Titel *Post-Holocaust Christianity: Paul van Buren's Theology of the Jewish-Christian Reality* (»Das Christentum nach dem Holocaust: Paul van Burens Theologie der jüdisch-christlichen Wirklichkeit«)[2]. Darin legte er van Burens Auffassung dar, man könne über den Antijudaismus des frühen Christentums nur dadurch hinauskommen, indem man nichts weniger als eine radikale Neudefinition des Christentums unternehme. Van Burens Werk zur Formulierung einer »neuen Offenbarung« war ein Versuch, den destruktiven Aspekt der christlichen Judenfeindlichkeit umzukehren, indem er die beiden Glaubenstraditionen in den Rahmen einer einzigen Kontinuität der Tradition stellte. Um zu beheben, was er als schwerwiegende Mängel in der christlichen Theologie ansah, und um den Dialog und die Versöhnung zwischen Juden und Christen voranzubringen, machte er sich daran, Gottes Bund mit dem jüdischen Volk als Grundlage der christlichen Offenbarung herauszuarbeiten.

Das war die grundlegende Neudefinition eines Ecksteins des christlichen Glaubens. Van Burens besondere Leistung bestand darin, darauf aufmerksam zu machen, wie das Christentum es zugelassen hatte, auf dem Fundament des

Antijudaismus gegründet zu werden. Van Buren hatte sich wie der im 1. Kapitel zitierte katholische Theologe Gregory Baum an den Verbrennungsöfen von Auschwitz stehen sehen. Die Offenbarung dessen, wozu der Antisemitismus mitten im Europa des 20. Jahrhunderts geführt hatte, schockierte ihn genauso wie sie auch andere christliche Denker schockiert hatte. So konzentrierte er seine Aufmerksamkeit auf diesen Aspekt der Geschichte seines Glaubens und machte sich daran, zwischen den beiden Glaubensüberlieferungen eine Verständigungsbrücke zu bauen. Der erste Schritt dazu bestand für ihn und andere Theologen darin, einige Grundzüge des christlichen Denkens gründlich zu überprüfen. Das bedeutete für van Buren und diejenigen, die ihm nachfolgten, nach einem Weg zu suchen, wie man Gottes besonderes Verhältnis zum jüdischen Volk in eine Theologie integrieren konnte, die *beide* Religionen achtete und umfasste. Wallis schreibt: »Nach Auffassung von van Buren sollte die Kirche neben Israel bestehen und mit Israel und mit Gott auf die Erlösung der Welt hin zusammenarbeiten. Dass dies historisch nicht so geschah, beruht auf einem Irrtum der Kirche. Die judenfeindliche Kirche ist nicht die Kirche, die Gott beabsichtigte« (124). Van Buren selbst meint: »Um seinen eigenen Sinn zu finden, muss das Christentum sich auf das Judentum beziehen.« Dabei komme die Kirche nicht umhin, »ihre Position dem Judentum gegenüber vom Antijudaismus weg hin zur Anerkennung des ewigen Bundes zwischen Gott und Israel umzukehren«[3].

Nach van Burens Denkmodell ist Gottes Landverheißung für das jüdische Volk das Kernstück des Bundes, also ein Versprechen, das er ausschließlich seinem auserwählten Volk macht. Wallis bemerkt dazu: »Die Kirche spiritualisierte diese Verheißung, um sie auf sich anwenden zu können« (82). Van Buren hat nun in Reaktion auf die düstere Geschichte der Behandlung der Juden durch die Christen offensichtlich eine Differenzierung vorgenommen und sagt: Wir Christen mögen zwar mit den Juden am spirituellen Jerusalem teilhaben, aber den Juden gilt weiterhin die Verheißung des Landes. Dass dies stimme, habe sich darin gezeigt, dass die Juden tatsächlich in das ihnen verheißene Land zurückgekehrt seien und es wieder in Besitz genommen hätten. Van Buren richtet die Aufmerksamkeit nicht vor allem auf die spirituelle Führung durch Mose, sondern stärker auf die militärische Führerschaft Josuas, der die Inbesitznahme verwirklicht hat. Wenn man van Buren ließt, fragt man sich, ob man es da nicht mit einer Art von jüdisch-christlichem Triumphalismus[4] zu tun hat – mit einem signifikanten Rückwärtsschritt, nämlich wieder weg von der Spiritualisierung des »Landes«, die das Christentum vorgenommen hatte. Man lese dazu zum Beispiel den folgenden Abschnitt aus einem Beitrag van Burens zu einem interreligiösen Symposium von 1979 mit dem Titel »Das jüdische

Volk in der christlichen Predigt«. Darin behandelt van Buren die Frage, weshalb die christlichen Führer nach achtzehn Jahrhunderten in ihrer Haltung dem jüdischen Volk gegenüber »die christliche Lehre auf den Kopf stellen sollten«:

>»Die Gründe, die sie zwingen, auf neue Weise von den Juden und vom Judentum zu sprechen, sind der Holocaust und das Entstehen des Staates Israel. Meiner Einschätzung nach ist das Entstehen des Staates Israel der wirksamere Anstoß dazu. Es ist zwar beschämend, aber dennoch muss man eingestehen, dass nicht wenige christliche Führer durchaus in der Lage waren, den Holocaust in unsere traditionelle Theologie einzuordnen. Denn diese Theologie sieht die Juden als umherwandernde, leidende, verachtete Seelen, die für immer den Preis dafür zahlen, dass sie halsstarrig Christus abgelehnt haben. Was aber überhaupt nicht in dieses mythische Bild gepasst haben dürfte, waren die Israelis, die imstande waren, gegen die vereinten Kräfte von fünf Nationalarmeen ihren Unabhängigkeitskrieg zu gewinnen. Der Gedanke ist ernüchternd: Erst von da an begannen wir die Juden ernst zu nehmen, als sie zum ersten Mal so wie wir handelten, nämlich nach Waffen griffen und schossen. Aber der Umstand, dass die israelische Verteidigungsarmee den Sinai überrollte und Ostjerusalem zurückeroberte, war trotzdem etwas, das ganz und gar nicht in unseren traditionellen Mythos vom passiven, leidenden Juden passte. Das Ergebnis ist, dass die Ereignisse der heutigen jüdischen Geschichte den Anstoß dazu gaben, dass eine zunehmende Zahl von verantwortungsbewussten Christen umzudenken beginnt.«[5]

An diesen Ausführungen schockiert mich zunächst der schrille Ton der Mythologie vom »neuen Juden« und die einseitige, am Sieg orientierte historische Betrachtungsweise der Kriege von 1948 und 1967. Aber viel mehr noch entsetzt mich, dass man aus diesem Text unschwer Anklänge an Abba Ebans prahlerische Rede über David und Goliath vom Juni 1967 vor dem Sicherheitsrat der Vereinten Nationen heraushören kann. Dieser hatte damals triumphierend von Israels Sieg über seine unerbittlichen, überwältigend stärkeren Feinde gesprochen. Und noch beunruhigender ist der theologische Unterton, der biblische Anklang, durch die beiden Stichwörter *Sinai* und *Jerusalem* in diesem Textabschnitt. Dabei ist es gar nicht in erster Linie van Burens Absicht, das Wiedererstehen der jüdischen Macht und der jüdischen Vision der Heimkehr nach Zion zu verherrlichen. Es geht ihm um mehr: Seiner Überzeugung nach können jetzt die Christen aus gutem theologischem Grund diesen Sieg mitfeiern und dieses historische Ereignis in ihr eigenes Verständnis einbeziehen. Sie wissen, was es heißt, sich treu an Gottes Plan zu halten. Diese Ereignisse in unserer

Zeit, so fährt van Buren fort, spiegelten »den Willen des Heiligen Israels, dass die größte aller Liebesgeschichten der Welt, nämlich diejenige zwischen Gott und seinem Volk, weitergeht, aber dass Gott auch den Heiden als Heiden einen Weg eröffnet, um sich gemeinsam mit dem auserwählten Volk der Aufgabe zu widmen, diese unvollendete Schöpfung verantwortungsvoll zu ihrer Vollendung zu führen« (25).

Aus van Burens Sicht ist also die christliche Identität vollständig an das jüdische Volk gebunden. »Wir sind Heiden, die den Gott der Juden verehren«, schreibt er. »Wir Christen und Juden existieren tatsächlich um der Welt willen, und das heißt auch, um der künftigen Welt willen« (26). Und, so vertritt er weiter, es gebe doch nicht den geringsten Zweifel, dass die Landverheißung integraler Bestandteil, ja ein Zeichen für das Nahen dieser Erfüllung sei, sowie auch des heiligen Bandes, das die beiden Glaubensgemeinschaften miteinander verbinde – oder vielmehr wieder verbinde. Denn was anderes sei schließlich damit gemeint, wenn man Gott als den »Gott Israels« bezeichne? Wenn der Bund also jetzt ausgeweitet ist und auch die Christen umfasst, was ist dann mit den Muslimen, den Hindus und den Buddhisten? Bei dieser Revision der christlichen Theologie geht es um die Rehabilitation des jüdischen Volkes. Aber das Vorhaben enthält in sich zwei problematische Botschaften: Erstens bindet man Gott direkt an ein einziges Volk – sein auserwähltes – und zweitens beinhaltet es den Begriff des Bundes.

DEN RISS HEILEN:
DIE VERWERFUNG DER »ABLÖSUNGSTHEOLOGIE«

»Der einzige Jesus, den die Kirche je gekannt hat und den jeder kennen kann, ist der Jesus, der im Gewand der alten Propheten seines Volkes kommt. Aus diesem Grund vertritt van Buren die Ansicht, die Christen könnten und sollten das Alte Testament zur Korrektur des Neuen verwenden, wo immer dieses zur Judenfeindlichkeit neigt. Das Neue Testament ist lediglich das erste ›Bilderbuch‹ der Kirche, während das Alte die unverzichtbare Urschrift des Evangeliums selbst ist.«[6]

Das sind die Worte von R. Kendall Soulen, Professor für Systematische Theologie am *Wesley Theological Seminary* in Washington, DC, in seinen Ausführungen über van Burens Sicht dazu, was das Christentum dem Judentum schulde. Der mit mir befreundete Pastor schenkte mir im Rahmen unseres ständigen Dialogs ein Exemplar von Soulens Buch *The God of Israel and Chris-*

tian Theology von 1997. Der erklärte Zweck von Soulens Buch ist es, die Irrtümer zu korrigieren, die seiner Auffassung nach der Sicht des Christentums auf das jüdische Volk und das Judentum zugrunde liegen. Soulen bemerkt in seinem ersten Kapitel, die Kirche habe im Gefolge des Holocausts versucht, ihr Verhältnis zum jüdischen Volk grundlegend zu ändern. Darum habe sie diejenigen Aspekte der christlichen Lehre neu interpretiert, die als Wurzeln des westlichen Antisemitismus gelten. Die destruktivsten Lehren seien im Zusammenhang mit der sogenannten »Ablösungstheologie« entstanden. Soulen fasst die historische Einstellung der Kirche gegenüber dem jüdischen Volk so zusammen:

> »Gott erwählte nach dem Sündenfall Adams das jüdische Volk, um die Welt auf das Kommen Jesu Christi vorzubereiten. Aber nachdem Christus gekommen war, verlor das jüdische Volk seine besondere Rolle, denn diese ging auf die Kirche als das neue Israel über. Im Unterschied zum jüdischen Volk ist die Kirche eine spirituelle Gemeinschaft, in der die fleischliche Unterscheidung zwischen Juden und Heiden aufgehoben ist. Von daher vertritt die Kirche, dass das Beharren auf der jüdischen Identität bestenfalls ein Zeichen theologischer Indifferenz und schlimmstenfalls eine Todsünde sei. Die Juden versagten darin, Jesus als den verheißenen Messias anzuerkennen und weigerten sich, dem neuen spirituellen Israel beizutreten. Daher verwarf Gott die Juden und verstreute sie über die Erde, wo er sie bis ans Ende der Zeit erhalten will« (1).

Aus Soulens Sicht besteht »eine der wichtigsten theologischen Aufgaben, vor denen die christliche Kirche heute steht, darin, von der theologischen Vorstellung, dass an die Stelle Israels die Kirche getreten sei, Abstand zu nehmen. Viele Kirchen haben bereits einen ersten Schritt in diese Richtung getan, indem sie die Ablösungstheologie verworfen und bekräftigt haben, dass Gott treu zu seinem Bund mit Israel stehe« (13). Es geht also nicht nur darum, die unverhohlen antisemitischen Aspekte der christlichen Lehre auszuräumen, sondern zudem zu bestätigen, dass zwischen Gott und dem jüdischen Volk eine besondere Beziehung bestehe. Soulen meint, das Christentum sei von der Geschichte des Sündenfalls in den ersten beiden Kapiteln des Buches Genesis direkt ins Neue Testament gesprungen und habe dabei das gesamte Alte Testament, das die Geschichte der Einführung und Entfaltung von Gottes Bund mit Israel enthalte, ignoriert und wirksam ausgeschaltet. Um diese Sicht zu korrigieren, konzentriert sich Soulen auf eine christliche Erzähltradition, die die Bibel als »eine theologische Einheit« versteht (21). Sein Ziel ist zu »zeigen, dass Christen den Kanon als kohärentes Zeugnis interpretieren können«, und zwar »auf eine Art und Weise, die die Logik der Ablösungstheologie überwindet und voll und ganz mit der heutigen Bekräftigung der Kirche im Einklang ist, dass Gottes Auserwählung des Volkes Israel unwiderruflich ist« (21).

Soulen vertritt ferner, dass »die christliche Theologie direkt in einem Überlebenskampf begriffen« sei, weil sie die »Verwirrungen« der Tatsache klären müsse, »neben dem jüdischen Volk zu existieren, das ebenfalls den Gott Israels verehrt, aber nicht die Botschaft des Evangeliums vom lebendigen Gott hören will« (ix). Er zeichnet die Geschichte dieser Widersprüchlichkeit nach und weist dabei auf zwei Krisen in der christlichen Geschichte hin. Die erste sei »das große Trauma der Trennung der Frühkirche vom jüdischen Volk« gewesen (x). Paulus habe sich damit in seinem Römerbrief herumgeschlagen, aber dieses Thema sei bald durch die Lehre, dass das Christentum das Judentum abgelöst habe, »für erledigt erklärt« worden, wodurch dem Judentum die Rolle zugewiesen worden sei, gegenüber dem Licht des Christentums den Schatten und die Finsternis darzustellen. Zur zweiten Krise komme es in unserer Zeit, in der durch zwei Ereignisse die selbstzufriedene Behaglichkeit und der Triumphalismus der jahrhundertelangen Ablösungstheologie »zertrümmert« worden sei: durch »die Komplizenschaft mit dem Holocaust, die die Christen zugeben mussten, und die Rückkehr des jüdischen Volkes in das Land, das Gott Abraham versprochen hatte« (x). Soulen scheint mit van Buren und anderen christlichen post-Holocaust-Theologen zu meinen, der Holocaust durch die Nazis habe dazu geführt, dass das Christentum nicht länger mit der theologisch inakzeptablen Vorstellung und den furchtbaren praktischen Auswirkungen der Ablösungstheologie leben könne. Daher bedürfe es einer neuen Theologie. Diese müsse das Übel der Ablösungstheologie beheben, die christliche Theologie sanieren und den Weg dafür freimachen, dass Christen ein positives, zufriedenstellendes Verhältnis zum jüdischen Volk pflegen könnten. Zu diesem neuen Verhältnis gehört es nun offensichtlich auch, dass sich die Christen hinter den politischen Zionismus stellen.

Zur Bekräftigung dieser Haltung im Blick auf die Versöhnung mit den Juden auf dem Wege einer positiven Verbindung der Geschichte Israels mit derjenigen der Kirche zitiert Soulen das Werk des jüdischen Theologen Michael Wyschogrod. Dieser glaubt, dass es zwischen dem alttestamentlichen Konzept der Heiligkeit des jüdischen Volkes und dem christlichen Glauben an die Gottheit Christi eine starke Kontinuität gebe. Der Begriff der Inkarnation, so schreibt er, sei eine Vorstellungsweise vom innewohnenden Gott, die der Vorstellung vom Innewohnen Gottes im Volk Israel gleiche. »In diesem Sinn verstanden, ist die Gottheit Jesu nichts radikal Anderes als die Heiligkeit des jüdischen Volkes, auch wenn sie konzentrierter sein mag.«[7] Und im Anschluss an Wyschogrod stellt Soulen dann fest: »Die Auferstehung Jesu verstärkt nicht die Unterscheidung zwischen Israel und den Völkern, sondern bekräftigt und erkennt sie auf neue Weise« (170). *Damit ist das Übel der Ablösungstheologie korrigiert und gesühnt, denn man bestätigt die Besonderheit und das Auserwähltsein des jüdischen Volkes.* Auf diese Weise kann jetzt der neue Bund der Christenheit mit *dem* Israel versöhnt werden, dank dessen er zustande kam. Denn er ersetzt den nach dem traditionellen christlichen Verständnis ursprünglichen und auf einen einzelnen Volksstamm beschränkten Bund Gottes mit den Juden.

DIE ERHÖHUNG VON »GOTTES GELIEBTEM KIND«

Das Problem ist, dass Soulen in seinem Versuch, ein theologisches Band zwischen den beiden Glaubenstraditionen herzustellen, den jüdischen Anspruch, besonders auserwählt zu sein und damit letztlich den damit verbundenen Triumphalismus übernimmt. Wyschogrod ist ein orthodoxer Rabbiner, der glaubt, die Auserwählung der Juden sei der Kern der jüdischen Identität. Er schreibt: »Die Grundlage des Judentums ist die Familienidentität des jüdischen Volkes als der Nachkommen von Abraham, Isaak und Jakob. Was immer dem hinzugefügt wird, muss so verstanden werden, dass es aus der grundlegenden Identität des jüdischen Volkes als dem Samen Abrahams erwächst, der von Gott dank seiner Abstammung von Abraham auserwählt ist, und es muss dazu in Beziehung stehen.«[8] Und: »Israel ist der fleischliche Anker, den Gott in den Boden der Schöpfung gesenkt hat« (256). Soulen wurde sich offensichtlich bewusst, in welch hohem Maß er den Ausnahmecharakter Israels betonte und damit dem Judentum und dem jüdischen Volk einen gewaltigen Vorrang vor allen anderen zuwies. Deshalb behauptet er in einem jüngeren Artikel, dass »Gott Israel nicht deswegen auserwählte, weil es anderen Völkern überlegen war.«[9] Doch im gleichen Beitrag spricht er auch von »Gottes besonderer Liebe« zu Israel und »Israels Auserwählung« für eine besondere Rolle in der Geschichte. Tatsächlich ist die Vorstellung der Vorrangstellung kaum von derjenigen der Auserwählung zu trennen. Wenn der Umstand, für eine spezielle Rolle bei der Erfüllung von Gottes Plan für seine Schöpfung auserwählt zu sein, nicht einen speziellen Status verleiht, was anderes könnte Auserwählung dann bedeuten?

Von der Vorstellung, die Juden seien etwas Besonderes, bis zu derjenigen, sie seien den anderen überlegen, ist es nur ein kleiner Schritt – vielleicht nicht in Soulens Denken, aber, so darf man mit Fug und Recht annehmen, ganz gewiss im Denken und der Einstellung vieler Juden. Dazu sei noch ein weiteres Zitat von Wyschogrod angeführt, das Soulen in seinem Beitrag von 2004 bringt. Es steht im Zusammenhang mit Wyschogrods Vorstellung von der besonderen Natur der Beziehung Gottes zum jüdischen Volk. Es nennt die Grundlage dafür, dass Gott Israel auserwählt hat und den Juden trotz ihrer Widerspenstigkeit beharrlich treu bleibt:»Aus diesem Grund ist Gottes Liebe nicht unterschiedslos und hat nicht gegenüber allen Gotteskindern die gleiche Qualität. Gerade deswegen, weil Gott so sehr an seinem Geschöpf Mensch liegt, liebt er die Menschen mit einer differenzierten Liebe, und von daher kommt es, dass es solche gibt, die Gott ganz besonders liebt und von denen man geradezu sagen kann, dass Gott sich in sie verliebt hat.«

Wenn damit für mich als jüdischen Leser auch das Christentum gemeint sein soll, dann ist es ein Glaube, der sich eine extrem problematische Vorstellung zu eigen gemacht hat, denn Soulens Argumentation bestärkt geradezu den jüdischen Triumphalismus. Was wir hier genaugenommen vor uns haben, ist eine Art von *umgekehrter Ablösungstheologie*, bei der man das Christentum im Rückgriff dem ursprünglichen Glauben einverleibt. Wenn man diese Vorstellung akzeptiert, lässt man sich auf eine Sichtweise ein, die alle Glaubensvorstellungen auf einen Nenner bringt. Ihr liegt der Gedanke zugrunde, alle Religionen verehrten Gott auf der Grundlage, die Gott mittels seines Bundes mit Israel geschaffen habe. Israel steht dann also ganz an der Spitze. Vielleicht spürt Soulen die atemberaubenden Implikationen dieser Theorie, denn mit einem weiteren Zitat Wyschogrods betont er dann, dass diese Besonderheit auch eine besondere Verantwortung impliziere:»Israel neigt zu vergessen, dass es mit seiner Auserwählung in einen Dienst genommen wird und dies eher ein Zeichen der unendlichen und grundlosen Gabe Gottes ist, als irgendeine dem Volk innewohnende Überlegenheit.«

Ich kenne dieses Argument. Jeder Jude, der eine religiöse Erziehung genossen hat, kennt es nur zu gut: *Wir sind das auserwählte Volk, aber dieser Status bringt eine besondere Verantwortung mit sich.* Aber ist es nicht so, dass dieses Argument ganz und gar nicht dieses Gefühl der Besonderheit abschwächt, sondern es in Wirklichkeit eher noch betont und verstärkt? Gewöhnlich zitiert man in diesem Zusammenhang den vielbeschworenen Abschnitt im 49. Kapitel bei Jesaja vom »Licht der Völker«. Die Vorstellung, Gott habe Israel auserwählt, führt vom Gedanken der Erwählung über den der besonderen Liebe hin zum Bewusstsein einer besonderen Verantwortung dafür, der Welt die Botschaft Gottes zu bringen. Somit führt die These, Gott habe Israel auserwählt, unvermeidlich zur Auffassung, die Juden seien etwas Besonderes, und von da aus ist der Schritt zum jüdischen Triumphalismus nicht weit. Eine Theologie, die versucht, die christliche Ablösungstheologie damit zu beheben, dass sie die Vorstellung, Gott habe Israel auserwählt, bewahrt oder mit einbezieht, läuft darauf hinaus, die christliche Ablösungstheologie durch die These zu ersetzen, die Juden seien etwas Besonderes. Und wie der christliche Triumphalismus, der in der Ablösungstheologie seinen Niederschlag fand, schließlich zu den Verbrennungsöfen von Auschwitz führte, so führte der jüdische Triumphalismus, wie er seinen Ausdruck im politischen Zionismus findet, zur ethnischen Säuberung Palästinas.

Wenn Soulen der Meinung ist, das Problematische an der Kirche sei, dass sie »darin versagte, sich selbst im Licht der Treue zum Volk Israel zu verstehen« (11), so meine ich, dass wir eine andere Lösung finden müssen. Wenn es überhaupt eine Lösung gibt und man dazu bis auf den ursprünglichen Bund zurückgehen muss, dann muss das auf die Weise geschehen, dass man die Implikationen dieses Bundes kritisch betrachtet und die Dynamik des Konflikts zwischen dem Mutterglauben und der revolutionären Bewegung, die aus ihm heraus entstand, gründlich überprüft. Das Christentum gab der Bindung Gottes an Israel mittels des Bundes eine neue Gestalt, ja revolutionierte diese, denn diese Bindung war ihrer Natur nach stammesbezogen und beruhte auf Ausschließlichkeit. Soulen hat uns in das Denken von Wyschogrod eingeführt, um den Schaden zu beheben, der durch die Ablösungstheologie entstand. Aber Wyschogrod tut dem Christentum das an, was das Christentum mittels dieser ursprünglichen Lehre dem Judentum angetan hatte. Wenn man zur jüdischen Auserwählung steht, mag das eine Möglichkeit sein, um damit das Problem der Christen zu lösen, dass sie für den Antisemitismus verantwortlich sind. Aber paradoxerweise hat dies die Wirkung, dass es den jüdischen Triumphalismus, seine Abgrenzungsmentalität und seinen Tribalismus legitimiert, ja noch mehr steigert, also alles das, wovon ich behauptete, dass es innerhalb des Judentums eine destruktive Kraft ist. Letztlich führt dieses Bemühen zu einer Steigerung des Antisemitismus – das kann man bereits bei der Reaktion der Weltöffentlichkeit auf die Menschenrechtsverletzungen durch den jüdischen Staat beobachten –, indem es den jüdischen Anspruch, einen Sonderstatus zu haben, verstärkt, und zugleich auch das Verhalten, das sich aus dieser Einstellung und diesem Selbstbild ergibt. Wenn die Christen uns wirklich helfen und wenn sie wirklich die Übel des Antisemitismus beheben wollen, müssen sie alles in ihren Möglichkeiten Stehende tun, uns zu unterstützen, diese Eigenart abzulegen, statt sie auch noch aktiv zu bestätigen. Wyschogrods Denkmodell hat uns Hubschrauber mit Maschinengewehren, eine Trennungsmauer, die Belagerung von Gaza, die Missachtung des internationalen Rechts und den Hass und Groll und das Misstrauen eines zunehmenden größeren Teils der Menschheit beschert.

Wenn man sich mit dem jüdischen Volk aussöhnen will, indem man ihm seinen Status als Gottes auserwähltem Volk bestätigt, ist das ein Versuch, die traumatische Spaltung zu lösen, indem man den Schmerz der Trennung ungeschehen machen will. Aber war diese Abspaltung angesichts der Lehre des Frühen Christentums nicht unvermeidlich? Diese stellte ja das fundamentale Stammesdenken des Judentums in Frage, und die Juden der damaligen Zeit weigerten sich, die Grundüberzeugungen und auch die Rituale ihrer Stammesbesonderheit aufzugeben, wie Beschneidung, Speisegebote und das Sabbatgesetz. Falls die Christen einen Weg zur Versöhnung mit dem Judentum finden und unser beider Glaubensvorstellungen einander näherbringen wollen, dann lasst uns doch gemeinsam nach vorn schauen und einen Weg suchen, um uns in einer universalen Familie miteinander zu verbinden. Wenn jedoch stattdessen Christen die Besonderheit des jüdischen Volkes bestätigen und Aspekte der christlichen Theologie auf eine Weise neu fassen, dass sie zu dieser Besonderheit passen, dann läuft das darauf hinaus, zu leugnen, was das Christentum an Originellem gebracht hat: nämlich das Stammesdenken durch ein universales Denken zu ersetzen.

Der Drang, genau das zu tun, scheint ungemein stark zu sein. Soulen formuliert das in seinem ersten Kapitel so: »Die Beantwortung der Frage, ob Israel in der Kirche ein Zeichen sehen kann, das sich mit dem jüdischen Glauben deckt, hängt von der Haltung der Kirche gegenüber dem jüdischen Volk ab. Sind die Völker bereit, Gottes Segen im Kontext des Bundes Gottes mit Israel zu empfangen? Oder sind sie darauf aus, Gottes geliebtes Kind beiseite zu schieben, um dessen Platz in Gottes Zuneigung einzunehmen?« (11)

Diese Frage stellt uns aber vor eine falsche Alternative, die auf falschen Voraussetzungen beruht. Das Problem an dieser Art der Revision hergebrachter christlicher Positionen ist, dass sie die fundamental auf den Stamm konzentrierten Ursprünge des Judentums leugnet sowie auch die Art und Weise, in der das Denken von Exklusiviät Israels bei den Vertretern dieser Glaubensrichtung weiter lebendig ist. Das ist aber ein Charakterzug, der sich im Lauf von zwei Jahrtausenden der Verfolgung verfestigt hat und der tief in unserer Geschichte, unserer Theologie und – worauf Wyschogrod zu Recht hinweist – unserer Identität gründet. Das Christentum hatte recht: Das Judentum war ein Stammesdenken und es war exklusiv. In der Erzählung des Alten Testaments heißt es nun einmal, dass Gott *tatsächlich* den Samen Abrahams als sein besonderes Volk auserwählt und dieser Gruppe in der Geschichte eine besondere Rolle zugewiesen hatte. Das Christentum kam, um die alttestamentliche Erzählung im Licht einer entstehenden christlichen Theologie neu zu fassen, einer Theologie, die die Natur der Beziehung zwischen Gott und der Menschheit radikal verwandelte, nämlich vom Stammes- und Exklusivitätsdenken weg hin zu einem universalen Denken. Das Christentum wurde nicht als Weiterentwicklung auf das Judentum *aufgebaut*. Vielmehr *entstand es aus* dem Judentum im Lauf eines revolutionären Umwandlungsprozesses. Was Soulen vorlegt, ist ein durch und durch konservatives Modell. Dieses Modell bewahrt die archaischsten Elemente des Judentums. Damit steht es in direktem Konflikt mit der Richtung in der die Botschaft Jesu zielt und dem Projekt des Paulus, sich über genau die Stammesgrenzen und kultischen und legalistischen engen Bindungen hinaus auszuweiten, die sich aus diesen Grenzen ergaben und sie stärkten. Genau diese Eigenschaften des Judentums waren es, die die Bruchstellen ausmachten. Sie waren alles andere als die Grundlage für eine gute Beziehung zum Christentum. Falls die Abspaltung drastisch war und falls sie – nach Soulens Beschreibung – traumatisch war, dann muss man das eben als Faktum hinnehmen. Krisen sind für die menschliche Entwicklung notwendig, damit in der Menschheitsgeschichte Großes passieren kann.

Darf das Bemühen, die christliche Theologie umzuformulieren, damit man darin den ursprünglichen Bund mit Abraham integrieren kann, dazu führen, die revolutionäre Natur der Botschaft Jesu zu leugnen? Denn Jesus kam, um die Macht des Reiches – des Triumphalismus einer zeitlichen Herrschaft – infrage zu stellen und an ihre Stelle den Triumph des Geistes zu setzen. Nach Ansicht vieler machte das Christentum eine tragische falsche Kehrtwende, als es sich im 4. Jahrhundert mit Rom gut stellte. Es versucht bis heute, nachdem wir schon das 20. Jahrhundert hinter uns gelassen haben, diesen Fehler zu korrigieren. Das jüdische Volk steht jetzt vor einer ähnlichen Entscheidung, denn wir sehen uns vor die grausigen Folgen unserer eigenen Ermächtigung gestellt. Im Licht der derzeitigen Ereignisse muss man sich die Frage stellen, ob die unbeabsichtigte Konsequenz dieses christlichen Bemühens um Korrektur und Sühne nicht darauf hinausläuft, dass das Christentum sich eher zurücknimmt, als dass es sich erweitert. Sein Impuls, Sühne für seine eigenen historischen Sünden zu leisten, in allen Ehren: Aber das Christentum muss ganz besonders auf der Hut sein, nicht die gegenwärtigen Sünden der Tradition, von der es abstammt, zu decken.

JAMES CARROLL: DEN RISS HEILEN

»Mit dem ersten Besuch des Papstes in Jerusalem überhaupt machte die katholische Kirche deutlich, dass sie es schätzt, die Juden wieder in Israel daheim zu

sehen ... Die tief religiöse Geste des Papstes an der Westmauer war ein unmiss-
verständlicher Akt der Bestätigung des Tempels und Gottes ungebrochenen
Bundes mit dem heutigen jüdischen Volk.«[10] Das sind nicht die Worte eines
fundamentalistischen jüdischen Siedlers oder christlichen Zionisten, sondern
eines liberalen katholischen Theologen.

James Carroll führt in seinem Buch *Constantine's Sword: The Church and
the Jews* (»Konstantins Schwert: Die Kirche und die Juden«)[11] das Werk der
christlichen Sühne für den Antisemitismus an dem Punkt fort, an dem etliche
andere liberale christliche Theologen abbrechen. Er entlehnt von Rosemary
Ruether die Formulierung von der »linken Hand der Christologie«, um damit
zu beschreiben, wie sogar die scheinbar positive Klassifizierung der »Erfüllung«
des Alten Testaments durch das Neue eine implizite und gewaltige Abwertung
des bisherigen Glaubens und seiner Heiligen Schrift darstellt. Er macht darauf
aufmerksam, dass das Christentum sich nicht als Sprössling oder Weiterführung
des Judentums etabliert habe, sondern als Gegensatz zu diesem: Das Judentum
sei in Wirklichkeit »als Schatten gesehen worden, gegenüber dem das Christentum das Licht sein konnte« (109). Von daher sei das negative Bild des Judentums zur Zeit Jesu eine Verzerrung der wahren Natur des Judentums, denn
das sei ein Judentum gewesen, mit dem Jesus stärker in Harmonie gewesen sei
als das die Verfasser des Neuen Testaments beschrieben hätten. Carroll argumentiert – meiner Ansicht nach nicht überzeugend –, schon allein der Umstand, dass Jesus in Jerusalem gewesen sei, wie es die Evangelien erzählen, sei
ein Beweis für seine Verbundenheit mit dem Tempel und dem Opferkult. In
Carrolls Werk liegt der Versuch, sich auf eine Weise mit den Juden zu versöhnen, die aus der Botschaft Jesu die rebellischen, ikonoklastischen, massiv anti-
kultischen und anti-materialistischen Züge entfernt.

Die Geschichte der Frühkirche und ihres Verhältnisses zum Judentum und
den damaligen jüdischen Gemeinden ist genau das: Geschichte. Carrolls Argumentation beruht auf einer nachträglichen Analyse von Dokumenten, die
Produkte dieser Zeit waren und nur indirekt von der Natur des Judentums und
des jüdischen Establishments handeln, dem Jesus persönlich die Stirn bot und
zu dem er sprach. Aber was noch wichtiger ist: Carrolls Lösung für die von der
frühchristlichen antijüdischen Polemik verursachten Probleme verzerrt die
Diskussion über zentrale politische, religiöse und soziologische Themen, die
direkt mit der derzeitigen Situation im Mittleren Osten zu tun haben.

Carroll möchte Jesus wieder an den Tempel binden und darüber hinaus auch
an das Land. Jesus war tatsächlich Jude, und zwar mit ganzer Hingabe. Aber ist
es nicht so, dass Jesu prophetische Stimme den Kern des Jüdischseins aus-
machte, mit der er in prophetischer Redeweise gegen den geistigen Materialis-

mus seiner Zeit anschrie? Sprach sich nicht Jesus – mit Walter Brueggemann formuliert – gegen das »königliche Bewusstsein« aus, das das jüdische politische und priesterliche Establishment seiner Zeit beherrschte? Und wenn wir das einräumen, müssen wir dann nicht etwa weitergehen und sagen, was Jesus tatsächlich hinterließ, war eine derart grundsätzliche Infragestellung des Judentums seiner Zeit, dass das, was dann in der Folge aus seinen Lehren erwuchs, etwas war, das sich nicht mehr als jüdisch bezeichnen ließ? Ist folglich das »Trauma der Abtrennung« nicht durchaus notwendig gewesen? Und wenn das so ist, woher stammt dann dieser Hang, diese Abtrennung ungeschehen zu machen, also das Christentum irgendwie wieder an genau diejenigen Aspekte seiner Wurzeln anzuknüpfen, die die nicht-christlichsten sind?

Genau das aber hat sich Carroll vorgenommen: Das Land als Zentrum des jüdischen spirituellen Lebens wieder einzurichten und dann die Christen aufzufordern, sie sollten das übernehmen, indem sie sich ein entsprechendes Jesusbild zulegen. Carroll spricht sich dafür mit einer Reihe von erstaunlichen Behauptungen aus: »Die Christen betrachten die anhaltende jüdische Bindung an das Ideal des Tempels als eine Art von Götzendienst, und von daher betrachten auch viele Christen die heutige israelische Bindung an das Land um den Tempel als baren Imperialismus« (108). Das sei ein Fehler, unterstellt Carroll, genau wie es falsch und schließlich für den christlichen Glauben katastrophal gewesen sei, dass die Christen einen Keil zwischen Jesus und den Tempel getrieben und aus ihrem Glauben jegliche Bindung an einen physischen Ort als zentrale Stätte ihres Gottesdienstes ausgemerzt hätten. Damit verstehe man Jesus falsch, behauptet er, und letztlich auch die jüdische Erfahrung. In Wirklichkeit sei es so, dass »der Tempel – wenn auch nur noch die Vorstellung von ihm – sogar jetzt noch als die einzige Stätte des jüdischen Gottesdienstes gilt … Die jüdische Hoffnung wurzelt nicht in einem mythischen nie und nimmer gewesenen Land, sondern in einem Ort auf der Erde. Der Tempel *und in dessen Ausweitung das Land* sind an den unauflöslichen Bund geknüpft, den Gott mit seinem Volk geschlossen hat« (ebd.; Hervorhebung von mir). Anders gesagt, Carrolls Argument lautet, um das »Ablösungs«-Dogma aus der Welt zu schaffen, das die Quelle der Leiden der Juden sei, müssten wir Gottes Bund mit dem jüdischen Volk anerkennen – und mit diesem auch die Verheißung des Landes. Diese Argumentationsweise könnten wir auch so formulieren: *Ihr habt unsern Herrn getötet. Dafür haben wir euch getötet. Das war falsch – und zur Wiedergutmachung unseres mörderischen Verhaltens bekommt ihr den Tempel wieder.*

LASST JESUS JESUS SEIN

Nach Carrolls Schilderung entstand das Christentum aus dem Judentum im Lauf eines kontinuierlichen Entwicklungsprozesses. Es habe keine Diskontinuität, keinen Bruch, keine Trennung gegeben. Für Jesus, so unterstellt er, »gab es nur *einen* Bund«, und der sei ganz von Liebe erfüllt gewesen (ebd). Diese Beziehung habe zwar nicht bedingungslos und nicht ohne Wechselfälle bestanden, sei aber von Dauer gewesen und dauere immer noch an. Carroll weist darauf hin, dass der Ausdruck »neuer Bund«, den man schließlich im Christentum eingeführt habe, um damit seinen Status als das Judentum ablösende Religion zu bezeichnen, erstmals von Jeremia verwendet wurde, und dieser habe damit eine Botschaft der Erneuerung und Liebe gemeint. Aber wieder unterlässt er es, den unterschiedlichen Kontext der Botschaft der alttestamentlichen Propheten einerseits und der Botschaft Jesu andererseits zu berücksichtigen. Was hier fehlt, ist die Anerkenntnis dessen, was am Christentum *neu* war. Ganz unabhängig davon, was Jeremia genau mit dem Bild vom »neuen Bund« meinte, trat er im Rahmen von Gottes Beziehung zum Volk Israel auf. Der Prophet brachte seine Trauer über Israels Verstöße gegen Gottes Willen zum Ausdruck und ermahnte, zu dessen Einhaltung zurückzukehren, und das im Kontext der Trauer Gottes über die Untreue seines Volkes. Das heißt, seine Sicht war partikularistisch: Er äußerte seine Trauer vollkommen im Rahmen der Erzähltradition und der Weltsicht des Alten Testaments. Im Gegensatz dazu sprach Jesus von der radikalen Umstellung auf einen *universalen* Bund, der für die gesamte Menschheit gelten sollte, weil alle Menschen Kinder Gottes seien. Sicher, die Propheten sprechen von Liebe – aber von der Liebe zu *wem*?

Carroll möchte uns glauben machen, Jesus habe seine Botschaft *für* Jerusalem gebracht und nicht, wie es im Neuen Testament heißt, gegen Jerusalem. Damit protestiert er erneut gegen den Antisemitismus der christlichen Tradition. Dieser Antisemitismus liegt schmerzlich zutage. Aber warum sollten wir, um das zu beheben, einen anderen Jesus erfinden, in der Illusion, wir könnten die bösen Folgen ungeschehen machen, indem wir der Botschaft Jesu eine andere Kernaussage unterschieben? Diese bestand nun einmal darin, dass er etwas *Neues* brachte. Tatsächlich war das derart neu und ein solcher Abschied von dem auf den eigenen Stamm zentrierten, separatistischen Zug des Israels, das er erkannte, letztlich nicht daran vorbeizukommen, mit denen zu brechen, die diese spezifische Eigenart ihres Volkseins und ihrer Beziehung zu Gott nicht aufgeben wollten.

Daher sage ich zu Carroll und zu all den Christen, die guten Glaubens versuchen, die Wunde zu heilen und sich mit dem jüdischen Volk zu versöhnen:

Sagt, dass es euch leid tut. Bekräftigt, dass ihr euch mit den jüdischen Quellen eurer Tradition und Geschichte verbunden, ja mit ihnen in Kontinuität fühlt. Studiert und ehrt den Schatz und die Würde der Hebräischen Heiligen Schrift – aber lasst Jesus Jesus bleiben, so wie er ist und seid willens, den ursprünglichen Bund hinter euch zu lassen! Der Weg zur Versöhnung und Koexistenz mit dem jüdischen Volk kommt nicht dadurch an sein Ziel, dass ihr alles das, was an unserer Tradition höchst problematisch war und auch bleibt, für euch selbst übernehmt. Denn es steckt ein gewaltiges Problem in der Bewegung, wieder an das Alte Testament anzuknüpfen und dessen Gültigkeit als heiliger Lehrtext mit seinem ganz eigenen Wert und Verdienst wieder zu bekräftigen, statt es als Beweistext für die Gottheit Christi zu verwenden. Dieses Problem besteht darin, dass dort, wo die ehrliche Konfrontation mit einer Reihe von Aspekten der alttestamentlichen Theologie und Weltsicht ausfällt, ein solches harmonisierendes Bemühen zur Akzeptanz und letztlich Legitimation von Gottes exklusivem, stammesbezogenen Bund mit den Juden führt. Und genau diese *implizite* Legitimation ist im derzeitigen Kontext des Verhaltens des Staates Israel das besonders Gefährliche. Paradoxerweise steckt ausgerechnet dieses Bemühen seitens der Christen die Parameter der derzeitigen schlimmen Krise des jüdischen Volkes ab. Wir haben lange mit der Spannung zwischen dem in unserem monotheistischen Glaubensbekenntnis und ethischen Kodex steckenden Universalismus und dem Partikularismus gekämpft, der unserer Identität und historischen Erfahrung so tief eingefleischt ist, und heute mehr denn je.

Die Auswirkungen dieser gut gemeinten Überarbeitung der christlichen Lehre im Blick auf sein Verhältnis zum jüdischen Volk gehen sehr tief. Paul van Buren hat selbst darauf hingewiesen, dass das mächtige Spektakel eines triumphierenden Staates Israel den in der neuen Theologie formulierten jüdischen Triumphalismus verstärkt und bekräftigt habe. Das heißt also, dass man sich in der politischen wie interreligiösen Arena darauf einstellt, gemeinsame Sache mit denjenigen innerhalb der jüdischen Gemeinschaft zu machen, die eine theologische und historische Grundlage für das nationalistische Projekt heutiger Juden schaffen wollen.

KAPITEL 6
DIE THEOLOGISCHE NOT UND
DIE VERHEISSUNG DES LANDES

> Es ist ein Skandal, dass es des Holocausts bedurfte, um einen ehrlichen und auf wirklichen Austausch gegründeten Dialog zwischen Juden und Christen zu eröffnen. Aber unbedingt verlangt der Holocaust von uns zu begreifen, dass solche Ereignisse von anderen Ereignissen vorbereitet wurden. Die Frage stellte sich nicht mir, sondern der Geschichte: Wie wurde aus dem Kreuz Jesu Christi das Kreuz von Auschwitz?
>
> James Carroll, Constantine's Sword: The Church and the Jews

Ich stattete einem Theologieprofessor an der Hochschule einer der größeren protestantischen Denominationen einen Besuch ab. Er ist der Verfasser von Aufsätzen und Büchern in der Tradition derjenigen, die die Ablösungstheologie verwerfen. Er stößt sich an den eklatant antisemitischen Aspekten der christlichen Lehre und betont stattdessen energisch die besondere Beziehung zwischen Gott und dem jüdischen Volk. Ich sagte zu ihm, meinem Empfinden nach hätten wir vieles gemeinsam: Mir als Juden liege genauso sehr wie ihm als Christen an einer religiösen Reform, bei der alle *die* Elemente in meiner religiösen Tradition verbessert würden, die der Korrektur bedürften. Sodann griff ich auf mein Quantum *chuzpe* zurück und rückte mit meiner Kritik an seinem Werk heraus. Fraglos sei es eine gute Sache, den in der Ablösungstheologie steckenden Antisemitismus zu beheben – aber sei es wirklich so falsch gewesen, dass das Frühchristentum einige der zentralen Behauptungen des Judentums kühn in Frage gestellt habe? Und ich erklärte ihm, meiner Ansicht nach seien die Elemente des Judentums, die am dringendsten der Reform bedürften, genau diejenigen, die das Christentum hinter sich gelassen habe. Ich sagte ihm deutlich, dass meine diesbezüglichen Vorstellungen von meiner gewaltigen Sorge über die negativen Auswirkungen des politischen Zionismus herrührten, und dass ich das Gefühl habe, in den Unrechtspraktiken des jüdischen Staates komme etwas zum Zug, das tief in jüdischer Tradition begründet sei. Meine Sorge sei es, dass die liberale christliche Theologie vor lauter Eifer, für den Antisemitismus Sühne zu leisten, indirekt – und nicht selten ziemlich direkt – diese Praktiken zulasse oder sogar bekräftige, indem sie ausdrücklich betone, dass Gottes Bund mit dem jüdischen Volk grundlegend und erstrangig sei. Ich brachte ihm meine Bedenken bezüglich der politischen Implikationen dieser Strömung im christlichen Denken zum Ausdruck. Sie sei dazu angetan, den Landraub durch Israel zu legitimieren, die Kritik an Israels Menschenrechtsverletzungen zu unterdrücken und den ehrlichen, konstruktiven interreligiösen Dialog über die Lage in Israel/Palästina zu vereiteln.

Der Professor hatte rasch eine Antwort zur Hand: »Das ist eine alte Geschichte«, sagte er zu mir. »Es ist die Geschichte von einem archaischen, im Stammesdenken befangenen Judentum und einem erleuchteten, universal angelegten Christentum. Diese Geschichte erzählen wir heutzutage nicht mehr.« Er setzte hinzu, selbst wenn diese »alte Geschichte« nicht infolge ihres krassen Antisemitismus und als Grundlage für die jahrtausendelange Judenverfolgung in Verruf gekommen wäre, sei sie passé, weil sich erwiesen habe, dass sie theologisch nicht haltbar sei.

Diese Reaktion verblüffte mich. Ja, das mag eine »alte Geschichte« sein: Zahlreiche christliche Theologen haben es sich im 20. Jahrhundert zur Aufgabe gemacht, diese Theorie zu korrigieren, weil sie – mit James D. G. Dunn gesprochen – »eine Parodie sowohl des Judentums aus der Zeit des zweiten Tempels ist, als auch dem Verhaftetsein von Paulus mit seinem jüdischen Erbe entstammt.«[1] Dieses simple und verzerrte »Schwarz-Weiß«-Bild verdiente es voll und ganz, abgetan zu werden, besonders in Anbetracht seiner gefährlichen Auswirkungen während der gesamten Geschichte des Christentums. Aber ich hatte mehr Aufgeschlossenheit für mein Anliegen erwartet. Der Professor schien die Diskussion zu diesem Thema als längst beendet anzusehen. Offensichtlich musste alles, was auch nur den mindesten Anschein einer christlichen Abneigung gegen die Juden haben konnte, in Bausch und Bogen abgetan und aus jeder weiteren Diskussion herausgehalten werden. Vielmehr sei es angesagt, dem Auftauchen solcher Ansichten gegenüber wachsam zu sein.

Das Gespräch mit dem Professor an diesem Tag war alles andere als ein isolierter Fall. Die meisten interreligiösen Diskussionen der Gegenwart zeichnen sich durch eine unterschwellige oder explizite Vorsicht aus, auf keinen Fall irgendetwas Antisemitisches zu sagen. In unserem derzeitigen politischen Klima scheint es für die Christen akzeptabel zu sein, sich kritisch mit allen denjenigen Elementen ihres eigenen Glaubens und ihrer Geschichte zu befassen, die Unheil angerichtet haben, besonders wenn es sich dabei um Ecksteine ihrer Lehre handelt. Aber sie halten es für unerlaubt, diese Diskussion auch auf irgendeine Kritik am Judentum auszuweiten oder auf die Untersuchung des Verhaltens der Juden oder ihrer Institutionen, die der Überprüfung oder Korrektur bedürfen könnten. Während es für fair gehalgen wird, regelmäßig die Sünden der Christen ins Feld zu führen, gilt Kritik am Judentum oder an jüdischen Zügen als völlig unzulässig.

DIE CHRISTLICHE SÜNDE

In der Woge des Entsetzens und Abscheus, die die Christen im Gefolge des Nazi-Holocausts erfasste, wurde die Bekämpfung der Judenfeindlichkeit zu einem Hauptanliegen. 1990 schrieb der protestantische Theologe Robert T. Osborne: »Die Judenfeindlichkeit ist *die* christliche Sünde.«[2] Man beachte: Osborne sagt nicht, die Judenfeindlichkeit sei *eine* Sünde, sondern sie nehme als das christliche Vergehen schlechthin den ersten Platz ein. Wolle man sie beheben, so sei dazu eine vollständige Überarbeitung des Glaubens notwendig. Nach Aussage des Theologen Paul van Buren würde das Schmieden einer positiven Beziehung mit dem Judentum und dem jüdischen Volk nicht weniger bedeuten, als eine ganz neue Vorstellung davon zu bekommen, was es heißt, Christ zu sein. Van Buren schreibt: »Wenn die Kirche damit aufhört, die Juden für den verworfenen Rest des Volkes Israel zu halten und stattdessen damit anfängt, von der weiterhin fortbestehenden Bundesbeziehung zwischen diesem Volk und Gott zu sprechen, muss sie ihre eigene Identität neu überdenken.«[3] So stellte man im Zug der Revisionsbemühungen im christlichen Denken diesen Aspekt der christlichen Theologie buchstäblich auf den Kopf: Das Judentum sollte nicht länger als der Schatten des Christentums angesehen werden, sondern seinen ihm von Rechts wegen zustehenden Platz als die Grundlage des christlichen Glaubens einnehmen. Eine ganze Generation von Pastoren wurde im Rahmen ihrer Ausbildung mit dieser neuen Sichtweise bekannt gemacht. Von den Kanzeln sollten keine judenfeindlichen Sätze mehr zu hören sein. Juden verletzende Stellen in den Evangelien sollten mehr und mehr übergangen oder wegerklärt werden.

Die Reaktion des Professors beruhte also nicht einfach nur darauf, dass er zu einem Punkt der Theologie oder Religionsgeschichte anderer Meinung war, sondern er war der Meinung, solche Dinge über das Judentum zu sagen, sei einfach nicht zulässig. Aber hatte er wirklich genau hingehört, was ich sagen wollte? Offensichtlich hatte er verstanden, dass ich zum Ausdruck bringen wollte, das Judentum sei eine archaische Religion und verdiene es, durch den neuen, ihm überlegenen Glauben ersetzt zu werden. Das wäre die alte Geschichte gewesen, und »diese Geschichte erzählen wir heutzutage nicht mehr.« Aber das hatte ich gar nicht gesagt, sondern ich hatte auf den Jahrtausende alten, immer noch im jüdischen Denken fortbestehenden Aspekt aufmerksam machen wollen, sich als etwas Exklusives und als große Ausnahme zu betrachten. Und ich hatte sagen wollen, dass dieser Aspekt unseres Glaubens und unserer Selbstwahrnehmung im heutigen Kontext ungeheuer problematisch geworden ist, weil er jetzt infolge der politischen Macht der Juden in Palästina aktiviert wurde. Ich hatte nicht gesagt, dass das Judentum als Ganzes archaisch sei oder dass diese Elemente die gesamte jüdische Glaubenstradition oder jüdische Einstellung prägten. Das wäre sicher eine Übernahme der anti-jüdischen Polemik von Paulus, aber darum war es mir nicht gegangen. Mein Gesprächspartner hatte so reagiert, als würde ich mit meiner Position, das Judentum besitze Züge, die der Reform bedürften, diesen gesamten Glauben und damit auch das jüdische Volk selbst verurteilen.

Ich wünschte, ich hätte das in diesem Augenblick so klar auseinanderhalten können. Was ich allerdings sagte, war: »Wenn ich sage, dass Christen nicht Antisemiten sind, wenn sie Fragen bezüglich des Zionismus oder der Aktionen des Staates Israel aufwerfen, sind sie mir dafür sehr dankbar. Ich habe den Eindruck, sie sind für diese Botschaft sehr empfänglich, ja sie hungern danach!« Wieder war seine Reaktion scharf: »Natürlich möchten Christen das gern hören. Sie sagen ihnen, dass sie keine Antisemiten seien. Wie können Sie sich dessen so sicher sein?« Und wieder redeten wir damit aneinander vorbei. Er unterstellte, dass es mir bei meiner Aussage nur darum gehe, den Christen zu versichern, sie seien keine Antisemiten. Darum geht es aber überhaupt nicht. Mir geht es darum, einen Dialog zu ermöglichen: nämlich darüber, dass es missbräuchlich ist, den Christen in der Kirchenbank und in den Hochschulen beizubringen, es gehöre sich nicht, den politischen Zionismus infrage zu stellen oder die Politik des Staates Israel zu kritisieren. Der Vorwurf, man sei Antisemit, ist die Keule, die man schwingt, um jede offene oder kritische Diskussion über den Staat Israel im Keim niederzuhalten. Dabei geht man bei Juden wie Christen unausgesprochen von der Annahme aus, dass das Judentum vom Zionismus ununterscheidbar sei und es folglich antisemitisch sei, wenn man den Zionismus kritisiere. Aber dieses Thema muss auf den Tisch kommen.

EIN GAST IM HAUSE ISRAELS

Die Geschichte der vom Holocaust angestoßenen Revision ihrer Theologie ist die Geschichte des Versuchs der Christen, die Auswirkungen von zwei Jahrtausenden des Antisemitismus umzukehren. Wenn man dies als Projekt im Rahmen der systematischen Theologie bezeichnet, ist das eine Fehlbezeichnung. Es geht dabei um mehr als eine Revision oder das »Ausmerzen« einer Doktrin, die man für archaisch, überholt, beschämend oder destruktiv hält. Dieses Projekt stellt einen grundlegenden Neuentwurf dar, wie das Christentum die Beziehung Gottes zur Menschheit sieht. Zudem beschränkt es sich nicht darauf, die Juden zu rehabilitieren, indem man sie vom Vorwurf des Gottesmords entlastet. Auch beschränkt es sich nicht auf eine positive, nichts kostende Aussage über religiöse Toleranz und die Notwendigkeit, vielfältige Glaubensweisen und Wege zu Gott zuzulassen. Nein, bei dieser Neuformulierung setzt man Gottes ursprünglichen Bund mit den Juden ins Zentrum des christlichen Glaubens und inkorporiert in die christliche Theologie fundamentale Prinzipien des Judentums wie etwa diejenigen der Auserwählung und Verheißung. Man holt, mit van Buren gesprochen, »das Judentum in die christliche Theologie – wirklich in sie herein« (26). Die Theologen dieser Tradition sprechen mit einer verblüffenden, aber zutreffenden Formulierung von der Re-Judaisierung des Christentums. Zudem ist dieses Denken eine ganz an die Praxis geknüpfte Theologie, nämlich an eine Praxis, die sich daraus ergibt, auf welch traumatische Weise die christliche Welt im 20. Jahrhundert mit den Folgen des Antisemitismus konfrontiert wurde, und die sich darauf konzentriert, dem Antisemitismus gegenüber äußerst wachsam zu sein.

Wissenschaftlich umfassend hat 1993 Clark M. Williamson mit seinem Buch *A Guest in the House of Israel: Post-Holocaust Church Theology*[4] (»Ein Gast im Hause Israel: Die kirchliche Theologie nach dem Holocaust«) diese Sicht theologischer Revision dargestellt. Williamson stellt fest, es habe »zutiefst die theologische Notwendigkeit bestanden«, das Neue Testament daraufhin zu überprüfen, wie weit darin die Judenfeindlichkeit korrigiert werden müsse, die ziemlich stark in die Evangelien und die Brieftexte eingewoben sei (87). Er warnt vor diesem Unternehmen mit dem Hinweis darauf, dass solcherart motivierte historische Analysen »uns oft mehr über ihre Autoren als ihren Gegenstand verraten« (88). Doch wir werden sehen, wie auch Williamson selbst bei seinem bewundernswerten Bemühen, Christen und Juden zum gemeinsamen Aufbau einer besseren Welt zusammenzubringen, auf diese Schwierigkeit stößt.

In seinem Eingangskapitel stellt Williamson drei »Regeln« für das auf, was er als »Nach-*Schoah*«-Theologie bezeichnet.

- *Gespräch mit den Juden:* »Die Christen können ihrem Selbstverständnis als Christen keine theologischen Konturen geben, ohne sich dabei auf das Gespräch mit den Juden einzulassen«, schreibt Williamson (9). Er spricht sich für eine Reinterpretation von Jesus und Paulus im Blick auf deren Judentum und ihres Verhältnisses zum Judentum ihrer Zeit aus.
- *Die brennenden Kinder:* Williamson betont, jede christliche Theologie müsse die *Schoah*, also den Holocaust der Nazis, zum fundamentalen Bezugspunkt nehmen. Dazu zitiert er das Prinzip des Theologen und Rabbis Irving Greenberg: »Es sollte keine theologische oder sonstige Aussage gemacht werden, die angesichts der brennenden Kinder nicht glaubwürdig wäre.«[5]
- *Jüngerschaft:* Die Theologie muss zu einer Lebensart führen, die sich darauf konzentriert, die Welt mittels guter Werke zu verbessern. Williamson knüpft das direkt an die erste Regel an: Die Christen müssen sich ab jetzt bei ihrer Beziehung zur Menschheit von den Geboten Gottes leiten lassen, die das jüdische Volk empfangen und in den jüdischen Schriften aufgezeichnet hat.

Dass Williamson den Begriff *Schoah* übernimmt, ist bemerkenswert. Das aus dem Hebräischen stammende Wort bedeutet »völlige und plötzliche Vernichtung« und kam in den 1950er Jahren zur Bezeichnung der nahezu vollständigen Ausrottung der europäischen Juden durch die Nazis in Gebrauch. Die Verwendung dieses Begriffs impliziert, dass *diese* Katastrophe, *dieser* Völkermord in der Geschichte der Verbrechen gegen die Menschheit einmalig dasteht. Von der *Schoah* zu sprechen bedeutet das gleiche wie von »*dem* Holocaust« zu sprechen. Es ist des Nachdenkens wert, dass in der langen Geschichte der Judenverfolgungen im Westen einzig der Holocaust der Nazis den Anstoß zu dieser fundamentalen Revision der christlichen Theologie gegeben hat. Was ist der Grund dafür? Das ist ja eindeutig nicht der erste historische Anlass, der die führenden Köpfe der Christen dazu hätte bewegen können, ihre Theologie bezüglich des jüdischen Volkes zu überprüfen. Eine mögliche Erklärung ist, dass die *Schoah* nicht einfach bloß als ein Verbrechen unter vielen gilt, nicht als isolierter extremer Gewaltausbruch, sondern als Gipfelpunkt einer jahrtausendelangen Verfolgung. Nach dem Zweiten Weltkrieg ging christlichen Theologen das Licht auf, dass der Holocaust direkt aus der christlichen Animosität gegen die Juden erwachsen war. Williamson liefert die schaurige und schlüssige Beobachtung, dass die »Nürnberger Gesetze« der Nazis direkt aus dem Kirchenrecht des Mittelalters abgeleitet waren, das den Juden Beschränkungen auferlegt und sie in der Gesellschaft marginalisiert hatte.

Die Konfrontation mit dem Holocaust der Nazis erschütterte die Christenheit bis ins Innerste, und das war ja auch gut so. Sie machte bei den Christen

eine umfassende Neueinschätzung zentraler Glaubensartikel und Identitäts-
vorstellungen notwendig. Sie standen vor den Verbrennungsöfen und den wie
Klafterholz aufgerichteten Leichenbergen und hatten nicht nur das gegenwär-
tige Grauen vor Augen, sondern auch die Jahrtausende der Dämonisierung,
Vertreibung und Massaker, und sie empfanden in einem katastrophalen Ausmaß
Schock, Abscheu und Scham. *Das sind nicht wir*, müssen sie empfunden haben.
*Das hat Gott nicht gewollt. Das ist nicht das, wozu uns unser Glaube an Jesus
Christus anleitet.*

DIE THEOLOGISCHE NOT

Das zentrale Anliegen der christlichen Theologie nach dem Holocaust ist die
Überprüfung des Verhältnisses des historischen Jesus zum Judentum. Williamson zielt direkt auf »eine selbstsichere christliche Tradition, die sich vorsätzlich
von dem historischen jüdischen Kontext distanziert, in dem Jesus gelebt hatte
und gestorben war« (49). Traditionellerweise wird Jesus im Konflikt mit dem
Judentum seiner Zeit dargestellt, was unvermeidlich zu seinem Tod am Kreuz
hatte führen müssen (woraus dann der Vorwurf des »Gottesmordes« entstand).
In der Lehre wurde seine Auferstehung als Beweis dafür angeführt, dass Gott
die Juden verworfen habe. Um diese Ansicht und die Theologie, zu der sie führte,
zu bekämpfen, bot sich eine neue Theologie und ein neues Bild des historischen
Jesus an, sowie ein revidiertes Bild des Judentums selbst. Bei der Revision wird
Jesus nicht als Bilderstürmer und Sozialrevolutionär im Konflikt mit dem Judentum seiner Zeit geschildert, einem Judentum, das in der traditionellen Formulierung als »dekadent« und »degeneriert« beschrieben worden war. Dieses
Judentum, so Williamson, »hat nie existiert« (ebd.). Stattdessen wird Jesus jetzt
so dargestellt, als habe er sich in erster Linie gegen Rom und die Einbeziehung
der Tempelbehörden in dessen unterdrückerisches Kolonialsystem gewandt.
Deshalb sei das Problem Rom gewesen, nicht das Judentum. Aus dieser Sicht
wird behauptet, Jesus habe die Vorstellung vom Reich Gottes läutern und wiederherstellen wollen, die er jetzt als Ziel der jüdischen eschatologischen Erwartung interpretiert habe. Bei dieser Revision wird Jesus also zum Erneuerer des
Alten – oder, je nachdem, wie man es sieht, zum Bewahrer des Alten –, das heißt
eines auf der Torah beruhenden jüdischen landbezogenen Gemeinwesens. Er
wird, mit anderen Worten, zum Förderer des alten Bundes.[6]

Williamsons Buch ist ein wichtiger Beitrag zur Religionsgeschichte und zum
faszinierenden und wichtigen Bemühen, die Ereignisse im Palästina des 1. Jahr-

hunderts zu verstehen. Jedoch bietet er keine leidenschaftslose, neutrale Analyse. Vielmehr wird die gesamte Argumentation von etwas anderem angetrieben. Williamson selbst bringt das zum Ausdruck, indem er eine folgenreiche Redewendung des Theologen John Gager verwendet: Er spricht von der »theologischen Dringlichkeit«, die christliche Judenfeindschaft zu verwerfen.[7] Aber auch wenn das Judentum der Zeit Jesu nicht »dekadent« und »degeneriert« gewesen ist, dient diese Charakterisierung des Judentums den frühen Christen als Feindbild. Gewiss wurde das Judentum im Lauf der Jahrhunderte von den Christen auf massiv unzutreffende und bösartige Weise verunglimpft. Aber dennoch ist es wahrscheinlich, dass Jesus am konservativen und auf Restauration ausgerichteten Judentum seiner Zeit tatsächlich problematische Züge sah, diesen die Stirn bot und sich gegen sie äußerte. Die Pharisäer waren nicht der Teufel, aber sie waren auch nicht rundum gut. Dies zu beobachten ist wegen des virulenten Antisemitismus, der in der christlichen Lehre dann einen zentralen Platz einnahm, für die christlichen Denker unbequem. Williamson zufolge bestand der Irrtum des Christentums darum darin, sich in Abgrenzung zum Judentum zu definieren: »Jede christliche Lehre lässt sich durch die Brille dieser antijüdischen Hermeneutik interpretieren, und das hat man auch getan. Gott ist dann der Gott, der die Juden ab- und die Christen an ihrer Stelle einsetzt« (5). Damit hat er recht: Das Christentum sollte sich nach seinen eigenen Begriffen und entsprechend seiner eigenen Werte definieren, statt als Gegenpol zum Judentum oder irgendeiner anderen Glaubenstradition, oder als Verbesserung oder Ablösung derselben. Aber wir haben es hier mit mehr als einer bloßen Korrektur zu tun.

Was sich aus diesem dringenden Bedürfnis ergibt, das herkömmliche christliche anti-jüdische Denken zu überwinden, ist eine massive Umkehrung der etablierten Lehre, sozusagen eine *umgekehrte Ablösungstheologie*. Paradoxerweise versucht sich hier das Christentum wiederum in Beziehung zum Judentum zu definieren. Aber statt das jetzt verneinend zu tun – indem es den ursprünglichen Bund zwischen Gott und dem jüdischen Volk für nicht mehr gültig erklärt –, *tritt es jetzt* diesem ursprünglichen Bund *bei* und bestätigt den speziellen Status des Judentums als seines Mutterglaubens. Der Christ spricht also jetzt nicht mehr von einem neuen Bund, der den früheren ersetze, sondern er tritt dem ursprünglichen Bund bei und wird – wie Williamson mit dem Titel seines Buchs sagt – »ein Gast im Hause Israel«. Diese Formulierung löst nicht nur den traditionellen christlichen Antisemitismus ab, sie geht noch viel weiter: Sie erhebt das Judentum in den Rang eines Ideals. Die Christen sagen jetzt: Früher sahen wir zwar uns als das Licht und euch als die Finsternis, aber jetzt seid ihr das Licht, nämlich das Licht, das wir brauchen, um unsere eigene Natur deutlicher sehen und Gottes Absicht mit der Kirche überhaupt vollständig verstehen zu können.

Es sei wiederum ausdrücklich gesagt, dass es hier nicht bloß um eine Übung in systematischer Theologie geht, denn dieses Denken hat im derzeitigen historischen Kontext gravierende Folgen. Wenn man heute auf theologischem Gebiet das Judentum in den ersten, privilegierten Status erhebt, hat das für die Gegenwart sehr reale Bedeutung. In Begriffen aus der biblischen Geschichte gesprochen: Die Christen gestehen den Juden voll und ganz ihren Patriarchensegen und ihr Erstgeburtsrecht zu – und mit diesem ursprünglichen Bund wird dann auch wieder die Landverheißung real. In Williamsons Darlegungen geht es ausführlich darum, in welchem Ausmaß die Liebeslehre Jesu seiner jüdischen Tradition entstammt, nämlich der pharisäischen Schule, die den Grund für das rabbinische Judentum legte. Es stimmt, dass das Christentum aus dem Judentum erwachsen ist und mit der monotheistischen Revolution, die das Judentum darstellte, alles angefangen hat. Das muss man anerkennen. Aber das muss nicht heißen, dass das Judentum keiner Reform bedürfte, also des »Gesprächs« mit anderen Traditionen, das Williamson als eine der Regeln einer Theologie nach der *Schoah* aufzählt. Die Frage muss gestellt werden: Was tut der Empfänger des Segens mit der Macht, die ihm dieser verleiht?

DIE CHRISTIANISIERUNG DES JUDENTUMS: AUSERWÄHLUNG ALS GNADE

Der Grundpfeiler des Revisionsprogramms ist die Absage an die Ablösungstheologie. Aber es ist gar nicht so einfach, eine Theologie zu gestalten, die diese vollständig auslöscht, da die christliche Lehre auf der Vorstellung gründet, Gottes Verheißungen hätten ihre Erfüllung in Jesus Christus gefunden. Damit wird faktisch gesagt, dass der neue Bund, der die Sündenvergebung gewährt, *an die Stelle* des ursprünglichen Bundes getreten sei. Selbst wenn das Revisionsprojekt darin Erfolg haben sollte, aus der christlichen Theologie und Lehre die ausdrückliche und eklatante Herabsetzung der Juden auszuräumen, bleibt das Problem bestehen, dass das Christentum tatsächlich in wichtigen Punkten ein Abweichen vom Judentum war. Die Beziehung zwischen Gott und den Menschen wurde auf eine neue Vereinbarung gegründet, die auf anderen Bedingungen beruhte. Im Bund mit dem jüdischen Volk, von dem die Erzählung des Alten Testaments handelt, verhieß Gott ausdrücklich, er wolle das Volk groß und reich machen und ihm das Land Kanaan geben, und zwar als Gegenleistung dafür, dass es ihn als seinen Gott anerkenne und ihm gehorche. Das war eine exklusive Vereinbarung zwischen Gott und den Juden.

Das Werk der Jünger Jesu modifizierte diese Vereinbarung auf grundlegende Weise, sowohl was die Theologie angeht, als auch im Blick auf die Weltsicht. Die Verkündigung der Auferstehung Jesu als Zeichen der Erfüllung der göttlichen Verheißung, das Ende der Tage herbeizuführen, war schon in den ersten Tagen nach dem Tod Jesu die Grundlage des Wirkens der Apostel. Dieses richtete sich zunächst nur an die Juden und wurde später auf die Heiden ausgedehnt. Das bedeutete logischerweise, dass die alte Vereinbarung nicht mehr galt. Gottes Beziehung zur Menschheit hatte sich auf verschiedene Weise verändert. Zur alten Vereinbarung gehörten der Glaube (das Annehmen Gottes als den einen und einzigen Gott) sowie das Verhalten (das Einhalten einer Zivilordnung und des religiösen Gesetzes). Im christlichen Sprachgebrauch wurde Letzteres als »Werke« bezeichnet. Und schon früh in der christlichen Lehre, wie sie Paulus formulierte, wurden diese in Gegensatz zum »Glauben« gesetzt. Die große Veränderung, die das Christentum brachte, bestand darin, dass das Heil vom Glauben komme, nicht von den Werken. Das wurde ein Hauptpunkt der Argumentation und der Polemik von Paulus und später von Martin Luther. Beide räumten jegliche Unklarheit über das Verhältnis von Glaube und Werken als Mittel, das Heil zu erlangen, aus. Die neue Vereinbarung bedeutete, dass das Heil nicht mehr von dem abhing, was man tat, sondern vielmehr davon, ob man Jesus Christus als den Erlöser der Menschheit akzeptierte – und die Erlösung durch ihn ein »freies Geschenk« Gottes war, wie Paulus sagte. Diese Überzeugung verdichtete sich im Begriff der »Gnade«. In der frühchristlichen Lehre, wie sie der heilige Augustinus und später protestantische Theologen weiter ausformulierten, galt es wenig, sich auf seine eigenen Werke zu verlassen, ja es galt sogar als falsch, weil man damit Gott brüskierte, der seine Liebe zu den Menschen darin offenbart hatte, dass er seinen Sohn sandte, um unter uns zu leben, unsere Sünden zu tilgen und den Tod zu überwinden. Die Juden dagegen, die weiterhin dem alten Glauben anhingen und den neuen ablehnten, wurden bis ans Ende der Tage die Verachteten dieser Erde.

Hierin liegt für das Revisionsprojekt das Problem. Zwar muss man die Ablösungstheologie ablehnen – aber alles Christliche baut auf ihren Voraussetzungen auf! Will man der Ablösungstheologie abschwören, so muss man einräumen, dass zwischen den Juden und Gott wieder alles im Reinen ist. Folglich muss man den ursprünglichen Bund wieder ins Recht setzen. Im Lauf der Zeit ergab sich aus dem Werk einer Reihe von Theologen, die gegenseitig auf ihren Arbeiten aufbauten, dafür eine bestrickende und einfache Lösung: Man nehme den Grundstein des Bundes mit den Juden, nämlich die Auserwählung der Juden durch Gott als sein Volk, *und erkläre, das sei ein Ausdruck der Gnade Gottes.* Auf diese Weise nimmt man dieses Schlüsselkonstrukt des Christentums in Dienst, um damit die alttestamentliche Erzähltradition in einen neuen Rahmen zu versetzen. Und auf diese Weise kann man dann auch der Ablösungstheologie abschwören: Die Juden sind fortan nicht mehr letztlich bloß die Hintergrundfolie, die Dunkelheit, der gegenüber das Christentum das Licht ist. Und zugleich – darin liegt die Kraft und Eleganz dieser Formulierung – hat man einen Erlösungsrahmen geschaffen, in dem Judentum und Christentum fortan gemeinsam existieren können.

Das ist die Sichtweise, die eine Anzahl von Autoren vorlegen, die – nach einer Formulierung des britischen Neutestamentlers James D. G. Dunn von 1990[8] – die »neue Sicht auf Paulus« vertreten. Ein wichtiger Schwerpunkt dieser »neuen Sicht« ist es, das Verhältnis von Paulus zum Judentum richtig zu verstehen. Das ist angesichts der Wendungen und Drehungen der Argumente und Polemiken von Paulus eine fast unlösbare Aufgabe. Grundsätzlich aber geht es dabei darum, Argumente für eine Nähe von Paulus zum Judentum seiner Zeit zu finden. Das bedeutet eine signifikante Abkehr von der traditionellen Paulus-Vorstellung als eines Mannes, der das Judentum als starre, archaische, legalistische Religion darstellte, im Gegensatz zur Betonung von Gottes frei geschenkter Liebe im Christentum. Bei der »neuen Sicht auf Paulus« konzentriert man sich auf seine Bemühungen, ein starkes Band zwischen den Jüngern Jesu und allen anderen Juden herzustellen, und zwar kraft des Umstands, dass sie alle von Geburt an Juden sind. Von daher gesehen war das, was sie auf jeden Fall miteinander verband, nämlich ihre Abstammung, ganz unabhängig von allen Differenzen in ihrer Glaubensüberzeugung. Wenn Paulus in Galater 2,15–16 sagt: »Wir sind zwar von Geburt Juden und nicht Sünder wie die Heiden. Weil wir aber erkannt haben, dass der Mensch nicht durch Werke des Gesetzes gerecht wird, sondern durch den Glauben an Jesus Christus …« ist das nach Dunn »eine Bundes-Sprache, nämlich die Sprache derjenigen, die sich dessen bewusst sind, dass sie von Gott als Volk erwählt wurden« (190). Hier fordere Paulus die Juden auf, zu begreifen, dass ihr Glaube an Jesus nicht in Widerspruch zu ihrem jüdischen Glauben stehe, sondern »eine Ausweitung ihres jüdischen Glaubens an einen *von Gnaden auserwählenden* und erhaltenden Gott« (ebd.; Hervorhebung von mir). Die Schlüsselformulierung ist hier das »von Gnaden auserwählenden«. Die beiden Begriffe werden miteinander verschweißt, sodass die Auserwählung zu einem Akt – ja sogar einer zentralen Funktion – der Gnade Gottes wird.

Mit einem Zitat von Gerhard von Rad führt Williamson diese Vorstellung weiter aus:

»Wenn die Kirche ihr Verständnis, wie sie den Bund fassen könnte, überdenkt, dann muss sie nach Jerusalem hinaufgehen und auf die jüdische Tradition horchen. Hier ist das Schließen eines Bundes eine Form der Gnade Gottes, und die angemessene Antwort Israels besteht darin, Gottes Weg (Torah, *Halacha*) zu gehen. Der Zweck des Bundes besteht darin, Israel anzuleiten, sein Leben so zu ordnen, dass es in Gerechtigkeit leben und ein Licht für die Heiden sein kann, denen Gott und Gottes Name bekannt gemacht werden sollen. Gottes Bund mit Israel am Sinai ... wird mit diesen Worten eingeleitet: ›Ich bin Jahwe, dein Gott, der dich aus Ägypten geführt hat, aus dem Sklavenhaus‹ (2. Mose 20,2). ... Diese Vorrede stellt im Indikativ fest, was Gott für Israel getan hat. In gleicher Weise wie in den Schriften von Paulus geht der Indikativ der Gnade Gottes dem Imperativ voraus ... ›Der Gott, der hier spricht‹, sagt Gerhard von Rad, ›ist der Gott der Gnade.‹ Indem Israel die Gebote Gottes in Ehren hält, bestätigt es Gottes Gnadengeschenk und seine Herrschaft über Israel« (Williamson, 123).

So ist auf einen Streich eine gerade Verbindungslinie zwischen Gottes Verheißung an das jüdische Volk, angefangen mit der Verheißung an Abraham bis zum Bund am Sinai (dem Prolog für die Eroberung Kanaans) und dem öffentlichen Wirken und der Vision Jesu gezogen. Aber was ist hier passiert? »Gnade« ist ein christlicher Begriff, ja vermutlich der zentrale, den Glauben definierende Begriff des Christentums. Lässt er sich mit der Auserwählung des jüdischen Volkes gleichsetzen, wie sie in der jüdischen Heiligen Schrift erzählt wird? Es ist geradezu unheimlich: Im Bemühen, das Judentum zu rehabilitieren, hat die christliche Theologie es christianisiert. Zwar mag damit die Ablösungstheologie überwunden sein, aber hier hat sich das Christentum ein Judentum nach seinem eigenen Bild geschaffen. Die von Williamson vorgenommene Umwandlung ist nahezu vollständig: Er hat aus den fundamentalsten Elementen beider Religionssysteme einen Eintopf zusammengekocht, der den Sinn und die Integrität beider kompromittiert. Man nehme zum Beispiel Williamsons Glosse über die *Torah*, womit im Hebräischen »Weisung« oder »Anleitung« gemeint ist. Was immer man aus diesem Begriff im jüdischen Leben macht, und in welchem weiten Sinn er verwendet werden mag, lässt er sich auf jeden Fall mit nichts anderem verwechseln: Die *Torah* ist Gottes Gesetz, der Leitfaden für das Leben als Jude, der sowohl das religiöse wie zivile Leben regelt. Aber Williamson deutet diesen Begriff folgendermaßen um: »*Torah* im weitesten Sinn ist die Unterweisung in Gottes gnädigem Willen für ein Volk, das Gottes Geschenk der Gnade annimmt. Mit dem breiten Spektrum ihrer Bedeutungen, die die *Torah* in den heiligen Schriften Israels hat, ist sie vergleichbar mit dem, was die

Christen mit ›Evangelium‹ meinen (125).« Auch hier wieder: eine saubere Lösung, die aber schlichtweg nicht stimmt. Wesentliche, fundamentale Elemente des Judentums werden ignoriert oder herausgewaschen, und zwar Elemente, die in unserer heutigen Geschichte als Volk eine wichtige Rolle spielen.

Die *Torah* ist nicht das Gleiche wie das Evangelium. Auserwählung ist nicht das Gleiche wie Gnade. Der alttestamentliche Bund ist nicht das neutestamentliche Geschenk der Erlösung. Bei »Verheißung« geht es im Judentum nicht um Sündenvergebung, sondern vielmehr um *Segnung* in dem Sinn, wie die antike Welt diesen Begriff verstand: Volksgemeinschaft, Nachkommen, Wohlstand und im Fall des jüdischen Volkes *Land*. Der Hexateuch – die Fünf Bücher Moses und das Buch Josua – ist die Geschichte des jüdischen Volkes von sich selbst: die Geschichte seines Volkseins und seiner Beziehung zu Gott. Diese beginnt, wie Williamson richtig aufzeigt, damit, dass Gott sich Abraham offenbart, diesen anweist, sich in Kanaan anzusiedeln und ihm verheißt, seine Nachkommen zu einem großen Volk zu machen. Diese Anfangsverheißung kommt in der alttestamentlichen Erzählung zunehmend stärker zum Ausdruck – und setzt sich kontinuierlich bis in die prophetische Literatur fort – und führt schließlich zum Begriff der Auserwählung: ›Ich habe euch, das Volk Israel, für eine besondere Rolle in der Geschichte auserwählt, wofür ihr ausschließlich mich verehrt und euch an meine Gesetze haltet.‹ Aber zuweilen spricht Gott von seiner Liebe zu Israel. Eine Anzahl von Kommentatoren weist darauf hin, dass sich das als Gegengewicht zu der Ansicht verstehen lässt, die Beziehung zwischen Gott und Israel sei streng und legalistisch, aber *Auserwählung ist nicht das Gleiche wie Gnade.* Jedoch scheint es, dass im Gefolge des Holocausts für manche Christen die theologische Notwendigkeit, sich mit dem jüdischen Volk zu versöhnen, derart dringend war und sie unbedingt einen vom Konflikt und der Feindseligkeit der Vergangenheit gesäuberten gemeinsamen theologischen Grund mit dem jüdischen Volk finden mussten, dass sie diesen fundamentalen Unterschied bei Seite wischten. Es ist, als ließen sich die entsetzlichen Geschehnisse der Vergangenheit ungeschehen machen, wenn man die Auserwählung der Juden und ihre Besonderheit zum Eckstein der christlichen Weltsicht macht.

Williamson zitiert die vermutlich stärkste Aussage über den Bund zwischen Gott und Israel: die ausführliche Rede von Mose an Israel im Buch Deuteronomium. Hier erinnert Mose das Volk: »Dich hat der Herr, dein Gott ausgewählt, damit du unter allen Völkern, die auf der Erde leben, das Volk wirst, das ihm persönlich gehört« (Deuteronomium 7,6). Williamson kommentiert diesen Vers so: »Alle Traditionsschichten im Pentateuch sind sich dessen bewusst, dass ›Auserwählung‹ mit Gottes frei gewährter Liebe zu tun hat und mit der entsprechenden Antwort Israels auf diese Liebe, die darin besteht, dass Israel Gott dient sowie auch den Völkern der Erde« (125). Man beachte, wie hier Gottes Erwählung Israels in eine Beschreibung gefasst ist, die sich mit dem christlichen Begriff der Gnade decken soll: Erstens ist das Wort »frei« eine klare Anspielung auf Römer 6,23: »das freie Geschenk Gottes ist das ewige Leben.« Zweitens beachte man die Hinzufügung von »sowie auch den Völkern der Erde« zur Beschreibung der Verpflichtung Israels. Israel sei von Gott in Freiheit berufen worden, um allen Völkern der Erde zu dienen. Daraus lässt sich aber kaum ablesen, Gott wolle seinen Bund auf alle Völker der Erde ausweiten. Aber ist das Element ein Teil des Bundes mit dem jüdischen Volk? Manche Christen wollen das so verstehen – was darum aber nicht stimmen muss. Diese Vorstellung findet sich einfach nicht im Pentateuch.[9]

Im Bemühen, die Unterschiede zwischen Christentum und Judentum zu verwischen, fährt man grundsätzlich zweigleisig. Erstens verwandelt man den in der Auserwählung steckenden Partikularismus in die Universalität der Gnade, und zweitens weitet man den Auftrag an Israel, Gott zu dienen, zur Verantwortung aus, der gesamten Menschheit zu dienen. Williamson interpretiert wie viele andere den bekannten Ausdruck »Licht für die Völker« aus Deutero-Jesaja in diesem Sinn: Die Juden seien Gottes Auserwählte, aber ihre Besonderheit sei an Bedingungen geknüpft, nämlich der Welt Gottes Botschaft der Gerechtigkeit zu bringen. Williamson zufolge sind die Juden partikulär, aber nicht die große Ausnahme, denn »das Auserwähltsein war nicht mit einem exklusiven Privileg verbunden« (125). Wie ich im vorigen Kapitel bereits dargelegt habe, fand ich diese mir aus meiner religiösen Erziehung vertraute Erklärung noch nie schlüssig. Ich wusste, dass man mir trotz dieser gegenteiligen Behauptung beigebracht hatte, dass ich als Jude etwas Besonderes sei, denn als Jude sei ich erhoben über »die Völker«. Die damit verknüpfte »Bedingung«, eine besondere Verantwortung in der Welt zu haben, dämpfte dieses Ausnahmebewusstsein keineswegs, im Gegenteil, sie steigerte es noch: Wir haben einen göttlichen Auftrag!

Die oft zitierte Verheißung an Abraham in Genesis 12,3: »Durch dich sollen alle Geschlechter der Erde Segen erlangen« ist ein weiteres Beispiel dafür, wie christliche Kommentatoren, die die Kontinuität zwischen den beiden Traditionen betonen wollen, dem Judentum universalistische Eigenschaften überstülpen. Das bringen sie nicht durch Interpretation oder Interpolation zustande, sondern durch eine regelrecht falsche Übersetzung. Dieser Abschnitt wird gewöhnlich so übersetzt, dass er bedeutet, die Juden sollten der ganzen Welt Segen bringen, das heißt, er handelt von Israels Wirken in der Welt oder dessen Auswirkungen auf diese. Das steckte in Williams obiger Formulierung, »dass Israel ... den Völkern der Erde ... dient.« Aber das sagt dieser Vers gar nicht.

Das Hebräische bedeutet ganz klar: Dein Name soll in Segenswünschen genannt werden, wie etwa: »Du mögest sein wie Israel; du mögest so gesegnet sein wie das jüdische Volk.« Statt dass also diese Stelle die Ausnahmestellung abmildert, steigert sie sie in Wirklichkeit: Du bist etwas ganz Besonderes – und die ganze Schöpfung soll das wissen und anerkennen.

Die Christen haben die Freiheit, in der Auseinandersetzung mit der Geschichte und in Reaktion auf Probleme, die sie wahrnehmen, ihre Lehre zu reformieren, zu überarbeiten und neu zu formulieren. Das ist eine gute Sache, die andere Religionen nachahmen sollten, wenn sie mit ähnlich tief eingefleischten Glaubensvorstellungen konfrontiert sind. Aber die christlichen Denker haben es sich bei diesem Revisionsprojekt herausgenommen, Grundzüge der jüdischen Theologie und Ethik regelrecht umzuformen. Gewiss stimmt es, dass die Buße im Judentum zentral ist. Und es stimmt auch, dass Gott in der jüdischen Tradition barmherzige Eigenschaften hat. Aber im Judentum gleicht die Buße nur sehr oberflächlich dem, was die christliche Lehre unter Gnade versteht. Mehr noch: Diese Theorie stellt den jüdischen Begriff der Buße auf den Kopf. In den jüdischen heiligen Schriften und im rabbinischen Judentum ist Buße an das Verhalten gebunden. Abraham ist berühmt dafür, Gott bekniet zu haben, dass er Sodom verschone, aber er appellierte dabei nicht an die kategorische Qualität der Vergebung. Er feilschte nicht um Vergebung für die Sünder, sondern warf das Gewicht der Gerechten, die sich in der Stadt befänden, in die Waage. Bei seinem berühmten Feilschen mit Gott handelte er deren Zahl bis auf zehn herunter, *aber diese zehn mussten gefunden werden*, um den göttlichen Beschluss rückgängig zu machen – und wir wissen, wie die Geschichte ausging. In der exemplarischen Erzählung über die Buße im Buch Jona ordnete der König von Ninive an: »Jeder soll umkehren und sich von seinen bösen Taten abwenden und von dem Unrecht, das an seinen Händen klebt« (Jona 3,8). Das ist jüdische Buße.

DIE BEKRÄFTIGUNG DER AUSERWÄHLUNG DES JÜDISCHEN VOLKES

Die neue Deutung der Rolle und Bedeutung des Judentums innerhalb einer revidierten christlichen Theologie ist von der »theologischen Dringlichkeit« angetrieben, ein großes Übel wieder gutzumachen. Williamson schreibt unter Verwendung eines Zitats des zeitgenössischen finnischen Theologen H. Riasanen: »Ein Ergebnis der überspannt negativen Einstellung von Paulus gegenüber dem Judentum und dem Gesetz ist, dass sein verzerrtes Bild des Judentums ›ganz gewiss gegen seine eigene Absicht zur tragischen Geschichte der den Christen ausgelieferten Juden beigetragen hat‹« (93). Williamson fährt fort mit der Unterstellung, es habe an Paulus falschem Verständnis des Judentums gelegen, dass er »einen Keil zwischen Gesetz und Gnade trieb und ›Gnade‹ auf das Christusereignis beschränkte« (ebd.). Aber bei dieser Argumentation übersetzt er das Thema »Gesetz contra Gnade« in den Konflikt zwischen einerseits dem Sonderstatus und der Bedingtheit des alten Bundes und andererseits dem Universalismus und der Unbedingtheit des neuen. Genau diese Aspekte des Judentums aber veränderte das Christentum – nicht den Monotheismus, nicht seinen ethischen Kodex, sondern seinen Nationalismus, seinen Sonderstatus und letztlich seinen Ausnahmecharakter. Paulus hatte die Vision einer für Juden und Heiden gleichermaßen offenen Gemeinschaft. Dieses Prinzip der Universalität wurde für die kirchliche Lehre und Praxis ganz grundlegend. Ein tragisches Nebenprodukt dieses wichtigen Elements des Christentums war die antijüdische Einstellung – aber kann man deshalb wirklich diese Qualität des Universalismus in Abrede stellen? Würde man dann nicht bloß eine problematische Theologie durch eine andere ersetzen? In der jetzt kritisch beurteilten Theologie wurden die Juden als die von Gott Verworfenen angesehen, und dies sollte ungeheur tragische Konsequenzen haben. Aber mit der Revision dieser Theologie haben die Christen die wesentlichen Unterschiede zwischen diesen beiden Religionen schöngefärbt, indem sie die jüdische Tradition, dass das jüdische Volk von Gott auserwählt sei, in den Rang einer Glaubenslehre erhoben. Diejenigen Christen, die im Bemühen, die Übel des Antisemitismus zu beheben, diese revidierte Theologie vertreten, stellen sich damit hinter eine Theologie und eine Sicht der Geschichte, die ungefähr so aussieht: Die Juden sind etwas Besonderes – Gottes Auserwählte – und bleiben das (denn Gott nimmt seine Verheißungen nie zurück). Folglich bleiben die Bedingungen dieses Bundes in Kraft. Daraus ergibt sich für die Juden das Recht auf das Land, das Recht, über ihre Feinde zu triumphieren und, grundlegend für all dies, das Gefühl des Ausgesondertseins von den anderen, das mit diesem Bewusstsein, etwas Besonderes zu sein, einhergeht. Wenn ein Volk anders ist als alle anderen, heißt das auch, dass die für den Rest der Menschheit geltenden Regeln für dieses Volk nicht gelten. Der Bund hat ihm ein exklusives Privileg erteilt und erteilt dieses weiterhin. In dieser Konstruktion spielt der Rest der Menschheit nur insofern eine Rolle, als es sie in dreifacher Hinsicht stützt: 1. als »das Volk«, das verdrängt (in biblischer Terminologie: ausgerottet) werden muss und Platz für das erwählte Volk zu machen hat; 2. als »Völker«, deren sich Gott bedient, um die Juden wegen ihres Ungehorsams zu strafen; oder 3. als »Zeugen« – hier kommt der Begriff vom »Licht der Völker« ins Spiel – von Gottes Einzigartigkeit, Einheit und Herrlichkeit, die sich darin spiegelt, dass die Juden überleben, triumphieren und im Wohlstand gedeihen, sicher im Land wohnen und am Heiligtum in Jerusalem lobpreisen. Man beachte: »Die Völker« sind nicht zu bekehren oder in den Bund hineinzuholen. Sie spielen nur die Rolle der Zuschauer.[10] Für die Christen ist die Rolle vorgesehen – über Christus als Vermittler den Gott der Juden anzubeten und, mit Paul van Buren gesprochen, »sich gemeinsam mit dem auserwählten Volk an die Aufgabe zu machen, ... die Schöpfung ihrer Vollendung näherzubringen.«[11] James Carroll fasst diese Position gut zusammen. Er schreibt, die Kirche müsse bestätigen, »dass zwar das Judentum ohne wesentlichen Bezug zum Christentum existiere, aber das Umgekehrte nicht der Fall sei. Der Gott Jesu Christi und folglich der Kirche ist der Gott Israels. Die Juden bleiben das auserwählte Volk Gottes.«[12]

EIN NEUER RAHMEN FÜR DEN DISKURS

Die Verfasser der Evangelien und der Paulus-Briefe zitierten frei (im Doppelsinn des Wortes) aus der jüdischen Heiligen Schrift, um eine Grundlage für ihren eigenen Glauben zu schaffen – mit anderen Worten: um ihre eigene Geschichte zu schreiben. Angesichts dessen, was wir in Teilen der christlichen Theologie nach dem Holocaust beobachten, entsteht der Eindruck, dass die Christen einfach nicht von ihrer Gewohnheit lassen können, jüdisches Material umzuinterpretieren, damit es in eine Weltsicht und Theologie passt, die womöglich wesentlich von derjenigen ihrer Mutterreligion abweicht. Im Fall des ersten christlichen Jahrhunderts war – falls nicht die Absicht –, so jedenfalls das Ergebnis eine dem Judentum entgegengesetzte theologische Struktur und Weltsicht. In unserem heutigen Kontext scheint die Absicht darin zu bestehen, die vor zweitausend Jahren vorgenommenen fundamentalen Verlagerungen rückgängig zu machen und das Judentum wieder als den primären Glauben zu etablieren. Dabei läuft das Christentum wie schon beim ersten Mal Gefahr, beiden Traditionen Schaden zuzufügen. Eine gemeinsam vom *American Jewish Committee* und der *Evangelical Lutheran Church of America* in Washington, DC, gesponserte interreligiöse Konferenz aus dem Jahr 2008 macht dies deutlich. Ihr Thema war: »Land und Verheißung: Jüdische und lutherische Sichtweisen des Heiligen Landes Israel [*sic*]«. Dort sprachen Rabbi David Rosen, der Leiter der Abteilung des *American Jewish Committee* für interreligiöse Angelegenheiten und Reverend Dr. Peter Pettit, der Leiter des Instituts für Jüdisch-

Christliche Verständigung am Muhlenberg College. Beide Referenten machten sich für den jüdischen Rechtsanspruch auf das historische Palästina stark. Rabbi Rosen beschwor die Christen, sich mit den Juden zum Widerstand gegen die Kräfte des »palästinensischen Nationalismus« zu verbünden, die seiner Ansicht nach den Frieden verhindern und die Zukunft der palästinensischen Christen im Heiligen Land gefährden.[13] Auf dieser Konferenz wies er nachdrücklich darauf hin, dass die Juden vom globalen Antisemitismus bedroht würden und deshalb der Staat Israel für die Identität und auch die Sicherheit der Juden ganz wichtig sei. Rev. Pettit appellierte eindringlich an die Christen, gegenüber dem Antisemitismus auf der Hut zu sein. Er behauptet, im derzeitigen Diskurs über Israel/Palästina lägen dem Ruf nach der Achtung der Menschenrechte für die Palstinenser oft antijüdische Gefühle zugrunde.[14] Er spricht sich für eine Theologie aus, in der die vom Christentum »irrtümlicherweise spiritualisierte« biblische Landverheißung wieder als Geschenk an das jüdische Volk in ihr Recht gesetzt wird. In seiner Ansprache bei dieser Konferenz bezeichnete er das Land als das »jüdische Sakrament«.

Hier ging es keineswegs um einen »interreligiösen Dialog« zwischen Christen und Juden zum Thema »Heiliges Land« auf dem Hintergrund der jeweiligen Traditionen. Es ging vielmehr um die Vorstellung dieses einzigen Standpunkts, um damit das Vorrecht des jüdischen Volkes zu unterstützen, das Land zu besitzen und zu beherrschen. Diese Konferenz war zwar als gemeinsam von christlichen und jüdischen Organisationen gesponsert angekündigt, wurde aber weithin vom *American Jewish Committee* programmiert, für das Rosen und Pettit regelmäßige Sprecher sind. Das ist ein Beispiel für die Falle, in die wohlmeinende Christen bei ihren interreligiösen Bemühungen tappen können. Bei derartigen Begegnungen lauten die ungeschriebenen Regeln, dass man fraglos den jüdischen Anspruch auf Selbstbestimmung unterstützen und die Kritik am Staat Israel vermeiden oder herunterspielen müsse. Einige Lutheraner vor Ort waren mit dem Tonfall und Inhalt der Konferenz unzufrieden. Es ist ihnen hoch anzurechnen, dass ihre Synode zu Anfang 2009 eine Nachfolgekonferenz veranstaltete, auf der Stimmen aus dem Heiligen Land zu Wort kamen, die dann das Thema der Gerechtigkeit für alle Menschen der Region ansprachen.

PAULUS: STREBEN NACH UNIVERSALISMUS

Das heutige Bemühen, die christliche Theologie von antijüdischen Zügen zu befreien, entstand nicht in einem Vakuum. Es war und ist vielmehr ein in direkter Reaktion auf ein historisches Ereignis unternommenes Projekt. Daraus müsste folgen, dass die revidierte Theologie unter dem Gesichtspunkt eingeschätzt wird, wie *sie* sich ihrerseits auf historische Ereignisse auswirkt. Williamson schneidet dieses Thema selbst an, wenn er für eine Theologie nach der *Schoah* seine drei Regeln aufstellt. Jede dieser drei Regeln hat mit dem Handeln in der Geschichte zu tun: Gespräch mit den Juden, die »brennenden Kinder«, Jüngerschaft. Daraus folgt also, dass die Theologie, die sich an diese Regeln hält, danach bewertet werden sollte, was sie im Hinblick auf die derzeit drängende Situation im israelisch-palästinensischen Konflikt impliziert und wie sie sich auf ihn auswirkt. Dieser Konflikt stellt eine vielschichtige Krise dar. Für die Welt insgesamt ist er eine Bedrohung des Weltfriedens. Für das jüdische Volk ist er eine spirituelle Krise und zugleich eine Bedrohung der Sicherheit und des Wohls der Bürger Israels.

Wir haben gesehen, dass das theologische Thema »Glaube contra Werke« für die Argumentation einer revidierten christlichen Theologie wichtig ist, weil in einer Theologie, die das Judentum rehabilitiert, Gottes Auserwählung der Juden als Ausdruck seiner Gnade gegenüber der Menschheit verstanden werden muss. Nun würde ich jedoch sagen, dass, was immer man von dieser Formulierung in theologischer Hinsicht hält, das Thema »Glaube contra Werke« für unsere Zeit nicht das allerwichtigste Thema ist. Vielmehr heißt das Thema, das sich direkt auf die historische und politische Situation bezieht, der wir heute gegenüberstehen, »Volksein und Identität«. Dunn gesteht das ein und bemerkt, dass »die neue Sichtweise Licht auf die Theologie von Paulus wirft, weil sie uns zu sehen ermöglicht, dass sich dessen Polemik nicht gegen die Vorstellung richtete, wir könnten dank unserer persönlichen Leistung (unserer ›guten Werke‹) Gottes Anerkennung erwerben, sondern gegen die Absicht der Juden, ihr Privileg des Bundesstatus zu wahren und sich deshalb dagegen zu wehren, mit Nichtjuden vermischt oder von solchen verunreinigt zu werden. Paulus reagierte also vor allem auf das Exklusivitätsdenken, für dessen Verteidigung er bislang gekämpft hatte.«[15]

Dunn sieht das richtig. Paulus vertrat die Lehre von der Rechtfertigung durch Glauben, um so den exklusiven Gedanken der Auserwählung zu überwinden. Er gab sich gewaltige Mühe, sein neues Glaubenssystem in den Rahmen des Judentums einzufügen, aber das Judentum konnte sich nicht derart stark verändern. Die Auserwählung und das Exklusivitätsdenken blieben bestehen und Paulus und seine Erben trennten sich schließlich von den Juden, die nicht den privilegierten und besonderen Status aufgeben wollten, den ihnen der ursprüngliche Bund verliehen hatte. Das Argument einer revidierten Theologie lautet nun, Paulus habe nicht mit dem Judentum brechen, sondern es reformieren und ausweiten wollen. Er habe das Judentum also über seinen exklusiven Rahmen hinausführen und damit dessen Geschichte so ausweiten wollen, dass es die ganze Menschheit in eine neue Zukunft hätte führen können. In dieser neuen Geschichte habe er die Verheißung an Abraham, dass »alle Völker [für Paulus: alle Heiden] in dir gesegnet sein sollen«, in Christus erfüllt gesehen. Aber Paulus konnte das nicht durchsetzen. Seine schriftlichen Ausführungen zu diesem Thema sind zögerlich, widersprüchlich, leidenschaftlich und unklar und spiegeln seine Frustration und sein Ringen deutlich wider.

Letztlich war das jüdische Establishment der paulinischen Zeit nicht in der Lage, dieses neue Konzept von Gottes Liebe als einer universalen und bedingungslosen anzunehmen. Die Theologie des Judentums war von seinem Nationalismus nicht zu trennen – die Bindung der Juden an Gott hatte als Rahmen den Bund. Die Theologie heute überprüft diese Stelle noch einmal, an der sich die Wege damals trennten. Sie versucht, die frühe, grundlegende Aussage von Paulus, dass der Mensch die Gnade Gottes durch den Glauben an Jesus empfange, mit jüdischen Begriffen von Volksein und Auserwählung zu versöhnen. Aber trotz der Metapher vom Ölbaum in Römer 11 war es unvermeidlich, dass dieser Riss, dieser Bruch sich weiter auftat – und zwar bei der Auseinandersetzung über das grundlegende Thema: Exklusivität contra Universalismus. Die christlichen und jüdischen Wirklichkeiten waren zur Zeit von Jesus und Paulus unterschiedlich – und wären sie das nicht gewesen, dann gäbe es heute nicht die beiden Religionen Christentum und Judentum.[16]

DIE HERAUSFORDERUNG FÜR DAS JUDENTUM

So blieb also die Identität der Juden als Gottes Auserwählte und als Volk intakt und wurde sogar dadurch gefördert und bestärkt, dass sie jahrtausendelang ausgegrenzt und verfolgt wurden. Und jetzt bestärkt der christliche Revisionismus noch einmal auf eine ganz andere Weise diesen Sonderstatus und das Exklusivitätsdenkens. Die revidierende Theologie vertritt, das Christentum müsse das Judentum voll rehabilitieren, indem es das Haus Israel als vorrangig anerkenne und darin als Gast Wohnung nehme, zur Freude der Juden, die als Gottes Auserwählte, bevorzugte Kinder und Inhaber des Erstgeburtsrechts dessen Türhüter sind. Aber die Welt, der wir Juden heute gegenüberstehen, sieht ganz anders aus als die Welt nach dem Zweiten Weltkrieg. Heutzutage ist es nicht der christliche Antisemitismus, der das Überleben der Juden gefährdet. Heute besteht die Herausforderung, der sich das jüdische Volk gegenübersieht, in der Frage, wie es mit dem Fortdauern genau dieser seiner »Qualitäten« umgehen soll, die in dieser christlichen Theologie nach dem Holocaust gepriesen werden. Indem diese Theologie die »umgekehrte Ablösungstheologie« ins Spiel bringt, erweist sie der jüdischen Erneuerung einen Bärendienst, denn sie will uns damit den schmerzlichen Prozess einer Reflexion der Auswirkungen unseres Partikularismus und unserer Vorstellung von einem jüdischen Ausnahmestatus ersparen. Daher muss ich als Jude zu denjenigen Christen, die diese Sicht des Judentums unterstützen und fördern, sagen: *Wir sind nichts Besonderes.*

Ja, wir haben gelitten. Aber wir sind nichts Besonderes. Die Juden sind Erben einer großartigen religiösen, kulturellen und literarischen Tradition. Aber unsere Glaubenstradition ist nichts Spezielleres als jede andere Glaubenstradition und nicht weniger der Notwendigkeit der Reform unterworfen. Die jüdische Tradition baut auf tief verwurzelten und zeitlosen Glaubensüberzeugungen und Wertvorstellungen auf, die ihr dauerhafter Grundstock sind, genauso aber auch auf Elementen, die im Gespräch mit dem Rest der Welt und in Antwort auf den Fluss der Menschheitsgeschichte der Veränderung bedürfen. In dieser Hinsicht sind wir Juden genau wie das Christentum, der Islam oder jede andere Glaubensrichtung. Unser Weiterbestehen und unsere Gesundheit hängen von unserer Fähigkeit zur Veränderung und zum Wachstum ab, genau wie das auch für alle anderen Traditionen gilt. Williamson dagegen verleiht dem Judentum den Status der Primärreligion und impliziert dabei, dass seine Werte und Traditionen den Standard und die Messlatte vorgeben. In Anlehnung an eine Aussage von Karl Barth hat er seinem Buch den Untertitel gegeben: *Ein Gast im Hause Israel.* Ich bin mit ihm darin einig, dass wir alle in einem einzigen Haus leben sollten. Aber das ist Gottes Haus, und es ist ein sehr großes Haus, und darin können sehr viele Familien wohnen. Wenn man es als das Haus Israels bezeichnet, um auf diese Weise die Ablösungstheologie aus der Welt zu schaffen, ersetzt man den christlichen Triumphalismus nur durch den jüdischen. Dieses Projekt feiert genau die Aspekte des Judentums, die aufgelöst gehören, weil sie sehr gefährlich sind: unsere Vorstellung, wir seien eine Ausnahme und einzigartig und unser derzeitiges Festhalten an einem ethnischen Nationalismus. Die Christen scheinen zu glauben, sie könnten die Sünde des Antisemitismus sühnen und dessen Grauen mildern, indem sie den Stellenwert des Judentums erhöhen und zudem auf eine paradoxe Weise einen Salto rückwärts machen und das Judentum zur theologischen Grundlage eines reformierten Christentums machen. Aber die Geschichte lässt sich nicht ungeschehen machen. Das bringen die Christen nicht fertig, und genauso wenig können die Juden das unfassbare Grauen der *Schoah* und den Verlust, den sie dadurch erlitten haben, wettmachen, indem sie die messianisch gefärbte Romanze eines jüdischen Staates im historischen Palästina pflegen.

Auf beiden Seiten sind Mythen im Spiel. Bei den Christen ist es der Mythos einer Einheit, einer Kohärenz mit dem Judentum des 1. Jahrhunderts, so als wäre es möglich, die schicksalhafte Trennung ungeschehen zu machen, die die Grundlagen für den Antisemitismus legte. Bei den Juden ist es der Mythos von der Möglichkeit heimzukehren zu einem mythischen Staat nationaler Einheit und Vorherrschaft, wie ihn beispielhaft die davidische Tempeldynastie und politische Hegemonie vor Augen führt, so als könnte dies irgendwie das Leiden von Jahrtausenden, die »brennenden Kinder«, erlösen. Da wird auf beiden Seiten das Entsetzen verdrängt – man versucht, alles besser zu machen. Aber die Christen können nicht zwei Jahrtausende der Verfolgung ungeschehen machen, ebensowenig wie die Auswirkungen des christlichen Antisemitismus nicht nur auf die Juden, sondern auf die ganze abendländische Zivilisation. Und wir Juden können nicht das Palästina von 1948 wiederherstellen und siebenhundertfünfzigtausend Palästinenser in ihre Städte, Dörfer und Farmen zurückkommen lassen oder die Auswirkungen von vier Generationen der Enteignung und des Flüchtlingsstatus ungeschehen machen – und man erwartet auch realistischerweise nicht von uns, dass wir das tun.

So tu mir den Gefallen, mich nicht als etwas Besonderes zu betrachten! Ich lehne den Status als Gottes Auserwählter ab. Ich bin Teil der Menschheit. Ich möchte nicht zu einem »ausgesonderten Volk« gehören. Als Jude, der ich meine Tradition liebe und mich stolz als Mitglied des jüdischen Volkes bekenne, möchte ich das Exklusivitätsdenken und den Nationalismus hinter mir lassen, etwas, wodurch die innerste Seele meines Volkes und auch unsere physische Sicherheit bedroht ist. Ja, wir haben von euch Christen viel erleiden müssen, und das hat sich auf unsere Entwicklung und unseren Charakter ausgewirkt. Als Juden sind wir diejenigen, die sich mit den Folgen der Entscheidungen auseinandersetzen müssen, die wir in Reaktion auf diese schmerzliche Geschichte getroffen haben. Nur wir selbst können uns ändern; nur wir selbst können aufrichtig und kritisch die Konsequenzen in Augenschein nehmen, die es hat, wenn wir an unserem Auserwählten-Status festhalten, also an den Aspekten des Bundes, die uns zur Welt brachten und uns in der Vergangenheit geholfen haben, uns über Wasser zu halten –, uns jetzt aber in Richtung eines schmerzlichen Reformprozesses treiben.

Ich glaube durchaus, dass man etwas »besser machen kann«, aber nur, indem man nach vorn blickt, nicht zurück. Ich begrüße ein Gespräch mit euch, ein Gespräch, in dem wir unsere Unterschiede, unsere Fehlentscheidungen und das, was wir einander beizubringen haben, erkennen und indem wir einander auf Augenhöhe gegenüberstehen, von gleich zu gleich. Das christliche Bemühen um Revision hat mit der Richtung, die es genommen hat, eine ganz andere Art von Gespräch eingeleitet. Es erhöht diejenigen Aspekte des Judentums, die am stärksten nicht-christlich sind, also die Aspekte, die Grundlage für die Abtrennung des Christentums von seinem jüdischen Stamm waren. Das schneidet von vornherein die Diskussion über die Themen ab, die in der derzeitigen Situation die heikelsten sind. Ich bitte euch, trennt euren eigenen Prozess der theologischen Reform von euren Gefühlen der Scham und des Entsetzens über die tragischen Aspekte unserer gemeinsamen Geschichte. Wenn ihr das fertigbringt, können wir weiter vorankommen, ja können einander sogar beim Vorankommen helfen. Dann können wir gemeinsam gegen Ungerechtigkeit und Rassismus angehen, wo immer diese auftauchen. Dann ist ein neues Gespräch zwischen uns möglich.

DAS NEUE GESPRÄCH

Professor Williamsons Buch ist wissenschaftlich anspruchsvoll, gedanklich tief und inhaltlich umfassend. Es bietet eine verständige Zusammenfassung der Positionen einer revidierten christlichen Theologie nach dem Holocaust und spricht leidenschaftlich von der Notwendigkeit eines solchen Projekts. Was sein Werk motiviert, sind eindeutig sein tiefer Glaube und seine intensive Hingabe an die Lehre von der universalen Liebe, die dem Christentum zugrunde liegt. Aber die Tugend dieses Buches ist zugleich sein Problem. Williamson ist wie van Buren über die »brennenden Kindern«[17] entsetzt und fühlt sich zugleich stark zur Kraft und Romantik der biblischen Geschichte von Gott und dem jüdischen Volk hingezogen. Diese Gefühle drängen ihn und treiben seine Theologie an. Dieses Drängen, dieser Tunnelblick, verleitet Williamson dazu, gegen den Geist der Regeln für eine Theologie nach der *Schoah* zu verstoßen, die er in seinem 1. Kapitel aufstellt. Williamsons eigene Regeln untergraben sein Ziel, die Welt zu retten. Anstatt die Umstände aus der Welt zu schaffen, die zu Konflikten, Misstrauen und Blutvergießen führen, stützt das theologische Anliegen, Sühne für den Antisemitismus zu leisten, diese Umstände letztlich. Wenn es zu einem Gespräch kommen soll, das uns – nach Williamsons Worten – der neuen Weltordnung näherbringen soll, dann müssen sich die Gesprächsvoraussetzungen ändern.

Versuchen wir diese neuen Voraussetzungen zu benennen, indem wir noch einmal die drei Regeln von Williamson durchgehen:

– *Jüngerschaft:* Nach Williamsons erster Regel werden die Christen durch das Gespräch mit den Juden daran erinnert, dass es die primäre Funktion der Theologie ist, die Welt in Ordnung zu bringen. Williamson betrachtet es als vorrangige Aufgabe der Christen, das Unrecht, das sie den Juden angetan haben, gutzumachen. Das scheint mir ein sehr engstirniger Ansatz des Jüngerseins. Trotz der Behauptungen mancher, dass der Antisemitismus wieder zunimmt, kommt es mir eng und falsch vor, in der heutigen Welt die Wachsamkeit gegen den Antisemitismus zum Schwerpunkt der eigenen guten Werke zu machen.

– *Die »brennenden Kinder«:* Mit dieser Regel wird für die Christen das Thema der Sünden gegen die Juden weiterhin ganz oben auf die Liste gesetzt. Aber die Regel von den »brennenden Kindern« darf nicht ausschließlich auf die jüdischen Kinder angewendet werden. Im Licht der vielfältigen Völkermordkatastrophen des 20. und frühen 21. Jahrhunderts werden uns sicher die Lektionen, die wir von Auschwitz lernen müssen, immer und immer wieder vor Augen gehalten. Aber bei der Formulierung dieser Regel bezieht sich Williamson ausschließlich auf das »Eintrichtern von Verachtung gegen Juden und das Judentum …, das die *Schoah* möglich gemacht hat.« Wenn dem Leiden eines Volkes ein höherer Rang zugeteilt wird als dem Leiden anderer Völker, kann das zur Begründung für Unterdrückung und Unrecht werden. Im derzeitigen historischen Kontext müssen wir, die Vertreter aller Glaubensrichtungen, unsere Aufmerksamkeit vor allem auf diese Lektion richten. Unlängst hat die katholische Theologin Rosemary Ruether dieses äußerst heikle Thema mutig angesprochen, insbesondere die Verwendung des Holocausts zur Behauptung eines, wie sie es formulierte »einmaligen Rechtsanspruches des jüdischen Volkes auf einen auf arabischem Gebiet errichteten Staat.« Sie hebt hervor: »Was wir eindeutig brauchen, ist der Durchbruch zum Mitgefühl mit anderen Menschen, sodass die Israelis und Palästinenser in der Lage sind, über die Katastrophen des jeweils anderen zu trauern, und sich darum weigern, die eine Katastrophe zur Rechtfertigung einer anderen zu gebrauchen.«[18]

– *Das Gespräch mit den Juden:* Die dritte Regel lautet, die Christen könnten sich selbst als Christen nur dann verstehen, wenn sie sich »auf das Gespräch mit den Juden einlassen.« Aber nachdem Williamson diese Bedingung für eine Theologie nach der *Schoah* aufgestellt hat, fährt er nicht damit fort, ein Gespräch anzufangen, sondern er liefert ein Schuldbekenntnis. Es beginnt kein Dialog, sondern es kommt ein *mea culpa*; es findet kein Austausch statt, sondern es folgt eine Abhandlung über das Judentum in Williamsons eigener Begrifflichkeit. Es mag manche Juden geben, die begeistert wenn nicht die Details, so doch gewiss die Absicht seiner Bemühungen unterstützen werden. Aber die Analyse Williamsons gibt nicht das ganze Spektrum und die Vielfalt des jüdischen Denkens wieder. Im Grund hat dieses Projekt, wie es derzeit dasteht, wenig mit den dringenden Fragen zu tun, vor denen das jüdische Volk steht. Das ist nicht das Gespräch, das notwendig ist – weder für Christen noch für Juden.

Von den drei Regeln Williamsons weist die letzte am dringendsten in die Zukunft. Daher sage ich zu Professor Williamson und anderen Betreibern und Befürwortern Projektes einer Revision der christlichen Theologie im Hinblick auf die Deutung des Judentums: Ihr zielt daneben. In der Tat, es war falsch, dass ihr Christen uns so verunglimpft habt, und es bedarf in eurer Theologie einer Korrektur. Aber lasst uns im gemeinsamen Gespräch einen neuen Bund erarbeiten, der uns in eine Zukunft führt, die unsere Zivilisation bewahrt, statt Gefahr zu laufen, sie zur Vorstellung der eigenen Einzigartigkeit, Abspaltung und endlosem Konflikt zurückzuführen. Das Gespräch, das Juden brauchen, ist ein Gespräch, in dem die Christen die Freiheit haben, uns in Frage zu stellen, statt bloß unsere Tradition zu idealisieren und zu preisen. Wenn ihr in ein Gespräch mit uns eintreten wollt, dann tut das nicht mit unseren heiligen Schriften, sondern mit uns heute Lebenden und seid euch im Klaren darüber, dass wir Juden mit einer Vielfalt von Stimmen sprechen. Und bedenkt, dass eine wachsende Gruppe dieser Stimmen sich tief besorgt über einige der Prinzipien äußert, die ihr als Herz des Judentums bezeichnet. Innerhalb der jüdischen Gemeinschaft ist ein differenziertes und inspiriertes Gespräch über den Zionismus, den Staat Israel und den Stellenwert des Landes Israel im jüdischen Leben im Gang. Und ja, auch über die Frage, Gottes auserwähltes Volk zu sein.

Wenn ihr in dieses Gespräch mit uns eintretet, kann und wird das eure Theologie herausfordern. Ihr werdet euch dann mit uns und mit Menschen aller Glaubensrichtungen auf einen Reformprozess einlassen, der die dringenden Themen anspricht, mit denen wir es heute zu tun haben. Das ist ein Prozess, der es erforderlich macht, jene nationalistischen und triumphalistischen Tendenzen abzubauen, die sich gegen Gottes Willen richten, statt sie zu verstärken. Um mit Walter Brueggemann zu sprechen: Was wir jetzt mehr denn je brauchen, ist die Förderung eines prophetischen Bewusstwerdens im Gegensatz zu einem »königlichen, dominanten Bewusstsein«. Das ist dem Christentum nicht fremd, ganz im Gegenteil. Das theologische Projekt der Nachkriegszeit selbst bezeugt die Fähigkeit des Christentums, sich zu reformieren. Die Fähigkeit christlicher Theologen, Geistlicher und führender Laien, diese fundamentale

Neueinschätzung des Christentums vorzunehmen, war bemerkenswert und mutig. Diese Leistung sollte allen Glaubenstraditionen als Modell dienen, wie der Glaube ins Gespräch mit der Geschichte eintreten kann. Denn wie im 1. Kapitel dargelegt, war das nicht bloß eine theologische Trockenübung, sondern es geschah aus der bitteren Not heraus, auf einen »Augenblick der Wahrheit« angemessen zu reagieren. Christen, Juden und Muslime stehen jetzt vor einer ähnlichen Herausforderung, da wir das Leiden all der vielen Menschen im Heiligen Land vor Augen haben – der Juden, Christen und Muslime, der Israelis und Palästinenser –, weil der Konflikt weiterhin zahlreiche Leben kostet und an den Grundfesten ihrer Gesellschaften rüttelt.

Die Juden sahen sich mit ihrer möglichen Ausrottung und die Christen sahen sich mit ihrer Schuld konfrontiert. Aber heute sitzen wir alle im gleichen Boot. Die Zukunft der Menschheit steht mehr denn je auf dem Spiel. Daher plädiere ich hier dafür, den Zweck und die Natur eines jeden interreligiösen Projekts genau zu bedenken. Die Christen müssen über ihren Sühnegedanken hinauskommen. Die Juden müssen über Erlösung hinausdenken. Gemeinsam müssen wir mit den Muslimen und Menschen aus allen Nationen und Glaubensgemeinschaften nach vorn sehen und uns vor allem auf soziale Gerechtigkeit konzentrieren. Bei unserer Suche nach Begriffen und Modellen, die dieses Bemühen beflügeln können, werden wir gut daran tun, uns mit den Propheten zu beschäftigen. Im folgenden Kapitel werden wir uns genauer das Werk eines heutigen Bibelfachmanns ansehen, der genau das getan hat.

KAPITEL 7
WALTER BRUEGGEMANN UND
»THE PROPHETIC IMAGINATION«

Die Propheten bieten normalerweise keine Reflexionen über Vorstellungen.
Ihre Worte sind Angriffe, die die Illusionen falscher Sicherheit zerschmettern,
Ausflüchte in Frage stellen, den Glauben zur Rechenschaft ziehen, Klugheit
und Objektivität hinterfragen.

Abraham Joshua Heschel, *The Prophets*

Einer der hervorragendsten Exegeten unserer Tage ist Walter Brueggemann.
Er hat zahlreiche Werke über das Alte Testament und die christliche Theologie
geschrieben und sich dabei auf deren Relevanz für die kritischen Themen unserer Zeit konzentriert. Brueggemann hat einen nachhaltigen, tiefgreifenden
Einfluss auf ganze Generationen von vor allem amerikanischen Geistlichen und
Bibelwissenschaftlern ausgeübt und auch auf Laien in Amerika, die die Heilige
Schrift lieben und in dieser komplexen Zeit nach Weisung für ihren Glauben
suchen. Sein Begriff der »*Prophetic Imagination*« bietet ein Denkmodell für
das Verständnis der Rolle des Glaubens, wenn es darum geht, auf sozialem und
politischem Gebiet der Gerechtigkeit zum Zug zu verhelfen. Es hilft zudem,
den Prozess zu verstehen, den die Menschen in Glaubensgruppen und -gemein-
schaften in ihrer Entwicklung als Individuen, als soziale Gruppierung und als
politische Körperschaft durchlaufen müssen. Brueggemanns bahnbrechendes
Werk *The Prophetic Imagination* (1978) liefert uns eine Verständnishilfe für die
tragische Zwangslage, in der sich das jüdische Volk heute befindet, einer
Zwangslage, die eine verblüffende und tragische Parallele zu derjenigen auf-
weist, in der die Juden zur Zeit der alttestamentlichen Monarchien steckten.
Sein Werk liefert uns zudem einen Wegweiser für das christliche Bemühen,
sich im Minenfeld des israelisch-palästinensischen Konflikts zurechtzufinden.
Mehr noch: Brueggemanns eigenes Ringen mit der Frage nach dem jüdischen

Volk, dem Land und den Palästinensern liefert uns ein nützliches und inspirierendes Beispiel, wie man in diesem Geflecht seinen Weg finden kann.

THE PROPHETIC IMAGINATION

Brueggemann beschreibt die alttestamentlichen Propheten als umherziehende Poeten, die sich direkt gegen die von den Machtstrukturen ihrer Zeit verursachten sozialen und politischen Ungerechtigkeiten aussprachen. Dabei ist er sich über den direkten Zusammenhang zwischen Prophetie und Politik sehr im Klaren: »Wir werden den Sinn der *prophetic imagination* erst dann verstehen, wenn wir den Zusammenhang zwischen der *Religion des staatlichen Triumphalismus* und der *Politik der Unterdrückung und Ausbeutung* deutlich sehen.«[1]

Nach Brueggemanns Analyse tritt die *prophetic imagination* als Alternative zu der der Weltsicht der vorherrschenden Kultur auf, die er als *royal consciousness*, als »Königsbewusstsein« bezeichnet. Das Königsbewusstsein halte die Strukturen der politischen Macht in Gang, also der Institutionen, die nur dem Zweck ihrer eigenen Fortdauer dienen, und dabei das Volk, das sie eigentlich schützen und dem sie dienen sollten, ausbeuten und unterdrücken. Wenn man den biblischen Kontext in unseren eigenen Sprachgebrauch überträgt, könnte man vom »monarchisch-priesterlichen Komplex« von König und Tempel sprechen, der im Alten Israel die Kultur zu dominieren versuchte. Dem »Königsbewusstsein« liegt nur an der Aufrechterhaltung des Systems, das die Macht und den Reichtum weniger Menschen steigert. Jedoch ist das kein zynisches Unternehmen, das mit dem vollen Bewusstsein darum durchgeführt würde, welche ethischen Implikationen und Konsequenzen es für Gesellschaft und Umwelt hat. Vielmehr wird die Aufrechterhaltung des »Königsbewusstseins« erst dadurch möglich, dass man sein moralisches und ethisches Empfinden unterdrückt und ein breites Spektrum von Erfahrungen verdrängt, darunter vor allem die Emotionen der Angst und Trauer. Brueggemann schreibt: »Das Königsbewusstsein erschafft ein subjektives Bewusstsein, dem es nur um die eigene Befriedigung geht, dazu gehört auch ›die Annullierung des Nächsten‹« (37). Im Gegensatz zum »Königsbewusstsein« dient der prophetische Dienst dazu, Phantasie zu entwickeln und eine Alternative zur vorherrschenden Kultur der Selbstsucht, Habgier und Inselmentalität zu entwerfen. Es geht also um ein Bewusstsein, das zu einer alternativen Gemeinschaft führt, die nicht im Dienst der Macht der Wenigen steht, sondern im Dienst der Bedürfnisse der Vielen. Die Propheten erinnern König und Untertan gleichermaßen ständig daran, dass Gott Gerechtigkeit und Barmherzigkeit verlangt, wie dieses insbesondere in den Geboten zu Fragen der sozialen Gerechtigkeit formuliert ist. Wahres Königtum – wahre Führung – verlangt, dass man nie den Schmerz, die Trauer und die Mühsal des Alltagslebens aus den Augen verliert. Das läuft natürlich völlig dem Bestreben entgegen, zeitliche Macht einzurichten und aufrechtzuerhalten, also einem Vorhaben, das »keine Mysterien kennt, die man ehren müsste, sondern nur Probleme, die es zu lösen gilt« (37). Solange das Volk (ausreichend) ernährt und so unter Kontrolle gehalten werden kann, dass es »die Schreie der nicht Berücksichtigten nicht wahrnimmt«[2], kann die Management-Kultur des »Königsbewusstseins« fortbestehen – selbst angesichts offensichtlicher Beweise ihres eigenen moralischen Bankrotts und einer bevorstehenden Gefahr. Das »Königsbewusstsein« beruht auf dem Verdrängen von Schmerz, Angst und Leiden und ist darauf angewiesen, diese zu verdrängen. Es ist »der Taubheit gegenüber dem Tod verschrieben. Für den König ist es undenkbar, sich vorzustellen, dass seine historischen Lieblingsarrangements ein Ende haben könnten, oder dass er das selbst je erfahren müsste« (42).

Die heutigen Propheten, die gegen die Ungerechtigkeit und Brutalität des derzeitigen israelischen Regimes wettern, lassen sich in diesem Rahmen klar verorten. Beim Lesen dieser Beschreibung von Brueggemanns Sicht der tragischen Blindheit des Reiches kehre ich im Geist wieder zu dem Augenblick zurück, in dem ich seinerzeit am neunten Av etwas außerhalb von Jerusalem stand, eines Jerusalem, das ich in seinen eigenen Untergang marschieren sah. Wie der Prophet Jeremia und achthundert Jahre nach ihm Jesus fühlte ich mich von Trauer übermannt. Ich hatte ein Volk vor Augen, das anscheinend unfähig ist, aus dem Trauma seines Holocausts herauszukommen und sich einem selbstzerstörerischen Kurs der kolonialen Eroberung und des Militarismus verschrieben hat. Ich sah ein Volk, das für die Leiden seiner Nachbarn taub ist, ein Volk, das ein vor sechzig Jahren begangenes Verbrechen an den Menschen verdrängt und dieses bis heute fortsetzt. Ich hatte, in den Begriffen von Marc Ellis gesprochen, eine gemeinschaftlich akzeptierte Liturgie der Zerstörung vor Augen, die als Vorwand und Rechtfertigung dafür dient, dass man sich der Tyrannei des »Königsbewusstseins« gebeugt hat. Brueggemann weist den Weg aus dieser auf tragische Weise selbstzerstörerischen Falle: »Ich glaube, dafür, dass der Prophet die königliche Taubheit und Verdrängung durchbrechen kann, eignet sich nur *die Sprache der Trauer*, also eine Rede, die die Gemeinschaft dazu bringt, ein Begräbnis zu beweinen, das sie nicht wahrhaben will. Es ist in Wirklichkeit ihr eigenes Begräbnis« (46).

Die Propheten, und für Brueggemann unter ihnen an erster Stelle Jeremia, trauern natürlich über die Zerrissenheit ihres Volkes und über die ihm drohende

Katastrophe. Aber diese Trauer bezieht sich nicht darauf, dass das Volk in der Opferrolle wäre, sondern auf den Umstand, dass es sich diese Katastrophe selbst zugezogen hat. Man beachte die folgende von Brueggemann angeführte Stelle aus Jeremia:

> Arg ist dein Schaden,
> unheilbar deine Wunde.
> Niemand verschafft dir Recht.
> Für das Geschwür gibt es keine Heilung,
> keine Genesung gibt es für dich.
> (Jeremia 30,12–13)

Das Wort *schivraich* in Vers 12, das hier (in der deutschen Einheitsübersetzung) mit »Wunde« wiedergegeben ist, stammt aus der hebräischen Wurzel *schever*, die »Zerrissenheit«, »Zerstückelung«, »Zerrüttung« bedeutet. Das ist ein dem jüdischen Volk vertrautes Thema. Den folgenden, Jeremia zugeschriebenen Abschnitt aus den Klageliedern rezitieren die Juden alljährlich am Gedenktag der Zerstörung des Tempels in Jerusalem durch die Babylonier im Jahr 586 vor der Zeitenwende und wiederum durch die Römer im Jahr 70 nach der Zeitenwende. Das gleiche Wort für »Zerrissenheit« taucht in beiden Versen dieses Abschnitts auf und wird mit »Verderben« und dann »Zusammenbruch« übersetzt:

> Grauen und Grube wurden uns zuteil,
> Verwüstung und Verderben.
> Tränenströme vergießt mein Auge
> über den Zusammenbruch der Tocher, meines Volkes.
> (Klagelieder 3,47–48).

Das war meine Erfahrung, als ich Augenzeuge der Besetzung Palästinas wurde und von der Enteignung einer Dreiviertelmillion der ansässigen Bewohner Palästinas hörte, weil sie dem jüdischen Staat Platz machen mussten. Es ging mir wie Jeremia und den Tausenden jüdischer und christlicher Pilger, die alljährlich das Heilige Land besuchen und erwarten, dort erhoben zu werden, sich dann aber angesichts der Aktionen von Gewaltmissbrauch in Trauer und Wut niedergeschmettert sehen: Ich weinte, als ich vor Jerusalem stand. Aber die Lenker des Staates Israel bleibt in einem destruktiven Teufelskreis von Expansion, Unterdrückung und Militarismus gefangen und für das Leid verschlossen, das sie beiden Völkern bereitet. Sie sind taub für die Propheten von heute . Hier noch einmal ein Zitat von Brueggemann über die Lage im Königreich Juda vor zweitausend Jahren:

> »Der Bund war eingefroren und es gab keine Möglichkeit für Neues, ehe nicht diese Taubheit aufgebrochen war. Jeremia begriff, dass man sich der Kritik stellen und sich von ihr treffen lassen muss, denn dann folgt die Befreiung von der unheilbaren Krankheit, vom gebrochenen Bund und von der Kraftlosigkeit. Die Tradition des biblischen Glaubens weiß, dass Schmerz die Tür zum historischen Dasein ist und dass Ja-Sagen zu einem Ende den Neuanfang ermöglicht. Könige meinen von Natur aus, die Tür zum Schmerz dürfe nicht geöffnet werden, denn sie stellt betrügerische Könige bloß ... Das Rätsel und die Einsicht des biblischen Glaubens ist das Wissen darum, dass nur Schmerz zum Leben führt, nur Trauer zur Freude und nur wenn das Ende anerkannt wird, ein neuer Anfang möglich ist« (56).

DAS LAND ALS VERHEISSUNG AN DIE LANDLOSEN

Wir haben gesehen, wie Brueggemanns Begriff der prophetischen Phantasie ein äußerst hilfreiches Modell zum Verständnis der Situation im heutigen Heiligen Land bietet. Brueggemanns Werk über die Prophetie liefert den Rahmen für unsere Betrachtung dessen, was er in seinen Veröffentlichungen über das verheißene Land sagt. In seiner Schrift *The Land*, die 1979 erschien und 2002 in einer neuen, überarbeiteten Fassung aufgelegt wurde, befasst er sich tiefgründig mit dem Sinn, den das Land in der Erfahrung des jüdischen Volkes spielt. Wir werden die Entwicklung des Denkens von Brueggemann im Zeitraum zwischen dem Erscheinen der beiden Fassungen des Buches nachverfolgen. So können wir an seinem Ringen darum teilnehmen, zwei Dinge miteinander zu vereinbaren: die wichtige Bedeutung des Landes für das jüdische Volk und die zunehmende Wahrnehmung der Fragen um die soziale Gerechtigkeit, die inzwischen in der heutigen Politik im Raum stehen. Wenden wir uns zuerst Brueggemanns ursprünglicher Sicht der im Alten Testament gegebenen Landverheißung zu.

In *The Land* schreibt Brueggemann, dass die Verheißung des Landes auf ganz tiefe Weise Identität verleihe: »Im Herzen der jüdischen Erfahrung gibt es ein Gefühl der Heimatlosigkeit und der Sehnsucht nach einem Zuhause, und seine Geschichte ist die Geschichte davon, auf dem Weg nach Hause zu sein. Das verfestigt die Beziehung zu Gott. Israel ist ein Volk, das wegen einer Verheißung unterwegs ist, und die Substanz aller seiner Verheißungen von Jahwe ist die, im Land zu sein, und dort, wohin Jahwe es noch führen muss, angesiedelt und in Sicherheit zu sein.«[3] Nach Brueggemanns Auffassung ist das Land eine Kernmetapher für das Drama des Volkes Gottes, das darum ringt, mit dem göttlichen Befehl zurecht zu kommen, in Gerechtigkeit zu leben. Zudem ist die Landverheißung ein fundamentaler Aspekt des Bundes ab dem ersten Augenblick seiner Einsetzung durch die Verheißung an Abraham (Genesis 12,7). Brueggemann sieht das Volk untrennbar an das Land gebunden – und das sei eine Verheißung und zugleich ein Problem. Das Volk im Exil sei eine Metapher für ein bestraftes und enterbtes Volk. Der Besitz des Landes sei vollständig an die Bedingung geknüpft, Gottes Plan zu gehorchen, wie er im Bund zum Ausdruck kommt.

Das Land, schreibt Brueggemann, ist eine mächtige Kraft für das »Wohlbefinden, das sich durch sozialen Zusammenhalt und persönliche Zufriedenheit in Wohlstand, Sicherheit und Freiheit auszeichnet« (2). Nicht die Sinnlosigkeit, sondern die Wurzellosigkeit sei es, was im Volk die Glaubenskrise auslöse: »Ohne Wurzeln gibt es keinen Sinn« (4). Für Brueggemann ist das Land eine gewaltige Metapher für Heimat, Heimatlosigkeit, Verlust, Übertretung, Vergebung und Erlösung. Das Land sei der Ort, an dem sich die Geschichte abspielt und Sinn annimmt. Es sei der Weg, auf dem die Geschichte das Individuum überschreitet und die Art und Weise, auf die eine Glaubensgemeinschaft ihre gemeinsame Geschichte und Identität erfährt. Daher mache Gottes Verheißung des Landes an Israel, die mit der ersten Offenbarung an Abraham anfange, das Herz des Bundes aus.

Um die Juden nicht nur damals, sondern auch heute zu verstehen, so Brueggemann, müsse man diese zentrale Beziehung zum Land verstehen:

> »Wir Christen können nicht ernsthaft zu Juden sprechen, solange wir nicht anerkennen, dass das Land die zentrale Agenda ist. Während die Araber Rechte und legitime Beschwerden haben, *ist das jüdische Volk in der Geschichte der Menschheit auf ganz besondere Weise die gepeinigte Stimme des Landes die weinende und klagende Rahel.* Und solange wir mit den Juden nicht die Frage nach dem Land ansprechen, werden wir vermutlich nicht den Kernpunkt des Sinns oder das Thema Identität erfassen. Die jüdische Gemeinschaft – in ihrer ganzen langen, qualvollen Geschichte – hat nie vergessen, dass ihre Wurzeln und ihre Hoffnungen in einer geschichtsträchtigen Erde liegen, und das ist die zentrale Antriebskraft ihres kompromisslos ethischen Glaubens« (202; Hervorhebung von mir).

Mit dieser Beschreibung sind wir anscheinend über das simple Verstehen hinausgegangen: Aus Brueggemanns Sicht gibt es einen *Rechtsanspruch*, den man anerkennen muss. Folglich müssen wir fragen, was für ein Gespräch es denn sein soll, in dem die Christen mit den Juden »die Frage nach dem Land ansprechen«. Ist das ein Gespräch, bei dem die Christen anerkennen, dass das Land für die Juden so wichtig ist? Angesichts ihres derzeitigen Gefühls, einen Rechtsanspruch auf einen ständig wachsenden Prozentsatz des historischen Palästinas zu haben, brauchen die Juden derzeit dazu kaum noch eine zusätzliche Bestätigung. Ist das ein Gespräch, bei dem die Christen den Juden politische und materielle Unterstützung gewähren, damit sie sich gegen die offensichtlichen Bedrohungen ihrer Sicherheit und ihres Überlebens im Mittleren Osten schützen können? Oder könnte das nicht auch ein Gespräch sein, in dem die Christen mit den Juden in eine Diskussion darüber eintreten, wie denn die Notwendigkeit zu erklären sei, dass ihr Bedarf nach Land sie zu gewaltigen Verstößen gegen Gottes Gesetz antreibe, wo doch das Land die Kraft hinter ihrem »kompromisslos ethischen Glauben« ist? Und wie genau passt die christliche Heilige Schrift dazu? Brueggemann fährt fort: »Aber wir müssen nicht nur neue Verständnisweisen bejahen. Vielleicht haben wir auch angesichts der jüdischen Frage des Landes eine wichtige Rolle zu spielen. Es ist klar, dass die Frage nach der Landzuteilung im ›Heiligen Land‹ ein zutiefst komplexer Gegenstand ist. Der heutige Staat Israel beruft sich mit seinen Besitzansprüchen auf alte Traditionen, aber diese Ansprüche werden natürlich noch durch die Ungeheuerlichkeit der *Schoah* im 20. Jahrhundert verstärkt« (203).

Auf nur zwei Seiten hat Brueggemann zweimal die »jüdische Frage nach dem Land« angesprochen. So ist also anscheinend die Erfüllung der Landverheißung keine feststehende Schlussfolgerung: Es ist nur von »Ansprüchen« unter Berufung auf alte »Besitzansprüche« die Rede. Brueggemann führt ganz richtig das historische Ereignis an, von dem allgemein anerkannt wird, dass es an der Wurzel dieses Besitzanspruchs stehe. Und indem er den Begriff der *Schoah* ins Spiel bringt, unterstellt er, dass dieser Anspruch von besonderer Kraft sei: Das war kein gewöhnlicher Holocaust, sondern *der* Holocaust. Aber er fährt fort: »Dieser Rechtsanspruch kann aber jetzt nicht unbestritten zugelassen werden, und Christen, die sich auf die gleichen autoritativen Land-Traditionen berufen, müssen sich jetzt in diesem Wettstreit intensiv engagieren« (203). Von welchen Christen spricht Brueggemann hier? Von den christlichen Zionisten? Von den Mainstream-Christen, die den jüdischen Anspruch auf das Land unterstützen? Wir haben es hier mit einem protestantischen Alttestamentler zu tun, der sich in seinen Schriften und seiner Lehre leidenschaftlich Fragen der Ethik und Gerechtigkeit gewidmet hat und sich nicht scheut, in seiner Lehre ausdrücklich politisch zu werden. Er holt mit seinen Bibelinterpretationen das 8. Jahrhundert vor der Zeitenwende in die Gegenwart herüber, weil dessen Konzept der prophetischen Phantasie in direktem Gegensatz zu den extremsten Machtmissbräuchen der Gegenwart steht. Und an dieser Stelle plagt sich derselbe Mann mit der Realität der heutigen jüdischen Machtmöglichkeiten herum. Tatsächlich liegt die Lösung dieser Frage im Herzen von Brueggemanns Analyse: Das Land ist eine Metapher. Es ist eine Metapher wie das Kreuz. Warum also nehmen wir dann das Land buchstäblich und gewähren es den Juden in Form einer konkreten politischen Ermächtigung?

Soweit Brueggemann in seinem Buch Christen anspricht, drängt er sie dazu, sich an die Symbolik des Landes zu halten. Das Christentum habe eine radikale Umwandlung der menschlichen Erfahrung unternommen, bei der das »Land« aus seinem physischen und politischen Kontext genommen und völlig spiritualisiert wurde. Brueggemann versteht die Kreuzigung Jesu so, dass er damit »die Heimatlosigkeit umfing«, die zum »atemberaubenden, staunenswerten Geschenk der Heimat (Auferstehung) führt« (202). Das ist prophetische Sprache, die ganz klar im Kontrast zum territorialen Landverständnis im Sinn des »Königsbewusstseins« steht. Und das führt uns zur vermutlich fundamentalen Frage: Wie versöhnt Brueggemann den offensichtlichen Widerspruch zwischen der prophetischen Botschaft, die ganz klar gegen ein physisches Landverständnis spricht, mit der Besonderheit Israels im Rahmen des Bundes? Sein eigenes Ringen mit dieser Frage ist erhellend.

DER RECHTSANSPRUCH FÜHRT ZU BESETZUNG

Brueggemanns Größe liegt in seiner Bereitschaft, die eigenen Schlussfolgerungen über den Sinn der Heiligen Schrift zu hinterfragen. Sein Werk beruht auf der Annahme, dass sich die Schrift nur im Kontext menschlicher Geschichte verstehen lasse und als Reaktion darauf. So stellt er im Vorwort zur zweiten Auflage von *The Land* dreiundzwanzig Jahre nach dem Erscheinen der ersten klipp und klar die Frage, was im Licht »des ideologischen Gehalts dieses Textes, der die Wirkung hatte, andere Völker als notwendigen Preis für Israels Landanspruch zu beeinträchtigen«, die Landverheißung eigentlich bedeute.[4] In seiner erneuten Auseinandersetzung mit dieser Frage bezeichnet er die Verheißungstheologie als eine Ideologie des Besitzanspruchs, die man infrage stellen müsse.[5] Diese Ideologie des Landanspruches wird »mit ungezügelter Gewalttätigkeit gegen die palästinensische Bevölkerung in die Praxis umgesetzt ... Es ist klar, dass der moderne Staat Israel alte Traditionen des Landanspruchs mit der für einen modernen Staat denkbar gewaltigsten militärischen Macht effizient verknüpft hat.« Das sind starke Worte von einem Theologen, der zwei Jahrzehnte zuvor von der zentralen Bedeutung des Landes für die Identität und Seele des jüdischen Volkes geschrieben hatte. Es handelt sich um keine gegen die israelische Regierung gerichtete isolierte Bemerkung, sondern um die praktische Anwendung von Brueggemanns grundsätzlicher Überzeugung, dass Macht korrumpiert und aus Landverheißung einen Besitzanspruch auf Land macht, wenn sie von Systemen aufgegriffen wird, die vom »Königsbewusstsein« beherrscht sind. Er schreibt: »Es liegt auf der Hand, dass die gleiche Ideologie, ein Recht auf ein Land zu haben, auch von den abendländischen Mächten übernommen wurde und sie damit ihre Kolonisierungsfeldzüge gerechtfertigt haben … Aus dieser Verschmelzung von alten traditionellen Ansprüchen und heutiger militärischer Macht erwächst eine unerträgliche Machtausübung, die aus Staatsräson gerechtfertigt wird … Das heißt, der *Besitzanspruch auf Land* führt zur *Besetzung dieses Landes*« (xv; Hervorhebung von mir).

Damit hat Brueggemann den Kreis geschlossen. Diese Überlegungen liegen ganz auf der Linie seiner Vorstellung vom prophetischen Dienst, die sowohl die ideelle Grundlage seines Werks ist, als auch dessen Entfaltung bestimmt. Mit seinem Hinweis auf das »Königsbewusstsein«, konfrontiert uns Brueggemann mit dessen Auswirkungen und ruft das Volk zurück zu einem auf sozialer Gerechtigkeit und richtigem Handeln beruhenden Glauben. Das Land mag ein zentrales Symbol und eine Quelle der Freude und des Wohlbefindens sein, aber es muss als solches auf *dieser gleichen symbolischen Ebene* verstanden werden. Brueggemann verwendet auf diese Weise das moderne Beispiel Israel auch als warnendes Beispiel. Ihm geht es ganz allgemein um die Gefährlichkeit des nach der Macht greifenden religiösen Fundamentalismus. Aber selbst wenn er uns auf diesen Weg mitnimmt, bleibt er völlig im Rahmen der Bibel, einem Rahmen, der die im Bund gegebene Landverheißung bestätigt. Indem er den Begriff in einem Sinn verwendet, der ganz nah an seine ursprüngliche Bedeutung vom »Weg, an den man sich halten soll« herankommt, ruft Brueggemann die *Torah* als die Kraft an, die sich der ungezügelten Machtausübung und dem »Königsbewusstsein« entgegenstellt: »Im Alten Testament selbst wird dieser Aspekt der Gewalttätigkeit, der dem Thema Land innewohnt, relativ im Zaum gehalten, indem das Land mit der *Torah* verknüpft wird« (xvi). Er weist darauf hin, dass die Prophetie sich direkt auf das Thema beziehe, das er als »Torah-Gehorsam« bezeichnet. Und was ist Torah-Gehorsam? Er ist das Herz des Bundes: Die Verheißung des Landes als Gegengabe für den Gehorsam gegen Gott und sein Gesetz. Brueggemann führt die Ermahnung aus dem Deuteronomium an:

»Wenn du auf die Gebote des Herrn, deines Gottes, auf die ich dich heute verpflichte, hörst, indem du den Herrn, deinen Gott, liebst, auf seinen Wegen gehst und auf seine Gebote, Gesetze und Rechtsvorschriften achtest, dann wirst du leben und zahlreich werden und der Herr, dein Gott, wird dich in dem Land, in das du hineinziehst, um es in Besitz zu nehmen, segnen. Wenn du aber dein Herz abwendest und nicht hörst, ... – heute erkläre ich euch: Dann werdet ihr ausgetilgt werden; ihr werdet nicht lange in dem Land leben, in das du jetzt über den Jordan hinüberziehst, um hineinzuziehen und es in Besitz zu nehmen. Den Himmel und die Erde rufe ich heute als Zeugen gegen euch an. Leben und Tod lege ich dir vor, Segen und Fluch. Wähle also das Leben, damit du lebst, du und deine Nachkommen. Liebe den Herrn, deinen Gott, hör auf seine Stimme und halte dich an ihm fest; denn er ist dein Leben. Er ist die Länge deines Lebens, das du in dem Land verbringen darfst, von dem du weißt: Der Herr hat deinen Vätern Abraham, Isaak und Jakob geschworen, es ihnen zu geben.«

(Deuteronomium 30,16–20, Einheitsübersetzung)

So appelliert Brueggemann mit seinen Warnungen vor den üblen Wirkungen der »königlichen« Macht und der Gefahr, in welche diese den Staat Israel bringt, an die Tradition: »Die Tradition des Deuteronomiums wiederholt unablässig und nachdrücklich, dass zwischen *Landbesitz* und *Torah-Gehorsam* ein enges Band bestehe« (xvi; Hervorhebung dort). Brueggemann weist darauf hin, dass die Bibel, die die besondere Beziehung zwischen Israel und dem Land einführt, die gleiche Bibel ist, die vor den Gefahren der Besitzergreifung warnt. Damit hebt er ganz deutlich den Widerspruch zwischen der prophetischen Forderung nach Gerechtigkeit und den Implikationen der bei der Bundesschließung gegebenen Landverheißung hervor. Die Bibel erkennt die Gefahren, die mit der Bindung an das Land verbunden sind, und sie warnt vor ihnen, indem sie versucht, das Volk auf den Bund zu verpflichten, um damit *die Landverheißung zu bekräftigen und zu erfüllen.* Der traditionelle Anspruch besteht und der Widerspruch wird tiefer: *Das Land zu bekommen, gehört zum Befolgen der Torah. Und die Torah zu befolgen heißt, das Land zu bekommen.* Brueggemann hat das Land als eindringliche Metapher verstanden. Als solche transzendiert sie Zeit, ethnische Zugehörigkeit und Ort. Aber indem er sie direkt in den ursprünglichen biblischen Kontext hineinversetzt, bleibt sie fest in den Rahmen des Bundes eingefügt. Als Metapher ist das Land das Erste, und wenn man Gottes Gesetz übertritt, macht man den ersten Schritt in Richtung Enteignung und Exil, aber die Verheißung der Rückkehr besteht weiterhin. Enteignung und Exil sind vorübergehend; der Besitz ist der endgültige und seinem Wesen nach anhaltende Zustand.

In seinem Vorwort von 2002 beruft Brueggemann sich im Zusammenhang eines Schuldeingeständnisses auf die Ermahnung im Deuteronomium: »Land als theologisches Thema darf nie als etwas Unschuldiges genommen werden, und gewiss nicht auf so unschuldige Weise, wie ich es in meinem Buch in der ersten Auflage getan hatte.« Aber indem er die Torah hochhält als »die Kraft, die der ungezügelten Macht und dem ›Königsbewusstsein‹ die Stirn bietet« (xvi), bleibt Brueggemann innerhalb des traditionellen Rahmens, dem er eine Seite zuvor vorgeworfen hatte, er führe dazu, sich »auf unerträgliche Weise der Gewalt zu verschreiben« (xv). Im Wesentlichen genau diese gleiche Behauptung wird quer durch das jüdische religiöse Spektrum dazu verwendet, um auf die Landverheißung zu pochen: von progressiven jüdischen Denkern über Mainstream-Juden, die auf das traditionelle rabbinische Judentum eindreschen bis zu jüdischen fundamentalistischen Siedlern. Die »Verschmelzung von alten traditionellen Ansprüchen und heutiger militärischer Macht« führt dorthin, wohin sie führen muss, unvermeidlich und unerbittlich.

TRAUERN UND LOSLASSEN

WOHIN FÜHRT UNS DAS?

Wir brauchen nicht weniger als einen Wandel in der jüdischen Verbindung mit dem Land, nämlich einen neuen Bund. Ich vermute, dass dies genau das war, was das Frühchristentum zustande zu bringen bemüht war. In den vorangegangenen Kapiteln sahen wir das Bemühen seitens der christlichen Theologen nach dem Holocaust, diesen Verwandlungsakt rückgängig zu machen, also im Endeffekt die Diskontinuität zwischen dem Judentum zur Zeit Jesu und der radikal neuen Weltsicht, zu dem sein öffentliches Wirken geführt hatte, zu leugnen. Diese revidierte Theologie konstruierte stattdessen einen erfundenen, einzigen, gemeinsamen Bund – einen Bund, in dem die Verbindung mit dem Land erhalten bleibt. Diese noch heute im Gang befindliche Revision hat zwei miteinander zusammenhängende Folgen: Sie legitimiert den Zionismus und entlastet die Christen von ihrer Schuld dank ihres Versuchs, für die Periode der christlichen Geschichte zu sühnen, während der sich das Christentum – um mit van Buren zu sprechen – durch sein »Antijudentum« definierte.[6] Darum wird behauptet, diese Theologie der Kirche sei irrig gewesen. Aber die Revision war nicht in erster Linie eine Korrektur, sondern eher ein Versuch, die Scham und Traurigkeit über die Sünde und das Elend zu verdrängen, die die Folgen dieser

Abspaltung vom Mutterglauben waren. Aber, so erinnert uns Brueggemann mit großer Leidenschaft, Verdrängung führt zu nichts. Die mit dem Entsetzen des Nazi-Holocausts konfrontierten Christen müssen trauern. Ja, sie müssen die volle Tiefe ihres Entsetzens und ihrer Trauer über das, was das Christentum getan hat, erfahren, genau wie wir Juden eines Tages so weit kommen müssen, anzuerkennen, zutiefst zu bedauern und zu betrauern, was wir angerichtet haben, um den jüdischen Staat einzurichten und aufrechtzuerhalten.

Brueggemann weist uns möglicherweise in diese Richtung, wenn er in eben diesem Vorwort das Thema »Exil« anschneidet. Als ein Aspekt der Metapher »Land«, so schreibt er, »ist Exil, entweder als Geschichte oder als Ideologie, zur Wesensdefinition des Selbstverständnisses Israels geworden« (xvii). Das Exil als unentrinnbare und von Finsternis erfüllte Erfahrung der Folgen eines maßlos übertriebenen Besitzdenkens führt uns – hoffentlich – zur Wahrnehmung der üblen Folgen des »Königsdenkens« und zur Aufgeschlossenheit für das Prophetische. Brueggemann schreibt: »Israels ›königliche‹ Geschichte im Land führte unerbittlich in Richtung Exil. Könige neigen dazu, eher an die nächste Krise als langfristig und an das Schicksal ihrer Gemeinschaft zu denken. Die Könige in Israel weigerten sich oder waren unfähig, sich vorzustellen, dass ihnen am Ende das Exil winken könnte. Aber die Propheten als die Partner und Kritiker der Könige wussten, in welche Richtung Israel marschierte: ins Exil. Es ist die Aufgabe der Propheten, klar zu erkennen, was die Könige nicht sehen und auszusprechen, was die Könige nicht ertragen können … So denken sie undenkbare Gedanken und sprechen unaussprechliche Worte, die die Könige nicht ertragen oder denen sie sich nicht stellen können« (101).

Für den heutigen Staat Israel ist das Unaussprechliche und Inakzeptable die Unhaltbarkeit und Ungerechtigkeit der Kolonisierung der Westbank und das Wissen um das Verbrechen der im Zeitraum von 1947 bis 1949 durchgeführten ethnischen Säuberung, das nun endlich bis zum Bewusstsein des Westens und Israels selbst vordringt. Diese Realitäten sind die reale Bedrohung der Sicherheit und des Fortbestands der Juden im historischen Palästina und der tief empfundenen Hingabe an den zionistischen Traum einer nationalen Heimat für das jüdische Volk – mehr als die reale oder aufgeblähte Bedrohung durch den palästinensischen Nationalismus oder die Demagogie regionaler Mächte. Was diesen Traum vernichten wird, ist die Tatsache, dass Israel seine eigene Vergangenheit verdrängt und seinen derzeitigen Kurs blind weiterverfolgt.

Bruggemann macht deutlich, dass das Land, von dem in der Bibel die Rede ist, im symbolischen Sinn verstanden werde muss, und zwar nur in diesem. Diese Sicht gewinnt bei Theologen, die sich mit der Zukunft des Heiligen Landes befassen, an Boden.

Im September 2008 kamen Theologen aus Palästina, Europa und Nordamerika zusammen, um aus theologischer Sicht über die Situation im Heiligen Land zu diskutieren. Hier ein Zitat aus dem Bericht der *Ecumenical News International*:

»›Der heutige Konflikt in Palästina-Israel ist voller biblischer Metaphern‹, erklärten die 85 Teilnehmer und Teilnehmerinnen in einer Abschiedserklärung ihrer Konferenz in der Schweizer Hauptstadt Bern. ›Jedoch herrschte in der Konferenz ein Konsens darüber, dass man die Bibel nicht zur Rechtfertigung von Unterdrückung instrumentalisieren oder sie nur als simplen Kommentar zu heutigen Vorgängen benutzen darf.‹ Die Teilnehmer erklärten, ein zentrales Thema für die Konferenz sei die Frage gewesen, wie die Bibel gelesen werde. Sie wiesen darauf hin, dass es vor allem wichtig sei, zwischen der biblischen Geschichte und den biblischen Geschichten zu unterscheiden sowie auch zwischen dem Israel der Bibel und dem heutigen Staat Israel.«[7]

Der amerikanische Theologe Harvey Cox, Professor an der Harvard Divinity School und seit vielen Jahren darum bemüht, dass sich die Theologie auf den Kampf um die Menschenrechte auswirkt, war Teilnehmer dieser Konferenz und schätzte sie unter diesem Aspekt ein. Er stellte die Frage: »Was meinen wir wirklich mit dem ›verheißenen Land‹? Wie wurde dieser Begriff besetzt und für unterschiedliche politische Konzepte benutzt, obwohl die Texte dies womöglich gar nicht decken? Das antike Israel wird oft mit dem heutigen Israel verwechselt. Beides ist nicht das Gleiche. Wir können über eine ganzheitliche Beziehung reden, die es theologisch zwischen den Christen und dem jüdischen Volk geben sollte. Jesus war Jude; der gesamte Hintergrund des Christentums stammt vom jüdischen Volk. Aber das jüdische Volk und der heutige Staat Israel mögen sich zwar auf gewisse Weisen überlappen, aber sie sind nicht das Gleiche, und deshalb müssen wir vorsichtig und selbstkritisch damit umgehen, wie dieses Thema heute behandelt wird.«[8]

KAPITEL 8
DAS PROGRESSIVE CHRISTENTUM, ISRAEL UND DER AUFRUF ZUR REFORM

Man hört grausame Argumente ..., die zu unterstellen scheinen, Christen sollten sich erst dann gegenüber Israel kritisch äußern, wenn das eine wesentliche Anzahl von Israelis und westlichen Juden tun. Das ist ein seltsames Moralprinzip. Ist das nicht eine Strategie, um sich vor Anschuldigungen, man sei »Antisemit«, zu schützen? ... Würde man wirklich solange damit warten, den Rassismus der Amerikaner oder weißen Südafrikaner zu kritisieren, bis eine Mehrzahl der weißen Amerikaner oder weißen Südafrikaner das selbst tut?

Rosemary Ruether, »Beyond Anti-Semitism and Philo-Semitism«

Die in den Kapiteln 5 und 6 besprochenen Autoren vertreten einen ungeschminkten Zionismus. Das jüdische Volk verfügt ihrer Meinung nach über ein Vorzugsrecht auf das Land Israels. Im Hintergrund steht eine Revision christlicher Theologie, um die zweitausend Jahre während Sünde des Antijudaismus zu sühnen. Es ist ein merkwürdiges Phänomen, dass Denker, die ansonsten das Etikett »liberal« verdienen, einer Ideologie den Rücken stärken und deren nationalistischer Bewegung im historischen Palästina eine theologische Rechtfertigung liefern. Wie wir noch sehen werden, wenn wir ihre Gegenüber im liberalen Lager jüdischen Denkens betrachten, scheint diese theologisch untermauerte Unterstützung des politischen Zionismus für diese Autoren ein blinder Fleck zu sein, eine verblüffende Inkonsequenz in Lebenswerken, die ansonsten der Förderung der Menschenrechte und der Vision einer universalen Gerechtigkeit verschrieben sind. Fairerweise muss man einräumen, dass sich ihr Werk nicht vorrangig auf die Themen »Land« und »Zionismus« konzentriert. Die Probleme theologischer, politischer und soziologischer Natur, die der israelisch-palästinensische Konflikt aufreißt, werden von ihrem Radarschirm nicht erfasst. In Walter Brueggemann sind wir einem Menschen begegnet, der diese Grenze überschritten hat, indem er sich auf das zentrale Thema »Land« in der biblischen Erzähltradition konzentrierte und sich dabei von seinem großen Interesse leiten ließ, die Bedeutung der Bibel für die drängenden Fragen des heutigen Lebens aufzuzeigen.

Auf der anderen Seite gibt es Wissenschaftler, religiöse Leitungspersönlichkeiten und Theologen, die dieses Thema direkt angepackt haben. Das sind Menschen, denen die Lage in Israel/Palästina große Sorge bereitet, einzelne, die sich mit ihrer Arbeit direkt der Unterstützung der Befreiungsbewegungen und der Bemühungen um soziale Gerechtigkeit verschrieben haben. In diesem und im folgenden Kapitel werden wir uns ihre Beiträge genauer ansehen. Wir werden bei ihnen nicht jene Selbstgefälligkeit antreffen, die die theologischen Visionen der Anhänger einer revidierten christlichen Theologie auszeichnet und auch nicht den frappierenden Mangel an Gespür für die Fragen nach Menschenrechten und Gerechtigkeit, wenn es um die praktische Verwirklichung der zionistischen Vision geht, die diese so unproblematisch finden. Im Gegenteil, diese Autoren treibt die drängende Sorge um das unendliche Leiden vor Ort im konkreten, irdischen Heiligen Land um und diese hat sie dazu bewegt, sich auf die theologischen Fragen zu konzentrieren, die dieser Konflikt aufwirft. Zwei dieser Autoren will ich in diesem Kapitel vorstellen. Der erste ist presbyterianischer Geistlicher und Professor für Theologie, aufgewachsen in einer evangelikalen Tradition und jetzt stark im Kampf um Gerechtigkeit in Palästina engagiert. Die zweite ist eine bekannte katholische feministische Theologin und Vorkämpferin der Befreiungstheologie. Beiden gegenüber habe ich eine hohe Wertschätzung. Daher äußere ich nur mit einiger Beklemmung meine Kritik daran, wie sie in ihrem Werk die jüdische Vorstellung der eigenen Einzigarigkeit behandeln. Ich hoffe – und glaube –, meine Erörterung ihrer Arbeiten kann die Diskussion fördern und in unserer zunehmend komplexeren Welt die Suche nach Versöhnung vorantreiben.

DONALD WAGNER: GOTT SCHAFFT ETWAS NEUES

Pastor Donald Wagner ist presbyterianischer Geistlicher und außerordentlicher Professor für Religion und Nahoststudien an der North Park University in Chicago sowie langjähriger Aktivist für Menschenrechte in Palästina. Wagner hat vielfach über die heutige christliche zionistische Bewegung geschrieben, die aus dem »Dispensationalismus«[1] des 19. Jahrhunderts erwuchs, einer Ideologie, die das absolute Recht des jüdischen Volkes auf das Land Israel vertritt, weil dessen Inbesitznahme eine der notwendigen Bedingungen für die Wiederkunft Jesu sei. Wagner ist der Überzeugung, dass es eine schlimme Fehlinterpretation und Verzerrung der Heiligen Schrift ist, sowohl ihres Wortlauts als auch ganz bestimmt ihres Geistes, wenn man sie auf diese Weise auf den heutigen Kampf um Gerechtigkeit auf dem Territorium des historischen Palästinas anwendet.

Wagner hat eine fortschrittliche christliche Theologie im Dienst der Gerechtigkeit für alle Volksgruppen im Land erarbeitet. Er versucht, eine Lesart des Alten Testaments in Einklang mit seinem theologisch begründeten Eintreten für die Gerechtigkeit für das palästinensische Volk anzuregen. Wagner setzt direkt an der Quelle an: An Gottes Verheißung an Abraham in Genesis 12: »... alles Land, das ich dir zeigen werde ... dir und deinen Nachkommen gebe ich dieses Land« (Genesis 12,1.7). Er interpretiert diese Stelle so, dass das Land nicht dem Volk gehört, sondern Gott, der das Recht, das Land zu nutzen um den Preis verleiht, dass man ihm ergeben ist. Daher sei die Landverheißung an eine Bedingung geknüpft. Wie Wagner ausführlich darlegt, wird diese Konzeption der Landverheißung von den zahlreichen Warnungen im Deuteronomium bestätigt, dass der Besitz (hebräisch *horisch*) des Landes ganz strikt unter der Bedingung gegeben sei, dass man Gott gehorche. Unter Berufung auf Ausführungen des palästinensischen orthodoxen Theologen Paul Tarazi fasst er sein Argument so zusammen: »Das Land ist kein Ziel in sich, sondern ein Instrument oder Mittel, mit dessen Hilfe das Volk seiner hohen Berufung entspricht. Die Israeliten waren praktisch Gottes Grundstückspächter oder Landbetreuer. Das Land ist eine Ableitung vom Bund und ist nicht das Ziel. Wann immer man sich primär auf das Land konzentriert, macht man sich des Götzendienstes schuldig.«[2]

Das ist solide Theologie. Aber wie weit entspricht sie dem Geist des Alten Testaments? Und liefert nicht diese Interpretation selbst ein Argument gegen das, worum es Wagner geht? In der Geschichte von Gottes Verheißung und seinem Bund – das ist nun einmal die Geschichte des Alten Testaments – wird dem Volk Israel ein Privileg verliehen, ja ein exklusiver Status. Selbst wenn man die Forderungen nach sozialer Gerechtigkeit, die sich in den Weisungen des Alten Testaments finden, in Betracht zieht, mildern die an dieses Geschenk geknüpften Bedingungen nicht den Umstand, dass dem Volk Israel hier ein privilegierter, ja exklusiver Status gewährt wird. Die Ermahnungen im Deuteronomium selbst unterstreichen diesen grundlegenden Zug des Bundes. Hier gibt es zwar strenge Bedingungen, aber das Land bleibt zentral: Der Landbesitz ist bei diesem Bund das primäre Element, und das wird nie widerrufen, ganz gleich, was sonst noch im Kleingedruckten stehen mag.[3] So, wie Wagner die besonderer Rolle der Juden charakterisiert, die sich aus dem alttestamentlichen Bund ergibt, schwächt er den Aspekt, um den es ihm eigentlich geht. Man beachte seine Formulierungen: »… mit dessen Hilfe das Volk seiner hohen Berufung entspricht« und es sei »praktisch Gottes Grundstückspächter oder Landbetreuer«. Wer so gegen die Vorstellung eines vorrangigen Anspruchs auf das Land argumentiert, betont eher noch, die spezielle, exklusive Beziehung der Landeigner zu Gott.

JONA: EINE UNIVERSALISTISCHE PERSPEKTIVE?

Das Buch Jona wird oft zur Unterstützung der Behauptung herangezogen, es gebe im Alten Testament einen universalistischen Zug. Wagner schließt sich an Rosemary Ruether und andere an, wenn er diesen Text als Botschaft universaler Gerechtigkeit in der jüdischen Heiligen Schrift zitiert. »Dein Gott ist zu klein«, schreibt Wagner in seiner freien Paraphrase der Ermahnung Gottes an Jona unter dem verdorrten Rizinusstrauch. »Gott wirkt etwas Neues in der Welt und du musst damit Schritt halten.« Und was ist dieses Neue? »Nur wenn du deiner ursprünglichen Berufung treu bleibst, ein Segen für die Völker zu sein, wirst du wirklich das Volk Gottes sein« (68). Ich bin vollkommen mit dem einverstanden, was ich hier als Wagners Botschaft verstehe: Dass die Juden nur dann Gottes Volk sein werden, wenn sie über das Stammesdenken hinauskommen und sowohl in ihren Glaubensüberzeugungen als auch ihren Handlungen eine universale Liebe zur Menschheit an den Tag legen. Aber ich stelle infrage, ob Wagners Deutung von Genesis 12,3 dem Sinngehalt dieser Stelle entspricht. Wie bereits im vorigen Kapitel angemerkt, weist die ursprüngliche hebräische Formulierung eigentlich in die entgegengesetzte Richtung. Eine dem Original treue Übersetzung wäre: »Du (das Volk Israel) wirst als Segensträger angerufen werden.« Mit anderen Worten: »Wenn man Segenssprüche äußert, wird man sagen: ›Du mögest gesegnet (glücklich, erfolgreich, begünstigt) sein wie das Volk Israel.‹« Das ist eindeutig etwas ganz anderes, als eine Kraft der Segnung oder des Guten in der Welt zu sein! Vielmehr betont dieser biblische Segen das Anderssein Israels, seine Besonderheit, statt eine Ermahnung an Israel selbst zu sein, den anderen Völkern Nutzen zu bringen. Zudem erklärt Wagner, dass Gott Jona aufrufe, einen neuen Universalismus in der Welt zu verbreiten, indem er ihn nach Ninive schickt. Was aber Gott tatsächlich ausdrücklich von Jona verlangt, ist, »Mitleid zu haben« mit dem Volk von Ninive und sich seiner zu erbarmen. Er verlangt von Jona nicht, das Volk von Ninive in den Bund mit

Gott aufzunehmen. Wo ist da also die universale Botschaft? Wenn es stimmen sollte, dass Gott genauso sehr der Gott der Menschen von Ninive ist, wie er der Gott der Juden ist, warum spricht er dann nicht selbst zu ihnen? Oder warum beruft er nicht einen assyrischen Propheten, um »sein« Volk vor der Vernichtung zu bewahren?

Ich rate dringend zur Vorsicht und zu nüchternem Realismus, unserer Tradition nicht einen Universalismus anzudichten, denn dafür fehlt es einfach an Beweisen. Wagner kommt meiner Ansicht nach dem Projekt einer revidierten christlichen Theologie gefährlich nahe, die beiden religiösen Traditionen miteinander zu verschmelzen und die wesentlichen Unterschiede zwischen den beiden Religionen zu verwischen, wenn er in seiner Bemerkung zu Jona Gott die Worte von Paulus aus 2 Korinther 5,17 in den Mund legt (»Das Alte ist vergangen, alles ist neu geworden«), um damit Jona zu tadeln, dass es ihm an Mitleid mit den Menschen von Ninive fehlt. Indem er das tut, baut Wagner in den Text eine Weltsicht hinein, die sich darin schlichtweg nicht findet. Falls wir Juden unseren Weg zu der Versöhnung finden sollen, die Wagner beschreibt, besteht unsere Aufgabe darin – frei nach Shakespeare–, den Fehler bei uns selbst zu suchen. Ich stimme Wagner voll und ganz zu, dass alles darauf ankommt, die Werte universaler Gerechtigkeit und der Versöhnung als den einzigen Weg zum Frieden hochzuhalten. Aber wenn man behauptet, dass diese Werte im Alten Testament vertreten werden, sei es in Genesis, im Deuteronomium oder in den Propheten, so nimmt man der Herausforderung an mein Volk nur die Spitze, sich ernsthaft mit dem Bewusstsein auseinanderzusetzen, etwas Besonderes zu sein, das unserer Identität so tief eingeflochten ist.

ROSEMARY RUETHER: NOCH EINMAL JONA

Die katholische Theologin Rosemary Ruether ist eine Pionierin der feministischen Theologie und außerordentlich engagiert für Menschenrechte und Gewaltlosigkeit. Wir werden uns ihr Werk genauer ansehen. Doch wollen wir zuerst ihre Jona-Auslegung anschauen. In dem Buch *The Wrath of Jonah: The Crisis of Religious Nationalism in the Israeli-Palestinian Conflict* (»Der Zorn des Jona: Die Krise des religiösen Nationalismus im israelisch-palästinensischen Konflikt«)[4], das sie 2002 zusammen mit ihrem Mann herausgebracht hat, konzentriert sie sich direkt auf dieses Thema: »Die Sicht der hebräischen Heiligen Schrift schwankt zwischen einer stammesbezogenen, militaristischen Sicht der Eroberung des Landes und einer kritischen ethischen Sicht auf die Beziehung

Israels zu dem Land. Sie reicht auch von einer ethnozentrischen bis zu einer zunehmend universalistischen Sicht des Auserwähltseins Israels gegenüber anderen Völkern. Das Buch Jona stellt den Höhepunkt dieser universalistischen Entwicklung dar. Gott hat auch die anderen Völker erschaffen, liebt sie und möchte sie genauso wie Israel retten« (13).

Auch hier wird wieder das Buch Jona als Beispiel – oder sollten wir sagen: als Beweis? – einer universalistischen Ethik im Alten Testament identifiziert. Wenn wir zunächst einmal die Frage bei Seite lassen, wo sich die genannte »ethisch kritische Sicht auf Israels Verhältnis zu dem Land« findet, müssen wir wiederum fragen, wo im Buch Jona denn die universalistische Botschaft steckt. Die Ruethers formulieren dies in der Einleitung zu *The Wrath of Jonah* so: »Das Buch Jona wurde in der Phase nach Nehemia (im 4. Jahrhundert vor der Zeitenwende) geschrieben, nach der Rückkehr der jüdischen Führungsschicht aus dem Exil, in das es infolge der Eroberung Palästinas durch Babylon im frühen 6. Jahrhundert geraten war. Dieses Buch sollte dazu dienen, nach der Rückkehr der jüdischen Führungsschicht nach Jerusalem die Toleranz und Koexistenz der Juden mit anderen Volksgemeinschaften innerhalb des Perserreiches zu fördern. Es war eine liebenswürdige Satire auf einen Typus von selbstgerechtem jüdisch-religiösem Exklusivdenken, das nach der Heimkehr erwacht war« (viii).

Unabhängig davon, ob wir mit der historischen Erklärung der Ruethers einverstanden sind, werden wir wahrscheinlich einige Sympathie für die exklusivitätskritische Mentalität empfinden, die sie dem Verfasser des Jona-Buchs zuschreiben. Aber genau diese Interpretation weckt Fragen. Wenn die Menschen von Ninive genauso Gottes Barmherzigkeit verdienen, sind sie dann so gut wie die Juden, die Gottes Volk sind? Wirkt sich die Tatsache, dass die Menschen von Ninive ebenfalls Gottes Geschöpfe sind, wirklich auf die Vorstellung aus, dass die Juden eine besondere Beziehung zu Gott haben? Man beachte wieder, dass es ein Jude ist, den Gott beauftragt, als sein Bote zum Volk von Ninive zu gehen. Den Ruethers ist es wichtig, dass das Buch sich an die Juden wendet: Es sei eine Predigt, die sie zurechtweisen, warnen und Demut lehren soll. Aber diese an die Juden gerichtete humanitäre Lektion trägt nicht notwendigerweise eine Botschaft über Gottes gerechte Liebe zu allen Menschen in sich und zielt auch nicht unbedingt auf die Abschaffung oder Verkleinerung einer exklusiven, bevorzugten Beziehung zu Gott.

Soll der leicht humorige Blick der Ruethers auf Jona ihrer Verurteilung der Aktionen Israels, wie man sie an anderen Stellen in ihrem Buch findet, die Schärfe nehmen? Oder ist er vielleicht ein hoffnungsvoller Versuch, das Judentum vom Zionismus zu trennen und diejenigen Elemente im Judentum in den Vordergrund zu stellen, die die Juden dazu führen könnten, ihre Richtung zu ändern und zu einem auf Gerechtigkeit gegründeten Kern ihres Glaubensbekenntnisses zurückzukehren? Mögen die Anschuldigungen gegen das Christentum wegen der schlimmen Folgen des Antisemitismus noch so groß sein; mag das Bemühen, das Christentum von dieser Last zu befreien und Bedingungen für eine Versöhnung zwischen den Religionen zu schaffen, noch so wichtig sein – wir werden dennoch sehen, dass die Ruethers mit dieser Argumentation praktisch zu Verteidigern der Ziele des Zionismus werden. Sie geraten dadurch in Konflikt mit den universalistischen Werten, die sie fördern und dem Judentum zuschreiben wollen. Dieser Konflikt findet sich bereits in Rosemary Ruethers früherem Werk, in dem sie das Thema des Antisemitismus direkt anspricht.

DER ANTISEMITISMUS UND DAS RECHT AUF EIN HEIMATLAND

In ihrem Buch *Faith and Fratricide: The Theological Roots of Anti-Semitism* (»Glaube und Brudermord: Die theologischen Wurzeln des Antisemitismus«)[5] von 1995 fordert Rosemary Ruether die Christen auf zuzugeben, in ihrer Lehre einen judenfeindlichen Grundzug zu haben, den sie nicht einfach beschönigen dürften. Sie weist auf die frühe christliche Judenfeindlichkeit hin und schildert deren furchtbare Konsequenzen im Verlauf der gesamten europäischen Geschichte. Außerdem zielt sie auf die lehrmäßigen und polemischen Elemente des Neuen Testaments, die für den Antisemitismus verantwortlich sind. So weist sie zum Beispiel darauf hin, dass die Ablösungslehre des Paulus nicht in einen linearen, historischen Rahmen gefasst ist, innerhalb dessen das Christentum einfach im Lauf der Zeit das Judentum ablöst. Vielmehr sei für Paulus das mit dem Judentum koexistierende Christentum etwas völlig anderes gewesen als der Mutterglaube und habe im Gegensatz zu ihm gestanden. Nach Ruethers Vorstellung lagen die Gegensätze klar auf der Hand: das Geistliche gegen das Fleischliche, das Gottgefällige gegen die regelrechte Ablehnung Gottes. Besonders betont Ruther die eklatante Judenfeindlichkeit im Johannesevangelium. Sie weist darauf hin, dass sich der Angriff auf das Judentum in diesem Evangelium nicht weginterpretieren lässt, indem man behauptet, es beziehe sich auf eine bestimmte Schicht und nicht auf die Ethnie, oder sogar nur auf eine kleine Gruppe innerhalb der jüdischen Gemeinschaft. Das gehe sogar so weit, dass man in einigen heutigen Übersetzungen fälschlicherweise von »Führern der Juden« spreche, wo »Juden« stehe (104).

Nach Ruethers Ansicht steht die Abwertung der Juden im Dienst der »christlichen Selbstbekräftigung« und sie behauptet, das »Überdenken der Judenfeindlichkeit« sei eine dringende Aufgabe der christlichen »theologischen Neukonstruktion« (228). Was das Bedürfnis angeht, das Christentum von diesem verhängnisvollen Zug zu läutern, bin ich mit Ruether einig. Bezüglich des speziellen Themas des Zionismus und des Staates Israel sehe ich hier jedoch ein problematisches Nebenprodukt dieses Bemühens, und zwar folgendes: Nach ihrer Diagnose der fürchterlichen Auswirkungen des eklatanten, hartnäckigen christlichen Antijudaismus bietet sie als Gegenmittel eine alternative, fortschrittlichere, ausgewogenere Haltung dem Judentum gegenüber an. Das ist eine Haltung, die mit ihrer Großzügigkeit und ihrem Bemühen um Ausgewogenheit die jüdische Sehnsucht nach der Heimkehr in das Heimatland anerkennt. Praktisch legitimiert sie damit theologisch die Vorstellung von einem politischen jüdischen Heimatland. So schreibt sie im 5. Kapitel ihres Buches:

> »Für das Christentum läuft das letztlich darauf hinaus, dass es sich jetzt selbst als Diaspora-Religion verstehen muss. Andererseits hat das jüdische Volk, erschüttert von der tödlichen Bedrohung seiner Existenz durch einen modernen Antisemitismus und trotz aller Schwierigkeiten einen riesigen Sprung geschafft und ... den Staat Israel gegründet. Die Große Rückkehr [*sic*] in das Heimatland hat dem jüdischen Volk durch viele Jahrhunderte hindurch am messianischen Horizont der Erlösung vom Exil geleuchtet. Aber das Christentum hat dogmatisch die Möglichkeit einer solchen Heimkehr ausgeschlossen und erklärt, das ewige Exil sei der historische Ausdruck der Verdammnis der Juden. *Jetzt ist dieser christliche Mythos von der Geschichte widerlegt worden* ... Aus der Perspektive der Unterdrückung im Exil betrachtet, ist die Heimkehr nach Israel in der Tat für die Juden eine Befreiungsbewegung und ein Heilsereignis« (227; Hervorhebung von mir).

Hier hat sich Ruether wie andere liberale Theologen auch auf den riskanten Pfad eines Denkens begeben, der von jüdischer Einzigartigkeit ausgeht. Die »Heimkehr« in Form des politischen Zionismus sei legitim, auch wenn religiöse Missklänge mitschwängen. In Vorwegnahme dessen, was sie dann 2002 in *The Wrath of Jonah* sagt, räumt Ruether ein, dass der Zionismus ein recht mangelhaftes Projekt sei. Aber ihre Neigung, ihn grundsätzlich gutzuheißen, ist unverkennbar. In verblüffendem Kontrast zu ihrer zehn Jahre später in *The Wrath of Jonah* geäußerten Ansicht gerät Ruether in die Falle, weil sie eine »ausgewogene« Sicht des Konflikts bieten will. Sie schreibt: »Es gibt natürlich ernste Probleme, die einfach mit der Landnahme zusammenhängen: jüdischer Nationalismus contra palästinensischem Nationalismus, nationale Sicherheit contra Gleichheit und Gerechtigkeit für alle. Dieses Ringen findet in einem Land statt, das auf ein Erbe voller Konflikte zwischen Gemeinschaften und Herrschaftsansprüchen zurückblickt, angefangen von der Antike bis hin zum modernen Kolonialismus und Neokolonialismus« (227). In diesen Worten lassen sich bekannte Themen aus dem derzeitigen Diskurs über Israel erkennen. Es sind Diskussionspunkte, die man auf allen Ebenen zu hören bekommt, von den strammen Verfechtern Israels bis zu den jüdischen Progressiven, die dem Staat mit kritischer Wachsamkeit gegenüberstehen. Das erste Argument taucht im oft gehörten Ruf nach »Ausgewogenheit« in der Diskussion auf. Meistens kommt es in Gestalt der Forderung, man müsse das Leiden der Israelis unter diesem Konflikt anerkennen und zugeben, dass auf beiden Seiten sehr viel gelitten wird. Diese Aufforderung schwingt auch in dem Aufruf mit, anzuerkennen, dass hier einfach ein komplizierter »Konflikt« zwischen den Besitzansprüchen zweier Parteien vorliege. Anders gesagt, es gehe nicht in erster Linie und vor allem darum, Unterdrückung und Ungerechtigkeit zu benennen und anzuklagen, sondern um die schwierige Aufgabe, zwischen zwei gleichermaßen gültigen Ansprüchen zu vermitteln.

Das zweite Thema, das deutlich im obigen Zitat aus *Faith and Fratricide* anklingt, ist die Vorstellung, in dieser Region gebe es eine nie enden wollende Geschichte der Konflikte. Mit diesem Argument wird der derzeitige Konflikt normalisiert: Dieses Land sei in einem endlosen Kreislauf von Eroberung, Widerstand und Unterdrückung schon immer das Schlachtfeld zwischen Nationen und ethnischen Gruppen gewesen, die sich um ein und dasselbe Territorium gestritten hätten. Folglich sei der derzeitige Konflikt einfach die jüngste Runde in diesem Ringen. Solche Behauptungen verharmlosen die grausame Realität eines mächtigen, militarisierten Staates, der eine langfristige Kampagne der illegalen Landnahme und Vertreibung der einheimischen Bevölkerung durchführt, eine Kampagne, die vom Westen wirksam unterstützt und gutgeheißen wurde.

Hier sehen wir, wie das liberale christliche Denken immer wieder in eine implizite Verteidigung des Zionismus verfällt, weil es dem Christentum die Verantwortung für die Umstände zuschreibt, die diesem zum Aufstieg verhalfen, und wie es dadurch ganz wesentlich zu dessen Legitimation beiträgt. Ruether schreibt: »Man darf nicht jede Kritik am Zionismus mit Antisemitismus gleichsetzen. Aber es besteht kein Zweifel, dass der Anti-Zionismus für manche zur Möglichkeit geworden ist, den Mythos von der ›ewig üblen Natur der Juden‹ wieder aufleben zu lassen und dem jüdischen Volk *das Recht zu verweigern, in einem eigenen Heimatland zu leben. Die Bedrohung der Existenz der Juden, die vom Nationalsozialismus auf ihre äußerste Spitze getrieben wurde und nie ganz fehlt, solange der Antisemitismus in der dominanten Kultur der Diaspora vorhanden bleibt, verlangt dringend nach dem israelischen Staat«* (227; Hervorhebung von mir). Ruether ist sich der gefährlichen Problematik bewusst, die unvermeidlich geschaffen wird, wenn man derart die religiösen, theologischen und tatsächlich auch messianischen Aspekte miteinander verquickt: »Die religiöse Interpretation Israels als des Verheißenen, von Gott geschenkten Landes, und als des Landes, dessen Wiederherstellung als messianisches Ereignis betrachtet wurde, verhindert das Bemühen um jeden Pluralismus, der für eine friedliche Koexistenz mit der einheimischen arabischen Bevölkerung, sowohl der muslimischen als auch der christlichen, nötig ist. Israel steckt fest zwischen einer in der Diaspora geschmiedeten religiösen Orthodoxie und dem säkularen Nationalismus und wartet auf die Wiedergeburt jener prophetischen Tradition, die im Licht des eigentlichen Zion der Gerechtigkeit und des Friedens, das erst noch erreicht werden muss, die Stimme des Zionismus in eine Sprache der Selbstkritik verwandeln kann« (227).

Ruether hat natürlich recht: Religiöse Orthodoxie und Messianismus lassen sich nicht mit Demokratie verbinden. Aber solange wir uns nicht direkt mit den Auswirkungen des Messianischen im Zionismus auseinandersetzen – einer starken Kraft, die tief im sogenannten säkularen Zionismus verwurzelt ist, wie es Jacqueline Rose so überzeugend aufzeigt –, wird dieser weiterhin seinen Einfluss ausüben. Messianismus ist Messianismus: Er macht den Weg nicht frei für eine demokratische Reform; er lässt es nicht zu, dass sich ein Pluralismus entwickelt, der auf den Grundsätzen der Gerechtigkeit und Fairness beruht. Hier appelliert Ruether an die Propheten, die dieses Dilemma beheben könnten. Aber die Vorstellung, dass die »prophetische Tradition« ein Modell oder eine Vorlage dafür liefern könnte, »die Stimme des Zionismus in eine Sprache der Selbstkritik [zu] verwandeln« sollte gründlich überprüft werden.

Ruether bestätigt in ihrer Analyse den Kern des zionistischen Ethos. Die Überwindung der Diaspora wird zum Triumph über den Antisemitismus. Den Zionismus, selbst wenn er im Licht neuerer Ereignisse in Kritik gerät, erhebt sie in den Rang eines »Heilsereignisses.« Vor allem angesichts ihrer jüngeren Schriften glaube ich nicht, dass Ruether der Auffassung ist, Israel habe den Juden das Heil gebracht. Tatsächlich hat sie über Jahrzehnte beharrlich mit den stärksten Formulierungen genau das Gegenteil behauptet. Aber wie ein roter Faden zieht sich durch ihr Werk dennoch auch eine Beschreibung der zionistischen Sehnsucht, die recht teilnahmsvoll klingt.

DER SCHATTEN DES JUDENTUMS

Was geht hier vor sich? Allem Anschein nach versuchen christliche Theologen in ihrem Bemühen, das Übel der Dämonisierung der Juden und die Festlegung der Juden auf eine Rolle im Schatten des Christentums – ja der ganzen Menschheit – dadurch wettzumachen, dass sie den ganzen Weg bis zur ursprünglichen Abspaltung des Christentums vom Judentum zurücklegen, um diese zu beheben. Indem sie das tun, laufen sie Gefahr, das aus dem Blick zu verlieren, was an der Revolution, die das frühe Christentum darstellte, wichtig und wesentlich war. Ruether hat bei ihrer Besprechung von Naim Ateeks Werk zu Recht hervorgehoben, dass es bei dem Schisma im Judentum, das zum Christentum führte, nicht um die Gottheit Christi gegangen sei. Vielmehr sei das Thema die Natur Gottes und seine Beziehung zur Menschheit gewesen. Wenn wir das verstehen, sehen wir, dass es bei dem, was sich im 1. und 2. Jahrhundert herauskristallisierte, darum ging, Gott aus dem Rahmen des alttestamentlichen Stammesdenkens zu lösen. Sowie wir uns dieser Tatsache ganz stellen, verlieren die Juden ihren speziellen Status. Im metaphorischen Sinn machte Christus uns alle zu Mitgliedern Israels. Damit versteht man aber unter »Israel« nicht länger einen Stamm und erst recht keine eigene Nation, sondern erkennt in »Israel« ein Bild für die gesamte in Gottes Liebe und durch diese Liebe vereinte Menschheit.

DIE RUETHERS KOMMEN WIEDER IN FAHRT: DIE SÜNDEN DES ZIONISMUS

Rosemary und Herman Ruether haben ihre wissenschaftliche Arbeit dem Anliegen der sozialen Gerechtigkeit verschrieben. Daher wundert es nicht, dass in ihrem Denken ein bemerkenswerter Wandel vor sich ging, nachdem sie eine Zeit lang in Palästina gelebt und gelehrt hatten und dabei Zeugen der Besetzung und Kolonisierung der Westbank und Gazas geworden waren. Auf dem Höhepunkt der zweiten palästinensischen *Intifada* veröffentlichten die Ruethers 2002 *The Wrath of Jonah: The Crisis of Religious Nationalism in the Israeli-Palestinian Conflict*. Dieses Buch bietet eine umfassende Erörterung des religiösen, historischen und philosophischen Hintergrunds des heutigen Zionismus. Darin werden auch die Aktionen Israels gegen die Palästinenser klipp und klar verurteilt und sogar die Grundlagen des politischen zionistischen Projekts in Frage gestellt. Ferner beschreiben sie die starken Strömungen des Messianismus, Utopismus und Nationalismus, die sich im modernen politischen Zionismus vereinen. *The Wrath of Jonah* ist ein leidenschaftlicher Aufruf zur Selbstüberprüfung und Selbstkritik. Beides sei für Israel dringend notwendig, um aus dem Kreislauf der von diesem tragischen Konflikt erzeugten Gewalt und Feindseligkeit herauszukommen.

Die Ruethers steuern in ihrer Analyse des Zionismus direkt auf den Punkt zu, der für die Juden das Schlüsselthema ist, nämlich unser Bewusstsein, ein besonderes und ausgesondertes Volk zu sein, das nicht den Spielregeln unterworfen ist, die für andere Gruppen gelten. Zudem stoßen sie zum theologischen Kern der Materie vor, nämlich dem Thema der Auserwählung des jüdischen Volkes von Gott, und geben zu bedenken, dass dies für die Behauptung gebraucht werden könne, man sei von Natur aus höherstehend und dürfe besondere Ansprüche haben. Das ist eine mutige Position angesichts der in der liberalen christlichen Theologie vorherrschenden Tendenz, genau diejenigen Elemente der alttestamentlichen Theologie herauszustellen, die das jüdische Anspruchsrecht auf das Land unterstützen.

In *The Wrath of Jonah* machen die Ruethers die feine und wichtige Unterscheidung zwischen der Kraft des Konzeptes »Heimatland« für die jüdische Identität und dem Recht, jedes Mittel zu gebrauchen, um dieses zu verwirklichen. Sie scheuen dabei nicht vor einer genaueren Betrachtung der Geschichte des Konflikts zurück. Vor allem heben sie hervor, es sei unbedingt nötig, eine einzige, wahrheitsgetreue historische Darstellung dessen zu erarbeiten, was im Jahr 1948 geschah. Damit wenden sie sich gegen die bislang übliche Praxis, zwei parallele Erzählweisen anzubieten, eine jüdische und ein palästinensische. Aber eigentlich, so betonen die Autoren, gebe es eben nur eine einzige Geschichte: diejenige des entschieden und unermüdlich durchgeführten zionistischen Programms, einen jüdischen Staat zu errichten und die grausame und tragische Enteignung der Palästinenser, um für diesen Staat Platz zu schaffen. Die Ruethers hoffen auf israelische und palästinensische Historiker, die diese einzige historische Darstellung erarbeiten und sie drängen darauf, »dass diese in beiden Gemeinschaften verbreitet wird« (xxiii).

Die Ruehters argumentieren auch politisch. Sie machen Israel dafür verantwortlich, das Friedensabkommen von Oslo 1993 sabotiert zu haben, indem es ununterbrochen weitere illegale Siedlungen in der Westbank baute. Sie zielen direkt auf das Schibboleth von »Israels Existenzrecht« und bezeichnen es – zu Recht – als »zionistische Rhetorik«, die in Wirklichkeit eine »verdeckte Berufung auf den religiösen Mythos ist, dass die Juden a priori das Recht hätten, als Nation auf einem ganz bestimmten Gebiet zu existieren« (230). Kurz, sie gehen in *The Wrath of Jonah* frontal auf die heiligen Kühe des Zionismus los, also auf die Themen, die von christlichen wie jüdischen Stimmen im Diskurs vermieden werden, aus lauter Sorge, dass dies die Chance für den Dialog und einen gemeinsamen Boden für die Verständigung sabotieren könnte. Man muss nur das Vorwort zur 2. Auflage von *The Wrath of Jonah* von 2002 lesen, das auf lediglich drei Seiten eine Analyse bringt, die heute noch genauso durchdringend und präzise ist, wie sie es schon damals war. Hier nehmen die Ruethers den Mythos vom »Friedensprozess« aufs Korn, entwerfen ein Gesamtbild der Apartheid und der ethnischen Säuberung, stellen die Behauptung in Frage, der arabische Antisemitismus nähre ständig die Gegnerschaft gegen Israel und nennen schließlich als Wurzel des Konflikts das »israelische System der kolonialen Apartheid« (xiv). Die Autoren sind zwar durchaus nicht blind für das Versagen der palästinensischen Führer, aber sie schenken sich die obligatorische Empfehlung, in dieser Diskussion »ausgewogen« zu bleiben und schreiben die Verantwortung für das Scheitern der Friedensverhandlungen direkt Israel und den USA zu. *The Wrath of Jonah* ist ein mutiges Buch: Es bricht die ungeschriebenen Regeln des Dialogs über dieses Thema.

Die Ruethers betrachten insbesondere das moralische Scheitern des Zionismus, hauptsächlich die Ausnutzung und sogar Ermutigung des Antisemitismus in der Diaspora durch die zionistischen Führer. Diese waren sogar so weit gegangen, mit antisemitischen und verbrecherischen Regimen zusammenzuarbeiten, um in den Jahren vor und nach der Gründung des Staates die jüdische Einwanderung nach Palästina anzukurbeln. So findet sich hier eine strenge und zuweilen bittere Verurteilung der Sünden des Zionismus. Die Ruethers bieten einen historischen Überblick, der den Zionismus als Ideologie höchst kritisch darstellt, noch ehe sie überhaupt genauer auf die Vorgehensweisen Israels gegen die einheimischen Palästinenser eingehen. In ihrem Vorwort und Nachwort von 2002 treten ihr Ärger und ihre Wut auf Israel deutlich zutage. Sie legen Wert darauf, auf das riesige Ungleichgewicht der Macht beider Konfliktparteien hinzuweisen und fordern von Israel, die notwendigen Veränderungen zu schaffen, um dem Konflikt ein Ende zu bereiten. Dabei geben sie sich keinen Illusionen hin, dass Israel willens sei, seine dominierende Stellung aufzugeben und sich selbst zu öffnen, statt weiterhin nach der – wirtschaftlichen, demographischen und politischen – Hegemonie im historischen Palästina zu trachten. Sie fordern aber, dass der Rest der Welt in der Pflicht sei, auf Israel einzuwirken. Sie befürworten den Boykott Israels und berufen sich dabei auf das Beispiel von Südafrika zur Zeit der Apartheid. Im Übrigen sprechen sie sich im Wesentlichen für eine Ein-Staat-Lösung aus, »weil damit die ethnische Diskriminierung aufgelöst würde, die in der Vorstellung und den Rechtsstrukturen eines ›jüdischen Staates‹ steckt« (244). Hier äußern die Ruethers ganz offen den häretischen Gedanken: Die Realität, ja schon die Idee eines jüdischen Staates ist unhaltbar und letztlich moralisch unerträglich. Aber es gilt noch einen Schritt weiterzugehen, und eben den gehen sie nicht.

DAS JÜDISCHE VOLK BEKOMMT EINEN FREIBRIEF

In ihrem einleitenden Kapitel bieten die Ruethers einen Überblick über die Strömungen des nationalistischen Denkens und des Exklusivitätsdenkens in allen drei abrahamitischen Religionen und weisen darauf hin, dass dieses nicht nur ein Aspekt des Judentums sei. Das stimmt, aber in Anbetracht dessen, worauf dieses Buch sich konzentriert, müssen wir genau darauf achten, wozu diese Information verwendet wird. Die Sünden und Missbräuche von Christentum und Islam toleriert man heute nicht mehr, weder in ihrer sozialen, politischen oder offen nationalistischen Form. Warum aber wird dann den jüdischen Spielarten ein Freibrief ausgestellt? In ihrem Bemühen, für alle drei Religionen eine Möglichkeit zu finden, das Heilige Land »gemeinsam miteinander zu teilen«, wollen sie alle drei auf eine gleiche Ebene stellen. Das ist eine ausgewogene Position, aber dabei läuft man Gefahr, das Phänomen des jüdischen Triumphalismus, wie er sich im politischen Zionismus und seiner praktischen Umsetzung durch den Staat Israel äußert, zu übertünchen: die ethnische Säuberung von 1947 bis 1948, das Scheitern bei der Umsetzung einer Verfassung, die den in der Unabhängigkeitserklärung von 1948 ausgesprochenen Grundsätzen gerecht wird und die ganz offen betriebene Kolonialpolitik in den seit 1967 besetzten Gebieten. Sollte Israel seinen Kurs ändern und den Weg für eine Siedlungstätigkeit frei machen, die auf der Fairness für alle Konfliktparteien beruhen würde, so muss alles, was diese Handlungen und Politik angetrieben hat, genau untersucht und analysiert werden. In dieser Hinsicht hat der ausgewogene, alle gleich behandelnde Ansatz der Ruethers die Tendenz, uns von dieser Analyse abzulenken.

Ihre Erörterung der religiösen und säkularen Wurzeln des Zionismus öffnet uns ein weiteres Fenster zur genaueren Betrachtung dieses Themas. Sie zeigen in einem kurzen, eindringlichen Überblick, wie der moderne politische Zionismus, der sein Entstehen dem Scheitern der Emanzipation im 19. Jahrhundert und dem sozialen und politischen Zerfall des zaristischen Russlands verdankt, eine Synthese aus modernen und archaischen Wurzeln ist: aus dem europäischen Nationalismus und dem religiösen Messianismus. Hierauf schildern sie, wie merkwürdigerweise drei weitere und grundverschiedene Strömungen zur Schaffung des jüdischen Staates beigetragen haben: der linksgerichtete Arbeiter-Zionismus, Rabbi Abraham Isaac Kooks messianischer Zionismus und der faschistische Revisionismus eines Jabotinsky. David Ben Gurion, der geniale Architekt des Staates Israel, gelang es, bei seiner Gründung des heutigen Staates alle drei vor seinen Karren zu spannen. Die Ruethers vermerken den Umstand, dass sich von daher der fundamentalistische Messianismus und der faschistische Nationalismus nahtlos und wirksam in den Arbeiter-Zionismus integrieren ließen, den angeblich säkularistischen, universalistischen Mainstream der zionistischen Bewegung. Historisch war es so, dass Ben Gurion seine Entscheidung, sich auf die religiösen Parteien als politische Kumpane einzulassen, mit der Vorhersage rechtfertigte, der Erfolg des Zionismus werde schließlich das traditionelle Judentum überflüssig machen: Denn das rabbinische Judentum sei ja schließlich nur als Ersatz für den Tempel und die politische Autonomie der Juden gegründet worden, und den brauche man dann ja nicht mehr. Wenn die Juden wieder über politische Selbstbestimmung verfügten, werde folglich das orthodoxe Judentum von allein schrumpfen und verschwinden.

Inzwischen wissen wir, dass das Gegenteil passiert ist: In Wirklichkeit hat der Staat den fruchtbaren Boden dafür bereitet, dass eine fundamentalistische religiöse Ideologie üppig ins Kraut schießen konnte, deren Vorkämpfer dem Staat nutzten und weiterhin von ihm unterstützt werden. Diese Ideologie spielt im politischen Prozess weiterhin eine mächtige Rolle und trägt beträchtliche Verantwortung dafür, dass der derzeitige Konflikt weitergeht. In ihrem Nachwort von 2002 zu *The Wrath of Jonah* mahnen die Ruethers die Entwicklung eines anderen Bewusstseins bei den israelischen Juden an, die sich mit der Weltchristenheit vereinen sollten, um »eine kritische Masse [herbeizuführen], die den Wandel zu einem gerechten Frieden bewirken kann« (247). Ich stelle mich voll und ganz hinter diese Ansicht. Unsere größte Hoffnung, diese kritische Masse zu erreichen, sehe ich wirklich in den Kirchen im Verbund mit den progressivsten Elementen der jüdischen Gemeinschaft in den USA und in Israel.[6]

Im Nachwort von 2002 schreiben die Ruethers: »Wir glauben, dass diejenigen, denen am jüdischen Volk liegt, sich dafür entscheiden sollten, von einer zionistischen Bindung an Israel, die angeblich das Problem des Antisemitismus lösen soll, frei zu werden. Die derzeitigen Ungerechtigkeiten Israels und die ideologische Verschleierung dieser Fehler müssen klipp und klar einer kritischen Überprüfung unterzogen werden. Dann könnte die negative Energie der Enttäuschung in eine positive Energie der Reform sowohl Israels als auch der weltweiten jüdischen Institutionen umgewandelt werden.« Aber sie fahren dann mit den folgenden Sätzen fort: »Der Bruch mit der zionistischen Ideologie könnte die neue Freiheit und Energie für eine religiöse und soziale Erneuerung des Judentums auf breiter Front freisetzen. Er würde die Möglichkeit bieten, ganz neu zu definieren, was es heißt, eine globale Gemeinschaft auf religiöser Grundlage zu sein, die sich moralisch engagiert. Das würde keine Ablehnung des Staates Israel als dem politischen Projekt des jüdischen Volkes durch das Weltjudentum bedeuten, sondern ihn in ein neues Verhältnis zu diesem setzen« (223).

Das sind hehre Vorstellungen, aber halten sie der harten Realität des heutigen Israels stand? Warum meinen Christen, dass wir einen »modernen« Staat, aber doch »mit religiöser Grundlage« haben können – und sollten –, und erst recht einen *jüdischen* Staat? Ich stimme dem Aufruf der Ruethers zu einer Erneuerung des Judentums voll und ganz zu, besonders bezüglich der Zukunft des Staates Israel, dessen Weiterexistenz sie ganz klar unterstützen. Israel ist eine bemerkenswerte Leistung. Sein Volk hat es verdient, mit seinen Nachbarn in Frieden und Sicherheit leben zu dürfen. Aber die Frage bleibt im Raum: Wie können wir weiterhin – mit Ruethers gesprochen – unser »politisches Projekt« eines jüdischen Staates betreiben und uns dabei gleichzeitig für Menschenrechte und Demokratie engagieren? Wie können wir vom Zionismus freikommen und dennoch weiterhin unseren jüdischen Staat haben? Sind wir denn, wie sie sagen, »eine Gemeinschaft auf religiöser Grundlage, die sich moralisch engagiert« oder sind wir ein moderner Nationalstaat? Das ist *die* herausfordernde Frage an uns als Volk und als Glaubenstradition. Hinzu kommt, dass dies eine Herausforderung ist, vor der wir gemeinsam mit unseren christlichen Schwestern und Brüdern stehen, die die Augenzeugen unseres Kampfes ums Überleben waren und sind. Angesichts der politischen und auch religiösen Krise, die sich aus der Realität des heutigen Israels ergibt, ist die Zukunft des Judentums und des jüdischen Volkes für die Christen ein genauso wichtiges Thema wie für die Juden. Es ist schon herausfordernd genug, auf diesen Widerspruch jüdische Progressive anzusprechen, die meinen, wir könnten beides auf einmal haben: ein moralisch einwandfreies und demokratisches, aber jüdisches Israel. Aus diesem Grund wird es immer wichtiger, der Bereitschaft von Christen klar die Stirn zu bieten, uns das Recht auf diese ethische, politische und theologische Mogelei einzuräumen. Es müssen saubere Unterscheidungen getroffen und klare Linien gezogen werden, so sehr dieser Prozess auch an die innerste Substanz gehen mag.

Denn es nagt an unserem Innersten: Seit ihrer Konfrontation mit den Verbrennungsöfen haben sich die Christen mehr als sechzig Jahre lang alle Mühe gegeben, Bande des Verstehens und der Versöhnung mit dem jüdischen Volk zu knüpfen. Wenn man jetzt in einen ehrlichen Dialog eintritt über das Versagen des jüdischen Staats, sich als Mitglied der Staatengemeinschaft an seine Verpflichtung auf die Menschenrechte zu halten, scheint das die Ergebnisse dieser mühsamen Arbeit zu stören, ja womöglich sogar zu zerstören. Und was die Situation für die christlichen Laien, die Geistlichen und Führer noch schwieriger macht, ist die Bereitwilligkeit der organisierten jüdischen Gemeinschaft, diese Zurückhaltung der Christen für ihre Zwecke auszunutzen und damit die echten Errungenschaften, die im interreligiösen Austausch erreicht worden sind, zu verfälschen. Die traurige Wirklichkeit sieht inzwischen meistens so aus, dass man sich an das ungeschriebene Gesetz hält, das Thema »Israel« außen vor zu lassen. Dadurch ist aus einem früher spannenden, produktiven Unternehmen gegenseitigen Austauschs und Respekts eine leere Übung geworden – eine vorsichtige, zerbrechliche Entspannungspolitik. Marc Ellis hat den Begriff vom »ökumenischen Deal« geprägt, um zu beschreiben, wie die Christen aus Buße wegen des Holocausts und »Rücksichtnahme« auf die Gefühle der Juden und aus Angst, als Antisemiten etikettiert zu werden, »das palästinensische Volk verkauft haben«, wie es Rosemary Ruether formulierte. Das besonders Problematische daran ist, dass die Bedingungen dieses Deals nicht nur von den glühendsten und strammsten Verfechtern Israels hochgehalten werden, beispielsweise den US-amerikanischen zionistischen Organisationen, religiösen Denominationen und Lobbyistengruppen (einige davon haben wir im 4. Kapitel kennengelernt), sondern in subtilerer Form auch vom jüdischen progressiven Lager in den USA und in Israel.

Der Schlussabschnitt des vorliegenden Buches wird mit der Vorstellung einiger dieser jüdischen Denker eröffnet werden.

TEIL 3:
JENSEITS VON INTERRELIGIOSITÄT

Wenn wir nicht Wege des Friedens und der Verständigung finden können, wenn der Weg zur Einrichtung einer jüdischen nationalen Heimat nur mit der Schützenhilfe irgendeiner Weltmacht gangbar ist, dann lohnt sich das ganze Unternehmen überhaupt nicht ... Bevor das jüdische Volk ins verheißene Land einziehen kann, und zwar nicht auf die Art Josuas, besteht eine der großen Zivilisationsaufgaben des jüdischen Volkes darin, Frieden und Kultur, harte Arbeit und Opfer und Liebe aufzubringen sowie die feste Entschlossenheit, nichts zu tun, was sich nicht vor dem Gewissen der Welt rechtfertigen ließe.
Judah Magnes

Unsere Ablehnung »der Anderen« wird uns umbringen. Wir müssen die Palästinenser und anderen arabischen Volksgruppen ins jüdische Geschichtsverständnis mit einbeziehen, denn sie sind Teil unserer Geschichte.
Sara Roy, »Israel's ›Victories‹ in Gaza Come at a Steep Price«

Jahrhunderte hindurch, und in den USA bis vor wenigen Jahrzehnten, wurde allgemein erwartet, dass alle Menschen Mitglied einer Kirche waren (und das dürfte auch für Synagogen gegolten haben) ... Diese Erwartung gibt es heute nicht mehr ... Die »gute Nachricht« bei diesem Niedergang ist, dass den Gemeinden des Mainstreams schon sehr bald nur noch solche angehören werden, die auf Grund einer Entscheidung dabei sind und nicht bloß, weil es so üblich ist. Das bringt die Möglichkeit mit sich, dass die Kirche wieder eher eine alternative Gemeinschaft wird, statt bloß eine konventionelle ...
Marcus Borg, Jesus: Uncovering the Life, Teachings and Relevance of a Religious Revolutionary

Obwohl eine christliche Gemeinde in den reichen USA überhaupt nichts von dem an sich hat, wodurch sich in offensichtlich brutalen Gesellschaften widerständische und alternative kleinere Gemeinden auszeichnen, ist in den USA Kirche als Randgemeinschaft ein denkbares Aktionsmodell.
Walter Brueggemann, The Prophetic Imagination

KAPITEL 9
»ICH LASSE DICH NICHT LOS, WENN DU MICH NICHT SEGNEST«: JÜDISCHE PROGRESSIVE RINGEN MIT ISRAEL

> Die Menschen steuern letztlich nicht wegen ihrer Bosheit in Tragödien, sondern wegen ihrer Treue: nicht indem sie das Falsche tun, sondern indem sie das Richtige zu lange Zeit hindurch tun ... Ich hoffe, ich kann eine erschütternde Tragödie dieser Art schildern, nämlich wie die Israelis, die nicht von der Romanze des Zionismus lassen konnten, die Chance ihres Landes, als Demokratie zu überleben, beeinträchtigten – oder sogar zunichte machen.
>
> Bernard Avishai, The Tragedy of Zionism

In den bisherigen Kapiteln haben wir uns gründlicher angesehen, wie sich christliche Denker im Hinblick auf den israelisch-palästinensischen Konflikt mit den komplexen Fragen um Land, Bund und interreligiöse Versöhnung herumgeschlagen haben. Mann muss allerdings sagen, dass wir Juden vor noch größeren Herausforderungen stehen, wenn wir nach einem von Mitgefühl und Aufrichtigkeit geprägten Ausweg aus dem tragischen Dilemma suchen, in dem wir uns befinden. Nirgends zeigt sich dieses Ringen deutlicher als bei den fortschrittlichen Denkenden innerhalb der jüdischen Gemeinschaft sowohl in den USA als auch in Israel. Ein besonders gutes Beispiel dafür ist der israelische Staatsmann und Autor Avraham Burg. Burg war Vorsitzender der *Jewish Agency for Israel* und früher Sprecher der Knesset. Heute ist er ein offener und in den Augen mancher Kreise notorischer Kritiker der sozialen Verhältnisse in Israel. Burg kam 1955 in Jerusalem als Kind der israelischen »Aristokratie« der eingewanderten deutsch-jüdischen Gemeinde zur Welt, einer Gemeinde, die auf einen ansehnlichen intellektuellen Stammbaum zurückblickt und in der israelischen Gesellschaft einen privilegierten Platz einnimmt. Burg verkörperte bis zu seinem abrupten Ausscheiden aus der israelischen Politik und seinem Auftreten als entschiedener Kritiker derselben im Jahr 2004 den typischen Israeli: geboren nach der Staatsgründung, entschieden patriotisch, fest in der jüdischen Geschichte verwurzelt und an seinem Platz als einem der Privilegierten, die das Ende des Exils und den Aufbau einer neuen jüdischen Gesellschaft miterleben durften.

Burgs Buch von 2008 *The Holocaust Is Over: We Must Rise From Its Ashes* (»Der Holocaust ist vorbei. Wir müssen uns aus seiner Asche erheben«)[1] ist ein mutiges Werk. Er nimmt sich darin nicht weniger vor als aufzudecken, was in seinen Augen die Mythen und Betrügereien waren, die der politische Zionismus den Bürgern Israels serviert hat. Burgs zentrales Thema ist die anhaltende Auswirkung des Holocausts. Er stellt die Frage: Was ist das Ergebnis unserer nie endenden Überzeugung, die Welt sei gegen uns? Was passiert, wenn wir aus den Arabern Nazis machen und jeden Akt der Gewalttätigkeit und jeden Konflikt unverzüglich als direkte Bedrohung unserer gesamten Existenz ansehen? Burg sagt, die Fixierung auf den Holocaust vergifte Israels Gesellschaft politisch und moralisch: »Die zentrale Rolle des Militärs in unserem Land, die Rolle unserer Sprache bei der Legitimation des Illegitimen, die Infiltration des Mainstreams mit den Geschichtsdeutungen des rechten Flügels und die Gleichgültigkeit der passiven Mehrheit – das sind die Hauptfaktoren, die es zulassen, dass unsere Welt vergiftet wird« (66).

Burg behauptet, die israelische Gesellschaft zahle für diese ständige Beschäftigung mit der Vergangenheit einen hohen Preis. Er eröffnet sein Buch einem Bild, das er von einem Zoobesuch mit seinem Sohn mitnimmt:

> »Ich saß da und sah den eingesperrten Affen zu. Alle hüpften kraftvoll und spielerisch von einem Ast zum andern. Mit der einen Hand hielten sie sich fest und mit der anderen griffen sie in die Luft nach dem nächsten Ast und sprangen dann. Aber ein Affe hockte da und machte nicht mit. Ich fragte einen vorbeigehenden Wärter, was er habe. ›Er ist anders‹, sagte der Tierpfleger. ›Er kann nicht klettern, weil Angst hat, den Ast loszulassen. Wenn man einen Ast mit beiden Händen festhält, kann man nicht hochklettern. Das ist sein Schicksal‹, erklärte er traurig. ›Er hockt den ganzen Tag auf dem Boden wie jemand, der trauert und bleibt vom Leben um ihn herum abgeschnitten‹« (9).

Burg hält seine Trauer und Wut und seine Angst um Israels Gefährdung, die es sich selbst zugezogen habe, nicht zurück. Er macht klar, wie er die Dinge sieht: »Israel steht heute nicht vor den Toren der Gaskammern. Man darf mit gutem Grund annehmen, dass in dem Moment, in dem die Werte der Umsiedlung der Palästinenser und des ganz im Stil der Torah erfolgten Genocids auf der Tagesordnung unserer Regierung stehen, ich und viele meiner Freunde nicht mehr freie Bürger dieses Staates sein werden. Wir werden mit allen uns zur Verfügung stehenden legitimen Mitteln kämpfen, um unseren Staat daran zu hindern, moralischen Selbstmord zu begehen.«[2]

EIN NEUES JUDENTUM

In einem Kapitel mit dem Titel »Ein neues Judentum« zeigt Burg das tragische Dilemma auf, in dem sich die Zionisten heute befinden. Er zeichnet nach, wie sich bei den Juden während verschiedener Perioden ihrer Geschichte Vorstellungen von Größe und Überlegenheit entwickelt und tief eingebrannt haben und auf welche Weise dies eine Möglichkeit war, mit den Auswirkungen einer fast immer vorhandenen Unterdrückung durch die Mehrheitskultur zurechtzukommen. Dies, so schreibt er, war eine Anpassung an gewaltigen und unablässigen Stress. Um Hoffnung und ein Zukunftsgewissheit bewahren zu können, hätten wir von uns selbst behaupten müssen, wir seien von den anderen verschieden und distanziert. Zudem bringt er die unvermeidliche Analogie vom missbrauchten Kind, das zum Erwachsenen heranwächst, der wiederum sein Kind missbraucht, also vom Geschlagenen zum Schlagenden wird. »Auf die gleiche Weise«, so Burg, »kann ein erniedrigtes und verfolgtes Volk den schlimmsten seiner Peiniger ähnlich werden« (189). Daraus sind Konsequenzen zu ziehen:

»Es wäre falsch, würden wir die Wahrheit schönreden und sagen, wir seien dagegen immun und uns werde das nicht passieren. Es passierte dem Deutschland Schillers, Goethes und Mendelssohns und auch uns. Im Israel von Agnon, Oz und Rabbi Ginzburg passierten schlimme Dinge. Bei manchen ist die Quelle das Trauma, bei anderen ist es der Grundstrom der jüdischen Identität und die Natur unserer nationalen Existenz, die darin besteht, uns seit eh und je von anderen abzusetzen und auf Konfrontation mit ihnen zu gehen. Ich fürchte mich vor manchen Rabbis und ihren offenen oder verdeckten Theorien, und ich befürchte auch, dass unter uns etliche Verbrecher sind. Es gibt bei uns ein angeborenes Element der Diskriminierung anderer, der Arroganz und der Vorliebe für alles, was aus jüdischen Genen stammt. Das ist mehr vorhanden, als die Leugner wahrhaben wollen« (190).

Burg legt eine empfehlenswerte und in mancher Hinsicht erstaunliche Fähigkeit zur ehrlichen Selbsterforschung an den Tag. Aber wir können in seiner Position auch eine eigenartige Zwiespältigkeit beobachten. Einerseits scheint er bereitwillig zuzugeben, dass in der heutigen jüdischen Identität ein fundamentales Problem steckt, nämlich ein fatales Manko in der Art, wie wir uns im Verhältnis zur Welt sehen. Und dennoch hält er noch etwas zurück. Man beachte, dass er im obigen Zitat, in dem er von der schmählichen Misshandlung der Palästinenser durch Israel sprach, die Passivform gebrauchte: *Es* »passierten schlimme Dinge.« Burgs Distanzierung von den Sünden Israels, die er so mutig beim Namen genannt hat, reicht in Wirklichkeit tiefer als dieser verzeihliche Gebrauch der Passivform. Burg grenzt nämlich den Kreis der Gewalttäter stark ein, indem er die Verbrechen gegen die Palästinenser in den besetzten Gebieten »manchen Rabbis« und »etlichen Verbrechern« zuschreibt. Selbst wenn er also das fatale Manko in der heutigen jüdischen Identität mit seltener Deutlichkeit beschreibt, neutralisiert er die Kraft seiner Kritik dadurch, dass er Feindbilder aufstellt. Je gründlicher er die Gefährlichkeit und Hässlichkeit dieser »Verbrecher« darstellt, desto mehr distanziert er sich selbst – und damit das Regierungssystem, das ihnen den Nährboden liefert – von ihren Handlungen und ihrer Ideologie.

Burg will darlegen, was er die »große Finsternis« nennt, die Israel bedrohe: Rassisten und fundamentalistische Rechtsextreme. Sie würden verkörpert von Rabbi Yitzchak Ginzburg, einem Führer »des neuen religiösen und spirituellen Radikalismus in Israel«, wie ihn in der Westbank die jüdischen Jugendlichen und ihre Eltern repräsentieren, die Burg als einen »Pöbel gefährlicher Fanatiker« beschreibt (182). Ginzburg glaubt, dass die Juden kraft ihrer Auserwählung durch Gott und ihrer angeborenen Überlegenheit das Besitzrecht auf das gesamte Land Israel haben. Um uns eine Kostprobe von Ginzburgs Credo zu geben, zitiert Burg aus einem von diesem im Selbstverlag herausgegebenen Buch mit dem Titel *Kingdom of Israel* (»Königreich Israel«): »Das Land sollte von denen besiedelt werden, die beschlossen haben, das Volk Gottes zu werden ... [das Volk,] das allen anderen Völkern Moral und Intelligenz brachte.« Und Burg macht klar: »Ginzburg ist nur einer von vielen« (182). Das seien die Juden, so erklärt er uns, die in der Westbank die Gewalttaten gegen die Palästinenser begehen, die Vorreiter der Siedlerbewegung, die bis in die frühen Tage der Besetzung zurückreicht.

Burg legt die Gemeinheit der extremistischen Ideologie, die der Siedlerbewegung zugrundeliegt, gnadenlos offen: Es seien fundamentalistische Juden, die sich aus religiösem Eifer der Kolonisierung des gesamten historischen Palästinas verschrieben hätten. Er zitiert Rabbi Ovadiah Yosef, den spirituellen

Führer der ultra-orthodoxen politischen Shas-Partei. Nachdem der Hurrikan Katrina New Orleans verwüstet hatte, erklärte Yosef in einer seiner wöchentlichen Ansprachen, diese Naturkatastrophe sei über die »Neger« von New Orleans gekommen, weil sie Ungläubige seien und – so wörtlich – nicht die Torah studierten.

Burg schreibt, Ginzburg und Yosef seien nur zwei von vielen, die unsere Gesellschaft vergifteten. Die Folgen seien vorhersagbar: »Es gibt Hooliganismus, gewalttätige Ausschreitungen und tödliche Unfälle. Dies alles verbindet sich zu einer klaren und aktuellen Bedrohung der modernen jüdischen Identität des Staates und seiner derzeitigen Form« (ebd.).

Ein genauerer Blick auf diese letzte Aussage offenbart, wie Burg die Siedler dazu benutzt, Israel von der Verantwortung für die Besetzung zu entlasten. Um das deutlich zu machen, hat Burg die augenfälligsten Beispiele gewählt, mit denen er die Leserschaft schockieren kann. Und dann nimmt er dem Bösen wirksam sein Subjekt, indem er formuliert: »*Es gibt* Hooliganismus.« Er drückt sich damit um die wichtigsten Fragen: Was verursacht dieses kriminelle Verhalten? Wer ist dafür verantwortlich? Wer steuert das Schiff? Ist der »Pöbel gefährlicher Fanatiker« gleichzusetzen mit denen, die die Land raubende Mauer bauen, Kontrollstellen einrichten, achttausend Häuser abreißen, um Ostjerusalem für jüdische Siedlungen zu planieren und das Netzwerk von nur für Juden erlaubten Straßen zu bauen? Existierten diese pathologischen Randgruppen bereits 1947 und 1948, als jüdische Streitkräfte systematisch eine Dreiviertelmillion Männer, Frauen und Kinder aus ihren Städten und Dörfern in Galiläa, der Küstenebene, dem Negev und dem Korridor von Jerusalem vertrieben? Sind die radikale Siedlerbewegung Gusch Emunim und die Jugendlichen in der Westbank verantwortlich für die fortschreitende Enteignung der noch übrigen Beduinen im Negev und den Hügeln um Jerusalem, um Platz für die jüdische Expansion zu machen? Radikale Fundamentalisten mögen dieses Projekt befürworten, aber sind denn sie die Architekten des von der Regierung unterstützten Plans, das Becken der Altstadt von seinen noch verbliebenen nichtjüdischen Bewohnern zu säubern?

Rabbi Ginzburg dient Burg nur als Ablenkungsfigur. Er ist nicht der Architekt der Besetzung. Nicht er plante in den Jahren vor der Errichtung des Staates die ethnische Säuberung Palästinas. Nein, der wirkliche Feind sind wir selbst. Die eindeutige und gegenwärtige Gefahr liegt in der Politik des Staates selbst, dessen politische Machtstruktur aus weithin säkularen Leuten besteht, nämlich aus Generalen und Bürokraten, die nicht die Torah studieren und nicht in die Synagoge gehen. Burg ist bereit, das einzuräumen, aber mit seiner Dämonisierung des radikalen Rands verharmlost er die offiziellen Handlungen des Staates selbst. So wendet sich Burg gegen die Behauptung, dass wir selbst wie unsere ignoranten, rassistischen Peiniger in Europa geworden seien. Er vertritt, dass man das nicht mehr sagen könne, weil »der Staat Israel als Heilmittel gegen alle exilbedingten Krankheiten gedacht ist. Aber die Separatisten tragen den Minderwertigkeitskomplex der Vergangenheit weiter und verkehren ihn in die Besessenheit absoluter Überlegenheit. Die praktische Folge ist die Diskriminierung auf vielen Gebieten und ein rassistischer Zug, der die Entscheidungen unserer Regierung befleckt« (190).

Ein rassistischer »Zug«? Diskriminierung »auf vielen Gebieten«? Nachdem Burg dieses Feindbild aufgebaut hat, dieses Element, das das Gewissen des Staats befleckt, verwendet er es dazu, den Beitrag des Staates zu verharmlosen: Das sind nicht wir, dass sind diese extremen Elemente. Sie, der fanatische Pöbel, sind diejenigen, die unser nationales Wohlbefinden gefährden. Der Staat, so Burg, sei dazu gedacht gewesen, unser kollektives Charakterproblem zu beheben, aus uns ein neues Volk zu machen und die Übel auszumerzen, die von einem »harten und schmerzlichen Exil« herrührten. Und, so scheint er sagen zu wollen, wenn nicht »die Separatisten« wären, würde das auch ganz gut funktionieren.

Darum ist sein Buch aufschlussreich und traurig zugleich. Denn es macht auf die grundlegende Herausforderung aufmerksam: Solange wir daran festhalten, das Problem in diese »Anderen« hineinzuverlegen, werden wir es nicht beheben können. Wir werden dann nicht in der Lage sein, den notwendigen, schmerzlichen Änderungs- und Reformprozess durchzustehen. Der jüdische Staat, der eigentlich die Übel des Exils heilen sollte – darin hat Burg recht –, wird weiterhin auf diese verhängnisvolle Weise aktiv sein. Wie die israelische Journalistin Amira Hass in ihrer in diesem Buch in Kapitel 4 zitierten Geschichte über die gewalttätigen Siedler in Hebron aufgezeigt hat, sind *wir* es, die diese Menschen hervorgebracht haben, und wir erlauben es ihnen, ja ermächtigen sie sogar dazu, ihre scheußlichen Taten zu vollbringen.

SUCHE NACH ZUKUNFT, GEFANGEN IN DER VERGANGENHEIT

Burg hat sein Buch geschrieben, um die Zukunft mitzugestalten, aber tatsächlich blickt er darin zurück, um an seine Vergangenheit anknüpfen zu können. Es ist eine Vergangenheit, der er zutiefst verbunden ist, die er aber auch hinter sich lassen will, weil sie Israel seinem Gefühl nach in der Falle des Holocausts festsitzen lässt. Der Staat Israel habe dem jüdischen Volk eine Wiedergeburt beschert, sagt er, diesem Volk von Wanderern, Träumern, Kämpfern, Pragmatikern und Heiligen. Aber kann dieses Volk auch in die Gemeinschaft, in die Menschheit hinein wiedergeboren werden? Burg behauptet, darum gehe es ihm, aber ich fürchte, seine Art von Reform wird uns dorthin nicht bringen. Im vorletzten Kapitel bietet er uns eine weitere Vorstellung dieses Problems. Hier erörtert er die Nationalgedenktage Israels und er kommt zu dem Schluss, sie zeigten Israels übertriebene Beschäftigung mit sich selbst und seine Fixierung auf das Leiden. Er zählt sie auf und schlägt Alternativen vor. So äußert er sich zum Beispiel skeptisch gegen den *Yom Haschoah*, Israels Holocaust-Gedenktag, weil er auf das Datum des Aufstands im Warschauer Ghetto gelegt ist, was er als Ausdruck jüdischer Heldenverehrung, Beschäftigung mit sich selbst, Verherrlichung des Militärs und zionistischer Mythenbildung empfindet. Er hätte diesen Gedenktag lieber auf den 27. Januar gelegt gesehen, den Tag der Befreiung des Konzentrationslagers Auschwitz. Auf diese Weise, so meint er, könnten sich die Juden mit den anderen Menschen vereinen, die im Krieg gelitten hätten und an diesem Tag symbolisch vom Nazitum befreit worden seien. An diesem Tag, so schreibt er, »könnten wir uns mit den Holocausts anderer Menschen beschäftigen ... Wir könnten aus unseren persönlichen Wunden ein heilendes Element für die ganze Menschheit machen« (233). Außerdem könne man ja am 9. Mai einen zweiten Holocaust-Tag ansetzen, um gemeinsam mit den Sowjets ihren Sieg über Nazi-Deutschland zu feiern. Und schließlich schlägt er noch einen *dritten* Gedenktag der *Schoah* vor, den man im jüdischen Kalender am 9. Av (einem der jüdischen Monate) feiern sollte, dem traditionellen Trauertag aus Anlass der Zerstörung des Tempels in Jerusalem. »Dieser Tag sollte dann unserem privaten Gedenken vorbehalten sein, als Zusammenkunft der Familie, nur für uns« (234). Das wäre also ein Tag nur für Juden, für unseren Tempel und unserer nationalen Katastrophe wegen.

Beim Lesen dieser Vorschläge hatte ich das deutliche Gefühl, dass da irgendetwas nicht stimmt. Dann wurde mir klar: *Etwas fehlt*. In diesem Katalog kommt die *Nakba* nicht vor. Diese Katastrophe der Palästinenser taucht nicht auf in Burgs Überlegungen und bei seiner Suche nach Gedenktagen, die wir mit der übrigen Menschheit teilen könnten. Seine alternativen Tage des Gedenkens und Trauerns sind trotz des Geredes, die ganze Menschheit mit einbeziehen zu wollen, letztlich eher weitere Beispiele für die Selbstbefangenheit. Auch wenn Burg ausdrücklich beteuert, er bemühe sich, von einer im Stammesdenken und Selbstschutz befangenen Vergangenheit loszukommen, übersieht er die dringende Notwendigkeit der Versöhnung mit denjenigen, *denen wir Unrecht angetan haben.* Burgs Vorschläge für die Neuordnung der Nationalmythen Israels sind nur eine Neufassung des Pathos vom »Licht der Völker«.

Es gibt bei Burg noch weitere problematische Punkte. Er kommt in seinem Buch auf drei Grundsätze des Lebens in Israel zu sprechen, die der Überarbeitung bedürften. Zunächst äußert er seine Ansicht über das »Rückkehrgesetz«. Das betrifft mich direkt. Dieses Gesetz, eines der ersten vom Staat Israel erlassenen, ist der Grundstein des politischen Zionismus und der Daseinsberechtigung des Staates. Es bestimmt, dass alle Juden automatisch das Recht haben, israelische Staatsbürger zu werden. Auf welche Weise will Burg dagegen angehen? Er erklärt, ihm gefalle das Rückkehrgesetz deshalb nicht, weil es seiner Ansicht nach spiegelbildlich den Nürnberger Gesetzen von Nazi-Deutschland entspreche, mit denen alle Juden zum Tod verurteilt worden seien. Das Rückkehrgesetz ist für ihn also aus dem Grund problematisch, weil es bedeutet, dass immer noch Hitler definiert, worin das Judesein besteht. An diesem Punkt zeigt sich, dass Burg genau in der Vergangenheit stecken geblieben ist, von der er sich so verzweifelt lösen will. Und das Traurigste – und tragisch Paradoxe – an seiner Stellungnahme ist, dass das drängendste Thema für Israels Zukunft nicht das Rückkehr*gesetz* ist, sondern das Rückkehr*recht*. Es ist das Recht der achthunderttausend Palästinenser – die vertrieben wurden, um für Israel Platz zu machen –, wieder in ihre Heimat zurückkehren zu können, eine Heimat, die jetzt im Staat Israel liegt. Burg ist derart von der Vergangenheit eingenommen, dass er das eigentlich wichtigste Problem übersieht, nämlich *die* Frage schlechthin, von der die Zukunft seines Landes abhängt: die Frage nach dem Schicksal der Menschen, die von der Generation seiner Väter enteignet wurden.

Burg widmet immerhin vier Seiten einer Erörterung der Frage der palästinensischen Flüchtlinge. Er gibt zu, dass der Staat Israel für diese Flüchtlinge verantwortlich ist. Er beklagt, dass die israelische Regierung diese Tatsache nie eingestanden hat. Aber er ist nicht imstande, dieses Problem direkt anzupacken, sondern nimmt lieber Zuflucht zu Entschuldigungen und Argumenten, die eher Sache der strammen Verfechter einer Hegemonie Israels sind. Burg kommt mit der falschen Gleichsetzung daher, den von Israel enteigneten und vertriebenen Palästinensern die jüdischen Flüchtlinge aus Hebron, Ramallah, Kairo und Kurdistan gegenüberzustellen.[3] Er vertritt die Ansicht, wir Juden hätten unser »Flüchtlingsproblem« gelöst, indem wir in Israel Juden aus der ganzen Welt zusammengeholt hätten. Warum, so fragt er, könnten die Araber nicht das Gleiche tun? Und schließlich betont er den Opferstatus der Juden, indem er sich darüber beschwert, dass »die Erben und Nachfolger unserer alten europäischen Verfolger, die uns hingemordet oder zerschlagen und verletzt aus Europa vertrieben hatten, ... das Flüchtlingsproblem dafür benutzen, um unsere Führerschaft abzuwerten und zu versuchen, die moralische Grundlage für das Staatswesen des jüdischen Volkes madig zu machen« (84).

Allem Anschein nach kann sich Burg den eigentlichen Frage nach dem Flüchtlingsproblem für Israel nicht stellen. Bedeutet es für den jüdischen Charakter des Staates eine große Gefährdung, wenn Israel zugibt, für das Elend der palästinensischen Flüchtlinge verantwortlich zu sein? Das ist das Dilemma des liberalen jüdischen Geistes: Einerseits hält er an dem Traum eines jüdischen Staates aus der Überzeugung fest, dass er das notwendige Bollwerk gegen eine Wiederholung des europäischen Traumas ist. Andererseits kann er sich nicht offen der derzeitigen Situation stellen und zugeben, dass das palästinensische Volk ein unvermeidbarer Teil seiner Lebenswirklichkeit ist. Burg kann sich die Tatsache nicht eingestehen, dass es ohne Versöhnung mit dem palästinensischen Volk für Israel keine Zukunft gibt. Das wird gewiss keine Zukunft sein, die seinem Traum von einem besseren jüdischen Volk entspricht, einem jüdischen Volk, das die Paranoia, die Annahme, einen Ausnahmestatus zu haben, und den Rassismus der jüdischen Siedler-Rabbis ablehnt, die er heftig angreift, und das sich mit der übrigen Menschheit auf eine Ebene stellt und sich an deren gemeinsame Spielregeln hält. Wenn Burg zum Beispiel auf die Zukunft Israels zu sprechen kommt und die Frage stellt: »Kann der Staat Israel so gut werden, dass er ... der Welt mit Juden dient, die kollektiv und universalistisch denken und handeln?« (218) – wo findet sich da irgendeine Erwähnung von Israels fortwährender und flagranter Verletzung internationalen Rechts, indem es besetztes Territorium kolonisiert? Dieses Thema taucht einfach nicht auf. Dadurch behalten Burgs Fragen rein rhetorischen Charakter: »Kann Israel dazu beitragen, die Welt von ihren einander feindselig gegenüberstehenden Blöcken zu befreien und neue Wege in Richtung Frieden, Versöhnung und gegenseitiger Akzeptanz bahnen?« (ebd.). Das klingt gut, ist aber lediglich ein weiterer Aufguss der jüdischen Vorstellung, über einen Ausnahmestatus zu verfügen.

WENN DU MICH NICHT SEGNEST

Die Juden sind keineswegs als einzige mit den zutiefst menschlichen Eigenschaften der Großmannssucht und Selbsttäuschung ausgestattet. Aber wir haben uns diese Schwächen ganz offen erworben. Die biblische Erzählung vom Leben der Patriarchen schildert dieses sehr menschliche Phänomen dramatisch und mit feinem Gespür und Nuancenreichtum. Im 32. Kapitel der Genesis wird die Geschichte des Patriarchen Jakob in seiner Lebensmitte erzählt. Der reiche

Mann mit zwei Frauen, elf Kindern und großen Herden steht vor seiner größten Krise: einer Konfrontation mit seinem Bruder Esau, dem er zwanzig Jahre zuvor den Segen seines Vaters gestohlen hatte. Jakob erfährt, dass Esau sich seinem Lager nähert, und »vierhundert Mann« bei sich hat (Genesis 32,7). Aus Angst, Esau komme, um ihn zu töten, teilt Jakob sein Lager in der Hoffnung, wenigstens die Hälfte seiner Familie, Dienerschaft und Herden retten zu können. Zudem schickt er Esau Geschenke entgegen, in der Hoffnung, seinen Bruder versöhnlich zu stimmen und dessen Vergebung zu erlangen. Die Nacht bricht an, und – so die biblische Erzählung – »als nur noch er allein zurückgeblieben war, rang mit ihm ein Mann, bis die Morgenröte aufstieg« (32,25). Das ist für den Patriarchen die »dunkle Nacht der Seele«. Seine Vergangenheit hat ihn eingeholt und er hat Angst. Hartnäckig und mit bemerkenswerter Ausdauer ringt Jakob die ganze Nacht hindurch mit diesem geheimnisvollen Feind. Bei Tagesanbruch bittet der Mann ihn: »Lass mich los!« Aber Jakob sagt zu ihm: »Ich lasse dich nicht los, wenn du mich nicht segnest« (32,27).

Jakob hat gewonnen: Er hat gezeigt, dass er mit Ausdauer und fester Entschlossenheit die Oberhand behalten kann. Aber das genügt nicht – er muss einen Segen einfordern. Jakob glaubt, dass es Gott ist, mit dem er gerungen hat, und dass seine eigene Stärke und Tatkraft ihm Legitimität und Macht verschafft haben. »Ich habe Gott von Angesicht zu Angesicht gesehen«, verkündet er, als er loshinkt, um sich seinem Bruder und seinem Schicksal zu stellen.

Burg hat mit seinen Dämonen lange und hart gerungen und auch er hat die Nacht überlebt. Seine Einsicht in die jüdische Pathologie des Opferseins und unsere kulturelle Verbundenheit mit einer heroischen Überlegenheitsideologie ist tief und einfühlsam. Er ist willens, in den Spiegel zu blicken, und was er dabei sieht, sind die gewaltigen Mängel des zionistischen Traums und die destruktive Auswirkung der zionistischen Mythen. Aber er kann oder will das zionistische Unternehmen selbst nicht direkt ins Auge fassen und die Frage stellen: Was wäre der Fall, wenn das Konzept und die Realität des jüdischen Staats unhaltbar sind und sich angesichts unserer Erfahrung und unserer derzeitigen Sicht als Verirrung herausstellen? In Vorträgen sagt Burg, wir müssten den Zionismus hinter uns lassen und ihn in der Geschichte versenken – aber lässt sich das so übersetzen, als müssten wir den jüdischen Staat selbst hinter uns lassen, dieses leibhaftig gewordene Geschöpf dieser nicht mehr haltbaren Ideologie? Burg liebt das jüdische Volk, aber es sieht ganz so aus, als bezieht sich diese Liebe auch auf sein heutiges Kind, den Staat Israel, und er hält an diesem fest. Burg ist wie ein liebevoller Vater, der noch nicht so weit ist, die Wahrheit über dieses Kind zuzugeben. Damit ist Burg auch noch nicht bereit oder fähig, es loszulassen. Das erinnert uns an Burgs eigenen Vergleich mit dem Affen im

Zoo, der nicht fähig ist, den Ast, an den er sich klammert, loszulassen und es folglich nicht fertigbringt, Anschluss an die anderen zu bekommen. Wir müssen aber fähig sein, die Frage: »Was wäre der Fall, wenn …?« zu stellen. Wie würde die Zukunft des jüdischen Volkes aussehen, wenn es das Israel, wie es derzeit konstituiert ist, nicht (mehr) gäbe, nämlich als Staat für Juden und nur für Juden? Burg als religiöser Jude und israelischer Staatsmann darf diese Frage nicht stellen, zumindest nicht öffentlich. Seine Kritik am Zionismus und am Staat selbst mag noch so scharf sein, sie kommt dennoch zu dem Schluss: Wir können das schaffen. Wir müssen es schaffen. Burg bittet um Segen. Diese Bitte ist genau wie das Ultimatum Jakobs an den nächtlichen Besucher in Wirklichkeit ein Befehl: Du *musst* dieses Projekt segnen; du musst ihm die Gnade des Erfolgs schenken.

Natürlich funktioniert diese Taktik letztlich nicht. Man kann nicht bei einem verfehlten Projekt mit schierer Ausdauer und brutaler Stärke den Erfolg erzwingen wollen. Und nun folgt die abschließende Lektion, die es aus der Geschichte von Jakobs Nacht des Ringens zu lernen gilt: Als Jakob seinem Bruder Esau am nächsten Tag begegnet, wird diese Begegnung zum frohen Wiedersehen. Esau umarmt ihn mit Tränen in den Augen: Alles ist vergeben. Letztlich sind sie eben doch Brüder. Und dann sagt Jakob zu Esau etwas Erstaunliches: »Ich habe dein Angesicht gesehen, wie man das Angesicht Gottes sieht« (33,10).[4] Jakob hatte gemeint, er sei in der letzten Nacht Gott begegnet – sei ihm begegnet und habe gesiegt. Am Tag danach ging ihm auf, dass er selbst es war, dem er in der Nacht begegnet war: seinen eigenen Ängsten, seiner Selbstbezogenheit. Das Angesicht Gottes, das er gesucht hatte, hatte ihn auf der anderen Seite des Flusses erwartet. Es war das Angesicht seines Bruders, dem er übel mitgespielt und der ihm aber bereits vergeben hatte. Auch die Antwort auf unser Dilemma wartet auf der anderen Seite des Flusses, jenseits der Grenze mit Mauern und Verteidigungseinrichtungen, die wir errichtet haben, um uns vor unseren eigenen Ängsten zu schützen. Unsere Brüder (und Schwestern) erwarten uns.

EINE HEILIGE PFLICHT, DIE SICH AUS VOLLKOMMENER TRAUER ERGIBT

Burgs Ringen ist ein gutes Beispiel für den Konflikt, den viele liberale Juden empfinden. Es ist der tiefe Widerspruch zwischen der Ablehnung exklusiver und rassistischer Elemente in der israelischen Gesellschaft, Politik und Kultur und einer grundlegenden Hingabe an die Ziele des zionistischen Projekts. Dieser Konflikt zeigt sich deutlich im Werk der *Rabbis for Human Rights* (»Rabbis für die Menschenrechte«), einer israelischen Menschenrechtsorganisation. Laut ihrer Website wurde sie »1988 gegründet, in Reaktion auf erste Verstöße gegen die Menschenrechte seitens der Militäbehörden bei der Unterdrückung der *Intifada*.«[5] Im Lauf der Jahre haben die »Rabbis für Menschenrechte« ihr Engagement auf ein ganzes Spektrum weiterer Menschenrechtsfragen in Israel ausgeweitet, darunter auf die Ausnutzung ausländischer Arbeiter, den Missbrauch von Frauen und das Anliegen, eine allgemeine Gesundheitsfürsorge durchzusetzen. Aber am sichtbarsten ist die Organisation in den besetzten Gebieten im Einsatz, wo sie gemeinsam mit Palästinensern Aktionen gewaltfreien Widerstands gegen Landraub und gegen gewalttätige Ausschreitungen jüdischer Siedler in der Westbank unternehmen.

Im Dezember 2008 veranstalteten die »Rabbis für Menschenrechte« in Washington, DC, zusammen mit ihrer amerikanischen Tochter, den »Rabbis für Menschenrechte Nordamerika« eine Konferenz zum Thema Judentum und Menschenrechte. Am letzten Tag dieser Konferenz hielt der bekannte jüdische Wissenschaftler und Rektor des *Hebrew College* Rabbi Green einen Vortrag. Er bezeichnete sich im Titel seiner Rede als »religiöser Jude und säkularer Zionist« und erklärte in seinem Vortrag, er gehöre jetzt »seit über vier Jahrzehnten dem kritischen linken Flügel der Unterstützer Israels an und dringe auf Frieden mit den Palästinensern, Rückgabe von Gebieten auf dem Verhandlungsweg und eine lebbare Zwei-Staaten-Lösung für die Probleme des Mittleren Ostens.«[6]

In seinem Vortrag kämpft Green mit dem Problem, dass »wir als Yisra'el [Juden, das Volk Israel] mit einer anderen Körperschaft, Medinat Yisra'el [dem Staat Israel] koexistieren, die jüdische und nichtjüdische Bürger hat, Grenzen, Zollbeamte und alles andere, denen wir natürlich mit Sympathie, Stolz und tiefem, wenn auch mühsamem Engagement zugetan sind. Wie fangen wir es an, das alles auseinander zu sortieren?« Als Rabbi sucht Green nach der Antwort darauf in den Texten und Traditionen des Judentums. Er hängt an der Idee, Israel sei ein *jüdischer Ort*, ein Ort, der untrennbar mit der Beziehung der Juden zu Gott zusammenhängt. Mit einem hebräischen Zitat aus dem jüdischen Gebet um Frieden, in dem die Juden sich als *Yisrael amekha* bezeichnen, was mit »Israel Dein [= Gottes] Volk« übersetzt wird, beschreibt Green Jerusalem als »den Ort, an dem die meisten von uns das Gefühl, *Yisrael amekha* zu sein, am vollständigsten erfahren haben, sowie [als] das unbestrittene Herz der jüdischen Liebe und Sehnsucht, das eine Fülle von Schmerz und Qual umgibt.«

Green räumt ein, dass der Wortlaut dieses Gebetes, das die Besonderheit des jüdischen Volkes betont, jetzt mit der Grenzenlosigkeit der heutigen Welt in Einklang gebracht werden muss. Aber im Kontext dieses modernen Zeitalters stellt er die Frage: »Was ist von unserem Anderssein noch übriggeblieben? Auf welche Weise wollen wir als Volk in die Zukunft gehen?« Er behauptet: »Wir Juden nach dem Holocaust haben den alten Anspruch aufgegeben, dass wir im Zentrum der Menschheitsgeschichte stehen.« Aber auch wenn er einräumt, dass wir womöglich nicht mehr im Zentrum stehen könnten, scheint er nicht willens zu sein, die Vorstellung aufzugeben, dass wir etwas Besonderes sind. Denn er fährt fort:

> »Bleibt noch etwas übrig von der einzigartigen jüdischen Vision eines Messias, der eine glorreichere Zukunft der Menschheit mit sich bringt? Und gibt es darin noch irgendeinen besonderen Platz für das Überleben des Volkes Israel als solches? Ist unsere Legitimität als besondere Menschengruppe genau die gleiche wie diejenige aller anderen, also etwa der Roma, der Tutsi oder der Lao, nur dass sie eben unsere eigene ist? Haben wir noch etwas, das wir der Welt anbieten wollen, oder üben wir nur noch unser ›normalisiertes‹ – wie die Zionisten einst sagten –, natürliches Recht aus und kämpfen neben allen anderen um unseren Selbsterhalt? In welchem Sinn kann das für uns, die wir an einen einzigen universalen Gott glauben, noch etwas Heiliges sein?«

Wenn ich Greens Worte lese, kommt mir spontan die Frage, die ich mir schon oft gestellt habe: Woher kommt dieser jüdische Wunsch, etwas Besonderes zu sein? Und weiter: Verleiht diese Einzigartigkeit, dieses Besonderssein spezielle Rechte? Macht uns dieses Besonderssein, mit Green gesprochen, *anders* als »alle anderen«? Verleiht es uns Rechte, Ansprüche, Freiheiten, die »allen anderen« nicht zugestanden sind? Wenn zum Beispiel irgendeiner dieser »anderen« ein Land besetzte, das anderen gehört, und mit Militärgewalt die Kontrolle darüber behalten und anfangen würde, es zu kolonisieren und sodann ein Programm der ethnischen Säuberung von diesen anderen durchführen würde: Wie wäre die Reaktion auf dieses Verhalten?

Wenn wir der Logik der Argumentation Greens folgen, dass das jüdische Volk »einfach nur« sein »normalisiertes« Recht zum Selbsterhalt ausübt, wenn es den Staat Israel errichtet, könnten wir das dann auf eine Weise tun, die nicht diese schrecklichen Probleme verursachen würde? Was wäre, wenn wir bei dem Ringen darum, im historischen Palästina ein modernes jüdisches Heimatland einzurichten, uns an die Regeln halten müssten, die für den Rest der Menschheit gelten? Wenn man mit der oft wiederholten Ausrede daherkommt, dass Israel einfach Anspruch auf sein »Existenzrecht« erhebt, so hat das mit dem Existenzrechts Israels überhaupt nichts zu tun. Das Thema, um das es hier geht, ist, ob Israel sich an die Spielregeln hält, deren Einhaltung man von allen anderen Nationalstaaten fordert. Israel existiert ja. Aber die Frage ist, welches Israel in einer nachkolonialen Welt lebens- und erhaltensfähig ist.

EINE EINZIGARTIGE GESCHICHTE DES LEIDENS

Genau wie Green empfinde ich als Jude den tiefen Schmerz aufgrund meiner Verbundenheit mit dem Staat Israel. Die Frage ist nur: Was tun wir mit diesen Gefühlen? Ich frage mich, was Green meint, wenn er sagt:»Wie fangen wir es an, das alles auseinanderzusortieren?« Meint er, wir müssten einen Weg finden, der den Zionismus funktionieren lässt? Oder meint er, wir sollten einen Weg finden, um die»komplizierte«Realität eines Ortes zu lösen, den manche Juden – um die unverblümte Formulierung des israelischen Historikers Avi Shlaim zu gebrauchen – für einen»Schurkenstaat« halten[7] und andere dagegen für das Zentrum ihres spirituellen Lebens? Ich teile Greens Gefühle der Sympathie mit Israel und des Stolzes. Wir haben denselben Hintergrund und wuchsen im gleichen Gemisch von rabbinischem Judentum der Nachkriegszeit und modernem politischem Zionismus auf. Aber ich fürchte, mit»auseinandersortieren« meint Green,»es besser machen« oder»funktionieren lassen«. Und dieser ernsthafte Wunsch, an der Idee eines jüdischen Staates festzuhalten, eines Staates, der für Juden und von diesen aufrechterhalten wird, kollidiert mit den Fakten, den Fakten, die im scharfen Licht der derzeitigen Vorkommnisse immer deutlicher ans Licht kommen.

Aus Greens Worten geht ganz klar hervor, dass der Zionismus eine Idee ist, die ihre Wurzeln in der jüdischen Geschichte, in der jüdischen Erfahrung und in den jüdischen Sehnsüchten hat. Aber wie Bernard Avishai in seinen Buch *The Tragedy of Zionismus* bemerkt,»waren die zentralen Ideen des Zionismus zu ihrer Zeit zwar vernünftig, aber nie als Organisationsprinzipien eines demokratischen Staates gedacht.« Und er fährt fort:»Drei Generationen nach dem Erfolg der zionistischen Revolution sind die zionistischen Ideen falsch geworden. Ihre Fortdauer im politischen Leben Israels war unvorhergesehen und im Rückblick betrachtet ein Unglück, denn die utopischen Improvisationen, bei denen es in erster Linie um die Schaffung der Nation ging – zum Beispiel der kollektive Zug und der exklusive Landbesitz – wurden zur Rechtfertigung schwerer Akte der Diskriminierung gegen Einzelpersonen. Gegen 1948 entstand der Konsens über einen Nachkriegszionismus, demzufolge die hebräische Ansiedlung nicht nur der Möglichkeit diente, im alten biblischen Land die hebräische Kultur wiederherzustellen, sondern auch, was wichtiger war, ein am

Boden liegendes jüdisches Volk wiederherzustellen ... Der sich aus einer abgrundtiefen Trauer erhebende Nationalismus erschien als heilige Pflicht.«[8]

Hier liegt das zentrale Problem: Der jüdische Nationalismus, wie er im Staat Israel zum Ausdruck kommt, steht im Widerspruch zu den modernen Werten der Fairness, des Universalismus und des Einsatzes für die Menschenrechte. Wir Juden als Weltbürger müssen unseren Einsatz für diese Werte von jeder religiös oder kulturell begründeten Bindung an die zionistischen Ideen trennen, von denen Avishai im obigen Zitat spricht. Und das bereitet, wie Green sagt, große Qual. Green nennt diese Qual beim Namen, aber ich frage mich, ob er willens ist, sie vollständig zu empfinden, in sie einzutauchen und wirklich den tiefsten Punkt zu erfahren. Das Paradox – und es ist ein qualvolles Paradox – liegt in der Tatsache, dass Israel, wenn es überleben will, auf wirklich prophetische Weise bis auf den Grund ausloten muss, wie weit es vom Weg der Rechtschaffenheit abgewichen ist. Es muss der Tatsache ins Auge blicken, dass es sein Überleben aufs Spiel gesetzt hat, indem es behauptete, es habe das Recht, »schwere Akte der Diskriminierung« (wie es Avishai formuliert) zu begehen. Wir bewegen uns hier auf dem Gebiet der Warnungen von Walter Brueggemann gegen die fatale Gewohnheit des »imperialen Denkens« oder, um den Begriff des Theologen Walter Wink zu verwenden, des Mythos von der »erlösenden Gewalt«[9]. Dieses schlimme Risiko, das, wie ich befürchte, mit dem Projekt des politischen Zionismus eingegangen worden ist, wird nicht behoben werden können, ohne dass wir uns zunächst offen mit seinen Mythen und deren Folgen auseinandersetzen. Es ist eine Art von Sterben, mit dem wir es zu tun haben. Aber das »königliche, dominante Bewusstsein«, so erinnert uns Brueggemann, ist »der Taubheit gegenüber dem Tod verschrieben. Für den König ist es undenkbar, sich vorzustellen, dass seine historischen Lieblingsarrangements ein Ende haben könnten. Das Königsbewusstsein beruht auf der Verdrängung von Schmerz, Angst und Leiden. Die Botschaft der Abgestumpftheit und Selbsttäuschung lautet: Das Reich wird für immer bestehen.«[10]

Zur Qual, den zionistischen Traum von einem nationalen jüdischen Heimatland loszulassen, gehört die angstvolle Sorge, was an seine Stelle treten könnte. Was wird aus Israel werden? Wir möchten uns lieber an die relative Gewissheit der von uns geplanten Zukunft klammern. Aber wenn wir nicht bereit sind, uns eine andere Zukunft vorzustellen, sind wir verloren. Wir werden weiterhin ein auf katastrophale Weise mangelhaftes Projekt vorantreiben.

Heißt die Antwort also, dass wir Israel aufgeben, seine eindrucksvolle Infrastruktur auflösen, seine Kultur einpacken und, was das Beängstigendste ist, auf die Sicherheit seiner Bürger verzichten sollen? Sollen wir uns so verhalten wie der tödlich geschwächte Ghetto-Jude, wie ihn das klassische zionistische

Bild vorstellt: unsere Kehlen passiv den Messern unserer Schlächter hinhalten? Bestimmt nicht. Wieder geht es nicht darum, ob wir uns überhaupt aus einer Verfassung der Hilflosigkeit und Passivität emanzipieren sollen, sondern darum, mit welchen Mitteln wir diese Emanzipation schaffen wollen. Wir müssen bei dieser Frage wieder ganz scharf den Zionismus selbst in den Blick nehmen, statt durch die verzerrende Brille von Gefühl und Mythologie zu blicken. Avishai erinnert uns daran, dass in den Anfängen der zionistischen Bewegung überhaupt nicht klar war, in welche Richtung sie gehe würde. »Wir können auch nicht unterstellen«, schreibt er, »dass der Zionismus die Absicht ist, die hinter offensichtlichen politischen Konsequenzen steckt. Heute gilt es zum Beispiel als selbstverständlich, dass der Zionismus darauf abzielte, einen ›jüdischen Staat‹ zu schaffen. Aber die meisten der konkurrierenden Strömungen in der zionistischen Bewegung waren sich am Anfang gar nicht so klar darüber, was genau ein Jude sei und welche politischen Strukturen sinnvoll wären: eine Bi-Nationalität, eine Föderation oder ein eigener Staat.«[11]

Jetzt, da der jüdische Staat Wirklichkeit geworden ist, sieht es aus, als habe man für die jüdische Identität und Überzeugung die Form übernommen, die die Parameter und Erfordernisse des Staates vorgeben, und dass jetzt das primäre Ziel des jüdischen Lebens ist, das jüdische Nationalprojekt in Palästina zu erhalten. Dieses Bemühen trifft sich mit einem Strang in der jüdischen Identität, der entschieden an den Mythos vom autonomen, stolzen, triumphierenden und – was wohl am bezeichnendsten ist – erlösenden Königreich der biblischen Erzählung anknüpft. Das Erste ist unsere Befreiung aus der Sklaverei: Nach dem biblischen Sprachgebrauch wurden wir aus Ägypten »herausgeführt«. Und bereits in dieser Formulierung steckt der zweite Zug: Es war Gott, der uns auf diese Weise erlöst hat. Der Exodus und die Ankunft im Land waren eine Fortführung und Erfüllung des Bundes. Der politische Zionismus knüpft an diesen Strang der jüdischen Identität an. Das ist, als hätten zweitausend Jahre der Mitwirkung der Juden an der Weltzivilisation ihre Bedeutung verloren und als habe die Emanzipation – so tragisch unvollkommen sie war – überhaupt nicht stattgefunden und spiele keine Rolle. Auch wenn das jüdische Volk in der heutigen Welt lebt und daran voll und ganz teilnimmt, ist es mit einem Großteil seiner Wirklichkeit sowie auch seiner innersten Identität immer noch ein abgesondertes Volk, und seine Besonderheit wird von einer Geschichte der Unterdrückung und des Leidens bestätigt. Das scheint die implizite Unterstellung in Rabbi Greens Ausführungen zu sein. Wie er es formuliert, besteht der Kern unserer Erfahrung und Selbstwahrnehmung in der Erfahrung des Leidens und der Sehnsucht nach Schutz, was uns für immer an die Vorstellung bindet, wir müssten uns alle in Zion versammeln. Wie sollen wir dann jemals diesen zionistischen Traum loslassen können, auch wenn er sich hart an den Realitäten, Erfordernissen und sogar Vorzügen stößt, die das Leben in der modernen Welt mit sich bringt? Die Antwort, so unterstellt Green, heißt: Wir brauchen diesen Traum nicht loszulassen, denn Jude sein heißt anders sein, und zwar aus dem folgenden Grund:

> »Das jüdische Volk, zu dem ich gehöre, wurde in dem geformt, was bereits die Heilige Schrift als ›Schmelzofen‹ Ägyptens bezeichnet (Deuteronomium 4,20), einem Ort gemeinsamen Leidens und der Versklavung ... Dort wurde Israel zum Volk, ein Volk, das eine schwere Last trug; und dort blickte Gott auf es hernieder und ›erkannte‹ es. Am Sinai, so wird uns erzählt, erblickten Mose, Aaron und die Ältesten ›den Gott Israels‹, und ›unter seinen Füßen war etwas wie ein Ziegelstein aus Saphir, der hell wie der Himmel selbst glänzte‹ (Exodus 24,10; Wortlaut nach der Textfassung des Autors). Uns wird erzählt, dieser Ziegelstein sei von einem Engel aus Ägypten herbeigebracht worden. Als der Pharao angeordnet hatte, die Israeliten müssten sich ihr Stroh selbst herstellen, wurden die Arbeitsstunden unerträglich. Die Frauen versuchten, ihren Männern zu helfen, indem sie ihnen ihr Essen auf die Felder brachten. Eine Schwangere erlitt in der Hitze eine Fehlgeburt und ihr Kind fiel in den Mischer, der dazu verwendet wurde, mit dem Stroh Ziegel herzustellen. Ein Engel sah diese Tragödie, trug den Ziegelstein zum Himmel und legte ihn unter Gottes Füße, damit Israels Leiden nicht vergessen werde.«

Das ist ein Ursprungsgleichnis, die Schöpfungsgeschichte eines Volkes. Es ist, so Green weiter, »eine Erzählung von Unterdrückung und menschlichem Leiden ... Sie könnte von jedem Leiden erzählt werden, von demjenigen der schwarzen Sklaven im amerikanischen Süden oder dem der Kindersklaven im heutigen Südostasien. *Aber es ist auch auf einzigartige Weise eine Erzählung vom jüdischen Leiden,* mit der wir uns als die Nachkommen eines lange unterdrückten Volkes identifizieren, in einer Zeit, zu der immer noch Überlebende des Holocausts in unserer Mitte sind. Das Volk Israel ist das Volk, das gemeinsam Ägypten durchlebte, gemeinsam erlöst wurde, gemeinsam am Ufer des Roten Meeres sang und *das nicht vergessen hat.*«[12]

Wenn es stimmt, dass wir im Schmelzofen der Sklaverei »geformt« wurden, was würde es dann heißen, dort herauszukommen und zu einem Volk zu werden, wobei wir uns – zumindest teilweise – nicht durch unsere Geschichte der Unterdrückung definieren würden? Könnte unsere wahre Erlösung, unsere wirkliche Emanzipation von der »Vernichtungsliturgie«, wie sie Marc Ellis nennt, nicht womöglich heute damit beginnen zuzugeben, dass diese »einzigartige Erzählung vom jüdischen Leiden« sich jetzt in der Finsternis der ethnischen Säuberung, der Besetzung und der Ermöglichung des fundamentalistischen Rassismus äußert, also in all dem, was in der Politik Israels die Oberhand gewonnen hat? Wenn Green uns schon an die Ufer des Roten Meers mitnimmt, dann hören wir uns doch das Lied an, das wir dort sangen:

> Ich will singen dem Herrn, denn Er hat glorreich triumphiert;
> Pferd und Lenker hat er ins Meer geschleudert.
> Der Herr ist meine Stärke und meine Kraft;
> Er ist mir zur Rettung geworden.
> (Exodus 15,1–2; Wortlaut nach der Textfassung des Autors)

Das ist ein triumphalistisches Lied, ein Lobpreis-Hymnus an einen Kriegsgott. Die Lösung für all dieses Leiden, das ersehnte Ergebnis unserer Geschichte der Versklavung und schließlich Erlösung besteht bestimmt nicht darin, ein Kriegerstaat zu werden. Es ist keine gute Lösung, wenn wir eine Nation werden, die auf dem Weg ihrer offiziellen Regierungspolitik einer unterworfenen Bevölkerung ihr Land stiehlt und gegen die Menschenrechte verstößt und außerdem in direktem Zuwiderhandeln gegen internationales Recht vorgeht. Um das »auseinandersortieren« und unseren Weg da hinaus finden zu können, müssen wir es fertigbringen, unser Gefühl, etwas Besonderes zu sein und unser Verhaftetsein mit unserem Leiden hinter uns zu lassen. Das aber schaffen wir nicht allein. In der biblischen Geschichte hatten wir Mose, um unsere Befreiung zustande zu bringen, dem Gott selbst den Rücken gestärkt hatte. Die Ägypter spielten eine Nebenrolle. Sie brauchten bloß einen starrköpfigen Pharao zu liefern und zu Tausenden von der Hand der Gottheit zu sterben. Heute haben sich die Regeln geändert. Wenn wir heute aus Ägypten herauskommen wollen, müssen wir zuerst einmal mit den »Ägyptern« zurechtkommen. Das heißt, wir müssen die Verantwortung für das, was wir getan haben, übernehmen und uns aktiv mit denjenigen versöhnen und verbinden, mit denen wir im Krieg gelegen haben. Marc Ellis ruft uns auf zu erkennen, dass wir in der Weltgeschichte nicht allein sind.

> »Die Liturgie der Vernichtung, die von der palästinensischen Seite zu hören ist, bestätigt die ursprüngliche und anhaltende jüdische Intuition, dass die Palästinenser genauso eng zur jüdischen Geschichte gehören wie die Juden zur christlichen Geschichte ...
> Damit beginnt die Suche nach einem Weg zurück zur gemeinsamen Berufung, die eher bestätigt als vernichtet ... Paradoxerweise bleibt das kritische Denken,

das notwendig wäre, um die Ideologien und Theologien zu durchbrechen, die Gewaltausübung rechtfertigen, eher bei den Besiegten und an den Rand Gedrückten erhalten.

Was für Juden genauso verblüffend ist, wie es zuerst für Christen war, ist, dass die heutigen Palästinenser die jüdische Gemeinschaft zur Rechenschaft ziehen. Denn sie haben auf der Gegenseite der jüdischen Macht gelebt und durchschauen die ideologischen und theologischen Rechtfertigungen ihrer Unterdrückung. Der deutsche katholische Theologe Johann Baptist Metz schrieb: ›Wir Christen können nie mehr hinter Auschwitz zurück. Und wenn wir klarsichtig sind, sehen wir, dass wir auch durch uns allein nicht über Auschwitz hinauskommen können. Das ist nur gemeinsam mit den Opfern von Auschwitz möglich.‹ Für die Juden von heute ließe sich sagen: ›Wir können nie mehr hinter unsere Ermächtigung zurück; aber wenn wir klarsichtig sind, sehen wir, dass wir auch von uns allein nicht über unsere Ermächtigung hinauskommen können. Das ist nur gemeinsam mit den Opfern unserer Ermächtigung möglich, nämlich dem palästinensischen Volk.«[13]

Das ist nicht die Vision, die Rabbi Green bei der Konferenz der »Rabbis für Menschenrechte« vorgestellt hat. Denn Green blickt nicht vorwärts, sondern rückwärts. Für ihn geht es bei der jüdischen Identität immer noch ums Leiden und um die Frage, wie man der Bedrohung unseres Lebens Herr wird, und seine Antwort ist der Zionismus: »Nachdem Hitler an die Macht gekommen war und die Welt die Verantwortung für den sich zusammenbrauenden Sturm nicht wahrgenommen hatte, wurde es klar, dass wir Juden sowohl den Schutz als auch den Stolz brauchten, den uns ein eigener Staat bieten konnte. *Die politischen Zionisten bekamen von der Geschichte, vor der wir alle Angst hatten, Recht.* Israel als Zufluchts- und Versammlungsort der Exilierten wurde nach dem Krieg eine Notwendigkeit und für mich ist es immer noch undenkbar, nicht Israel als einen jüdischen Staat zu haben.«[14]

Aber Green geht weiter: Auch wenn die Notwendigkeit einer physischen oder politischen Zuflucht noch so zwingend sein mag, ist das noch kein ausreichender Grund für den Staat. Israel liefert nämlich zudem einen *Sinn*: Es ist nicht nur ein Staat, sondern *Zion*; die Heimstatt des jüdischen Geistes und seines Ethos: »Der Umstand, dass das jüdische Volk nach dem Holocaust und genau zu dem Zeitpunkt, als in der Weltgeschichte die koloniale Ära zu Ende ging, nach Zion zurückkehrte und den jüdischen Staat schuf, fordert uns gewiss dazu auf, über seinen Sinn nachzudenken, zumal wir dabei unleugbare Anklänge an alte Prophetien über die Rückkehr Israels in unser angestammtes Land vernehmen. Das Zusammentreffen dieser Umstände sagt uns zunächst einmal, dass eine von Juden geschaffene Gesellschaft an einem für uns heiligen Ort auf den universalen Werten des Judentums aufgebaut werden muss« (ebd.).

EIN HUMANITÄRER ZIONISMUS?

Gewiss würden nicht alle Mitglieder der »Rabbis für Menschenrechte« jede Aussage, die Rabbi Green in diesem Vortrag macht, unterschreiben. Aber was er hier äußert, liegt auf der Linie der Grundüberzeugungen dieser Gruppe. Auf ihrer Website heißt es: »Die Organisation Rabbis for Human Rights vertritt ein zionistisches Engagement für die Werte der Gerechtigkeit und Gleichheit, wie sie in der Unabhängigkeitserklärung Israels formuliert sind. Sie steht auch offen zu ihrem Verständnis, dass wir Juden dafür verantwortlich sind, stiller Komplizenschaft die Stirn zu bieten, Verstöße gegen bestimmte Menschenrechte der israelischen Öffentlichkeit zur Kenntnis zu bringen und auf die zuständigen Behörden Druck auszuüben, diese zu beheben … Die Organisation *Rabbis for Human Rights* gibt der Tradition der Sorge um den Fremden und andere Schwache innerhalb der Gesellschaft eine Stimme.«[15]

Ich übersetze das kurz so: Wir sind ein Licht für die Völker.

Denn der Einsatz der »Rabbis für Menschenrechte« hat eine außergewöhnliche Ausgangsbasis; es geht um die Erfüllung »einer heiligen Pflicht, die sich aus vollkommener Trauer ergibt«: *Wir sind Opfer und brauchen diesen Schutz, diese Armee, dieses Land. Wir sind gut, und darum können wir dieses Projekt eines ethnischen Nationalismus gut gestalten. Und selbst angesichts des Beweises, dass wir nicht immer mit Güte handeln, kann unsere Besonderheit dieses Übel mildern. Wir helfen den Palästinensern beim Olivenernten, indem wir die Gewalttätigkeit der Siedler in Schach halten. Wir stellen uns vor Häusern auf, die zerstört werden und zeigen so, dass wir dagegen sind, sowie auch gegen andere Formen der ethnischen Säuberung. Wir arbeiten für eine gerechtere Gesellschaft innerhalb Israels.*

Das sind tatsächlich gute, rechtschaffene Aktionen! Aber machen sie die fundamentale Sünde ungeschehen, einen jüdischen Staat auf den Ruinen eines ganzen Volkes zu schaffen und aufrechtzuerhalten? Löschen sie sie damit aus? Bieten sie wirklich der Wurzel des Bösen die Stirn?

Green ist sich gewiss der Dringlichkeit und des Ernstes der Problematik bewusst. Er schreibt: »Unser Glaube und das Erbe unserer Geschichte können es einer jüdischen Gesellschaft nicht gestatten, als Kolonialgesellschaft zu agieren, also als eine Gesellschaft, in der eine Volksgruppe, die sich als ›höherstehend‹ definiert, sich einer ›eingeborenen‹ Menschengruppe bemächtigt und deren Ressourcen einschließlich des Landes beschlagnahmt und sie damit ihrer Freiheit beraubt. Falls es uns zu Ohren kommt, dass Israels Gründung dieser Beschreibung zu nahe kommt, ist es unsere Aufgabe als *Yisra'el 'amekha* dafür zu sorgen, dass dies nicht die ganze Geschichte ist. Vielleicht waren wir uns nicht voll darüber im Klaren, wie gewaltig wir hier auf die Probe gestellt würden.«[16]

Falls, wie Rabbi Green unterstellt, die Probe auf die Besonderheit und Würdigkeit des jüdischen Volkes darin besteht, wie dieses Experiment eines ethnischen nationalistischen Heimatlandes in Palästina ausgehen wird, dann behaupte ich, dass dieser Test zum Scheitern verurteilt ist. Wieder geht man dabei von der Annahme aus, dass *wir* als jüdischer Staat *das fertigbringen können*: Wir können eine gerechte Gesellschaft werden. Vielleicht könnten wir damit tatsächlich Erfolg haben, falls wir uns daranmachen würden, im historischen Palästina eine wirklich demokratische, pluralistische Gesellschaft einzurichten. Green spricht sich jedoch dafür aus, dass wir uns darum innerhalb des Rahmens des Judentums bemühen, da er darin die Grundlage des Staates Israel sieht, und folglich diesbezüglich keine grundlegende Revision für erforderlich hält. Aus dieser Sicht wird überhaupt nicht thematisiert, was es heißt, dass wir bei der Gründung und Fortführung des Staates Israel von unserem Selbstbild als besonderem Volk mit einem besonderen Besitzrecht auf das Land ausgehen. Aber genau das ist notwendig: Wir müssen erkennen, wohin uns dieses Selbstbild in der Realität des heutigen Israel gebracht hat. Wir kommen nicht damit weiter, wenn wir Beispiele für Menschenrechtsgrundsätze aus der jüdischen Heiligen Schrift zitieren und darauf hinweisen, dass sich die Prinzipien des Universalismus und der Ehrfurcht vor der Würde des Menschen im Talmud[17] finden. Die Realität, die vor unseren Augen liegt, ist existenzieller und grundlegender.

Rabbi Green gibt das Scheitern selbst zu. Allerdings bemerkt es das nicht, sondern äußert lediglich: »Bislang gelingt uns das noch nicht besonders gut. Die Unnachgiebigkeit der Araber und die Schrecken der Jahre der *Intifada* haben die Vision eines humanitären Zionismus geschwächt.« Da ist er wieder: der fixe Glaube an die Rechtschaffenheit unserer Sache. Er schiebt dem Opfer die Schuld zu – implizit, wenn er von der »Unnachgiebigkeit der Araber« redet – und beschließt, sich auf den Widerstand der Palästinenser in Form der als *Intifadas* bekannten Aufstände zu konzentrieren (Warum sind die »schrecklich«? Wegen der gewaltsamen Unterdrückung, zu der sie geführt haben? Können wir Juden denn jemals den Palästinensern vergeben, was wir ihnen angetan haben?). Dadurch tut Green so, als habe das zionistische Unternehmen mit der

Gewalttätigkeit, zu der es geführt hat, überhaupt nichts zu tun. Schon allein der Begriff eines »humanitären Zionismus« legt das Problem offen dar. Dieser Begriff gehört in die gleiche Kategorie wie der frühzionistische Mythos vom »Land ohne Volk für ein Volk ohne Land«. Ein »humanitärer Zionismus« ist ein Phantasiegebilde. Davon zu reden, ist ein Beispiel für unsere frappierende Fähigkeit, die dunkle Seite unserer Natur zu verdrängen. Wie Avraham Burg festgestellt hat, wurde dieser Zug tief in die Struktur unseres Staates selbst eingewoben, und er tritt deutlicher zutage, seit wir uns in zunehmendem Maß darauf verlegen, die Aktionen dieses Staates zu verteidigen. Wir hörten das auf dem Höhepunkt der Bombardierung Gazas im Winter 2009 bei einer Pressekonferenz in Washington, DC, wo die israelische Außenministerin Tzipi Livni behauptete, Israel verwende keine Phosphorbomben und ziele nicht auf Zivilisten. Wir hörten es, als sie darauf bestand, Israel habe sich einfach gegen die tödlichen Angriffe »mit den Raketen« wehren müssen. Übersetzt heißt das: Es ist alles ihre Schuld. Die haben damit angefangen.

Was ist ein humanitärer Zionismus? Rabbi Green hat die Antwort parat: »Wenn man eine jüdische Existenz führt, die uns unter den Bannern der Sorge füreinander, der Verantwortung und des Mitleids mit der Welt und der Menschheit voranschreiten lässt, dürfte das kaum wie ein Verrat an unserer Sendung anmuten. Im tiefsten Inneren möchte *dos pintele yid* (»das innerste Herz des Judentums«, »der jüdische Funke«) immer noch auf eine geheimnisvolle Weise sagen, dass wir ein Reich von Priestern und ein heiliges Volk seien. Das möchten selbst diejenigen, die diese Worte nicht über die Lippen bringen.«

»Ein Reich von Priestern und ein heiliges Volk« – ich bin einer derjenigen, die das so nicht sagen können und wollen. Diese Formulierung nennt die Quelle und das Herzstück der Idee vom jüdischen Ausnahmestatus. Sie findet sich im Buch Exodus Kapitel 19. Die Kinder Israels lagern nur drei Monate nach ihrer Flucht aus Ägypten zu Füßen des Berges Sinai. Mose weiß, dass etwas von gewaltiger Bedeutung bevorsteht und nähert sich dem Berg, um Gottes Unterweisungen entgegenzunehmen. »Da rief ihm der Herr vom Berg her zu: Das sollst du dem Haus Jakob sagen und den Israeliten verkünden: Ihr habt gesehen, was ich den Ägyptern angetan habe, wie ich euch auf Adlerflügeln getragen und hierher zu mir gebracht habe. Jetzt aber, wenn ihr auf meine Stimme hört und meinen Bund haltet, werdet ihr unter allen Völkern mein besonderes Eigentum sein. Ihr aber sollt mir als ein Reich von Priestern und als ein heiliges Volk gehören. Das sind die Worte, die du den Israeliten mitteilen sollst« (Exodus 19,3–6, deutsche Einheitsübersetzung).

Was bedeutet es, wenn man ein solches Konzept in eine Diskussion über den Zionismus und das Problem des israelisch-palästinensischen Konflikts einbringt? Aus den Worten von Rabbi Green ist klar, dass die jüdische Tradition die Quelle der Prinzipien ist, die die Arbeit im Dienst der sozialen Gerechtigkeit der »Rabbis für Menschenrechte« leiten. Das entspricht der Sendung der Organisation, wie sie sich auf der Website vorstellt. Das ist recht und gut. Aber diese Prinzipien gründen in der jüdischen Vorstellung, einen Ausnahmestatus zu haben. Auch wenn man universalistische Elemente anführt, die sich in der jüdischen Tradition finden, mildert das nicht dieses Kernstück. Und auch wenn sich Green auf die anderen Genozide und die anderen Befreiungsbewegungen bezieht, macht das nicht seine mangelnde Bereitschaft wett, zuzugeben, dass der politische Zionismus fundamental auf der Vorstellung eines Ausnahmestatus beruht.

Damit stehen wir auf demselben Glatteis wie diejenigen liberalen christlichen Theologen, die versuchen, eine Rechtfertigung für den heutigen politischen Zionismus zurecht zu zimmern. Wir haben den Raum des christlichen Zionismus betreten durch die Tür der jüdischen Vorstellung, es verfüge über einen Ausnahmestatus.

Ich bringe jetzt ein Beispiel von christlichem Zionismus in seiner reinsten Form. Der Verfasser dieses Textes ist Reverend Malcolm Hedding auf der Website der *Christian Embassy Jerusalem* (»Christliche Botschaft in Jerusalem«, www.christian-zionism.org): »Israel war immer Gottes Instrument zur Erlösung der Welt (Römer 9,1–5). Es ist gewissermaßen Gottes Mikrofon, das Medium, über das Er zu einer verlorenen Welt spricht. Zudem hat es alle Bundesschlüsse Gottes mit der Welt hervorgebracht und ist jetzt in sein Heimatland zurückgekehrt, und das dank der Verheißung des Abrahamsbundes, um den endgültigen großen Bund der Geschichte auf die Welt zu bringen, den Davidsbund. Darin liegt der letzte Zweck seiner heutigen Wiederherstellung. Jesus wird nach Zion als der Wurzel und dem Spross Davids zurückkehren (Offenbarung 22,1–6; Psalm 2,1–12; Psalm 72,5–11).«

Aber man muss gar nicht bis zu den Dispensationalisten gehen, um eine Eschatologie zu finden, die den Juden die Starrolle als Gottes Auserwählten zuteilt. Es gibt nämlich auch im christlichen Mainstream eine genauso starke Vision von der Sendung der Juden. Sie ist vielleicht sanfter und zudem besser in heutige Begriffe gefasst, aber dennoch ist auch sie ganz klar: Die Juden, Gottes auserwähltes Volk, seien dazu da, um das Werk voranzutreiben, eine vollkommenere Welt zu schaffen. Gott habe die Juden für diese Rolle auserwählt – und die Landverheißung sei Teil dieses Bundes. Für das jüdische Volk sei vorgesehen, dass es im Land Israel wohne: Das sei unsere Bestimmung und unsere Sendung als Gottes »besonderer Schatz unter allen Völkern, denn die ganze Erde ist Mein.« Es sei hier an die Besprechung des amerikanischen Theologen Paul van Buren im 5. Kapitel erinnert, dessen Werk in der Zeit nach dem Zweiten Weltkrieg einen so wichtigen Einfluss auf eine ganze Generation von Theologen und Pastoren ausübte und zum weit verbreiteten und fortlaufenden Bemühen der Christen um die Versöhnung mit dem jüdischen Volk führte. Van Buren war es, der die Beziehung zwischen Gott und dem jüdischen Volk »die größte aller Liebesgeschichten in der Weltgeschichte« nannte[18] und den Christen die – ebenfalls von Gott vorgesehene – Aufgabe zuwies, den Juden dabei zu helfen, die Schöpfung ihrer Vollendung näher zu bringen.

Religiöse jüdische Liberale wie Rabbi Green teilen diese Vision, selbst wenn sie Israel mit kritischen Augen betrachten, weil es sich nicht genügend an die humanitären Ideale des Judentums hält. Man braucht nur einen ganz kurzen Weg, um beim Zionismus dieser Juden eine ganz ähnliche Vorstellung über einen Ausnahmestatus wie beim Mainstream des christlichen Zionismus zu finden. Denn ihr Anliegen ist es, dass Israel sein hohes Ideal der »Sorge füreinander, der Verantwortung und des Mitleids mit der Welt und der Menschheit« verwirklicht (wie es Rabbi Green formulierte). Laut ihrer Analyse sind die »Verstöße« des jüdischen Staates unglückliche Nebenerscheinungen des umfassenderen Bemühens, unseren göttlichen Auftrag zur erfüllen, für die ganze Menschheit eine bessere Welt zu erschaffen. Die Verstöße Israels müssten zwar behoben werden, so meinen sie, aber man dürfe sie nicht dazu benutzen, die Richtigkeit des zionistischen Unternehmens selbst in Frage zu stellen.

Juden wie ich, die sich große Sorgen um Israels Zukunft machen, aber über den Zionismus ganz anderer Meinung sind als Rabbi Green, sehen sich von derartigen ideologischen Differenzen in ein Dilemma geführt. Die Männer und Frauen von »Rabbis für Menschenrechte« leisten gute und mutige Arbeit. Sie kämpfen in Israel an vorderster Front um zahlreiche Anliegen, die Menschenrechtsfragen berühren. Den Geschäftsführer Rabbi Arik Ascherman und seine Kollegen kann man erleben, wie sie sich in der Westbank jüdischen Siedlern und israelischen Soldaten entgegenstellen, wenn diese palästinensische Landwirte drangsalieren oder wenn palästinensischen Häusern der Abriss droht. Die »Rabbis für Menschenrechte« haben ebenfalls energisch gegen die Judaisierung des Stadtviertels Silwan von Ostjerusalem protestiert, wo eine jüdische Siedlerorganisation nach Absprache mit der israelischen Regierung versucht, dieses Gebiet von Palästinensern zu säubern, die dort seit Generationen gewohnt haben.

Warum soll ich sie also kritisieren? Kann ich denn ihre Aktionen nicht gutheißen, auch wenn ich in einigen grundlegenden Fragen anderer Meinung bin als diese Organisation?

Ich möchte gegen diesen Vorbehalt einwenden, dass es zu einer gerechten politischen Lösung nicht kommen kann, solange die Juden Israels und ihre Unterstützer in Nordamerika aus der Überzeugung heraus aktiv sind, sie seien das Licht der Völker, Gottes besonderer Schatz und ein Volk von Priestern. Was bei einer solchen Einstellung herauskommt, ist das Gefühl der Juden, sie verdienten das Land mehr als die Palästinenser. Sie haben ohnehin schon einen ungerecht hohen Anteil davon an sich gerissen. Die Palästiner waren bereits wiederholt zu Zugeständnissen bereit und gaben bei jedem Schritt mehr Territorium, mehr Kontrolle und mehr Ressourcen her. Die Fakten vor Ort stellen einen atemberaubenden Verlust für die Palästinenser dar: Bewaldete Hügel und fruchtbare Täler wurden mit Städten aus Stein überzogen (die nur für Juden sind). Ein Netz von Straßen, auf denen nur Juden fahren dürfen, überzieht jetzt das palästinensische Wegenetz. Kontrollpunkte zerstören ihren Handel, behindern ihre Ausbildungsmöglichkeiten und beschneiden ihr persönliches Leben. Die Trennmauer hat Palästina zu einem einzigen riesigen Gefängnis gemacht. Machen die humanitären Widerstandsaktionen der »Rabbis für Menschenrechte« gegen gewalttätige Siedler all dies ungeschehen? Dass sie punktuell kämpfen, mag zwar wichtig sein: Sie retten hier eine Olivenernte, verhindern da einen Hausverlust, kommen dort dem Raub eines Obstgartens zuvor. Und wenn sie für ihre Akte des Ungehorsams ins Gefängnis gehen, fordern sie ein System heraus, das derartige Rechtsverletzungen zulässt. Alle diese Aktionen sind wertvoll. Aber gehen sie an die Wurzel, nämlich das zionistische Projekt, das über ganz Palästina die jüdische Souveränität erlangen will? Das ist das fundamentale Faktum, das dazu geführt hat, dass die Siedler auf den Plan getreten sind und die Mauer gebaut wurde und der Konflikt endlos weitergeht. Das ist das Faktum, das diesem gesamten Projekt zugrunde liegt und hundert Jahre jüdischer Ansiedlung in Gefahr bringt, zu 4,25 Millionen regionaler Flüchtlinge geführt hat und heute vier Millionen Palästinenser unterjocht.

AN DIE WURZEL GEHEN

Das Ziel, dass die Juden demografisch und politisch die Vorherrschaft haben, treibt die Politik an und verewigt den Konflikt. Dieser Konflikt vergiftet die israelische Gesellschaft. Der israelische Historiker Meron Benvenisti sprach kurz nach der Invasion von Gaza 2008–2009 in einem Beitrag in *Haaretz* (»Woe to the Victors« am 26. Januar 2009) diese schlimme Wahrheit aus: »Trotz des Abscheus vor dieser Operation lässt sich die Tatsache nicht übersehen, dass

Israel einen Sieg errungen und gezeigt hat, wie sinnlos es ist, dass die Palästinenser weiterhin Widerstand leisten. Jetzt werden sich die Israelis mit der Beute dieses Sieges herumschlagen müssen, nämlich mit Millionen geschlagener und trauernder Palästinenser, die unter einem totalitären, diskriminierenden Regime leben und mit einer Welt, die sich mit der irrsinnigen Gewaltanwendung nicht anfreundet. Eine kleine Minderheit beschämter Israelis betrachtet traurig dieses Stadium der nationalen Bewegung, die in ihren Anfängen so viele hohe Ideale verkörperte. Das ist wahrhaftig ein Pyrrhussieg.«

Die Wurzel der Gewalttätigkeit gegen Israels Bürger und der Kriege, die im Lauf der Jahre zur Verteidigung Israels geführt wurden, ist die gleiche, die jenen Verstößen gegen die Menschenrechte der Palästinenser zugrunde liegt, gegen die sich die »Rabbis für Menschenrechte« einsetzen: die Einrichtung eines jüdischen Staates auf palästinensischem Land. Mit einer Klarheit und Deutlichkeit, die unsere Aufmerksamkeit verlangt, spricht der Philosophieprofessor Michael Neumann dieses Thema an. Er schrieb 2005 in seinem Buch *The Case Against Israel*: »Trotz strategisch motivierter Behauptungen des Gegenteils und kurzem Liebäugeln mit anderen Beweggründen war der Zionismus immer ein Versuch, die jüdische Souveränität über Palästina einzurichten. Dieses Projekt war illegitim. Weder die Geschichte noch die Religion noch die Leiden der Juden zur Nazizeit genügten, um es zu rechtfertigen. Es stellte für die Palästinenser eine tödliche Bedrohung dar und ließ keinen Platz für einen sinnvollen Kompromiss. Der Umstand, dass die Palästinenser keine Möglichkeit hatten, den Zionismus friedlich zu besiegen, rechtfertigte auch manche Form des gewaltsamen Widerstands.«[19]

Ich bin mir sicher, dass Neumann als Moralphilosoph die Gewalttätigkeit, zu der dieser Widerstand geführt hat, nicht billigt oder begrüßt. Er will uns nur auffordern, sie als Reaktion auf die strukturelle, ja oft direkte Gewaltausübung zur Enteignung des palästinensischen Volkes zu verstehen. Dabei komme es nicht darauf an, so betont Neumann, dass einiges palästinensische Land – seit den frühen Jahren der Besiedlung bis heute – von Juden gekauft wurde: »Beim israelisch/palästinensischen Konflikt geht es nicht nur um den Landbesitz, sondern um die Verwendung dieses Landbesitzes dazu, die Oberherrschaft der einen Gruppe über die andere einzurichten ... Dabei tut es nichts zur Sache, ob die Zionisten Wunderbares zustande gebracht oder ›die Wüste zu üppigem Grünland gemacht‹ haben. Wenn ich im Lauf meines Unternehmens, die Macht über Leben und Tod eines anderen an mich zu reißen, wunderbare Dinge zustande bringe, legitimieren diese Dinge dennoch nicht mein Unternehmen« (87).

Wo bleibt der Widerstand gegen das von dieser Ideologie geschaffene und legitimierte System, das dieses Unternehmen der Besetzung vorantreibt? Warum konzentriert man sich, wenn von der Besetzung die Rede ist, auf die Siedler als die Ausgeburt dieses Unternehmens, die Frankenstein-Monster, die die Regierung Israels nicht nur geschaffen hat, sondern auch füttert und schützt? Das jüdische religiöse Establishment, dem ich auch die Rabbis zuzähle, die sich als »Rabbis für Menschenrechte« zusammengetan haben, weil sie kulturell und von Geburt aus Teil dieses Establishments sind, scheint nicht in der Lage zu sein, die Ideologie aufzugeben, die dem Zionismus zugrunde liegt. Diese Ideologie bestätigt die dem Zionismus zugrundeliegende unbequeme Wahrheit, die Neumann uns vorsetzt: dass »der Zionismus das uneheliche Kind des ethnischen Nationalismus ist« (187). Das ist die gleiche Wahrheit, die Avraham Burg formuliert und um derentwillen er Israel und Israels Unterstützer beschwört, den Zionismus zu akzeptieren, insofern er die Geburt Israels ermöglichen half, aber ihn jetzt wegfallen zu lassen und offen für das zu sein, was ihn ersetzen kann. Exodus 19 trug maßgeblich zur Geburt Israels bei. Um diesen Irrsinn zu beenden, wird man kein Reich von Priestern und kein heiliges Volk brauchen, sondern genau das Gegenteil davon: ein Volk, das bereit ist, ein Volk wie alle anderen zu sein. Dazu wird es notwendig sein, dass wir bereitwillig unseren privilegierten Status aufgeben und einfach mit den anderen von gleich zu gleich teilen.

Das Tragische ist, dass die Menschen, die sich als »Rabbis für Menschenrechte« einsetzen, gute und moralische Menschen und auch mutige Menschen sind, die von dem entsetzt sind, was der Staat anrichtet. Arik Ascherman und seine Mitaktivisten tut es in tiefster Seele weh und sie sind wütend darüber, was nicht nur aus ihrem Land und ihrem Traum vom Ende des harten und schmerzlichen Exils geworden, sondern auch mit ihrem Judentum passiert ist, und zwar weil sie es aus religiöser Sicht angehen. Wenn Rabbi Ascherman in die Westbank geht, trägt er sein *yarmulke*, sein Schädelkäppchen, mit dem er zusammen mit seinem Vollbart eigenartigerweise ganz den fundamentalistischen Siedlern gleicht, denen er sich entgegenstellen will – und ich glaube, dass er das vorsätzlich tut. Das Paradoxe daran ist, dass er einerseits gegen die Mauer streitet und sich den Bulldozern in den Weg stellt und andererseits zum jüdischen Staat hält, der die Quelle des Übels ist, das er bekämpft.

Worin besteht also die Rolle des progressiven jüdischen Denkens und Handelns von Menschen wie Rabbi Green in den USA und Avraham Burg und Arik Ascherman in Israel? Ihre Stimmen sind im Diskurs von entscheidender Bedeutung. Aber wohin werden uns ihre Aktionen führen, wenn es um eine friedliche Lösung des Konflikts geht? Trotz der Konzentration auf die »Zwei-Staaten-Lösung« – für dieses Ziel sprechen sie sich alle einmütig aus – warnte Burg selbst in einer Rede vor den »Rabbis für Menschenrechte« im Dezember 2008 in Washington, DC, davor, die »zwei Staaten« als wunderbare endgültige Lösung anzusehen. Das werde ein problematisches, höchst anfälliges Arrangement werden. Vielmehr solle man die zwei Staaten als Schritt auf dem Weg zu einer regionalen Neuordnung sehen, in deren Rahmen Israel seinen Platz unter den Staaten des mittleren Ostens einnehmen werde. Das sei Teil eines Prozesses, also einer Reihe von Schritten, so betonte Burg, womit man sich vom Zionismus und der Vorstellung vom jüdischen Ausnahmestatus *verabschieden* müsse, was den Militarismus hervorgebracht habe und unterstütze, der das heutige Israel plage. Der Einsatz für Gerechtigkeit für die Palästinenser sei von entscheidender Bedeutung, aber er werde uns nicht in Richtung Frieden bringen, weder in unseren Städten, noch längs unserer Grenzen, noch in unseren Herzen, bis wir dazu bereit seien, unsere Vergangenheit mit ihrem Exklusivitätsdenken und Gefühl des Besitzanspruchs loszulassen. Das Ergebnis unserer Bemühungen werde davon abhängen, ob wir weiterhin unsere Anstrengungen darauf verlegten, unser Gefühl der Machtüberlegenheit über reale oder phantasierte Feinde zu steigern, oder ob wir stattdessen Vertrauen und ein Gefühl der Gemeinsamkeit mit anderen Staaten und Glaubensgemeinschaften aufbauten. Mit Walter Brueggemanns Begriffen gesprochen: Wird es das »Königsbewusstsein« sein, das uns führen wird, oder die prophetische Phantasie? Was die politische Lösung angeht, die wir suchen, wird der Erfolg dieser Lösung von der Natur der menschlichen Arrangements abhängen, auf die wir uns einlassen. Und die Natur dieser Beziehungen – die Geschichte, die sie uns erzählen – wird die Geschichte spiegeln, die wir von uns selbst erzählen.

EINE NEUE ERZÄHLTRADITION

Die Geschichte, die wir Juden einander erzählen und unseren Kindern beibringen, geht so: Als wir fern von unserem Land im Exil lebten und der Tempel zerstört war, passten wir uns an diese neue Lage an. Die umfangreichen Texte über unsere Gesetzgebung und unser Brauchtum, das unser religiöses Dasein und das Alltagsleben beherrschte, wurde in der ersten Hälfte des 1. Jahrtausends zusammengestellt und als rabbinisches Judentum bekannt. Es unterstützte und trug unser Volk durch die Jahrhunderte hindurch. Mit anderen Worten: wir machten einen grundlegenden Wandel durch und gingen von einem auf den Tempel konzentrierten Stammeskult zu einem Glauben über, der nicht mehr an einen Ort gebunden war.

Das ist die übliche jüdische Erzählweise. Angesichts des destruktiven Szenarios, das sich heute im Heiligen Land abspielt, in dem wir Juden alles andere als universalistisch und gerechtigkeitsorientiert wirken, erzählen die Juden weiterhin diese Geschichte, so, als ob wahr sei, was man oft genug wiederhole. Ich glaube, wir verfügen über die Fähigkeit, es wahr sein zu lassen: Wir können die universalistischen und auf Gerechtigkeit gründenden Elemente, die sich in unserer Tradition finden, wieder in die Praxis umsetzen. Aber das kann nur wahr werden, wenn wir in der Lage sind damit aufzuhören zu verdrängen, wie sehr unsere derzeitigen Verhaltensweisen diese Elemente verraten, und wenn wir begreifen, an welchem Punkt unserer Geschichte wir derzeit stehen.

Paradoxerweise ist es eine neu entstehende Schule christlicher Autoren, die uns helfen kann, das Judentum klarer zu sehen. Der im Ruhestand lebende Bischof und Theologe der Episkopalkirche John Shelby Spong beschreibt das Auftauchen einer universalen Vision im Judentum als einen Entwicklungsprozess. Nach Spong konzentriert sich das Judentum zum ersten Mal im 6. Jahrhundert vor der Zeitenwende infolge des nationalen Traumas des babylonischen Exils auf seine Besonderheit und Einmaligkeit, was sich dann im nationalen »Epos« des Alten Testaments niedergeschlagen hat. In der Restaurationszeit nach dem Exil hätten der Prophet Ezechiel und die mit ihm nach Palästina heimgekehrten Priester das »definierende Epos« des Volkes neu formuliert und mit der sogenannten »Priesterschrift« die Torah, also die ersten fünf Bücher der hebräischen Heiligen Schrift, abgeschlossen. »An oberster Stelle stand für die Verfasser der Priesterschrift das Überleben der jüdischen Identität. Damit das jüdische Volk als Volk für sich überlebte, ... musste es von den anderen klar unterschieden und anders sein.«[20] Um dieses Gefühl und die Erfahrung des Andersseins zu verstärken, seien die Sabbatvorschriften, *kaschrut* (Speisegesetze) und die rituelle Beschneidung eingeführt worden.

Spong betrachtet die Verfestigung dessen, was manche als den »Stammes«-Charakter des Judentums bezeichnet haben, nicht als für den Glauben wesentlich, sondern als Reaktion auf historische Ereignisse, nämlich den Stress des Exils und den Verlust der politischen Autonomie. In den Jahrhunderten vor dem Exil seien von den Propheten die universalen Aspekte des Judentums zum Ausdruck gebracht worden, und zwar in Reaktion auf das spirituelle und ethische Versagen der Könige und Priester. Diese Aspekte des Judentums seien nicht verschwunden. Spong sieht – wie auch andere – Jesus als den Erben dieser prophetischen Tradition.

Spong, Marcus Borg und andere, mit denen wir uns im folgenden Kapitel gründlicher beschäftigen werden, haben ein Verständnis des Frühchristentums im Licht der jüdischen Erfahrung der römischen Besatzung erarbeitet. Es ging ihnen dabei nicht um eine akademische Übung in Kirchengeschichte, sondern darum, sektiererische und religiöse Schranken abzubauen und jene Werte sozialer Gerechtigkeit herauszuarbeiten, die uns heute anleiten können.

Diese Arbeit unterscheidet sich stark vom Bemühen, das auszuarbeiten, was ich als ein falsches Wunschbild eines voll verwirklichten universalistischen Judentums bezeichnen würde. So gut die Absichten eines solchen Bemühens sein mögen, die wir ansatzweise in den Werken christlicher wie jüdischer Denker gesehen haben, dient es doch lediglich dazu, den Mythos zu verstärken, der jüdische Staat sei ein auf soziale Gerechtigkeit und gleiche Rechte für alle seine Bürger verpflichtetes Gemeinwesen.

Auf tragisch paradoxe Weise wird eine solche Darstellung von den Handlungen des Staates Israel Lügen gestraft. Denn darin wird das jüdische Volk so vorgestellt, als habe es den Übergang vom Stammes- zum universalen Denken bewältigt. Liberale jüdische Stimmen erinnern so an die Gerechtigkeitsbotschaft der alttestamentlichen Propheten, um zu beweisen, dass das Judentum universalistisch angelegt sei. Aber seit das Judentum politisch an die Macht kam, ist nicht das universalistische, sondern das ethnozentrische Element der Botschaft von Jesaja vorherrschend geworden, also nicht der Löwe, der beim Lamm lagert, sondern die Vernichtung der Philister. Doch die hochfliegende Vision Jesajas vom universalen Frieden ist damit nicht verloren gegangen. Es gibt Stimmen, prophetische Stimmen, die an diese Werte appellieren, aber wir sind in der Tat sehr weit in die andere Richtung gegangen. Wir haben der Welt zwar die Vorstellung von einem universalen Gott gebracht, einem Gott, der unsere Hand hält, uns auf seinen Bund verpflichtet und von uns Gerechtigkeit verlangt. Aber praktisch haben wir die Macht einem politischen System übergeben, das das Credo eines Stammesgottes in die Tat umsetzt, der Eroberung fordert.

Um einen Weg nach vorn zu finden, werden wir deshalb nun das Werk mehrerer heutiger Denker durchsehen, deren Ansichten in lebhaftem Gegensatz zu denjenigen der christlichen Schule stehen, die wir in den Kapiteln 5 und 6 näher kennengelernt haben. Das liefert auch ein Gegengewicht zu dem exklusiven Ton, der in den Schriften der von mir vorgestellten progressiven jüdischen Denker herrscht. Die Theologen Marcus Borg, John Shelby Spong und andere laden uns – Juden und Christen – ein, uns wieder diesen kostbaren anderen Teil unserer gemeinsamen Tradition zu eigen zu machen. Sie drängen uns, sektiererische Schranken und exklusive Ansprüche auf Privilegien zu überwinden. Dazu sei der folgende Abschnitt aus John Spongs Buch *The Sins of Scripture* von 2005 zitiert:

»Jesus war von dem Epos geprägt, das zur Stammesreligion der Juden geführt hatte, die sich als Gottes Lieblinge und Auserwählte verstanden und unterstellten, ihre Feinde seien Gottes Feinde, weshalb sie sich Gott so vorstellten, dass er voller Freude mit ansah, wie die Ägypter im Roten Meer ertranken. Aber er hatte auch Anteil an dem Reiferwerden dieses Stammesgottes während des Exils, wie es sich darin spiegelt, dass die Propheten zum Epos der Juden seine Forderungen nach Liebe und Gerechtigkeit hinzufügten ... Jesus schien es so zu sehen, dass letztlich niemand den heiligen Gott ganz in seine Glaubensvorstellungen oder Lehrsätze fassen kann. Das wäre Götzendienst ... Wir können nicht weiterhin vorgeben, wir seien die Auserwählten und alle anderen Menschen seien nicht erwählt ... Jesus trug seinen Jüngern auf, in die ganze Welt hinauszugehen (Matthäus 28,16–20). Sie sollten die Grenzen ihrer Nation, ihres Stammes und insbesondere ihrer Religion überschreiten.« (249f.)

Das ist eine völlig andere Sicht als diejenige der christlichen Theologen, die wir uns in früheren Kapiteln angesehen haben. Sie hielten die Exklusivität des ursprünglichen Bundes zwischen dem jüdischen Volk und Gott hoch und erhoben diese in den Rang eines Vorzugsstatus, um dann die Christen aufzufordern, sich den Juden in diesem privilegierten Status anzuschließen. Es ist hilfreich, sich den jeweiligen historischen Kontext genauer anzusehen, in dem diese stark unterschiedlichen Sichtweisen entstanden sind. In der Zeit nach dem Zweiten Weltkrieg reagierten van Buren und seine Nachfolger auf die Entsetzlichkeiten des Nationalsozialismus. Der Antisemitismus wurde *die* Sünde schlechthin, die die Kirche ausräumen musste. In der geopolitischen Arena stand der Westen im Kampf mit den Übeln des Faschismus und Totalitarismus. Als in den Nachkriegsjahren der Kalte Krieg schärfer wurde, akzeptierten wir eine Weltsicht, die den autoritären Kommunismus durch eine klare Trennunglinie von den Tugenden der westlichen Demokratie schied.

Das war damals. Heute werden wir uns schmerzlich der Sünden des Westens bewusst, die er mit dem Missbrauch seiner Macht im globalen Maßstab begeht. Heute ist das System, das die Zukunft der Menschheit bedroht und die Grundlagen unserer auf Gerechtigkeit beruhenden Glaubenstraditionen infrage stellt, nicht der Faschismus, sondern die Herrschaft, wie sie sich in Aspekten des globalen Kapitalismus ausdrückt. Heute ist wieder das Rom des Jahres 30 – nicht das Berlin von 1938 oder das Moskau von 1954 – das Modell des Bösen, das es zu besiegen gilt.

Walter Wink erinnert uns daran, dass es genau dieses System war, diese politische und soziale Ordnung, auf die Jesus sich bezog, als er zu den Pharisäern sagte: »Ihr seid von dieser Welt, ich bin nicht von dieser Welt« (Johannes 8,23). Wink übersetzt das griechische Wort *kosmos* statt mit »Welt« mit »System« oder spezifischer mit »Herrschaftssystem«[21]. Als Jesus dies erklärte oder über das Reich Gottes predigte, führte er nicht das Bild einer »künftigen Welt« vor Augen, sondern er sprach von der Verwandlung der derzeitigen Welt der Unterdrückung und Ungerechtigkeit, also vom *kosmos* des römischen Herrschaftssystems einschließlich seiner jüdischen Klienten-Herrscher, in eine gerechte Gesellschaft. Israel ist als Nationalstaat in das heutige globale wirtschaftliche und politische Netzwerk einbezogen und verstrickt. Das kann es zum Guten wie zum Bösen nutzen. An diesem Punkt aber versagen einige christliche wie jüdische progressive Denker darin, den nächsten Schritt zu tun. Sie rufen nach einem »gerechten«, »mitfühlenden« oder »demokratischen« Israel, unterlassen es aber, Israel wegen seiner eklatanten Menschenrechtsverletzungen zur Rechenschaft zu ziehen. Es ist verblüffend: Darunter sind viele Männer und Frauen, die bewiesen haben, dass sie sich stark für die soziale Gerechtigkeit in einer Vielzahl von Anliegen einsetzen, sowohl daheim wie im globalen Maßstab. Aber Israel geben sie einen Freibrief.

Es gibt jedoch auch andere Stimmen. Sie sind einfühlsam und versöhnlich, verzeihen aber nicht derart leicht.

DER ZIONISMUS ALS REGRESSION: EINE PALÄSTINENSISCHE PERSPEKTIVE

Der Palästinenser und anglikanische Priester Naim Ateek war acht Jahre alt, als seine Familie 1948 von jüdischen Soldaten aus ihrem Dorf in Südgaliläa vertrieben wurde. Ateek ist der Gründer und Leiter von *Sabeel*, dem »Zentrum für palästinensische Befreiungstheologie« in Jerusalem. Er ist ein tiefgläubiger Mensch und hat eine Theologie formuliert, die direkt auf das historische und derzeitige Leiden des palästinensischen Volkes eingeht. In seinem ersten Buch von 1989 mit dem Titel *Justice and Only Justice: A Palestinian Theology of Liberation* (»Recht nichts als Recht. Entwurf einer palästinensisch-christlichen Theologie«) plädiert Ateek für einen auf Gerechtigkeit beruhenden Umgang mit dem israelisch-palästinensischen Konflikt. Sein Werk zeichnet sich aus durch 1. eine direkte Identifikation mit der Erfahrung Jesu Christi als palästinensischer Jude, der unter der römischen Besatzung lebte und 2. durch eine unerschrockene Kritik derjenigen Aspekte der alttestamentlichen Theologie, die sich dazu verwenden lassen, die Enteignung eines Volkes durch das andere zu rechtfertigen, sowie 3. das Aufgreifen der prophetischen Tradition, die die soziale Gerechtigkeit über alle anderen Werte erhebt. Für Ateek hat das Thema, ob Gott von Natur aus partikularistisch oder universalistisch sei, also eine einzelne Gruppe bevorzugt oder die Erlösung aller Menschen im Sinn hat, zur Ausformulierung einer Befreiungstheologie von fundamentaler Bedeutung geführt. Er vertritt die Auffassung, dass das Alte Testament während der Phase der Propheten und der Nachexilszeit die Spannung zwischen der partikularistischen und universalistischen Gottesvorstellung nie gelöst habe: »Das Entstehen der zionistischen Bewegung im 20. Jahrhundert ist eine Regression der jüdischen Gemeinschaft in die Geschichte ihrer sehr fernen Vergangenheit mit ihren äußerst elementaren und primitiven Formen der Gottesvorstellung.«[22]

Nach Ateeks Formulierung stellt der Zionismus einen Rückfall in diese archaischen Aspekte der alttestamentlichen Theologie dar. Er zitiert aus dem Buch Josua einen Text, den die Apologeten Israels gewöhnlich übergehen. Der Text beschreibt die Zerstörung Jerichos. Darin heißt es: »Die Stadt mit allem, was in ihr ist, soll zu Ehren des Herrn dem Untergang geweiht sein« (Josua 6,17). Ateek weist darauf hin, dass in diesem Text die Bundeslade, gefolgt von den Priestern, die das Widderhorn blasen, vor der Zerstörung die Stadt umrundet. Und er stellt die Frage: »Ist eine solche Stelle ... damit vereinbar, wie Gott sich in Jesus Christus offenbart? Falls nicht, müssen wir sagen, dass sie nur ein menschliches Verständnis von Gottes Natur und Absicht offenbart, das von der Offenbarung Jesu Christi abgelöst oder korrigiert wurde. Anders gesagt: Solche Stellen sind aufschlussreich für ein Entwicklungsstadium des menschlichen Gottesverständnisses, das wir im Licht von Christi Offenbarung als unzureichend und unvollständig ansehen müssen« (83).

Wenn Ateek die archaischeren Stellen aus dem Alten Testament zitiert, sieht er sich offensichtlich nicht gezwungen – aus der Notwendigkeit heraus, nicht judenfeindlich zu wirken –, diese zu vermeiden, wie wir das bei einigen amerikanischen Theologen beobachtet haben. Damit hat er sich sowohl von Juden als auch Christen den Vorwurf eingehandelt, Antisemit zu sein. Aber Ateeks Kritik richtet sich nicht gegen das Judentum, sondern gegen den politischen Zionismus; nicht gegen den jüdischen Glauben selbst, sondern gegen Aspekte der alttestamentlichen Theologie, die er für verantwortlich dafür hält, dass sein Volk derart ungerecht behandelt wird. Selbst angesichts seiner unerbittlichen Kritik am politischen Zionismus versucht er eine Brücke zwischen den beiden Religionen zu bauen, indem er wie Bischof Spong im Judentum die Existenz eines universalistischen Zugs ausmacht. Mit einer Formulierung, die an die bei vielen progressiven Juden beliebte Sichtweise erinnert, vertritt er, das Judentum sei fähig gewesen, über das Exklusivitätsdenken seines Stammesbewusstseins hinauszukommen und in Reaktion auf den Verlust des Tempels und der politischen Macht eine universalere Ethik sozialer Gerechtigkeit zu entwickeln.

JONA: DIE SUCHE NACH DEM UNIVERSALEN IM JUDENTUM

In seinem zweiten Buch mit dem Titel *A Palestinian Christian Cry for Reconciliation* (»Ein palästinensisch-christlicher Schrei nach Versöhnung«) wendet sich Ateek wie die Ruethers und Wagner dem Buch Jona als Beispiel für den im Judentum vorhandenen Universalismus zu. Ateek versteht das Buch wie die Ruethers so, dass es sich an die aus dem babylonischen Exil heimkehrenden Juden gewendet habe. Es beabsichtigte, sie zu einer offeneren und toleranteren Einstellung gegenüber den Nichtjuden zu ermuntern. Denn Nichtjuden würden sie in der pluralistischeren Gesellschaft Palästinas vorfinden, in die sie zurückkehrten. »Gott sei Dank für Jona!«, meint Ateek, denn dieses Buch »weist alle engen, einschränkenden und exklusiven Theologien zurück«.[23] Theologisch liege Jona auf der Linie anderer alttestamentlicher Beschreibungen Gottes, wie etwa derjenigen im Deuterojesaja und den Psalmen, wo Gott ebenfalls in universalen Begriffen beschrieben werde (nämlich als Schöpfer und Herr der gesamten Schöpfung).

Ich denke, diese These Ateeks ist übertrieben. Dahinter steckt sein Wunsch, in der jüdischen Heiligen Schrift eine Grundlage für einen über das Stammesdenken hinausgehenden Universalismus im Judentum zu finden. Es ist zwar richtig, dass der Verfasser der Jonanovelle die enge Weltsicht des Propheten kritisiert. Und es stimmt auch, dass diese Geschichte eine Predigt ist, eine Lektion darüber, dass man alle Menschen als Gottes Kinder sehen soll, die seine Liebe und Vergebung genauso verdienen wie die Juden. Aber die Beschreibung Gottes als über alle Schöpfung erhaben schließt nicht aus, dass er zum jüdischen Volk eine besondere Beziehung hat, ja mildert diesen Umstand nicht einmal ab. Dem Alten Testament zufolge ist Gott der Herr der Schöpfung. Als solcher hat er sich Israel als sein besonderes Volk erwählt und die Bedingungen dieser Beziehung festgelegt, nämlich den Bund. So sind in der Theologie des Alten Testaments der Monotheismus und die Auserwählung Israels miteinander verquickt: Beides, die Auserwählung und der besondere Segen für Israel, konnte nur von dem Einen Gott geleistet werden. Die Auserwählung, wie sie in der Bibel vorgestellt wird, wäre nicht in einem System denkbar gewesen, in dem jedes Volk seinen besonderen Gott hat und umgekehrt jeder Gott sein besonderes Volk. Von daher sind die Auserwählung und der Bund mit Abraham wesentliche Komponenten des israelitischen Monotheismus.

Dass Gott der Gott aller Menschen ist und als solcher Jona wegen seiner Selbstsucht und seines mangelnden Mitgefühls mit Gottes Geschöpfen tadelt, bedeutet noch lange nicht, dass er die Bedingungen seines Bundes ändert. Welche Botschaft soll dem Buch Jona nach den Bewohnern von Ninive gebracht werden? Was werden sie daraus lernen, wenn Gott ihnen einen jüdischen Propheten schickt, um sie zu retten? Oder genauer gefragt: Was wird der jüdische Leser – im 4. Jahrhundert vor der Zeitenwende genauso wie im 21. nach ihr – aus dieser Erzählung schließen? Gewiss wird den Lesern des Buches Jona eine Lektion in Gerechtigkeit erteilt. Jedoch möchte ich bezweifeln, dass diese Lektion in Sachen Menschlichkeit wirklich einen Schritt weg vom Partikularen und hin zum Universalistischen führt. Auch wenn man an der Botschaft von Jona festhält, kann man weiterhin der Landverheißung und der Auserwählung im alttestamentlichen Sinn zustimmen.

Das Buch Jona zeigt *in die Richtung* jener wirklich universalistischen Weltsicht und Theologie, für die Ateek eintritt. Aber ihm ist klar, dass dies eine *christliche* Theologie und Weltsicht ist. Es wäre eine trügerische Logik, wenn man behaupten wollte, weil Jona (oder der Deuterojesaja oder Amos) in Richtung einer universalistischen Weltsicht weise, ändere dies die Grundlagen des Bundes, das heißt Israels Auserwählung und die Landverheißung. Dieses Argument wird die Juden nicht nötigen, unseren besonderen Anspruch auf das Land aufzugeben und uns energisch für gleiche Rechte für die Palästinenser in Palästina einzusetzen. In Wirklichkeit erreicht man mit dieser Argumentationsweise genau das Gegenteil: Sie beruhigt die Juden im falschen Gefühl, wir könnten uns an unseren besonderen Status halten, uns auf unsere Tradition berufen, gerecht »mit dem Fremden, der in deiner Mitte wohnt« umzugehen und weiterhin die Rechte zu genießen, Gottes Auserwählte zu sein. Und machen wir uns da nichts vor: Dazu gehört auch die Vorstellung, wir hätten das Recht, das Land zu erben und zu erobern.

EINE JÜDISCHE REFORMATION

Vielleicht schließt das Buch Jona deshalb so abrupt. Es lässt uns mit der Frage allein: Wie geht es jetzt mit Jona weiter? Wohin geht er von hier aus in spiritueller Hinsicht? In dieser Situation ist heute das jüdische Volk. Wir sehen wie Jona ins Unbekannte hinaus. Wir können uns entscheiden, ob wir uns in hartnäckige Leugnung zurückziehen und weiterhin glauben, wir könnten dieses nationalistische Projekt erfolgreich durchziehen, das tatsächlich das sei, was Gott und unsere Tradition von uns wollten – oder wir können anerkennen, wie wirklich unbequem und letztlich nicht praktikabel diese Position ist. Und ab diesem Punkt könnten wir uns intensiver Buße und Reue hingeben. In der jüdischen Tradition besteht diese aus gründlichem Nachdenken und wacher Selbstwahrnehmung. Und diese gleiche Tradition sagt uns, dass die Mühe des Nachdenkens sinnlos ist, wenn sie nicht direkt zu einer Verhaltensänderung führt.

Diejenigen von uns in den USA und in Israel, die mit dem Finger auf die Barbarei der Siedler zeigen und sagen, diese seien das Problem, führen sich selbst an der Nase herum. Wir erlauben uns da eine gefährliche und sündige Selbsttäuschung. Die Siedler setzen unser Versprechen in die Praxis um; sie verwirklichen das, was wir geschaffen haben und weiterhin unterstützen. Wir blicken in den Spiegel. An dieser Stelle verlässt uns das Buch Jona: Wie Jona sitzen wir unter der glühenden Sonne göttlicher Missbilligung. Aber dieser brennende Strahl der Wahrheit besagt nicht: »Habt Mitleid mit den Leuten von Ninive«, sondern: »Seht euch selbst an. Ändert eure Wege.« Aus diesem Grund lesen die Juden das Buch Jona alljährlich am höchsten Feiertag des Jahres, dem Yom Kippur, dem Versöhnungstag. Dabei geht es natürlich nicht um die Bewohner von Ninive, sondern um Jona selbst. Aus diesem Grund hat dieses Buch auch die Aufmerksamkeit von Denkern wie Ateek, den Ruethers und Wagner auf sich gezogen. Es sind Theologen, die angesichts der schockierenden, traurigen Realität eines modernen Judentums, das ein triumphalistisches, nationalistisches Projekt verfolgt, nach einem biblischen Ansatzpunkt suchen, den sie für ihr Bemühen um das Gespräch und einer Art von Versöhnung mit ihrem Mutterglauben brauchen.

Aber um uns zur Umkehr zu bringen, wird mehr nötig sein als eine Berufung auf unsere Heilige Schrift. Ich glaube nicht, dass wir Juden uns mit unseren christlichen Schwestern und Brüdern bei der Buße und im gegenseitigen Verständnis unserer gemeinsamen Heiligen Schrift zusammenfinden können, solange wir uns von denjenigen archaischen Aspekten unserer Theologie leiten lassen, die einen Vorzugsanspruch auf das Land bestätigen. Zudem wird uns die Last der Verantwortung, unsere Tradition kritisch zu überprüfen, nicht einfach deshalb abgenommen, weil einige (oder sogar die meisten) Christen uns versichern, dass diese Aspekte unseres Glaubens vernünftig seien. Vielmehr wird es einer schmerzlichen, radikalen Reformation bedürfen, bei der wir uns unsere Tradition genau ansehen und sagen: *Dieses hier schätzen wir und halten wir hoch, und jenes hier ehren wir als Teil unserer Geschichte, lassen wir nun aber bereitwillig los.* Dieser Prozess ist für Juden bestimmt nicht unbekannt, denn wir haben ja im Lauf der Geschichte schon größere Teile des alttestamentlichen Gesetzes und der Ritualvorschriften abgelegt. Ein besonders klares Beispiel dafür ist der Opferkult. Wir heutigen Juden praktizieren unsere Religion mit einem breiten Spektrum von Bräuchen und pflegen recht unterschiedliche Theologien. Wir haben die Fähigkeit an den Tag gelegt, uns den jeweiligen Erfahrungen und Umständen anzupassen. Jetzt ist es an der Zeit, diese Fähigkeit auch auf die Frage anzuwenden, was das Land Israel für uns bedeutet. Dieser Prozess könnte – ich betone: *könnte* – uns etwas von unserer Distanz nehmen. Aber ich denke, wir werden den Rest des Weges ohne Unterstützung durch die Heilige Schrift oder die Tradition zurücklegen müssen. Ja, wir werden ihn *trotz* einiger Aspekte dieser Tradition und einiger seit langer Zeit bestehender Grundzüge unserer Weltsicht gehen müssen. Das heißt, wir müssen den Mut haben, uns zu verändern und reifer zu werden, was in manchem dem gleichkommt, was das Christentum auf dem Weg über seine Reformation getan hat. So etwas lässt sich nicht mittels Ermahnungen von der Kanzel her erreichen, wir sollten Gottes Geboten gehorchen, recht zu handeln, sondern damit, dass wir uns ehrlich und rückhaltlos der Ungerechtigkeit stellen, die wir im historischen Palästina begangen haben.

Progressive Juden – gute Menschen – glauben die Geschichte, dass der Staat Israel, wie er derzeit konstruiert ist, eine Gesellschaft sein könne, die friedlich mit ihren Nachbarn leben und gerecht mit ihren nichtjüdischen Bürgern umgehen könnte. Allerdings müssten wir nur dieses verfahrene Unternehmen der Besetzung bereinigen – das heißt mit anderen Worten: »den Fremden, der in unserer Mitte wohnt, gerecht behandeln«, um einen gerechten Staat, einen »menschenfreundlichen Zionismus« zu haben. Und um dieses selbstzufriedene Bild zu vervollständigen, können wir uns sogar auf unsere Heilige Schrift berufen: *Seht, unsere Tradition ist eine Tradition der Gerechtigkeit – und daher sagt Gott uns, dass wir das tun dürfen.* Wir verlangen und erwarten wie Jakob, dass unser Werk gesegnet werde. Doch die Wirklichkeit zeigt in eine andere Richtung.

KAPITEL 10
DER MYTHOS VON DER ERLÖSENDEN GEWALT

Ich lebe auf den Ruinen von Palästina.

Rachel Tzvia Back, On Ruins & Return: Poems 1999–2005

Im Sommer 2004 besuchte ich Israel, um an der Bar Mizwa des ältesten Sohns meiner Cousine Rachel teilzunehmen. Rachel war mit zwanzig nach Israel ausgewandert. Sie wurde eingebürgert, leistete ihren Militärdienst, schloss ihre Ausbildung ab und heiratete den Sohn eines jüdischen Einwanderers aus Südafrika. Sie ließen sich in Jerusalem nieder und zogen später nach Galiläa. Ich bin mir ziemlich sicher, dass Rachel und ihr Mann Yonatan damit einverstanden sind, wenn ich sie den israelischen Linken zuordne. Sie bemühen sich sehr um Kontakte zu ihren palästinensischen Nachbarn in den Dörfern und Städten, die ihr jüdisches Dorf in Galiläa umgeben.[1]

Rachel hat in ihrem Werk als Dichterin, Übersetzerin und Kritikerin jene Bewegung unter jüdisch israelischen Autoren unterstützt und vorangebracht, die sich bemüht, mit den ethischen und psychologischen Konsequenzen der staatlichen Wirklichkeit Israels zurecht zu kommen. Viele von Rachels und Yonatans jüdischen israelischen Freunden gehören ebenfalls zu den Linken. Bei diesem Familientreffen kam ich mit einem von ihnen in ein intensiveres Gespräch.

Oded ist Mitte vierzig, in Israel geboren als Sohn von Eltern europäischer Herkunft. Wir kamen auf das Thema Politik zu sprechen und er erklärte mir, dass ihm unverständlich sei, weshalb meine Regierung die militaristische und kolonialistische Politik Israels bedingungslos unterstütze. »Warum tut ihr das?«, fragte er mich. Und fügte in israelischem Slang hinzu: »*Atem dofkim otanu!*«, was eine hebräische Redewendung ist, die auf eine ziemlich unanständige Weise zum Ausdruck bringt, dass man jemandem schadet.

Beim Gedanken an dieses Gespräch erinnere ich mich an eine ähnliche Begegnung, die ich zwei Jahre danach hatte. Einige Ereignisse, darunter vielleicht auch Odeds heftiger Vorwurf, hatten mich dazu gebracht, in Gesellschaft einer Gruppe Amerikaner das kleine Palästinenserdorf Tuwani in Hügelland der südlichen Westbank zu besuchen. Tuwani ist ein 150-Seelen-Dorf, bewohnt von Bauern und Schäfern, die ihr Wasser aus Brunnen ziehen und ihre Schafe auf den Weiden der Umgebung grasen lassen. Dieses Dorf ist Jahrhunderte alt und nun von der israelischen Armee besetzt, die den Bewohnern den Zugang zum Weideland mit Betonblöcken abgeschnitten hat, aus angeblicher »militärischer Notwendigkeit«. Die Einwohner des Dorfes werden zudem ständig von den Bewohnern der nahegelegenen jüdischen Siedlung Maon drangsaliert.

Seit 1982 haben die Siedler von Maon über 1500 Dunam (1 Dunam sind ca. 10 Ar, also 150 Hektar) Land der Dorfbewohner beschlagnahmt, rund 70 bis 100 Dunam pro Jahr. Während die Bewohner von Maon über neu angelegte Wasser- und Stromleitungen reichlich mit Wasser und Elektrizität versorgt sind, bleiben diese Dienste den Dorfbewohnern versagt. Die Landnahme und die Verweigerung einer Wasser- und Stromversorgung waren aber nur das Vorspiel zur systematischen Kampagne, die ansässigen Bewohner des Landes loszuwerden. Die Herden von Tuwani wurden krank durch Rattengift, das die Siedler von Maon auf den Weiden ausgestreut hatten. Tuwanis Brunnen wurden mit Tierkadavern vergiftet. Die Kinder von Tuwani wurden gezwungen, einen weiten Umweg bis zur regionalen Schule zu nehmen, wobei sie von internationalen Friedensaktivisten und der Armee eskortiert werden mussten, weil die Siedler sie auf dem Schulweg immer wieder physisch angegriffen hatten.

Nach unserer Ankunft in Tuwani besuchten wir die Dorfbewohner, tranken mit ihnen Tee, hörten uns ihre Geschichten an und hatten Gespräche mit den internationalen Friedensaktivisten, die dort ständig mit ihnen leben, um die Menschenrechte der Dorfbewohner zu schützen. Als wir uns anschickten wegzufahren, dankten uns die Dorfbewohner dafür, dass wir gekommen waren, um Zeugen ihrer Situation zu werden. Aber ein Mann stand auf und sagte zu uns: »Es ist schön, dass Sie kommen und uns besuchen, aber Sie müssen etwas tun. Sie müssen dagegen Einspruch erheben. Fahren Sie heim und sagen Sie Ihrem Präsidenten, er soll aufhören, unsere Kinder zu töten.« Dieser Satz traf mich tief. Er hatte uns nicht aufgefordert, an die *israelische Regierung* zu appellieren, sein Volk in Frieden leben zu lassen, sondern er hatte uns an *unsere* Regierung verwiesen, weil er diese für die Quelle des Bösen hielt, das er erfuhr. Tatsächlich sieht das der Rest der Welt so, mit Ausnahme der großen Mehrheit des amerikanischen Volkes.

Wir in den USA sind aufgerufen, gemeinsame Sache mit diesen Palästinensern und den Israelis und den Menschen in aller Welt zu machen, die die Rechte dieser Dorfbewohner unterstützen, auf ihrem Grund und Boden zu leben, Landwirtschaft zu treiben, ihre Kinder frei von Drangsalierung aufzuziehen und nicht um ihr Land gebracht zu werden. Es ist dringend notwendig, dass sie uns nicht bloß als mutige Grüppchen von Friedensaktivisten und gelegentliche Besucherdelegationen erleben, obwohl auch diese Aktivitäten notwendig sind. Vielmehr müssen alle in den Dörfern und Städten Israels und Palästinas, die einen auf Gerechtigkeit und Koexistenz beruhenden Frieden suchen, uns als Teil einer breiten Bewegung kennenlernen, die sich dafür engagiert, die zentrale Rolle zu ändern, die unsere Regierung bei der Verlängerung dieses Konflikts gespielt hat. Wir in Amerika und auch die Menschen in Europa sind dazu aufgerufen, weil es unsere Regierungen sind, die mit ihrer bedingungslosen politischen und finanziellen Unterstützung der Politik Israels alle diese Verstöße gegen die Menschenrechte und gegen internationales Recht ermöglichen.

GOTTES ZWEISCHNEIDIGES SCHWERT

Dass wir auf diesen Aufruf reagieren, ist politisch dringend geboten. Aber genauso ist eine notwendige religiöse und spirituelle Dimension zu beachten. Im religiösen Leben spürt man einen grundlegenden Wandlungsprozess. Es geht darum, sich von einem religiösen Glauben und einer entsprechenden Praxis zu verabschieden, bei der es darum geht, vor allem die Grenzen und Unterschiede zwischen den einzelnen Gruppen zu bewahren. Es geht stattdessen darum, ein religiöses Leben zu führen, das die Gemeinschaft über alle Grenzen hinweg betont und sich gemeinsamen Werten und Aufgaben verschreibt. Das ist der Übergang von einer auf ideologischer Gewissheit beruhenden Religion zu einem offenen Glauben, der zu Veränderungen bereit ist und sich aktiv auf die Herausforderungen durch aktuelle Ereignisse einlässt. Vor allem aber ist es ein Abschied von einer Religion, die – mit Walter Winks Begriff gesprochen – mit den »Mächten« (den Kräften der Eroberung und des Imperiums) verbündet ist, und ein Schritt hin zu einer Religion, die eine Gemeinschaft von Gläubigen fördert, die sich für soziale Gerechtigkeit engagieren.

Religiöse Denker der Gegenwart vergleichen diesen Übergang mit der Revolution, die die frühen Anhänger Jesu im 1. Jahrhundert unternommen haben. Sie drängen auf die Rückkehr zu den Grundprinzipien der sozialen Gerechtigkeit und eines auf Gemeinschaft beruhenden Glaubens, eines Glaubens, der durch die »Vereinnahmung« des Christentums durch Kaiser Konstantin verdorben wurde. Bischof John Shelby Spong hat seine eigene Befreiung von den Ausschließlichkeitsansprüchen des Christentums verkündet und dafür plädiert, die Schranken zwischen den Religionen niederzureißen.[2] Der jüdische Befreiungstheologe Marc Ellis lädt seine Mitjuden seit über zwei Jahrzehnten dazu ein, sich ihm außerhalb des »konstantinischen Credos« anzuschließen, von dem das heutige jüdische Establishment beherrscht wird und bei der Entwicklung eines auf Gemeinschaft beruhenden gemeinsamen Glaubens mitzuwirken. Der palästinensische Befreiungstheologe Naim Ateek gibt dem gleichen Bedürfnis Ausdruck und betont den Zusammenhang zwischen den universalen Botschaften der alttestamentlichen Propheten und dem von Jesus formulierten Anliegen des Kampfes um Menschenwürde und Freiheit. Ateek ruft Juden und Christen gleichermaßen auf, diese auf der prophetischen Tradition beruhende Vision der Gerechtigkeit, die die jüdische und christliche Heilige Schrift durchzieht, miteinander zu teilen.

Der Schlüssel zum Frieden liegt in der Entdeckung aller der Elemente in unseren gemeinsamen Traditionen, die uns im Anliegen der universalen Gerechtigkeit miteinander vereinen. Der Theologe Walter Wink weist gemeinsam mit anderen progressiven Theologen darauf hin, dass sich die Wurzeln einer solchen Bewegung in der frühen biblischen Tradition finden, wie sie erstmals die alttestamentlichen Propheten formuliert haben. Bei seiner Beschreibung von Jesu »Drittem Weg« der Gewaltlosigkeit bemerkt Wink, dass Jesu Mission gewaltlosen Widerstands gegen die Unterdrückung und sein Einsatz für soziale Gerechtigkeit eine »logische Weiterentwicklung« des frühen israelitischen Konzepts von Gottes »heiligem Krieg« gegen die Ungerechtigkeit gewesen seien.[3] Er meint, dass Israels Befreiung von der Knechtschaft und seine Eroberung Kanaans nicht militärischer Macht zu verdanken gewesen sei, sondern der Hand Gottes. Aber während der nachfolgenden Phase des Königtums wurde Israel verwirrt, forderte menschliche Krieger-Könige und wollte Bündnisse mit anderen Großmächten schließen. Auf diese Weise seien das Überleben und das Wohl der Nation zum höchsten Gut geworden, das alle Akte der Eroberung und Gewaltausübung gerechtfertigt habe. Aus diesem sozialen und politischen Kontext sei die gewaltige reformerische Vision der Propheten erwachsen.

»Mit seiner Hinwendung zur Monarchie begann Israel politische Kriege zu führen, die die falschen Propheten als heilige Kriege zu legitimieren versuchten. Israel verlegte sich darauf, statt auf Gott eher auf militärische Stärke zu vertrauen (Hosea 10,13) ... Der einzigartige Beitrag der wahren Propheten bestand darin, sich zu weigern, aus dem heiligen Krieg einen politischen Krieg zu machen. Das führte sie zuweilen zur Erklärung, dass Gott einen heiligen Krieg *gegen* das glaubenslose Israel führt. Sie erkannten die Unmöglichkeit, ein stehendes Heer zu unterhalten und schlossen Bündnisse mit fremden Mächten, während sie an ihrem Vertrauen in Gott allein festhielten, dass er für sie kämpft. So entschieden sich die Propheten für eine Art von ›prophetischem Pazifismus‹. Der heilige Krieg wurde als Wettkampf verstanden, den es nicht mit dem Schwert, sondern mit dem Wort Gottes auszufechten galt: Wahrheit gegen Macht. In einer neuen Wendung zum früheren kriegerischen Asketentum *führten die hebräischen Propheten ihren einsamen moralischen Krieg gegen praktisch ein ganzes Volk, das der Überzeugung war, dass seine einzige Hoffnung auf Erlösung darin liege, nationale Verteidigungs-, Befreiungs- oder Eroberungskriege zu führen. Israel war dem Mythos von der erlösenden Gewalt verfallen, aber die Propheten hatten entdeckt, dass das Wort Gottes ein mächtiges Schwert ist, das in beide Richtungen schneidet, für und gegen Gottes Volk* (vgl. Hebräer 4,12).«[4]

Gottes Schwert schneidet in beide Richtungen. Dass Gerechtigkeit unbedingt notwendig ist, wird nicht geleugnet. Und die wahren Propheten schweigen nicht. Am 19. Dezember 2008 schrieb der israelische Jounalist Gideon Levy in der israelischen Tageszeitung *Haaretz*:

»Die israelische Nationalflagge weht hoch, herausfordernd und arrogant über dem palästinensischen Haus im Stadtteil Sheikh Jarrah von Ostjerusalem. Diese Flagge hat noch nie so abscheulich gewirkt wie hier im Herzen dieses palästinensischen Stadtteils über dem Haus einer Palästinenserfamilie, die plötzlich alles verloren hat. Der Hausherr, Mohammed al-Kurd, starb elf Tage nach der Zwangsräumung. Jetzt haust seine Witwe in einem Zelt. Das Haus ist über eine schmale Allee erreichbar. Hier wohnen glücklich und zufrieden Moshe und Avital Shoham und Emanuel und Yiska Dagan, denen es gelang, die palästinensischen Mieter zu vertreiben und damit einen weiteren Außenposten im Herzen von Ostjerusalem zu übernehmen.

Die israelische Gier kennt keine Grenzen: Sie streckt ihre Tentakel nach den Häusern von Flüchtlingen aus, die bereits 1948 Vertreibung und Verschleppung mitmachen mussten und mit nichts dastanden. Jetzt werden sie zum zweiten Mal zu Flüchtlingen. Weitere 27 Familien hier können ein ähnliches Schicksal erwarten, und das alles unter der Ägide des israelischen Gerichtssystems, des Leuchtturmes der Gerechtigkeit und des Lichtträgers des Gesetzes, das juristisch verdrehte Zwangsräumungen billigt, weißwäscht und läutert.

Die Familie verwahrt als ewige Erinnerungsstücke noch die Schlüssel ihres früheren Hauses in Talbieh, das ihnen gestohlen und des Bananengeschäfts in Musrara, das ihnen weggenommen wurde. Jetzt haben sie einen weiteren Schlüssel, der nichts mehr öffnet: den Schlüssel zu ihrem Haus in Sheikh Jarrah, das sie vor Jahrzehnten von der jordanischen Regierung und den Vereinten Nationen zum Ersatz für ihr verlorenes Haus bekommen hatten. Das Heimkehrrecht: Die ursprünglichen Besitzer dieser Häuser, das *Sephardic Community Committee*, hat das Besitzrecht darauf für immer. Es gibt in Jerusalem keinen Richter, der diesen zweigleisigen Grundsatz erklären kann, dieses rassistische Heimkehrrecht nur für Juden. Warum ist das *Sephardic Community Committee* zugelassen und das Palästinenserkomitee nicht? Was geht in den Köpfen der Magnaten und Politiker vor, die hinter dieser feindlichen Übernahme stehen? Was geht in den Köpfen der Richter vor, die dies erlaubten? Und was in denen der Polizisten, die mit Gewalt mitten in der Nacht einen kranken Mann im Rollstuhl verhafteten, ohne dass er auch nur in der Lage gewesen wäre, das Inventar seines Hauses einzupacken? Und wie fühlen sich die Juden, die jetzt in diesem gestohlenen Haus wohnen?«

Der Wille, ganz Jerusalem zu besitzen und das zu erreichen, indem man ganze palästinensische Wohnviertel stiehlt und um das geraubte Gebiet eine riesige Mauer baut, wird in einem ewigen Krieg münden. Er wird jegliche Hoffnung auf ein jüdisches Heimatland, das man mit den anderen Völkern dieses Landes teilt, vernichten.

Wenn Israel überleben will, muss es sich ändern. Und weil Israels Geburt und seine sechzigjährige Geschichte als Staat derart an die Geschichte des jüdischen Volkes und seine Beziehung zur christlichen Welt geknüpft ist, müssen auch wir uns ändern, die wir außerhalb Israels leben und in dieser Umklammerung des Heiligen Landes mit festsitzen. Der Weg zu dieser Veränderung wird im Markusevangelium genannt: »Wer den Willen Gottes erfüllt, der ist für mich Bruder und Schwester« (vgl. Markus 3,35). Ein Echo dieses elementaren Grundsatzes ist der Spruch der israelischen Friedensaktivistin Nurit Peled-Elhanan: »Die auf Frieden aus sind, die sind mein Volk.« Falls Israel, ja falls das jüdische Volk selbst überleben soll, müssen wir uns entschließen, uns in die Gemeinschaft aller Menschen einzufügen, denn nur in dieser Richtung liegt unsere Zukunft. Wenn wir eindeutig aus unserer prophetischen Tradition leben wollen, dann sollten wir das nicht zögerlich oder aus Angst um unser Überleben tun, sondern aus Freude darüber, dass es Gottes Schwert der Wahrheit ist, das endlich unsere Fesseln der Inselmentalität und Abtrennung von anderen durchtrennt.

Wir müssen einen völlig unbarmherzigen Blick auf die Geschichte unseres Überlebenskampfes im Lauf der 110 Jahre seit dem Ersten Zionistenkongress werfen und klar sehen, dass uns der Drang, unsere Trennung von der übrigen Menschheit zu legitimieren und zu intensivieren, dazu geführt hat, eine Mauer zu bauen – was ja so vorhersehbar war! Jeder weitere Betonblock, der dieser Mauer hinzugefügt wird, vernichtet die Chancen für den Frieden noch mehr.

Ich appelliere an meine christlichen Brüder und Schwestern: Fördert dieses selbstzerstörerische Verhalten nicht! Helft uns, diese Mauer abzureißen!

Der Autor Joel Kovel hat uns gewarnt: »Das ›für sich Wohnen‹ und der Umstand, als außergewöhnlich auserwählt zu sein, wurde ein und dasselbe ... Wenn einem die Stammeseinheit zum ethischen Bezugspunkt wird, wertet man alle anderen ab. Man gehört dann selbst nicht mehr zur Menschheit, sondern setzt sich über die Menschheit.«[5] Kovel ist zwar einer der entschiedensten jüdischen Kritiker des Zionismus in der Gegenwart, aber er verdammt die jüdische Tradition durchaus nicht in Grund und Boden, sondern vertritt die Meinung, sie sei immer in Richtung Universalismus angelegt gewesen. Daher trage sie in sich das Potenzial, den menschlichen Hang nach Gewissheit, Exklusivität und Privilegien zu überwinden. Kovel schreibt mit praktisch allen anderen Kommentaren den alttestamentlichen Propheten diese Qualität des universalen Denkens zu: »Das Jüdische kann zu Universalität führen und die Emanzipation herbeiführen. Wir sollten dies als sein unschätzbares Potenzial betrachten ... Aber die Emanzipation stellte sich immer, ja notwendigerweise so ein, dass sie die etablierte Ordnung kritisierte und sich von ihr absetzte, und dazu gehört auch die Ordnung des Judentums selbst ... Der Prophet gehört zum Volk, aber er steht außerhalb der Stadt und hält ihr vor Augen, dass sie von dem Universalen abfällt, das Gottes wahres Wesen ist« (22).

Jesus steht in der prophetischen Tradition. In der christlichen wie in der jüdischen prophetischen Tradition findet sich der Impuls, sich gemeinsam »draußen vor der Stadt« zu versammeln, also außerhalb der Mauern und Grenzen nationaler, religiöser und ethnischer Identitäten, in Solidarität mit denen, die um Gerechtigkeit kämpfen. Jesus brachte diesen Impuls. Das war seine revolutionäre – und zutiefst jüdische – Art, angesichts einer brutalen und entmenschlichenden sozialpolitischen Ordnung einen grundlegenden Wandel zu fordern.

DER MYTHOS VON DER ERLÖSENDEN GEWALT

Walter Wink erinnert uns unter Berufung auf die Grundsätze für gewaltfreie gemeinschaftliche Aktionen des Aktivisten Saul Alinsky daran, wie wichtig es ist, eine »konstruktive Alternative« aufzuzeigen, wenn man gegen ein unterdrückerisches System angeht: »Die konstruktive Alternative Jesu war natürlich das Reich Gottes ... langfristige und spirituelle Wandlung braucht eine alternative Vision ... Jesus schuf eine neue Gemeinschaft, die universalistische Tendenzen entwickelte und über ihren eigenen jüdischen Kontext hinauswies, und schließlich auch über das römische Reich.«[6] Laut Wink ist diese Alternative, dieses »Reich Gottes«, die Gewaltlosigkeit, die wir heute so bitter notwendig hätten wie zur Zeit Jesu. Sie ist die Alternative zum Krieg, auch zu den »gerechten Kriegen« in unserer Zeit: »Mit seiner gewaltfreien Lehre, seinem Leben und seinem Sterben offenbarte Jesus einen gewaltfreien Gott. Der Gott, der im Exodus ein versklavtes Volk befreit hatte, wurde jetzt gesehen als der Befreier der gesamten Menschheit aus der Unterdrückung. Die mit Gott im Exodus verbundene Gewalttätigkeit wurde abgelegt, und so kam das Bild Gottes als eines liebevollen Vaters ans Licht. Damit wurde die Gewalttätigkeit der Mächte bloßgestellt und mit ihr auch ihr gotteslästerlicher Missbrauch Gottes als Befürworter ihrer Unterdrückungspraktiken« (217).

Mich überkommt Trauer, wenn ich daran denke, wie ich Anfang 2009, als die Gewalttätigkeit der Mächte wieder offen zutage trat, diese Worte gelesen habe. Winks prophetische Worte drehen mir noch immer schier das Herz um, wenn ich mit ansehen muss, wie der Staat Israel mit seiner gnadenlosen, unsinnigen Invasion des belagerten und leidenden Gaza die Wut und das Entsetzen der gesamten Welt auf sich lenkt. Zehntausende von Demonstranten in den Hauptstädten Europas und Asiens und die zahlreicher werdenden Stimmen, man müsse Israel von der Weltgemeinschaft isolieren, scheinen keine Wirkung auf den verbissenen Willen der israelischen Führung zu haben, ihren Kurs weiter zu verfolgen.

Die Palästinenser fragen sich, was aus der gesamten Bevölkerung von Gaza werden wird, für die dieser Krieg die Fortsetzung eines jahrelangen Traumas ist. Deren Führer sowie viele internationale Hilfskräfte und Beobachter weltweit rechnen mit dem Verlust einer ganzen Generation, die nur Entsetzen, Terror und Verzweiflung kennengelernt hat. Sie befürchten die Auswirkungen, die das auf den Traum einer Koexistenz mit dem jüdischen Volk im historischen Palästina haben wird.

Derweil schlucken die Bürger Israels die Mär, hier finde ein heroischer Verteidigungskrieg statt. Ihre Söhne werden auf ein Schlachtfeld geschickt, auf dem die Zivilbevölkerung der Feind und eine Gesellschaft zu zerstören das Ziel ist. Wir in Amerika, die wir mit dem Vietnamkrieg aufwuchsen und danach die Besetzung des Irak erlebten, wissen, wie ein solcher Krieg sich auf die Soldaten auswirkt. Sie kommen mit tiefen Narben heim, die bei manchen nie mehr verheilen. Das ist die Katastrophe, in die sich der Staat Israel selbst manövriert hat, und zwar mit voller Unterstützung der Washingtoner Regierung.

»Wir vertrauen auf die Gewaltanwendung«, schreibt Wink in seinem Aufruf, Alternativen zu suchen. »Wir glauben, Gewaltanwendung ›rettet‹. Sie wirke ›erlösend‹. ... Weil wir Angst haben, setzen wir unser Vertrauen auf die Gewaltanwendung. Aber wir werden unsere Ängste nicht loswerden, bis wir fähig werden, uns eine bessere Alternative einfallen zu lassen. Was wäre, wenn wir von Räubern überfallen würden? Was wäre, wenn Diebe in unser Haus einbrechen würden? Was wäre, wenn eine andere Nation unsere ganze Existenz bedrohen würde?« (231).

HABEN WIR DIE WAHL?

Dieser Angstschrei, dieses Opfergefühl, diese Verwundbarkeit und Rechtfertigung des Krieges waren das ständige Mantra und zugleich der Ruf der Israel sammelte. Die Empörung der Weltöffentlichkeit über die Invasion von Gaza mobilisierte in Amerika jene jüdischen Stimmen, die die Ausübung von erlösender Gewalt durch Israel verteidigen und hochhalten. Israel sei wie immer das Opfer, und einzig die Gewaltanwendung werde uns erlösen. In typischer Manier malten diese Stimmen das gesamte Spektrum »aller der Feinde, die sich zusammengetan haben, um uns zu vernichten«, an die Wand. Am 9. Januar 2009, auf dem Höhepunkt der israelischen Invasion in Gaza, als die Zahl der Toten unter den Palästinensern auf knapp 900 angestiegen war, darunter schätzungsweise die Hälfte Frauen und Kinder, beklagte David Harris vom *American Jewish Committee*, dass manche Leute Gaza mit dem Warschauer Ghetto verglichen und bei Demonstrationen gegen Israels Invasion in Gaza Hakenkreuze mit sich führten.

> »O Schande! Israel versucht sich in einer hochkomplexen Umgebung zu verteidigen, wo der Gegner, die Hamas, feigerweise Zivilisten als Schutzschilde und Moscheen als Waffenlager gebraucht. Um dieses Rechtes willen, seine Bürger zu schützen, das unter ähnlichen Umständen jeder souveräne Staat ausüben würde, wird es als Nachfolger jener dämonischen Macht hingestellt,

die zwei Drittel des europäischen Judentums ausgerottet hat, darunter 1,5 Millionen Kinder.

Wie oft muss das noch gesagt werden?

Israel ist 2005 aus Gaza abgezogen. Israel hat wiederholt auf jegliche territoriale Ansprüche dort verzichtet. Israel hat den Bewohnern von Gaza erstmals in ihrer Geschichte die Chance gegeben, sich selbst zu regieren.

Israel hat ein ureigenes Interesse daran, dass Gaza in Frieden lebt, gedeiht und sich entwickelt. Diesen Punkt kann man gar nicht genug betonen. Schließlich müssen beide mit einer gemeinsamen Grenze leben.

Israel hat bezüglich Gazas nur eine einzige darüber hinausgehende Sorge: Stellt es eine Bedrohung der Sicherheit des benachbarten Israel dar? Tragischerweise ist die Antwort klar. Das war das Ergebnis einer nicht in Israel, sondern in Gaza getroffenen Entscheidung. Man entschied sich in Wahlen für die Hamas, und bestimmte Entscheidungen haben bestimmte Konsequenzen. Schließlich bestreitet die Hamas das Existenzrecht Israels.«[7]

Hier finden sich sauber aufgereiht die Mythen Israels: Wir, die um Frieden Bemühten, sind eine belagerte Nation, die Opfer ewigen Hasses. Für die gegen uns gerichtete Gewalttätigkeit sind nicht wir verantwortlich. Und vor allem: Wenn wir überleben wollen, müssen wir kämpfen. *Wir haben keine andere Wahl.* Ich übersetze das so: Wir sehen uns zur Wahl gezwungen zwischen der Rolle von Opfern – was wir Jahrtausende hindurch erlebt haben und was im Holocaust gipfelte – und der Rolle, scheinbar kriegslüsterne Eroberer zu sein. Eine andere Möglichkeit gibt es nicht. Schwäche dürfen wir uns nicht erlauben. Zudem ist es im Vergleich mit anderen Nationen oder Widerstandsgruppen etwas ganz anderes, wenn *wir* zu den Waffen greifen. Unsere Kriege sind sauber: *Israel hat die moralischste Armee der Welt.*

Harris kommt auf verblüffend zutreffende Weise auf die Schlüsselfrage zu sprechen: Er sieht sich zur Behauptung gezwungen, dass »es so etwas wie einen gerechten Krieg gibt. Zwar sollte der Krieg die letzte Option sein, aber es gibt Zeiten, in denen er eine Option sein muss.« Laut Harris ist, wenn wir über das Überleben der Juden reden, nicht der Krieg das Problem, sondern das Ausbleiben des Kriegs: »Wehrlosigkeit ist keine Strategie. Die Juden waren gegen ihre Abschlachtung durch die Nazis wehrlos. Sie hatten kein Heer, keinen Zugang zu Waffen, und wenige versuchten, sich zu verteidigen. Die Juden lernten zu einem hohen Preis, dass sie nie mehr so anfällig sein dürfen. So erspart uns also, wenn jetzt der 27. Januar naht und wir sechs Millionen Toter gedenken, die Heuchelei und die Krokodilstränen derer, die Israel anklagen wollen, es begehe die gleichen Verbrechen wie die Nazis« (ebd.).

Aber der Punkt ist nicht, ob Israel wie Nazi-Deutschland ist. Wenn man auf diesen Vergleich mit Entsetzen reagiert, ist das eine bequeme Taktik, um Kritiker zu dämonisieren und sie abzutun, indem man sie entweder offen als Antisemiten brandmarkt oder als naiv und töricht genug bezeichnet, weil sie angeblich verlangen, dass die Juden noch einmal ihre Kehlen dem Schlächter hinhalten. Aber warum sind wir derart auf diesen Vergleich festgelegt?

Ein Beitrag in der *Washington Post* vom 11. Januar 2009 beschäftigte sich mit der Frage, wie Israels Medien über die Invasion Gazas berichteten. Dieser Beitrag schilderte eine israelische Medienindustrie, die sich entschieden daran hält, eine geschönte, heroische Version des Krieges zu liefern. Er zeigte, wie man Israels Opferrolle und »Selbstverteidigungsrecht« betonte und der Welt den Heroismus und die Menschlichkeit seiner Soldaten als Beispiel für Israels Rechtschaffenheit vor Augen führte. Der Reporter Grif Witte von der *Post* beschrieb, wie das entsetzliche Massaker von Gaza aus dem Blick genommen wurde. An Stelle von Nahaufnahmen klagender Mütter und verbrannter und zerfetzter Kinderkörper, wie sie in der ganzen arabischen Welt und in anderen Medien außerhalb der USA regelmäßig gezeigt werden, waren nur Panoramaaufnahmen mit Rauchwolken zu sehen. Im Beitrag wurde der israelische Journalist Gideon Levy zitiert, der eine Stimme repräsentiert, die sich in prophetischem Protest gegen Israels Verherrlichung des Krieges und den der israelischen Gesellschaft dadurch zugefügten Schaden erhebt. Witte brachte folgende Sätze Levys aus *Haaretz*: »Es kam während der Beförderungszeremonie an der Polizeiakademie der Palästinenser zu einem Massaker an Dutzenden von Offizieren? Akzeptabel. Fünf kleine Schwestern tot? Macht nichts. Palästinenser sterben in Krankenhäusern, weil es für sie keine Medikamente gibt? Peanuts. Unsere Herzen sind hart und unsere Augen sind trüb geworden. Ganz Israel hat schon militärische Tarnanzüge angezogen, die blickdicht sind und mit Blut befleckt und die es uns erlauben, jegliches Verbrechen zu begehen.«[8]

»Aber Levys Sicht ist hier diejenige der Minderheit«, wurde im Beitrag der *Post* kommentiert, »denn Umfragen zeigen, dass 80 bis 90 Prozent der israelischen Juden den Krieg befürworten. Viel verbreiteter ist die Einstellung, die der Kolumnist Guy Bechor in Israels größter Tageszeitung *Yedioth Ahronot* vor einigen Tagen so formulierte: ›Wir haben gesiegt. Niemand in der arabischen Welt wird jetzt noch sagen können, Israel sei schwach und bettle um sein Leben. Die Bilder der vergangenen zwei Wochen haben sich auf Jahre eingeprägt, und das Maulheldentum und die Arroganz der Hamas haben sich zusammen mit ihren verschreckten Führern in die Tunnels verkrochen.‹«

Darauf bedankte ich mich mit einem Leserbrief an die Redaktion der *Post* für diesen Artikel. Ich schrieb darin: »Die Geschichte über die Berichterstattung in Israel ist die nicht erzählte Geschichte. Sie weist auf den tatsächlichen, fortwährenden Schaden für Israel und die tiefere Tragödie für die israelische Gesellschaft hin, was meiner Ansicht nach viel schlimmer ist als der Terror durch die Raketen der Hamas.« Tatsächlich hatte Levy in dem Beitrag in *Haaretz*, aus dem in der *Post* zitiert worden war, dargelegt, was mit Israel tatsächlich passierte und deshalb einen Wandel angemahnt:

> »In diesem Krieg ist ein böser Geist auf das Land herabgekommen, wie das bei jedem Krieg der Fall ist. Ein angeblich erleuchteter Kolumnist beschreibt den schrecklichen schwarzen Rauch, der über Gaza wabert, als ›spektakuläres Bild‹; der stellvertretende Verteidigungsminister sagt, die vielen Beerdigungen in Gaza seien ein Beweis für Israels ›Leistungen‹; eine Schlagzeile ›Verletzte in Gaza‹ bezieht sich nur auf die verwundeten israelischen Soldaten und ignoriert schändlicherweise die Tausende verwundeter Palästinenser, deren Verletzungen in den überquellenden Krankenhäusern von Gaza gar nicht versorgt werden können ...
> Das ist genau die Zeit für Kritik; keine Zeit ist dafür passender. Das ist genau die Zeit für die großen Fragen, die Schicksalsfragen, die entscheidenden Fragen. Wir sollten nicht bloß fragen, ob dieses oder jenes Unternehmen im Krieg richtig oder falsch ist und auch nicht bloß darüber diskutieren, ob wir ›nach Plan‹ vorankommen. Wir müssen auch die Frage stellen, was an diesen Plänen gut ist. Es ist zu fragen, ob der Umstand, dass Israel überhaupt diesen Krieg angefangen hat, für die Juden gut ist und für Israel gut ist und ob die Gegenseite ihn verdient hat. Ja, nach der Gegenseite zu fragen, ist sogar im Krieg gestattet, und vielleicht sogar vor allem im Krieg« (ebd.).

Levy weist auf den »dritten Weg« hin: Verhandeln, Mit-Einbeziehen, Austausch und Reden von gleich zu gleich, statt Egoismus, Pochen auf Privilegien und Gewaltanwendung. Er ruft auf, offen für das zu sein, was anders werden könnte, statt verbissen die Politik der Vergangenheit fortzuschreiben.

EINE ZUKUNFT FÜR ISRAEL

Was soll man also zum jüdischen Anspruch auf unseren eigenen Staat sagen? Wir stehen vor dem Faktum des Staates Israel: unbezähmbar und wachsend, eine lebenssprühende, komplexe Gesellschaft, voller Menschen, die nach Leben hungern und unter einem ein halbes Jahrhundert andauernden Konflikt leiden.

Wenn Israel überleben will, wenn es den Konflikt beenden will, der ihm schließlich doch sein Ende bereiten wird, muss es seine Ursünde eingestehen. Es muss der Staat aller seiner Bewohner werden. Ich stimme Avraham Berg zu: Lasst den Zionismus hinter euch! Lasst uns einen Schritt nach vorn ins nächste Kapitel tun, das von einem Staat im Mittleren Osten und des Mittleren Ostens handelt, der gemeinsam mit seinen arabischen Nachbarn lebt und seine arabischen Bürger voll anerkennt. Wäre das dann noch ein jüdischer Staat? Vielleicht, je nachdem, wie man einen solchen definieren will. Ein Staat, der beispielhaft die jüdischen Werte der Gerechtigkeit und Menschenrechte verwirklichen würde, könnte es vielleicht verdienen, »jüdisch« genannt zu werden. Ein Staat, der sich an diese Grundsätze hielte, wäre ein Staat, der sein »Existenzrecht« *verdienen* würde. Aber wenn das so werden soll, wird Israel sich ändern müssen. Burg hat uns entscheidende Schritte dorthin genannt: Wir müssen über die Ideologie der erlösenden Gewalt hinauskommen und damit aufhören, uns an die Leiden der Vergangenheit zu klammern.

Sogar Michael Neumann, der Philosoph, der in *The Case Against Israel* das wohl unqualifizierteste negative Urteil über die Legitimität des Zionismus spricht, vertritt die Auffassung, dass die vergangenen und die gegenwärtigen Sünden des Zionismus mit der Frage nach dem Existenzrecht Israels nichts zu tun hätten. Er erinnert uns daran, dass Staaten eben existieren, unabhängig von ihren richtigen oder falschen Handlungen. Ließe sich das nicht zum Beispiel auch von England, Frankreich, dem Sudan, China, Simbabwe und den USA sagen? Er schreibt: »Die Existenz Israels ist allem Anschein nach eine unwiderruflich erfolgte Tatsache. Niemand sollte versuchen, Israel vom Angesicht der Erde zu wischen.«[9] Diskussionen über die Existenz Israels seien müßig. Da stimme ich ihm zu. Da es Israel nun einmal gebe, laute vielmehr jetzt die Frage: Wohin entwickelt sich Israel? Wie sieht sein nächstes Kapitel aus? Unsere Leidensgeschichte als Juden ist eindeutig und gut dokumentiert. Dafür haben wir Museen und Bücher. Aber – darauf weist Avraham Burg hin – wenn wir diese Geschichte immer wieder bloß nachspielen, nämlich mit kulturellen Ritualen, durch Indoktrination in den Schulen und die Schaffung eines Kults des militärischen Heroismus, zerstört das die Kultur Israels und macht seine Gesellschaft krank. Auf die handgreiflichen Ergebnisse dieser Krankheit stoßen wir an jeder Ecke: in den Flüchtlingslagern von Bethlehem und Beirut, an den Straßensperren von Ramallah und Nablus, an den geschwärzten Olivenbäumen von Bil'in, den vergifteten Brunnen von Tuwani, dem Verfall von Hebrons Altstadt und der Aushungerung Gazas.

Der in Amerika geborene israelische Autor und Kommentator Yossi Klein Halevi spricht sich für den interreligiösen Dialog mit einem multikulturellen

Israel aus. Aber er ist in den zionistischen Traum und die Mythen von der Verwundbarkeit der Juden verliebt. Er sitzt in der Falle der jüdischen Geschichte fest. Als Anfang 2009 die israelische Invasion Gazas begann, veröffentlichte die *Washington Post* eine Meinungsaussage von Klein Halevi mit dem Titel »As My Son Goes to War, I Am Fully Israeli At Last« (»Da mein Sohn jetzt in den Krieg zieht, bin ich endlich ein wahrer Israeli«, *Washington Post* vom 9. Januar 2009). Darin beschreibt er, wie es sich anfühlt, von seinem in der israelischen Armee dienenden Sohn eine schriftliche Nachricht zu erhalten, mit der er seine Eltern darüber informiert, dass er mobilisiert worden sei, um nach Gaza einzuziehen. Klein Halevi stellt sich die Frage: Habe ich meinen Sohn dafür aufgezogen? Da er selbst Jahre zuvor in Gaza im Einsatz gewesen war, kannte er nur zu gut die Grausamkeit und die Verrücktheit, ein Besatzer zu sein. Er stellt sich die Frage: Wie sind wir so weit gekommen und wann wird das endlich aufhören?

Aber statt die Fakten der Gegenwart zum Sprungbrett für das zu nutzen, was in Neil Elliots Worten »eine andere Zukunft« wäre, lässt sich Klein Halevi in die Vergangenheit zurückziehen, in die Bekräftigung der Überzeugungen, Verzerrungen und Mythen, die die Wurzel der derzeitigen Katastrophe sind: Gaza sei kein von Israel eingerichtetes ausgehungertes Gefängnis, sondern wir hätten uns 2005 aus Gaza zurückgezogen, um den Palästinensern die Möglichkeit zu geben, sich selbst zu regieren, aber sie hätten uns dafür nur mit Raketen beschossen. Der Konflikt und die Besetzung dauerten nicht deshalb an, weil wir das im Krieg eroberte Gebiet illegal kolonisierten, sondern wegen der Unnachgiebigkeit der Araber. Er behauptet: »Israel war bereit, das äußerste Opfer für den Frieden zu bringen und Tausende seiner Bürger aus ihren Häusern herauszureißen und einen Palästinenserstaat zu unterstützen. Israel war sogar willens, sein kostbarstes Nationalgut, nämlich Jerusalem, mit seinem schlimmsten Feind Arafat zu teilen, nur um diesen Krieg zu verhindern.« In diesen Worten lässt sich keinerlei Fähigkeit oder Bereitschaft erkennen, Israels Verantwortung für das Scheitern des Friedens zu sehen. Es gibt nur eine einzige Geschichte, und die handelt *ganz von uns*: von unserer Rechtschaffenheit und davon, wie wir, immer die Opfer, die immer von Vernichtung Bedrohten, zum Kriegführen gezwungen werden. Die Überschrift dieses Beitrags ist vielsagend: »Da mein Sohn jetzt in den Krieg zieht, bin ich endlich ein wahrer Israeli.« Denn das ist unsere Kuschelecke, das ist die Falle, in der wir uns befinden. Klein Halevi schreibt: »Sogar jetzt, vielleicht sogar besonders jetzt, habe ich das Gefühl, dass unsere Familie das Privileg hat, zur Geschichte Israels zu gehören. Gavriel gehört als Enkel eines Holocaust-Überlebenden einer Armee an, die das jüdische Volk in seinem Land verteidigt. Das ist einer dieser Augenblicke, in denen unsere alten Ideale aufs Neue geprüft werden und sich als immer noch lebendig erweisen. Das schenkt Sarah und mir einigen Trost, während wir auf die nächste Nachricht von ihm warten.«

Es gibt jedoch Anzeichen dafür, dass diese Abwehrfassade zu bröckeln beginnt. Die Invasion Gazas von 2008–2009 löste zunehmend direkte und dringende Bedenken von Israelis darüber aus, was aus dem zionistischen Traum geworden sei. Avi Shlaim, einer der »Neuen Historiker« Israels, äußerte, er finde es bei der Überprüfung Israels Verhalten gegenüber den Palästinensern in den besetzten Gebieten im Lauf der letzten vier Jahrzehnte »schwierig, dem Schluss zu widerstehen, dass Israel zum Schurkenstaat mit einer äußerst skrupellosen Riege von Führern geworden ist. Ein Schurkenstaat verletzt habituell internationales Recht, besitzt Massenvernichtungswaffen und praktiziert Terrorismus – setzt also zu politischen Zwecken Gewalt gegen Zivilpersonen ein. Israel erfüllt alle diese drei Kriterien ... Israels wahres Ziel ist nicht die friedliche Koexistenz mit seinen palästinensischen Nachbarn, sondern die militärische Vorherrschaft.«[10] Shlaim blickt in den Spiegel und sieht die Realität mit erschreckender Krassheit. Er zitiert den Piloten eines israelischen Kampfflugzeugs:

»Ich nenne sie (die Palästinenser) *ein Volk* – aber ich sehe sie nicht als solches. Ein Volk kämpft gegen ein anderes Volk. Zivilisten kämpfen gegen Zivilisten. Ich sage Ihnen, wir als Söhne von Holocaust-Überlebenden müssen wissen, dass von daher für unser Leben eines ganz wesentlich ist: Auf uns darf niemand einen Stein werfen. Ich rede hier nicht von Raketen. Es geht darum, dass niemand auf uns als Juden einen Stein wirft. Yonatan [Yonatan Shapira, ein früherer Offizier, der sich geweigert hatte, weiter beim Militär zu dienen und eine Organisation für Gewaltlosigkeit gründete] ist einer der Leute, die ihren Überlebensinstinkt verloren haben. So einfach ist das. Er begreift nicht, dass hier ein Kulturkrieg zwischen solchen wie ihm und solchen wie mir im Gang ist.«

EINGEBILDETE BEDROHUNGEN, EINGEBILDETE SICHERHEIT

Im vorigen Kapitel habe ich erörtert, dass jüdische Progressive es nicht schaffen, wenn es um das zionistische Projekt geht, vom jüdischen Exklusivdenken, Privilegiertsein und Sendungsbewusstsein loszukommen. Eine scharfe Beobachterin der zionistischen Bewegung war Hannah Arendt als eine der hervorragendsten Politiktheoretikerinnen des 20. Jahrhunderts. Arendt wuchs in der

Mitte des 20. Jahrhunderts als deutsche jüdische Intellektuelle auf. Als sie 1941 aus dem von den Nazis besetzten Europa entkam, hatte sie bereits mehrfach über den Antisemitismus geschrieben. Hier zitiere ich ihre äußerst weise Einsicht von 1946: »Herzls Bild vom jüdischen Volk als von einer Welt von Feinden umzingelt und zusammengezwungen hat in unseren Tagen die zionistische Bewegung erobert und ist zum Grundgefühl der jüdischen Massen geworden ...«[11]

Arendt hielt das für problematisch. Ihr war klar, dass Herzls Traum von einem Hafen für die Juden eine Illusion war – denn Palästina, so bemerkte sie, sei ein realer Ort und »kein Ort, wo die Juden isoliert leben können« (ebd.). Die Juden müssten das Land mit den Palästinensern teilen und mit oder ohne eigenen Staat in der Gemeinschaft der Menschheit bestehen. Daher müsse sich der Zionismus vor einer Reihe von gefährlichen Illusionen bewahren: »Einige der zionistischen Führer tun so, als glaubten sie, die Juden könnten sich in Palästina gegen die ganze Welt behaupten und sie könnten im Anspruch verharren, alles oder nichts gegen alle und alles zu beanspruchen« (386). Das könne natürlich nicht funktionieren; es sei ein Rezept für die Katastrophe: »Falls wir tatsächlich von allen Seiten von offener oder versteckter Feindschaft umgeben sind, also letztlich die ganze Welt gegen uns ist, sind wir verloren« (385).

Traurigerweise scheint sich derzeit die Tendenz, die Arendt 1946 sah und beklagte, zu bestätigen, ja sie scheint sogar noch zuzunehmen. Was sie beschreibt, ist genau das, wie sich Israel heute verhält. Dieses Verhalten beruht auf einer tragischen Illusion: dass wir in einer unsicheren Welt Sicherheit und Gewissheit erlangen können. Man kann leicht verstehen, warum sich diese Illusion hartnäckig halten kann. Israel leidet unter einer Form von kollektivem posttraumatischem Stresssyndrom. Solange dieses Trauma ungelöst bleibt, versucht das Opfer unablässig – und ohne Erfolg –, ein Gefühl der Sicherheit und Gewissheit zu erlangen. Die zweite Folge des unaufgelösten Traumas – und ein deutliches Kennzeichen dafür – ist die Unfähigkeit, jemandem zu trauen. Der Trauma-Überlebende bewegt sich in einer erstarrten Lähmung seiner psychischen Wirklichkeit, in der die Welt immer gefährlich ist und die Katastrophe ständig lauert. Diesen Zug des jüdischen Volkes verstand der palästinensisch-amerikanische Literaturtheoretiker, Kulturkritiker und politische Aktivist Edward Said recht gut, der derzeit einer der wortgewaltigsten Sprecher für die Sache der Palästinenser und deren bester Interpret sein dürfte. Es ist interessant, seine Beobachtungen von 2002, die eines in Jerusalem geborenen, enteigneten palästinensischen Christen und New Yorker Intellektuellen, neben diejenigen von Arendt zu stellen, einer in Berlin geborenen, enteigneten deutschen Jüdin und New Yorker Intellektuellen von 1946. Obwohl beide durch unterschiedliche Brillen blicken, sehen sie doch das Gleiche. Said schrieb:

»Das Problem ist im Grunde genommen, dass die Palästinenser als Menschen gar nicht existieren, das heißt als Menschen mit Geschichte, Traditionen, Gesellschaft, Leiden und Ambitionen wie andere Menschen. Es lohnt, sich genauer anzusehen, warum das für die meisten, wenn auch bei Weitem nicht alle amerikanischen jüdischen Unterstützer Israels so ist. Es geht zurück auf das Wissen, dass es in Palästina eine einheimische Bevölkerung gab – das wussten alle zionistischen Führer und sie sprachen auch davon –, aber diese Tatsache, die als Tatsache die Kolonisierung hätte verhindern können, durfte nie zugegeben werden.

Es ist sehr eigenartig, dass bei dieser Art von verzerrter Wahrnehmung die Vorstellung von der Koexistenz zweier Völker überhaupt keine Rolle spielt. Während in Amerika die amerikanischen Juden als Juden und als Amerikaner anerkannt sein wollen, sind sie nicht willens, anderen Menschen, die von Anfang an von Israel unterdrückt wurden, einen ähnlichen Status als Araber und als Palästinenser zuzuerkennen.

Zur intellektuellen Unterdrückung der Palästinenser ist es deshalb gekommen, weil die zionistische Erziehung einen unreflektierten, gefährlich verdrehten Wirklichkeitssinn hervorgebracht hat, der bei allem, was immer Israel tut, dieses in der Opferrolle sieht ... Die amerikanischen Juden, die sozusagen als Erweiterung der israelischen Juden in der Krise sind, empfinden daher das Gleiche wie die meisten israelischen Juden des rechten Flügels: dass sie gefährdet seien und ihr Überleben auf dem Spiel stehe. Das hat nichts mit der Realität zu tun, wie man allzu deutlich sieht, sondern eher mit einer Art von halluzinatorischem Zustand, der die historische Wirklichkeit und die Fakten mit einem ungemein gedankenlosen Narzissmus überdeckt.«[12]

Wenn Said hier den klinischen Begriff »Narzissmus« gebraucht, wirkt das wertend, ja verurteilend, aber er nutzt hier einfach ein Verhaltensmodell: In der Psychologie ist damit das Beschäftigtsein mit sich selbst gemeint und in Folge davon die Unfähigkeit, die Erfahrung, den Standpunkt und die Bedürfnisse anderer an sich herankommen lassen zu können. Arendt hatte in ihrer Analyse das gleiche Phänomen beschrieben und es direkt als Resultat der historischen jüdischen Erfahrung gesehen, ausgegrenzt und seiner Rechte beraubt zu sein. Sie und Said sprechen beide das gleiche Kernphänomen an: die anhaltende Erfahrung des Juden als Opfer und die Formen, in denen sich dieses Bild seiner selbst in seinen Einstellungen und Verhaltensweisen äußert.

Wir können uns anscheinend nicht selbst davon befreien, und wenn die Analogie zum posttraumatischen Stresssyndrom stimmt, überrascht das nicht. Wir brauchen Hilfe. Das ist für mich kein Problem, sondern in Wirklichkeit eine gute Nachricht, und zwar deshalb, weil ein wesentliches Heilmittel für diesen Zustand die Unterstützung durch andere ist, damit man aus der verhärteten Schale seines verwundeten Selbst herauskommt. Eine gute Nachricht ist das für mich, weil sie uns auf die Antwort verweist: Gemeinschaft. Das ist das Thema des nächsten Kapitels.

KAPITEL 11
EIN NEUER BUND

Sowohl in der Phase der Besiedlung als auch im Revolutionskrieg verstanden sich die Kolonisten und Rebellen als biblisches Volk, als das neue Israel, das einen neuen demokratischen Bund errichtet. Aber in ihrer Erregung darüber, endlich unabhängig zu sein, kamen sich die politischen Führer grandioser vor, als sie in Wirklichkeit waren. Die neue Nation sollte ein neues Rom sein, das die republikanische Tugend praktizierte. Doch bald behaupteten sie, wenn sie ein Großreich aufbauten, werde das diese Tugend nicht verderben.

Richard Horsley, *Jesus and Empire*

Traum, 19. Januar 2008: Es ist Yom Kippur, der jüdische Versöhnungstag. Ich bin der Kantor, also derjenige, der auf der Kanzel steht, den *Aron Kodesch* vor sich hat, den Schrein, der die heiligen Torarollen enthält, und die Gemeinde beim Singen der heiligen Gebete führt. Es ist im jüdischen Kalender der heiligste Tag und der Höhepunkt dieses Tages: die Zeit, das *Aleinu*-Gebet zu singen. Der Yom Kippur-Gottesdienst führt uns in die Zeit des Tempels in Jerusalem zurück. Der Kantor übernimmt die Rolle des Hohepriesters und wiederholt mit seiner Handlung diesen einzigen Zeitpunkt im Jahr, zu dem dieser in die innerste Kammer eintreten durfte, wo in der Bundeslade die Steintafeln mit den Zehn Geboten verwahrt wurden. Wie im Buch Levitikus beschrieben, war das ein kompliziertes Ritual, das die zentrale Bedeutung von Kult, Priester und Tempel betonte. Während er das *Aleinu*-Gebet der Anbetung und Hingabe singt, wirft sich der Kantor vor dem *Aron Kodesch* zu Boden, liegt ausgestreckt da und drückt die Stirn auf den Grund. Das ist das einzige Mal, dass dies im liturgischen Jahr geschieht. Das *Aleinu*-Gebet allerdings singen die Juden im Gottesdienst täglich dreimal. Wenn wir es singen, beugen wir die Knie und neigen uns in der Hüfte, um damit unsere Hingabe an Gott und den Bund, der beide Seiten vereint, zum Ausdruck zu bringen.

In meinem wachen Leben hatte ich dieses feierliche Yom Kippur-Ritual als Kantor vielleicht sechsmal vollzogen. Als Gottesdienstbesucher habe ich es von Kindheit an bis zum Erwachsenwerden Tausende von Malen gesungen. Aber in meinem Traum bringe ich es nicht fertig. Ich stehe vor dem *Aron Kodesch* und soll gerade diesen Akt vollziehen, aber statt dass ich mich zu Boden werfe, frage ich mich: Was tue ich da? Wie kann ich mich in diesem Ritual niederwerfen und diese Worte sprechen?

> Es ist unsere Pflicht, den Herrn des Alls zu preisen,
> die Größe Dessen zu bejubeln, der die ganze Schöpfung formt:
> Dessen, der uns nicht wie die Völker anderer Länder machte,
> und uns nicht so wie andere Familien auf Erden machte.
> Der unser Los nicht wie das ihre machte,
> sondern uns eine ganz andere Bestimmung als allen anderen gab.
> Und wir beugen unsere Knie und verneigen uns
> und sagen Dank
> vor dem König, dem König der Könige,
> dem Heiligen, gesegnet sei Er.

Zwei Nächte später hatte ich einen weiteren Traum. In diesem Traum bin ich mit einer Gruppe Christen zusammen. Wir stehen miteinander in einer Kirche. Ich übersetze ihnen das *Aleinu*-Gebet. Das ist eine Art »vollständiger Offenbarung« davon, wie wir Juden uns tatsächlich als die Auserwählten betrachten, also als die Überlegenen. Ich erkläre ihnen, dass ich vor einiger Zeit beschlossen habe, dieses Gebet nicht mitzusprechen, wenn ich in der Synagoge sei (was stimmt). Jemand bemerkt humorvoll, dass dieser Jude – ich – jetzt »in« der presbyterianischen Kirche sei. Im Traum fühle ich mich etwas unbehaglich, dass ich Nichtjuden dieses Gebet vorgelegt habe. Ich frage mich: Was tue ich da, dass ich diese »Geheim-Information« an Menschen außerhalb des jüdischen Glaubens weitergebe? Wird das nicht zum Judenhass beitragen? Seht ihr, werden sie sagen, es stimmt, was man uns beigebracht hat: Die Juden sind ein exklusiver Verein; sie fühlen sich allen anderen überlegen, und schon immer haben sie Ränke geschmiedet, um die Weltherrschaft zu erlangen!

Wie das bei Träumen manchmal so ist, scheint die Interpretation dieser beiden leicht zu sein. Ich träumte sie, während ich intensiv an diesem Buch schrieb. Auf den ersten Blick scheinen sie verschiedene Weisen auszudrücken, wie ich in einer persönlichen Krise rang, die seit meinem Besuch in Israel und der Westbank eingesetzt hatte. Im ersten Traum scheint mein »Ich« im Sinn Sigmund Freuds zu sprechen. Das heißt, ich bin auf reife, erwachsene Weise in einem gesunden Prozess der Selbstüberprüfung begriffen. Der zweite Traum ist eher ein klassischer Angsttraum: das Freudsche »Über-Ich«, die verinnerlichte, tadelnde Stimme der Autorität straft mich wegen unloyaler, unabhängiger Gedanken und Handlungen. Sie sagt mir, ich solle mit dieser kindischen Rebellion aufhören und mich wieder an die Regeln halten: meinem Clan treu bleiben, die Familiengeheimnisse wahren und keinem Außenstehenden trauen. Der zweite Traum zieht mich also wieder in den Pferch des *Aleinu*-Gebets zurück.

Aber darin steckt mehr als nur die Inszenierung einer persönlichen Krise. Die Funktion der Träume besteht darin, die eigene Erfahrung zu vertiefen und zuweilen auch, einem die Richtung für zukünftiges Verhalten anzuzeigen. Der erste Traum führte mich ins Heilige Land zurück. Ich stand vor Jerusalem, wie wir das symbolisch im Gottesdienst tun, und blickte in Richtung des Tempelplatzes. Nachdem ich im Sommer 2006 mit eigenen Augen die ethnische Säuberung gesehen hatte, die in meinem Namen durchgeführt wird, und zwischen den beiden Welten von West- und Ostjerusalem hin- und hergependelt war, schien es mir, als stünde ich am Yom Kippur vor meinem Schöpfer mit einem – wie es in der Liturgie heißt – »zerrissenen und aufgewühlten Herzen«. Angesichts des ungeheuren Ausmaßes dessen, was ich da erfahren hatte, fühlte ich mich vor Trauer, Verzweiflung und Beschämung zu Boden geschmettert. Und ich stellte mir die Frage, die man ja am Versöhnungstag stellen soll: »Wie habe ich meine Mitmenschen behandelt? Was sehe ich, wenn ich den Schleier der Illusion und Selbsttäuschung wegreiße, meine alltägliche Routine und Bequemlichkeit durchbreche und in den Spiegel blicke? Und was muss ich angesichts meiner Sünden der Habgier, Lust, Arroganz und Selbstsucht tun, um mit meinen Mitmenschen und Gott ganz ins Reine zu kommen, damit ich im kommenden Jahr im Buch der Gerichte Gottes auf der Seite des Lebens eingetragen werde? Das war in diesem Sommer mein existenzieller Zustand.

Für mich war Yom Kippur. Wir lesen an diesem Tag im jüdischen liturgischen Jahr am Spätnachmittag, wenn das Fasten seine Wirkung zeigt und die endlose Wiederholung der Bekenntnisgebete unsere Abwehrmechanismen durchbrochen hat, das Buch Jona. In diesem Sommer lag ich zweifellos im Bauch des Fisches. Wie sollte ich wieder festen Boden unter die Füße bekommen? Welche Lektion sollte ich aus all dem lernen? Und – diese Frage stellte ich mir vor allen anderen – was sollte ich jetzt tun?

Mein zweiter Traum versetzte mich hierher in mein gegenwärtiges Leben und wies in die Zukunft. In Träumen sagen Späße die Wahrheit. Ich war durchaus nicht im Begriff, Presbyterianer zu werden, aber im Traum war ich in einer Kirche, also an einem Ort, der mir in meiner Kindheit als »absolut verboten«

gegolten hatte. Ich war also in meinem Traum aus dem Stammesrahmen herausgetreten und hatte mich dem Rest der Welt zugesellt. Damit hatte ich mich jener Gemeinschaft angeschlossen, zu der ich dem *Aleinu*-Gebet zufolge auf Distanz bleiben sollte. Aber genau das sollte meine Zukunft sein: mich um Reue und Erneuerung bemühen, die alten Gebete abwerfen und mich der Gemeinschaft der »Familien der Erde« anschließen.

Träume reißen Schleier weg. Wenn das *Aleinu*-Gebet die Geheimnisse des Clans birgt, dann müssen wir genau dieses Geheimnis offenlegen – nicht den anderen, sondern uns selbst –, damit wir über es hinauskommen. Wir Juden haben bereits tastende Schritte in diese Richtung gemacht. Im Gebetbuch der »Rekonstruktionisten«, der reformfreudigsten Bewegung unter den jüdischen Denominationen, findet sich das *Aleinu*-Gebet zwar immer noch, aber die Zeile »der uns nicht wie die Völker anderer Länder machte« ist ersetzt durch: »der du uns Lehren voller Wahrheit gegeben und uns ewiges Leben eingepflanzt hast«. Das ist ein Anfang, aber es reicht nicht. Wir müssen uns vor Selbstgefälligkeit und Verdrängung hüten. Die Sensibilität für das Exklusivitätsdenken in diesem Gebet könnte in eine positive Richtung führen, aber auch dazu dienen, dieses Thema unter den Teppich zu kehren. So haben zum Beispiel die Christen ihrerseits die antisemitischen Stellen im Neuen Testament anders übersetzt, übergangen oder beim Gottesdienst einfach weggelassen. Aber ist dieser Akt der Auftakt zu einer Diskussion darüber, wie wir als Glaubensgemeinschaften zusammenkommen können oder einfach ein Weg, um Verbesserungen vorzunehmen und die historisch scharfen Kanten der christlich-jüdischen Beziehungen »glatt zu feilen«? Die Juden können im *Aleinu*-Gebet den Triumphalismus und Separatismus weglassen. Die Christen können die antijüdischen Stellen von Johannes 3 und Matthäus 27 herausnehmen oder versuchen, sie weg zu interpretieren. Aber geht es bei dieser Schrift-Sanierung darum, auch tatsächlich den alten Triumphalismus auszuräumen und nach einem Modell der universalen Gemeinschaft aller Menschen zu suchen (oder zu einem solchen zurückzukehren)? Wollen wir Juden wirklich der größeren Gemeinschaft von gleich zu gleich beitreten und dabei auf unsere Auffassung verzichten, besondere Ansprüche zu haben und aufhören, uns mit unserem eigenen Leiden zu beschäftigen?

EINE PROPHETIE DER HOFFNUNG

Wenden wir uns noch einmal Walter Brueggemann zu, um eine neue spirituelle Richtung in den Blick zu nehmen. 2008 schrieb er einen Aufsatz mit dem Titel »Prophetic Ministry in the National Security State« über den »Kern der Predigt«, nämlich den Sinn des Evangeliums vom gekreuzigten und auferstandenen Christus. »Diese Freitags-Wende für die Welt bestand darin, dass deutlich zutage trat, wie sehr Gott von der Gewalttätigkeit des Imperiums verletzt wurde.«[1] Brueggemann plädiert für eine Prophetie der Hoffnung und für eine Vision, die die Neigung der Gesellschaft zur Verdrängung und Furcht überwinden helfen kann. Seiner Auffassung nach lädt uns der prophetische Dienst dazu ein, unser Gefühl der Verletzlichkeit zu akzeptieren. Er fordert uns auf, angesichts dessen, was sich in der Welt abspielt, unser Unbehagen und unseren Schmerz zuzulassen und die Zukunft als etwas zu begreifen, das zwar ungewiss ist, sich aber der Schaffung von etwas Neuem widmet. Eine solche Haltung steht im Kontrast zu der bequemen Zuflucht, die man aus der Gewissheit zieht, dass die Autorität der Heiligen Schrift unsere politischen Überzeugungen bestätigt. Brueggemann fordert diejenigen christlichen und jüdischen Theologen heraus, die »eine Theologie der Sicherheit formulieren, die den Aufbau eines Imperiums unterstützt« (311). Dementsprechend ist aus seiner Sicht »das prophetische geistliche Amt weder Voraussage, wie es manche Konservative gern hätten, noch soziale Aktion, wie es manche Liberale gern hätten. Prophetisch dienen heißt auf eine Art und Weise zu sprechen, die über die Verdrängung und über die Hoffnungslosigkeit hinausgeht und in den Raum der Verwundbarkeit und der Überraschung vorstößt, um dort das Geschenk Gottes und die Möglichkeit echten Menschseins zu finden« (295).

Diese Botschaft muss mein Volk unbedingt hören. Wir müssen dringend die Wahrheit hören, auf die uns die heutigen Propheten Israels stoßen, alle die Jeff Halpers und Rami Elhanans und *Checkpoint Watch Women* und Kriegsdienstverweigerer, die laut rufen, dass kein Friede ist und in Israel und den besetzten Gebieten endlich Gerechtigkeit einziehen müsse. Es ist jetzt an der Zeit – wir können nicht länger warten –, dass wir bloße schöne Worte wie »Friedensprozess« und »Sicherheitsmauer« entlarven, weil sie nur Landraub und ethnische Säuberung verschleiern. Wir müssen auf die Warnungen von Israelis wie Uri Avnery und Avraham Burg hören, dass, wie Avnery ihn nennt, der »gewalttätige israelische Faschismus« der Siedlerbewegung zunimmt, der sich schon auf umfassende und destruktive Weise der Politik Israels bemächtigt hat. Wir müssen auf Expräsident Jimmy Carter hören, der die Weltmächte auffordert, Rechenschaft abzulegen: »Um die Besetzung auf Dauer einzurichten, hat das israelische Militär seine widerspenstigen Untertanen ihrer grundlegenden Menschenrechte beraubt. Kein objektiv eingestellter Mensch könnte die derzeitigen Verhältnisse in der Westbank persönlich in Augenschein nehmen und diese Behauptung infrage stellen.«[2]

Wir müssen auch auf unsere alttestamentlichen Propheten hören, deren Botschaft für uns heute besonders relevant ist. Wir müssen genau wie diese Propheten nach einer jüdischen Reform rufen. Wir müssen nach einem wirklich »neuen« Bund verlangen, an dem alle Anteil haben können und der universal ist, also alle theologischen oder religiösen Kategorien übersteigt. Wenn wir grundlegende Aspekte unseres Bundes hinter uns lassen wollen, brauchen wir Juden nicht weniger als eine Reformation – und diese müssen wir selbst zustande bringen.

EINE NEUE FAMILIE

Das Markusevangelium erzählt von der ersten Zeit des öffentlichen Wirkens Jesu: »Da kamen seine Mutter und seine Brüder; sie blieben vor dem Haus stehen und ließen ihn herausrufen. Es saßen viele Leute um ihn herum und man sagte zu ihm: Deine Mutter und deine Brüder stehen draußen und fragen nach dir. Er erwiderte: Wer ist meine Mutter und wer sind meine Brüder? Und er blickte auf die Menschen, die im Kreis um ihn herumsaßen, und sagte: Das hier sind meine Mutter und meine Brüder. Wer den Willen Gottes erfüllt, der ist für mich Bruder und Schwester und Mutter« (Markus 3,31–35, deutsche Einheitsübersetzung).

Im Jahr 30 unserer Zeitrechung litten die Menschen in Galiläa und Judäa entsetzlich unter der Knute Roms. Zur Zeit der Kindheit Jesu wurden etliche Volksaufstände gegen Rom und die von ihm eingesetzten jüdischen Regenten in jenen Provinzen brutal unterdrückt.[3] Dörfer wurden niedergebrannt, Menschen getötet oder zu Sklaven gemacht und Tausende von Aufständischen gekreuzigt. Das öffentliche Wirken Jesu lässt sich als direkte Reaktion auf die Grausamkeit der kaiserlichen Herrschaft sehen. Die Evangelien bezeugen dieses Leiden auf metaphorische Weise: Die Exorzismen Jesu bezeichnen die Austreibung der Kräfte des Bösen, die sich der judäischen Gesellschaft bemächtigt hatten. Seine Krankenheilungen beziehen sich auf die sozialen Folgen der verheerenden Ungleichheiten unter dem kaiserlichen Unterdrückungssystem, die sich auch in Krankheiten und in der körperlichen Schwäche der Menschen zeigte. Das von Jesus verkündigte »Reich Gottes« hatte folglich auch eine *politische* Komponente; gemeint war damit, dass an die Stelle der unterdrückerischen Römerherrschaft eine gerechte Gesellschaft treten solle. Daher baute Jesus eine neue Gemeinschaft auf, die auf dem Engagement für die universalen Werte der Gerechtigkeit beruhte. Er sagte auf seine Weise, wer sich für das kommende Reich Gottes engagiere, müsse als sein Jünger aktiv an der sozialen und politischen Umwandlung mitwirken.[5] Walter Wink bemerkt in einem Kommentar zur oben zitierten Markus-Stelle:»Hier bietet Jesus eine Alternative: eine neue Familie, die aus denen besteht, deren Illusionen zertrümmert sind und die untereinander verbunden sind nicht durch die engsten aller Bande, die des Blutes, sondern dadurch, dass sie Gottes Willen ausführen.«[5]

Wenn die Erfahrung die eigenen Annahmen zertrümmert, wenn man sich gezwungen sieht, sein Engagement zu überprüfen oder die Bequemlichkeit seiner politischen Ansichten zu hinterfragen, muss man eine neue oder erweiterte Gemeinschaft und neue Netzwerke suchen. Tut man das nicht, so verliert man seinen moralischen Kompass. Zudem läuft man Gefahr, dass die bisherige Gemeinschaft zerfällt oder, was noch schlimmer ist, sie sich um ein destruktives (und selbstzerstörerisches) Projekt organisiert. Das gilt für Einzelne ebenso wie für Familien und Gemeinschaften und sogar ganze Nationen.

Als Rami Elhanan und Nurit Peled-Elhanan ihre Tochter durch einen palästinensischen Selbstmordattentäter verloren, hing ihre Genesung als Familie untrennbar damit zusammen, dass sie die Verantwortung für ihr Volk übernahmen. Nurit Elhanan sagte 2001 in Tel Aviv in einem Vortrag:

>»Nach der Ermordung meines kleinen Mädchens fragten mich Reporter, wie ich es fertiggebracht hätte, Beileidsbekundungen von der anderen Seite entgegenzunehmen. Ich gab zur Antwort, dass ich mich tatsächlich geweigert hätte, der anderen Seite zu begegnen: Als nämlich der damalige Bürgermeister von Jerusalem, Ehud Olmert, kam, um mir sein Beileid auszusprechen, verließ ich den Raum und weigerte mich, mit ihm zusammenzusitzen. Für mich ist die andere Seite, also der Feind, nicht das palästinensische Volk. In meinen Augen geht der Kampf nicht zwischen Palästinensern und Israelis und auch nicht zwischen Juden und Arabern. In Wirklichkeit geht es um den Kampf zwischen denen, die Frieden wollen und denen, die Krieg wollen. Mein Volk sind diejenigen, die den Frieden wollen. Meine Schwestern sind die trauernden israelischen und palästinensischen Mütter, die in Israel und in Gaza und in den Flüchtlingslagern leben. Meine Brüder sind die Väter, die ihre Kinder gegen die grausame Besetzung zu verteidigen versuchen und denen das wie mir nicht gelingt. Wir wurden zwar in eine unterschiedliche Ge-

schichte hineingeboren und sprechen verschiedene Sprachen, aber uns eint mehr als uns trennt.«[6]

Diese Lektion erfahren wir weiterhin auf schlimmste, qualvolle Weise. Zum Zeitpunkt der Niederschrift dieses Buches, am 2. Januar 2009, während der Bombardierung Gazas durch Israel, veröffentlichte die amerikanische jüdische Akademikerin und Friedensaktivistin Sara Roy im *Christian Science Monitor* einen Aufsatz mit dem Titel »Israel's ›Victories‹ in Gaza Come at a Steep Price« (»Israels ›Siege‹ in Gaza sind zu einem teuren Preis erkauft«). Sie schrieb darin:

»Ich habe die Stimmen meiner Freunde in Gaza noch genauso deutlich im Ohr, als seien sie noch am Telefon; was sie über ihre Höllenqualen erzählt haben, geht mir nach. Sie klagen und weinen über den Tod ihrer Kinder. Die Körper einiger von ihnen, kleiner Mädchen wie die meinigen, wurden sinnlos verbrannt und vernichtet.

Im Lauf meines nahezu 25-jährigen Einsatzes für Gaza war ich noch nie mit dem entsetzlichen Bild von verbrannten Kindern konfrontiert – bis heute. Was wird mit den Juden als Volk passieren, mögen wir nun in Israel leben oder nicht? Warum waren wir nicht in der Lage, zu akzeptieren, dass die Palästinenser grundsätzlich Menschen sind wie wir und wir sie gemäß unseren moralischen Vorstellungen behandeln sollten? Stattdessen lehnen wir jeglichen menschlichen Kontakt mit diesem Volk ab, das wir unterdrücken

Unsere Ablehnung der ›Anderen‹ wird uns zugrunde richten. Wir müssen die Palästinenser und die anderen arabischen Völker ins jüdische Geschichtsverständnis mit einbeziehen, weil auch sie ein Teil dieser Geschichte sind. Wir müssen unsere eigene Erzähltraditon infrage stellen, und auch die Geschichte, die wir anderen zugeschrieben haben. Israels Siege sind Pyrrhussiege und offenbaren die Grenzen der israelischen Macht und unsere eigene Beschränkung als Volk: unsere Unfähigkeit, ein Leben ohne Grenzen zu führen. Sind das die Grenzen unserer Wiedergeburt nach dem Holocaust? Wie können wir als Juden in einer Welt nach dem Holocaust, die wir durch die Existenz eines jüdischen Staates an die Macht gekommen sind, als Volk der Grausamkeit und Verächtlichkeit entkommen und mächtig sein, aber dennoch human? Wie schaffen wir es, über die Angst hinauszukommen?

Die Antworten darauf werden bestimmen, wer wir sind und wozu wir letztlich werden.«

Es geht um Leben und Tod. Wir stehen vor der Wahl zwischen dem »Imperium« oder unserer Zukunft als Mitglieder einer menschlichen Gemeinschaft. Eine ausdauernde, intensive Konzentration auf diese Wahlmöglichkeit muss das Handeln unserer Glaubensgemeinschaften prägen, falls diese religiösen Traditionen nicht nur »überdauern«, sondern zur Kraft des Überlebens unserer Spezies auf diesem Planeten werden sollen.

EINE NEUE GRUNDLAGE FÜR DEN FRIEDEN

Der Gründer von *Sabeel*, Naim Ateek, plädiert für ein Ethos, das alle Religionen im Engagement für Gerechtigkeit vereint. Mit der Geschichte seiner Vertreibung als Kind aus seinem Dorf in Galiläa im Hintergrund, wendet er sich an das jüdische Volk und fordert uns heraus, das Werk der Versöhnung mit dem palästinensischen Volk zu beginnen. Praktisch bittet er uns, den Schaden einzugestehen, den wir mit unseren Aktionen verursacht haben und das Land mit dem palästinensischen Volk zu teilen. Seine Mitpalästinenser fordert er auf, eine Verständigung mit dem jüdischen Volk zuwege zu bringen, die auf dem gemeinsamen Glauben an einen gerechten Gott beruhen kann. Bei diesem Engagement für die Versöhnung stellt sich ihm Marc Ellis zur Seite und legt dar, wie wichtig beim Aufbau dieser gemeinsamen Zukunft die Theologie sei:

> »Wenn man für den Frieden zwischen jüdischen Israelis und Palästinensern einen neuen Rahmen schaffen will, erfordert das ... ein neues Verständnis des jüdischen Lebens im Mittleren Osten. Hier kommen die jüdische Theologie und Ethik mit ins Spiel ... Wenn tatsächlich die Aufgabe der Theologie darin besteht, die Fragen zu fördern, die sich ein Volk hinsichtlich der Geschichte, die es erschafft, stellen muss, dann ist die Aufgabe der jüdischen Theologie klar: Sie muss die theologische Grundlage für ein jüdisches Leben schaffen, das jenseits von Unschuld, Erlösung und letztem Gefecht agiert. Wenn man damit aufhört, immer nur Israels Gefühl der Isolierung und Verlassenheit vor Augen zu haben und stattdessen den Blick in Richtung einer Zukunft kreativer Integration und Unabhängigkeit richtet, heißt das, vorzuschlagen, was den meisten Juden als die paradoxeste aller Möglichkeiten erscheint: nämlich mit dem palästinensischen Volk solidarisch zu werden.«[7]

Aber warum sollten wir diese Option als »paradox« ansehen? Es gibt für das jüdische Volk keine gangbare Zukunft, solange wir nicht das Leiden anerkennen können, das wir verursacht haben, und uns dem Gedanken öffnen, das Land mit den Palästinensern zu teilen. Das ist der Weg, der uns offen steht, falls wir aus dem Gefängnis unseres Exklusivitätsdenken herauskommen und unsere Identität als Gottes Auserwählte aufgeben wollen. Für die Juden stellt an diesem Punkt der Geschichte das palästinensische Volk den Anderen dar, dem wir uns anschließen müssen, damit wir uns der Menschheit anschließen können. Ellis schreibt weiter: »Eine jüdische Befreiungstheologie wird in einer Gemeinschaft entwickelt werden, zu der Juden und andere, die nicht Juden sind, gehören ... In der neuen Diaspora werden nicht ein einziger Glaube oder eine einzige Tradition dominieren. Vielmehr wird sie die Zerbrochenheit und die Zerrissenheit unterschiedlicher Traditionen und Kulturen in sich tragen« (287).

Als der Theologe Marcus Borg 2006 über »das imperiale Gefangensein eines Großteils der Kirche in den USA« schrieb, stellte er die Frage, warum nicht Millionen von Christen in den Monaten vor der Invasion des Irak im Jahr 2003 protestierend »die Straßen verstopft« hätten, da doch die Begründung für diesen Krieg gegen die christliche Lehre verstoßen habe. Mit seinem Ruf nach einer »erwachenden« im Gegensatz zu einer »konventionellen« Kirche meint Borg nicht nur das nach außen gerichtete Engagement, sondern auch den Blick nach innen in die eigene Glaubensgemeinschaft: Auch in ihr müsse man die gleiche Offenheit für Selbstkritik aufbringen. Das ist der Anspruch, den wir bereits in Williamsons »Verhaltensregel« für eine Theologie nach der Schoah formuliert fanden: Falls ihre Religion lebenstüchtig und nützlich sein soll, müssten die Christen die Freiheit haben, ihre Lehre zu reformieren, zu überprüfen und neu zu formulieren, und zwar als direkte Reaktion auf die Herausforderungen durch die derzeitigen Ereignisse. Hinsichtlich des israelisch-palästinensischen Konflikts schlage ich vor, dass wir in der jüdischen Gemeinschaft und in Israel überlegen müssen, was eine Theologie nach der *Nakba* von uns verlangen würde, damit wir zu einem echten und dauerhaften Frieden im historischen Palästina kommen.

DIE KIRCHE ALS VERÄNDERNDE KRAFT

Borg zielt auf die Gemeinsamkeit der Traditionen, wenn er das Bild von Jesus zeichnet, als »einem von Geist erfüllten jüdischen Mystiker, der in der Tradition der jüdischen Propheten steht.«[8] Borg gehört zu einer Gruppe heutiger Interpreten des Neuen Testaments, die eine neue Sicht des Christentums entwerfen, wie etwa Dominic Crossan, Richard Horsley, Neil Elliot und John Shelby Spong.

Sie versuchen wie die in früheren Kapiteln besprochenen Autoren, die sich um eine revidierte christlicheTheologie nach dem Holocaust bemühten, die Kluft zum Judentum zu überwinden und einen gemeinsamen Grund zu finden, indem sie sich den Herausforderungen der heutigen Zeit stellen. Aber im Unterschied zu den auf eine Revision der christlichen Theologie zielenden Autoren konzentrieren Borg u. a. sich nicht darauf, die historischen Sünden des Christentums zu korrigieren, sondern sie wollen unser Verständnis Jesu und der Frühkirche vertiefen, und zwar als einer Bewegung, die sich gegen die kaiserliche römische Macht richtete. Crossan weist darauf hin, dass die im Neuen Testament verwendeten Namen für Jesus gewählt wurden, um deutlich den Unterschied zwischen Rom und dem kommenden Reich Gottes hervorzuheben: »Schon bevor Jesus der Christus existierte und selbst wenn er nie existiert hätte, waren dies die Titel von Caesar Augustus: Göttlicher, Sohn Gottes, Gott und Gott von Gott; Herr, Erlöser, Befreier und Heiland der Welt.«[9]

Die Geschichte des Frühchristentums ist die Geschichte einer religiösen Erneuerungsbewegung im 1. Jahrhundert im Mittelmeerraum, der es um soziale Gerechtigkeit ging. Das ist auch unsere heutige Geschichte, nun aber im globalen Maßstab. Horsley weist in seinem Beitrag zu *In the Shadow of Empire* darauf hin, dass Jesus eine gegen das römische Imperium gerichtete jüdische Erneuerungsbewegung angeführt habe. Walter Brueggemann betont in seinem Kapitel im gleichen Buch, dass sich die derzeitige »Hoffnung der Kirche« in der prophetischen Tradition findet, die sich der Macht der Könige und deren Allianzen mit Reichsmächten entgegenstellte. Die Vision der alttestamentlichen Propheten, so Brueggemann, sei ein Friede, der von einer »gerechten Wirtschaft herrührt, die nicht auf Gewalt oder Ausbeutung beruht.«[10] Die Hoffnung der Kirche sei es, »eine Gemeinschaft zu sein, die sich vom Imperium absetzt und ihm Widerstand leistet.« Und er trägt der Kirche auf, »wieder ihre öffentliche Stimme zu finden, die bezeugt, dass es für die Welt eine alternative Ordnung gibt« (ebd.).

Wie soll also die Rolle einer künftigen Kirche aussehen? Die derzeitigen Ereignisse erfordern es, dass wir diese Frage nachdrücklich stellen. Horsley zweifelt die allgemein akzeptierte Meinung an, dass Jesus mit seiner Predigt der Gewaltfreiheit den passiven Widerstand gefördert habe. Die Erfahrung des Irakkriegs war für die Amerikaner wahrhaftig ein »Augenblick der Wahrheit«. Sie führt Horsley zu dem Schluss, »dass Amerika tatsächlich als imperiale Macht gehandelt hat. Die Historiker erinnern uns daran, wie tief das Gefühl, das ›Neue Rom‹ sowie auch Gottes ›Neues Israel‹ zu sein, in ›Amerikas kollektive Identität‹ eingebettet ist. Diese jüngsten Entwicklungen geben jetzt vielen Christen, die sich in ihrer Rolle als die ›neuen Römer‹ unwohl fühlen, den Anstoß, sich gründlicher über das Verhältnis des ursprünglichen Rom zum antiken Mittleren Osten zu informieren, und insbesondere auch über denjenigen, den die Römer als Aufständischen an ein Kreuz hängten« (a. a. O., 77). Neil Elliot mahnt in seinem Beitrag in diesem Buch dringend zur Vorsicht: »Wir müssen zusehen, in welchem Ausmaß die in den USA entworfene und von deren Militärmacht gestützte Logik des globalen Kapitalismus die Prioritäten der Kirchen bestimmt« (a. a. O., 119). Elliot greift das Thema auf, wir müssten zur Gemeinschaft zurückkehren und er fordert uns auf, uns an die »Hauskirchen« zu erinnern, die Paulus im Gegensatz zum globalen Imperialismus und im Trotz gegen diesen in Privatwohnungen versammelte – und auch im Kontrast zum Imperialismus unserer Zeit.

Norman Gottwald zielt mit seinem in der Endphase der Administration von George W. Bush verfassten Beitrag zu diesem Buch auf »den Triumphalismus der derzeitigen amerikanischen Außenpolitik« (a. a. O., 23). Unter diesem Aspekt fasst er die Grundaussagen der alten hebräischen Propheten zusammen, die eine Vision von »gerechter Gemeinschaft« formuliert hätten, wie sie im Leben des alten Israel besonders verankert war. Er schreibt: »Das frühe Gemeinschaftsleben Israels war auf tiefe Weise für die Richtung verantwortlich, die der nachfolgende Weg des israelitischen und jüdischen Volkes nahm ... Es verlieh der späteren prophetischen Bewegung ihre Stärke ..., die die groben Missbräuche der Monarchie und die prahlerisch zur Schau getragene Habgier der Klasse der Großgrundbesitzer und Kaufleute scharf kritisierte« (a. a. O., 21). In Anwendung dieser »biblischen Kriterien« vertritt er die Meinung, das moderne Amerika sei aggressiv gegen relativ machtlose Länder in Südamerika, Asien und im Mittleren Osten vorgegangen. So sei es bei diesem Test durchgefallen. Gottwald beschließt sein Kapitel mit einer bemerkenswerten Beobachtung, indem er sich auf einen kritischen Punkt im globalen Bild konzentriert. Er sagt, die USA glichen sehr stark dem antiken Rom mit seiner Macht und aggressiven Einstellung – und nicht, wie manche religiöse Stimmen immer gern behauptet hätten, dem alten Israel, das in Wirklichkeit ein »unbedeutendes kleines Königreich« gewesen sei. Jedoch sei es ein »ungeheures Paradox«, dass »die Palästinenser der Westbank am ehesten den frühen Israeliten entsprechen, da sie das gleiche Gebiet bewohnen, auf ähnliche Weise ihren Lebensunterhalt verdienen und sich nach der Befreiung vom ›kanaanitischen‹ Staat Israel sehnen, dem das amerikanische Imperium den Rücken stärkt« (24).

Propheten stellen das Offensichtliche fest.

AUF DEM WEG ZU EINER
NEUEN BUNDES-GEMEINSCHAFT

Diese Interpreten sagen deutlich, dass sich diese Botschaft nicht auf die Christen beschränkt, denn die alttestamentlichen Propheten hätten sich ganz klar gegen alles gestellt, was für das Imperium stand. Genau wie es eine Verzerrung christlicher Werte sei, wenn man die Bibel dazu benutzt, um die Unrechtsaktionen irgendeines Staates – einschließlich des Staates Israel – zu rechtfertigen, so sei es auch ein Verrat der jüdischen Werte, wenn man mit der jüdischen Heiligen Schrift oder Geschichte kollektive Verbrechen rechtfertigt. Dagegen müssten Juden und Christen gemeinsam angehen. Richard Horsley weist darauf hin, dass Jesus zu einer Erneuerung der Bundes-Gemeinschaft aufrief. Er betont, dass dies ein Bund für soziale Gerechtigkeit war, der zu dem Zeitpunkt geschlossen wurde, an dem das jüdische Volk Gottes Gesetz akzeptierte. In einem früheren Kapitel wurde bereits der jüdische Theologe Marc Ellis mit einer Warnung zitiert: Zum »konstantinischen« Christentum, das dafür steht, dass das religiöse Establishment sich unter das Joch des Reiches begeben hat, komme jetzt noch ein »konstantinisches« Judentum und ein »konstantinischer Islam« hinzu. Um dem entgegenzuwirken, legt er allen religiösen Traditionen dringend ans Herz, sich zusammen zu tun und »quer durch alle Gemeinschaften und über alle Religionsgrenzen Bewegungen für Gerechtigkeit zu gründen.«[11] Ob eine Erlösung aus der derzeitigen globalen Situation zustande kommt, hängt deshalb von der Fähigkeit der Glaubensgemeinschaften ab, in diesem gemeinsamen Ziel zusammen zu finden. Das Überschreiten der Gruppengrenzen ist ja in Wirklichkeit Teil des Prozesses, der uns helfen wird, in den eigenen Reihen einen wahren Gemeinschaftsgeist zu entwickeln.

Das ist der Bund, der uns jetzt ruft. Das ist nicht der »eine Bund«, von dem van Buren und seine Gefolgsleute sprechen, der darin besteht, dass die Christen an die exklusiven Elemente in der jüdischen Tradition angeschlossen werden, also darauf beruht, dass sich eine bestimmte Gruppe von Gläubigen vom Rest der Menschheit absondert und dann auch gleich noch mit theologischen Begründungen die jüdischen Besitzansprüche auf das Land rechtfertigt. Das ist vielmehr ein prophetischer Aufruf zur Erneuerung und zur Rückkehr zu einer Gemeinschaft, die die soziale Gerechtigkeit fördert. Im Schlusskapitel werden wir uns genauer überlegen, wo das schon begonnen hat, und wir werden bestimmte Richtungen und Aktionen ausmachen, die diese Bewegung in Zukunft vor sich hat. Aber bevor wir uns dem zuwenden, wollen wir uns erst noch etwas genauer die soziale und wirtschaftliche Lage im heutigen Israel/Palästina ansehen. Wir finden dabei eine Reihe von Umständen, die auf erschreckende

Weise denjenigen gleichen, die die Menschen im 1. Jahrhundert in Palästina erfahren haben. Die damaligen Juden »sehnten sich nach Erlösung« von der Unterdrückung durch Rom, wie Gottwald formulierte. Es war eine Zeit, in der laut der Ruf nach Gerechtigkeit erschallte, und dieser Ruf wurde mit dem Aufstieg einer Bewegung der sozialen Erneuerung und des Widerstands gegen die Unterdrückung beantwortet.

KAPITEL 12
EINE NEUE VISION FÜR ISRAEL UND DIE ROLLE DER KIRCHE

Solange die Ideologie, die immer noch die israelische Politik gegenüber den Palästinensern antreibt, nicht korrekt ausgemacht ist, werden weder die Palästinenser noch die Juden voreinander oder vor sich selbst zu retten sein. Das Problem Israels war nie sein Jüdischsein, denn das Judentum hat viele Gesichter, und viele von ihnen bieten eine solide Basis für Frieden und Miteinander. Das Problem ist der ethnische Charakter des Zionismus.

Ilan Pappe, The Ethnic Cleansing of Palestine

In einem Videoclip von YouTube sieht man einen stämmigen Mann mit weißem Bart, kahlem Kopf und durchdringenden Augen, der sich an die Tür eines kleinen Hauses in einem Wohnbezirk am Rand von Ostjerusalem angekettet hat. Das Haus gehört einer Palästinenserfamilie und der Mann ist Jeff Halper vom »Israelischen Komitee gegen Hauszerstörungen«. Vor ihm steht ein riesiger aus Amerika stammender Caterpillar-Bulldozer Modell C9, den ein Israeli steuert. Er soll das Haus dem Erdboden gleichmachen. In der nächsten Szene wird Halper in Handschellen von zwei Soldaten zu einem wartenden Jeep geschleift. »Verhaften Sie diesen Mann!«, schreit Jeff den Soldaten zu und meint den israelischen Beamten, der die Zerstörungsaktion leitet. »Er verletzt internationales Recht!«

Halper ist ein in Amerika geborener Jude, der als Erwachsener nach Israel einwanderte und sein Leben dem gewaltfreien Widerstand gegen Israels Verletzung der Menschenrechte der Palästinenser widmet. Er beschreibt in seinem jüngsten Buch *An Israeli in Palestine: Resisting Dispossession, Redeeming Israel* (»Ein Israeli in Palästina: Vom Widerstand gegen die Enteignung und von der Erlösung Israels«) das, was er die »matrix of control« nennt, das System der Beschlagnahmung und Kontrolle über die besetzten Gebiete, das Israel in die

Gefahr bringt, zu einem Apartheids-Staat zu werden, wenn es das nicht schon ist. Da er das für inakzeptabel hält, hat Halper eine Vision für Israel entwickelt, einen Ausweg. Ich weiß nicht, ob er als Zionist bezeichnet werden möchte, aber jedenfalls bezeichnet er sich ausdrücklich als *Israeli*. Als solcher sucht er nach einem Weg für Israel, damit es weiterhin als lebensfähige politische Einheit existieren kann.

IN DER FALLE EINES STAMMES-PARADIGMAS

Halper begibt sich mit seinen politischen Aktivitäten, mit denen er in der Tradition des gewaltlosen Widerstands von Dr. Martin Luther King Jr. und Gandhi steht, nicht einfach in die Opposition, auch wenn es ihm darum geht, eine Protestbotschaft zu senden. Je schlechter die Situation wird und je schneller die Optionen zu schwinden scheinen, desto mehr bemüht Halper sich, Vorschläge zu machen. Halper sagt: »Wir sitzen in der Falle eines Stammes-Paradigmas, das weder den Interessen der Juden in Israel dient – von denen die meisten längst zu Israelis ohne irgendein Bedürfnis nach einem ›jüdischen‹ Staat geworden sind –, noch in die globale Realität des 21. Jahrhunderts passt. Es muss eine Alternative geben, eine *israelische* Alternative.«[1]

Mit seiner Vision für Israel nimmt Halper uns mit zurück zum frühen Zionismus, als man wegen der Auswirkungen des Nationalismus auf die Zukunft des Judentums alarmiert war und ernst davor warnte, in welche Richtung das zionistische Programm steuerte. Die bekanntesten Vertreter dieser warnenden Stimmen sind Ahad Ha'am, Judah Magnes und Martin Buber; aber Halper sucht auch noch nach weiteren Propheten aus den frühen Jahren der zionistischen Bewegung und der Ansiedlung der Juden in Palästina. Einer von diesen war der frühe Zionistenführer Yitzhak Epstein, der ein tiefes Verständnis für die arabische und insbesondere die palästinensische Gesellschaft und Kultur hatte. Halper berichtet, dass Epstein bereits vor über einem Jahrhundert schrieb: »Wir müssen uns von allen Gedanken der Eroberung und des Vertreibens freimachen ... Wie können wir uns im Land Israels einrichten, ohne uns gegen die Gerechtigkeit zu versündigen und ohne jemandem ein Leid zuzufügen?«[2] Epsteins vor einem Jahrhundert formulierte Antwort auf diese Frage nimmt die zentrale Botschaft des vorliegenden Buchs voraus. Er formulierte zwei Grundsätze, »die unsere Handlungen leiten müssen, wenn wir uns mitten unter diesem [arabischen] Volk oder in seiner Nähe ansiedeln: 1. Das hebräische Volk ... respektiert nicht nur die Individualrechte jeder Person, sondern auch die nationalen Rechte jedes Volkes und Stammes. 2. Das Volk Israel mit seiner Sehnsucht nach Wiedergeburt ist im Denken und Tun ein Partner aller Völker, die nach Leben lechzen.«

Epsteins Ausführungen sind von der Weltsicht und der Redeweise des Nationalismus des 19. Jahrhunderts geprägt. Aber angesichts dessen, wie der Nationalismus bis in unsere Zeit überlebt hat und immer noch die Politik und das Verhalten der Menschen antreibt, tun wir dennoch gut daran, Epsteins Warnungen vor den Gefahren des jüdischen Exklusivitätsdenkens ernst zu nehmen. Halper weist darauf hin, dass alles, wovor Epstein gewarnt hat, in Form des gewaltsamen Konflikts mit den Palästinensern eingetreten ist. Das hätte vermieden werden können, wenn die Zionisten auf Epsteins einfache, prophetische Botschaft gehört hätten: »Wir müssen daher mit den Arabern in einen Bund eintreten und eine Vereinbarung abschließen, die für beide Seiten und für die ganze Menschheit sehr wertvoll sein wird ..., denn sie wird zur Wiedergeburt zweier semitischer Völker führen, die talentiert und voller Möglichkeiten sind und einander gegenseitig ergänzen ...«

Das ist die Vision, die uns leiten muss. Es ist die Vision von Gemeinschaft, die Vision eines neuen Bundes. Wir müssen die Stammesgrenzen überschreiten. Dafür ist es noch nicht zu spät.

Halper schließen sich in Israel andere an, die dies begreifen und diese einfache Wahrheit aussprechen.

EIN ECHTER FREUND ISRAELS

Wie wir im 10. Kapitel gesehen haben, erwarten Israelis, die über den Zustand ihrer Gesellschaft und den Kurs ihrer Nation verzweifelt sind, Hilfe. In den letzten Monaten, insbesondere während der Bombardierung von Gaza und in der Zeit unmittelbar danach, sind ihre Hilferufe drängender und verzweifelter geworden. Wie könnte es auch anders sein? Wie kann die Friedensbewegung in Israel irgendeinen Einfluss auf die Politik ihres eigenen Landes haben, solange die USA weiterhin die Geldgeber der Expansionspolitik und Militarisierung Israels sind? Wie könnte Israel je von seinen eigenen Bürgern und der Weltgemeinschaft zur Rechenschaft gezogen werden, solange die USA alle Resolutionen der Vereinten Nationen, die Israels Aktionen verurteilen, blockieren? Am 3. Dezember 2008 erschien in der israelischen Tageszeitung *Haaretz* ein Beitrag von Dr. Alex Sinclair, einem Dozenten am *Schechter Institute of Jewish Studies* in Jerusalem. Er trug den Titel »Obama Must Help Israel Break Its Territorial

Addiction« (»Obama muss Israel helfen, seine Sucht nach immer weiterem Territorium zu überwinden«). Darin schrieb Sinclair: »In den vergangenen acht Jahren hatten wir einen amerikanischen Präsidenten, der Israels ›bester Freund‹ war – ein Freund, der grinsend dabei stand, als wir tiefer und tiefer ins Chaos versanken. Israel ist wie ein Alkoholiker, nur dass wir nicht nach Tequila süchtig sind, sondern nach weiteren Gebieten.« Wann, so fragte Sinclair weiter, wird Amerika endlich ein echter Freund Israels werden? Wann werden die USA damit aufhören, unsere Sucht zu unterstützen, indem sie die illegale und selbstzerstörerische Politik unserer Regierung finanzieren und dazu höchstens die sinnlose Warnung murmeln, diese Politik sei für den Frieden »wenig hilfreich«? Und er kommt zum Schluss: »Wenn Obama ein echter Freund sein will, muss er uns die Hand auf die Schulter legen und uns auffordern aufzuhören. Er muss uns die Flasche aus der Hand nehmen.«

Uri Avnery wird bereits der »große alte Mann« der israelischen Linken genannt. Dieser Mann engagiert sich leidenschaftlich für Israel und wird ein immer schärferer Kritiker der israelischen Politik. Sein beißender, sarkastischer Stil ist den Israelis wohlbekannt: Avnerys Kommentare erscheinen regelmäßig in den israelischen Massenblättern. Den folgenden Text brachte er in der Ausgabe des linksgerichteten Internetportals *Counterpunch* vom 22. Dezember 2008. Das war zu dem Zeitpunkt, als Amerika und mit ihm die ganze Welt den Atem anhielt, weil der neue amerikanische Präsident sein Amt antrat und Wahlen für eine neue israelische Regierung bevorstanden:

»Ein Mann wurde nach seinen Söhnen gefragt. Er sagte: ›Ich habe drei, aber einer davon ist ein vollkommener Idiot.‹
›Welcher‹, fragten sie.
›Ihr könnt ihn euch selbst aussuchen‹, gab er zur Antwort.
In 51 Tagen werden wir eine neue Knesset und eine neue Regierung wählen. Drei große Parteien bewerben sich um den Preis: Kadima, Likud und die Arbeitspartei. Gibt es da eine echte Wahl? Das heißt, gibt es zwischen diesen drei Parteien irgendwelche echten Unterschiede?
Benjamin Netanjahu sagt, dies sei nicht die Zeit für Frieden mit den Palästinensern. Wir müssten warten, bis die Umstände dafür reif seien. Nicht auf unserer Seite natürlich, sondern auf der palästinensischen Seite. Und wer wird entscheiden, ob die Umstände auf der palästinensischen Seite reif sind? Natürlich Benjamin Netanjahu. Er oder seine Nachfolger, oder die Nachfolger seiner Nachfolger.
Tzipi Livni ist genau das Gegenteil, oder jedenfalls hat es den Anschein. Wir müssen mit den Palästinensern reden. Worüber? Nicht über Jerusalem, Gott

bewahre. Und nicht über die Flüchtlinge. Worüber dann? Vielleicht über das Wetter? Man muss zum Schluss kommen, Livnis Plan sei es, immer weiter zu reden und zu reden und zu reden und nie zu irgendeiner praktischen Übereinkunft zu kommen.

Ehud Barak hat seinen verhängnisvollen Ausspruch von vor acht Jahren nicht zurückgenommen, den er bei der Heimkehr von der (dank ihm) gescheiterten Konferenz von Camp David tat: ›Wir haben für den Frieden keinen Partner.‹ Keiner der drei ist aufgestanden und hat der Öffentlichkeit die einfachen Worte gesagt: ›Ich werde im Lauf des Jahres 2009 mit den Palästinensern Frieden schließen. Zu diesem Frieden wird die Errichtung eines palästinensischen Staats auf der Grundlage der Grenzen von vor 1967 gehören, mit Übereinkünften über kleinere Grenzveränderungen im Verhältnis 1:1, wobei Jerusalem zur Hauptstadt der beiden Staaten wird und wir uns auf eine vernünftige Lösung für das Flüchtlingsproblem einigen, mit der Israel leben kann.‹ Keine/r der drei hat überhaupt einen Friedensplan angeboten. Nur leere Worte. Nur Blabla.

Da bietet zum Beispiel Netanjahu an, die Lebensbedingungen der Palästinenser zu verbessern. Lebensbedingungen unter der Besetzung? Wenn in der Westbank 600 Straßensperren die Bewegungsfreiheit behindern? Wenn jeder gewalttätige Widerstandsakt zu kollektiver Bestrafung führt? Wenn nachts Todesschwadronen ausschwärmen, um ›gesuchte Leute‹ zu liquidieren? Nur ein Irrer würde in ein solches Gebiet Geld investieren.

Alle drei sind sich darin einig, dass die Hamas eliminiert werden muss. Sicher, keiner von ihnen erklärt öffentlich, man solle den Gazastreifen wiedererobern. Aber alle drei befürworten die enge Blockade um den Gazastreifen, weil sie glauben, wenn die dortige Bevölkerung kein Brot hat und die Krankenhäuser keine Medikamente oder keinen Treibstoff mehr haben, werde die Bevölkerung von Gaza einen Aufstand machen und das Hamas-Regime abschütteln. Keine/r der drei ist aufgestanden und hat gesagt: Ich werde mit der Hamas sprechen und sie in den Friedensprozess einbeziehen. Auch hat sich keine/r dazu aufgerafft und gesagt: ›Ich werde im Lauf des Jahres 2009 mit Syrien Frieden schließen. Die Bedingungen sind klar, ich akzeptiere sie, ich habe vor, sie zu unterschreiben.‹

Vielleicht denken das insgeheim alle drei. Aber jede/r von ihnen sagt sich: ›Ich bin doch nicht verrückt. Ich werde es mir doch nicht mit den Siedlern in Golan und ihren Unterstützern in Israel verderben!‹ Jemand, der nicht bereit ist, auch nur den elendesten Außenposten in der Westbank aufzugeben, aus Angst, sich mit den dortigen fanatischen Siedlern anzulegen, wird auch kein solches Risiko mit den Golanhöhen eingehen.

Andererseits haben alle drei den gleichen Notausgang: die iranische Bombe. Was würden wir ohne sie tun! ›Die Hauptgefahr für die Existenz Israels ist die iranische Bombe!‹ erklärt Barak. Erklärt Tzipi. Erklärt Netanjahu. Ein wunderbar aufeinander abgestimmter Chor.

Der Zionismus hat seit seinen Anfängen nach Mitteln und Wegen gesucht, vor dem ›Palästinenserproblem‹ zu kneifen. Warum? Weil die zionistische Bewegung, wenn sie zugegeben hätte, dass es überhaupt eine palästinensische Bevölkerung gibt, auch eine Lösung für die derzeitige Situation und das mit ihr verbundene moralische Problem hätte finden müssen. Daher hat man hundert verschiedene Vorwände gefunden, jeden zu seiner Zeit, um dieses Dilemma zu ignorieren.

Am 11. Februar 2009, dem Tag nach den kommenden Wahlen, werden diejenigen, die auf eine Änderung aus sind, erneut zu denken anfangen müssen. Diejenigen, die sich nach einem demokratischen, säkularen, progressiven Israel sehnen, einem Israel, das mit seinen Nachbarn im Frieden ist und im Innern soziale Gerechtigkeit hat, werden beschließen müssen, die Dinge selbst in die Hand zu nehmen. Sie müssen eine neue intellektuelle und organisatorische Initiative ergreifen, um diese wichtigen Ziele zu verwirklichen. Sie dürfen sich nicht länger damit zufriedengeben, für das ›geringere Übel‹ zu stimmen, sondern müssen endlich für das größere Gut stimmen – gemeinsam mit Gruppen, die bislang noch keine Partner für sie waren – Lösungen erarbeiten, die noch nicht ausprobiert worden sind, auf Wegen, die noch nie begangen wurden. Sie müssen ein Obama-ähnliches Wunder vollbringen. Statt der drei Taugenichtse muss ein vierter Sohn auf den Plan treten.«

Wer ist dieser vierte Sohn? Das sind wir: Juden, Christen, Muslime, Amerikaner, Israelis, Menschen mit wachem Gewissen auf der ganzen Welt, in Solidarität mit den Israelis und Palästinensern, die sich für friedliche Koexistenz und Gerechtigkeit einsetzen. Israel sitzt in der Falle der Gewalttätigkeit und Eroberung und ist unfähig, das von sich aus zu verändern. Avnerys Analyse der israelischen Politik ist auf tragische Weise zutreffend.

Beobachter der politischen Situation in Israel haben einzusehen begonnen, wie handlungsunfähig die israelische Führung hinsichtlich einer Neuorientierung ihrer Politik in Richtung Frieden ist. Denjenigen, die sich gründlich genug darauf einlassen, geht auf, dass man den Konflikt auf Dauer erhält, wenn man es allein Israel überlässt, die notwendigen Schritte zu unternehmen. Richard Falk, amerikanischer Professor für internationales Recht und Spezialberichterstatter der Vereinten Nationen über den Stand der Menschenrechte in den Palästinensergebieten, schrieb 2007, als die Aushungerung und Belagerung Gazas voll im Gange war: »In Wirklichkeit ist es so, dass es keine israelische Führung gibt, die die Vision einer Lösung hätte oder Verhandlungen in Richtung einer Lösung befürworten würde, und so wird der Kampf auf beiden Seiten gewaltsam weitergehen. Israels Strategie gegen die Herausforderung durch die Palästinenser besteht darin, Gaza zu isolieren, die Westbank in kleine Distrikte zu unterteilen und darin die Siedlerblocks intakt zu lassen und sich das gesamte Jerusalem als Hauptstadt Israels anzueignen. Seit Jahren haben diese diplomatischen Ausweichmanöver das Verhalten Israels bestimmt, darunter auch während des Osloer Friedensprozesses, der 1993 auf dem Rasen vor dem Weißen Haus mit dem Handschlag zwischen Yitzhak Rabin und Yasir Arafat eingeleitet wurde.«[3]

Man fragt sich, ob selbst Falk die Brutalität des Überfalls auf das wehrlose Gaza hätte voraussahen können, den Israel ein Jahr nach dem Erscheinen dieses Berichts unternahm. Israels Aktion verursachte in vielen Lagern einen entsetzten Aufschrei und massive Kritik, nicht zuletzt beim israelischen »neuen Historiker« Ilan Pappe. Auf der Höhe der Bombardierung Gazas durch Israel erinnerte Pappe in einem Beitrag in *The Electronic Intifada* mit dem Titel »Israel's Righteous Fury and Its Victims in Gaza« (»Israels selbstgerechter Zorn und dessen Opfer in Gaza«, erschienen am 2. Januar 2009) an die ideologische Quelle und Rechtfertigung der Handlungsweise Israels: »Israel stellt sich seinem eigenen Volk als das rechtschaffene Opfer dar, das sich gegen ein großes Übel verteidigt.« Pappe weist in diesem Beitrag darauf hin, dass »Selbstgerechtigkeit ein gewaltiger Akt der Verdrängung und Selbstrechtfertigung« sei. Und er sagt klipp und klar, wie die Reaktion auf die Aktionen eines derart selbstgerechten Opfers aussehen muss: »Es ist eine Sache der Gerechtigkeit und Moral, einen selbstgerechten ideologischen Staat, der es sich erlaubt, die einheimische Bevölkerung von Palästina zu enteignen und zu vernichten und dabei von einer stummen Welt unterstützt wird, mit gewaltfreien Mitteln herauszufordern.«

DIE ROLLE DER KIRCHEN: PARTEI ERGREIFEN

Als Jude wurde ich zur Gerechtigkeit erzogen. Die Anweisung, gerecht zu handeln, durchzieht das gesamte Alte Testament: die Geschichte des Buches Exodus, die Weisungen im Buch Levitikus, Gottes Anweisungen an das umherziehende Volk in den Büchern Numeri und Deuteronomium und natürlich die Bücher der Propheten. Von Kindheit an wurden mir diese Texte eingeflößt und ich saugte ihre Botschaft in mich auf. Dagegen war mein Kontakt mit dem

Christentum minimal. Die stark sozial ausgerichtete Agenda der amerikanischen Kirche lernte ich zum ersten Mal nach meiner Rückkehr von der Westbank in die USA kennen. Ich erfuhr, dass die Evangelien auf dem Aufruf der Propheten zu gerechtem Handeln aufbauen und dies seinen konkreten Ausdruck in der weltweiten Sendung der Kirche in den einzelnen Denominationen und auf lokaler Ebene findet. Bücher von Vertretern der Befreiungstheologie, die ich daraufhin las, verstärkten mein Interesse für dieses Thema. Das half mir verstehen, weshalb die Christen auf meine Botschaft, dass im Heiligen Land unbedingt Gerechtigkeit einziehen müsse, so stark ansprachen. Die oben zitierte direkte, ungeschminkte Aussage von Pappe fand starken Widerhall. Die amerikanische Kirche vernimmt das laut und klar. Es ist ein Aufruf zum Handeln.

Walter Wink spricht in *Jesus and Nonviolence: A Third Way* (»Jesus und Gewaltlosigkeit: Ein dritter Weg«) deutlich den entscheidenden Unterschied zwischen Fügsamkeit und aktivem, gewaltlosem Widerstand gegen Unterdrückung und Fehlverhalten aus. Traditionellerweise wurde Jesu bekannte Anweisung »leistet dem, der euch etwas Böses antut, keinen Widerstand« im 5. Kapitel bei Matthäus im Sinne eines geduldigen Ertragens verstanden. Aber Wink erklärt, eigentlich habe Jesus die Juden seiner Zeit, die unter der Tyrannei Roms litten, dazu aufgerufen, weder passiv zu bleiben noch gewalttätigen Widerstand zu leisten, sondern »militante Gewaltlosigkeit« zu üben. Dieser sein »dritter Weg« liefert eine konkrete Anweisung dafür, wie man der Ungerechtigkeit im Heiligen Land, mit der sowohl die Palästinenser als auch die Israelis einem endlosen Konflikt und immer weiteren Verlusten ausgesetzt sind, die Stirn bieten kann. Ich habe in diesem Buch bereits meine Ungeduld mit jenen »interreligiösen« Dialogen geäußert, bei denen heikle Diskussionen zur Frage der Gerechtigkeit für Israel/Palästina vermieden werden. Die Kirche muss dieses Thema ansprechen, und zwar nicht im Geist der Sühne für frühere Sünden, sondern in Form des aktiven Engagements für Gerechtigkeit, und das quer durch alle Denominationen und zusammen mit anderen Religionen. Es besteht die dringende Notwendigkeit, sich auf einen Dialog einzulassen, der auf die Zustände aufmerksam macht und sie ändert. Wink erinnert uns daran, dass die Sorge um Gerechtigkeit aktiven Einsatz erfordert und oft Unannehmlichkeiten mit sich bringt:

> »Zwar sind die meisten Christen für Gewaltlosigkeit; aber damit meinen sie nicht den gewaltfreien Kampf um Gerechtigkeit, sondern einfach die Konfliktfreiheit. Sie möchten gern das System ändern, ohne mit dem Veränderungsprozess etwas zu tun zu haben … Wenn sich eine Kirche, die sich nicht um

einen teuren Preis mit den Unterdrückten identifiziert hat, als Vermittlerin zwischen verfeindeten Parteien anbietet, verstärkt sie lediglich den Gesamteindruck, dass sie sich aus dem Konflikt heraushalten und nicht Partei ergreifen möchte. Die Kirche sagt zum Lamm und zum Löwen: ›Kommt, lasst mich zwischen euch Frieden aushandeln‹, worauf der Löwe zur Antwort gibt: ›Also gut, aber erst muss ich noch frühstücken.‹«[4]

Winks Vorwurf trifft genau uns, die wir mit ansehen, wie das palästinensische Volk pausenlos weiter enteignet wird, während der sogenannte Friedensprozess endlos ergebnislos weitergeht. *Man muss Partei ergreifen.* Wink sagt das unmissverständlich: »Wenn Kirchenführer Versöhnung predigen, ohne sich eindeutig auf der Seite der Unterdrückten im Kampf um Gerechtigkeit engagiert zu haben, verrät das nur, dass sie in einer windigen Pseudo-Neutralität verharren, die zu nichts führt ... Genauso versetzen Pauschalverurteilungen von Gewalttaten seitens der Kirchen die Gegen-Gewalt der Unterdrückten auf die gleiche Ebene wie die Gewalttätigkeit des Systems, das die Unterdrückten in solche Verzweiflungstaten getrieben hat. Sind Steine, die Jugendliche werfen, wirklich mit Kunststoffmunition und echten Kugeln, die Polizisten verschießen, gleichzusetzen?« (5).

Man muss Partei ergreifen.Partei zu ergreifen muss nicht heißen, sich »auf die Seite Israels« oder »auf die Seite der Palästinenser« zu stellen. Vielmehr heißt das, einen Standpunkt zu beziehen, sich für die Gerechtigkeit zu engagieren, denn einzig sie kann allen unter diesem Konflikt Leidenden Frieden bringen: Israelis, Palästinensern, Muslimen, Juden und Christen. Wink hilft uns begreifen, dass die wahren Feinde des Friedens die »Mächte« sind, wie er sie nennt. Und nichts wird weiterhelfen, was sich nicht aktiv und direkt gegen die für die Unterdrückung verantwortlichen Systeme richtet. Er schreibt: »Das Ziel besteht nicht nur darin, *von* den Mächten frei zu werden, sondern auch die Mächte *zu befreien*« (319).

DIE MÄCHTE BEFREIEN: DIE EVANGELIEN ALS BERICHT ÜBER EINE BEWEGUNG ZUR SOZIALEN UMWANDLUNG

Richard Horsley zieht in seinem Buch *Jesus and Empire: The Kingdom of God and the New World Disorder* (»Jesus und das irdische Reich: Das Reich Gottes und die neue Welt-Unordnung«) von 2003[5] eine direkte Parallele zwischen dem Palästina des 1. Jahrhunderts und der derzeitigen Weltsituation. Er charakterisiert die Auswirkungen des globalen Kapitalismus als *Unordnung*, weil sie die große Mehrheit der Menschheit verarmen lässt. Horsley erinnert daran, dass das Römische Reich mit Hilfe terroristischer militärischer Gewalt und wirtschaftlicher Kontrolle die von ihm unterworfenen Bevölkerungsgruppen unterdrückte und ausbeutete. Von daher interpretiert er die Evangelien als Bericht über die Jesusbewegung gegen die Macht Roms und die Zerstörung der eingesessenen palästinensischen (judäischen und galiläischen) damaligen Gesellschaft durch die römische Herrschaft.

Horsley betont, dass im 1. Jahrhundert unsere moderne westliche Unterscheidung zwischen Religion und Politik noch nicht existierte. Aber im Lauf der Jahrhunderte und im Prozess der Umwandlung des Christentums in eine etablierte Religion und sodann in eine Religion des irdischen Reiches sei der Jesus der Evangelien entpolitisiert worden. Die ursprüngliche, höchst politische Stoßrichtung seiner Botschaft habe man entfernt oder verzerrt. Horsley liefert uns eine anschauliche Beschreibung der systematischen Herrschaft Roms über die palästinensischen Juden in den Jahrhunderten vor und nach der Geburt Jesu. Anhand einer Analyse der Aussprüche Jesu und seines öffentlichen Wirkens zeigt er dann auf, dass Jesus den Missbräuchen des politischen Systems Widerstand leistete. Weil Jesus in Galiläa in einer Zeit großer politischer Unruhe und der Rebellion aufgewachsen sei, müsse sein öffentliches Wirken als eine Reaktion auf die sozialen und politischen Umstände seiner Zeit verstanden werden, die eine Volksbewegung entstehen ließ. Die Motivation für Jesu Lehre und der Tenor dieser Lehre sei gewesen, die Bauern Galiläas gegen den Schaden zu unterstützen, der ihren Familien, ihrer Gesundheit, ihren Seelen und Gemeinschaften durch die terrorisierende Unterdrückung durch Rom und dessen Statthalter in Judäa und Galiläa zugefügt wurde. In Wirklichkeit sei es beim Streit Jesu mit dem damaligen jüdischen Establishment, das die Priester und der Tempel verkörperten, nicht um »religiöse« Fragen gegangen, sondern seine Ablehnung des Tempelkults und der klerikalen Machtstruktur habe daher gerührt, dass beides das römische System wirtschaftlicher Ausbeutung und politischer Kontrolle über das Volk unterstützt habe.

Horsley zufolge war das »Reich Gottes« ein Programm zur Erneuerung Israels, bei dem es um die Einrichtung einer sozialen und politischen Ordnung mit »konkreten wirtschaftlichen, sozialen und politischen« Inhalten gegangen sei (77). Jesus habe diese Vision einer Erneuerung und einer neuen Weltordnung vorgetragen, um damit direkt gegen die verheerenden wirtschaftlichen und politischen Unrechtsverhältnisse der damaligen Zeit anzugehen. Das sei alles andere als eine Ablehnung des Judentums gewesen oder ein Bemühen, das Judentum durch eine neue Religion zu »ersetzen«, sondern Jesu Anliegen sei es gewesen, zu den sozialen Kernprinzipien des mosaischen Codes zurückzukehren, der dem Schutz und Erhalt einer auf Familie und Dorfleben beruhenden stabilen Agrargesellschaft gedient habe. So habe zum Beispiel das Gleichnis von den Weinbergpächtern in Markus 12 bei den Juden seiner Zeit starken Widerhall gefunden. Horsley schreibt: »Die palästinensischen Bauern kannten die Lebenswirklichkeit, die im Gleichnis von den Pächtern beschrieben wurde, aus erster Hand.« Es habe sich um das römische Ausbeutungsprogramm gehandelt, das auf gesetzlich sanktionierter Verarmung beruht habe und mit militärischem Terrorismus durchgesetzt worden sei (95). Er weist darauf hin, dass die Bauern und Dorfbewohner Palästinas zur Zeit Jesu »sehr wohl wussten, dass viele aus ihren Reihen von freien Bauern, die das Land ihrer eigenen Vorfahren bearbeiteten, zu Pächtern der reichen Herrscher und ihrer Beamten degradiert wurden, die die Kontrolle (und das Besitzrecht?) über diese Ländereien übernommen hatten« (94).

Indem Horsley die Verhältnisse in Palästina zur Zeit Jesu direkt mit den heutigen gleichsetzt, begründet er seinen Aufruf zur »Repolitisierung« der Evangelien. Er schreibt: »Das Reich Gottes ist gewissermaßen eine Analogie zur zweiteiligen Agenda der antikolonialen (oder anti-imperialen) Bewegungen, für die der Rückzug (oder die Niederlage) der kolonisierenden Macht das Gegenstück und die Bedingung dafür ist, dass das kolonisierte Volk wieder unabhängig und selbstbestimmt wird« (14).

Das heißt mit anderen Worten, dass Jesus eine Widerstandsbewegung im Volk angeführt habe. Deren Zweck sei es gewesen, im Palästina des 1. Jahrhunderts die auf Gemeinschaft beruhende Agrargesellschaft in ihrem Widerstand gegen die von Rom auferlegte Herrschaftsstruktur und deren Klientelherrscher (König und Tempel) zu unterstützen. Dieses politische System war im Begriff, das gesellschaftliche Netz und das Leben, die Familien und die Gesundheit der Menschen zu zerstören. Jesu »Prophetie« vom Kommen des Reiches Gottes sei ein Aufruf zur Veränderung gewesen, der auf dem Glauben an die Liebe Gottes zum Volk und an seine Absicht, es wiederherzustellen, beruht habe. Der Umstand, dass Gott diese Erneuerung ermöglichen wollte, sei nicht von der Treue gegenüber Gott abhängig gewesen (im Sinn der alttestamentlichen Erzählung), sondern habe auf dem Glauben an Gottes erlösende Macht beruht (was der Inhalt des späteren christlichen Credos war). Jesus habe in Wirklichkeit das Volk dazu aufgerufen, sich einem Lebensstil zu verschreiben, der sich auf soziale Gerechtigkeit und Achtung der Menschenwürde konzentrierte sowie auf ein Sozialsystem, das auf wechselseitiger Abhängigkeit, Vertrauen und Mitgefühl beruhte.

Eine grundlegende Komponente dieser Vision war der Widerstand gegen das Reich, aber nicht auf dem Weg des gewalttätigen Aufstands, denn unter den damaligen Umständen wäre das dem Selbstmord gleichgekommen. (Horsley spekuliert, dass Jesus wohl Zeuge der schrecklichen Unterdrückung der Volksaufstände durch die Römer in den ersten Jahrzehnten des 1. Jahrhunderts gewesen war.) Vielmehr sei es Jesus mit seiner Botschaft darum gegangen, das Wachstum der *ecclesia* zu verstärken und zu unterstützen, also der kleinen Gruppierungen der Gläubigen, die fest im Alltagsleben der einheimischen Gemeinschaft verwurzelt waren. Das Modell der *ecclesia* war ja das ursprüngliche Modell, das Paulus in der Frühzeit des aufkeimenden Christentums im ganzen Mittelmeerraum eingeführt hatte. Das sei mit »Reich Gottes« gemeint gewesen. So gehe es zum Beispiel bei der Erwähnung von Brot und Vergebung im Vaterunser nicht um Pflichten gegenüber Gott, theologische Prinzipien oder die Observanz von Riten, sondern in diesem Gebet sei direkt vom zwischenmenschlichen Verhältnis die Rede: von Schuldenerlass (denn die Schulden seien neben den Steuern der Hauptmechanismus der erzwungenen Verarmung und Langwegnahme durch die Römer und ihre Klientelherrscher gewesen), Nahrung für die Menschen und sozialer Gerechtigkeit. Das »dein Wille geschehe … *auf Erden*« sei der zentrale Punkt des Gebets, das Jesus seinen Anhängern aufgetragen habe.

Was ergibt sich aus diesem Verständnis des öffentlichen Wirkens Jesu für die Rolle der Kirche und auch der Moschee und der Synagoge in unserer heutigen Zeit? Winks hatte uns aufgerufen, »die Mächte zu befreien« und damit aufgefordert, unsere Institutionen zu Werkzeugen der Gerechtigkeit zu machen. Wenn wir uns die Situation des 1. Jahrhunderts vor Augen halten, sehen wir uns aufgefordert, zur Gemeinschaft und zu den Werten der sozialen Gerechtigkeit und Menschenwürde zurückzukehren, die das Herz der Religion ausmachen.

Indem nun Horsley von seiner Analyse der Jesusbewegung zu einer Kritik an der heutigen Kirche fortschreitet, greift er Winks Botschaft auf. Horsley ermutigt uns, die Aussagen Jesu, wie sie in den Evangelien erhalten sind, im politischen Kontext der damaligen Zeit zu verstehen. Er schreibt, die Kirchen hätten sich mit wenigen Ausnahmen »mit ihrer eigenen Marginalisierung abgefunden«.[6] Wenn wir die moderne Entpolitisierung der Religion akzeptierten, drifteten wir folglich weit von der ursprünglichen Sendung der *ecclesia* ab, die sich aus dem Auftrag entwickelt habe, eine soziale Erneuerung herbeizuführen und die Achtung der Menschenwürde durchzusetzen. In ihrer Frühzeit habe sie sich auch tatsächlich der Verwirklichung dieses Auftrags gewidmet. Wenn wir zuschauten, wie »die Kirchen sich mit ihrer Beschränkung auf die religiöse Sphäre abfinden« (ebd.), so Horsley, ließen wir das Imperium »unhinterfragt« in seiner derzeitigen Inkarnation bestehen. Deren Kennzeichen seien heute globale Konzerne, deren Ziel es sei, unterworfene Bevölkerungsgruppen zu verfolgen, und dabei würden sie – bereitwillig oder gezwungenermaßen – von staatlichen Regierungen unterstützt. »Es sollte möglich sein, über die üblichen entpolitisierenden Verständnisweisen und Ansätze hinauszukommen und mit neuen, für imperiale Machtverhältnisse sensiblen Ohren darauf zu hören, was ein prophetischer politischer Führer eines unterdrückten Volkes in den Evangelien von sich gibt« (149). Laut Horsley bestand die Stoßrichtung und das Ziel der Anhänger der Jesus-Bewegung darin, »kollektiv aktiv zu werden, um unter den Bedingungen der neuen Welt-Unordnung, die Rom ihnen aufgezwungen hatte, ihr Leben wieder selbst in die Hand zu nehmen« (ebd.).

Wie stellen wir es an, der historischen und heute fortbestehenden Ungerechtigkeit die Stirn zu bieten, die das Los der enteigneten, erniedrigten und terrorisierten Menschen von Palästina war und ist? Wie gehen wir mit dem Desaster um, in das die Bürger Israels geraten sind, die – wie es Ilan Pappe formuliert – sich gezwungen sehen, in der »Festung Israel« zu leben[7] und darin schon sechzig Jahre lang der Unsicherheit, Militarisierung und immer wieder vorkommenden Terrorangriffen ausgesetzt zu sein?

EIN STAAT ODER ZWEI STAATEN?

Soll Israel überleben, so muss es eine neue Vision seiner selbst finden. Die heutige israelische Politik ist mit Blindheit geschlagen. Und während die besetzten Gebiete immer tiefer in einem Sumpf der Gewalttätigkeit und Unterdrückung versinken, weicht die Verdrängung der Wahrnehmung, dass es jetzt unumgänglich notwendig wird, die Grundlagen des Staates radikal neu ins Auge zu fassen. Dieses Drängen in eine neue Richtung zeigt sich unter anderem darin, dass wieder eine Bewegung in Richtung der »Ein-Staat-Lösung« entsteht. Das ist keine neue Idee, sondern sie ist in einem Bündnis von Palästinensern und Israelis lediglich wieder aufgegriffen worden. Die daran beteiligten Palästinenser haben von dem end- und fruchtlosen sogenannten »Friedensprozess« genug. Unter den Israelis, mit denen sie im Gespräch sind – viele leben im Exil in England und den USA – sind viele Akademiker und Politiker, die ihr Land retten wollen und sich angesichts der wachsenden Dringlichkeit dieser Aufgabe in ihrem Beruf engagieren, eine Lösung zu finden. Diese Israelis, wie etwa der Friedensaktivist Uri Avnery, haben sich den Palästinensern und anderen angeschlossen, die offen aussprechen, dass der Kaiser keine Kleider trägt. Denn eine um die andere der israelischen Regierungen engagiere sich nicht für den Fortschritt in Richtung einer gemeinsam ausgehandelten Siedlungspolitik, sondern habe nur eine Politik endlosen Aufschiebens betrieben. Der frühere stellvertretende Bürgermeister von Jerusalem Meron Benvenisti nannte diese offensichtliche Tatsache am 30. April 2009 in einem Beitrag in *Haaretz* mit dem Titel »The Binationalism Vogue« (»Die Welle des Binationalismus«) beim Namen. Darin hob Benvenisti hervor, dass die neue Netanjahu-Regierung keineswegs die Absicht habe, sich in Richtung der Schaffung eines autonomen Palästinenserstaates zu bewegen. Wenn die Regierung den Begriff »zwei Staaten« gebraucht, lasse sich das nur verstehen als »Vernebelung der Tatsache, dass der Scheinfortschritt in einer Sackgasse steckt«.

Die Idee eines einzigen Staates für Juden und Araber tauchte im frühen 20. Jahrhundert auf. Sie wurde von solchen jüdischen Persönlichkeiten wie Martin Buber und Judah Magnes vorgeschlagen, denen sich in den 1920er Jahren Albert Einstein und eine Reihe zionistischer Organisationen anschlossen. Die Vorstellung von einem einzigen Staat für beide Völker blieb immer eine Minderheitsposition und erlitt im Gefolge der arabisch-jüdischen Gewaltausschreitungen in den späten 1920er Jahren und des arabischen Aufstands von 1936 bis 1939 signifikante Rückschläge. 1937 kam die Peel-Kommission, die von der britischen Krone ernannt worden war, um eine politische Lösung des Konflikts zwischen jüdischen und arabischen Interessen vorzuschlagen, zum Schluss, die beste Lösung bestehe darin, die beiden Völker mittels einer Aufteilung Palästinas voneinander zu trennen. Jegliche weitere Diskussion über den gemeinsamen Besitz des Landes erstickte in der Asche von Auschwitz-Birkenau und ging dann vollends im Jubel eines Großteils der jüdischen und westlichen Welt über die Unabhängigkeitserklärung des Staates Israel im Jahr 1948 unter. Auch das mit der Realität des jüdischen Staates konfrontierte arabische Nationalgefühl verwarf gleichermaßen die Idee einer Binationalität im Rahmen eines entsprechend entworfenen und angelegten Staates. Diese Vorstellung kam erst im Gefolge des Krieges von 1967 wieder zum Vorschein, nachdem Israel die Kontrolle über die Westbank und Gaza erlangte. Jedoch blieb sie bis vor Kurzem das Gedankenspiel nur einer Handvoll Palästinenser und nichtjüdischer westlicher Analysten (z. B. von Tilley und Abunimah).

Kritiker der »Ein-Staat-Lösung« sagen, das sei ein Traum, der vor unüberwindlichen Hindernissen stehe. Diejenigen, die diese Idee weiterhin engagiert im Spiel halten, setzen dem entgegen, die Zwei-Staaten-Option sei angesichts der Tatsache, dass die Kolonisierung und Zerstückelung der Westbank schon so gut wie vollständig sei, ohnehin schon passé. Jetzt erfährt also die über ein halbes Jahrhundert lang abgelehnte oder rundweg ignorierte Idee eines einzigen Staates für Juden und Araber in Palästina im Forum der Öffentlichkeit erneut Aufmerksamkeit.

Die Analystin Nadia Hijab vermerkte in ihrem Bericht über eine Anfang 2009 in Boston, Massachusetts veranstaltete Konferenz mit dem Titel »One State for Palestine-Israel« (»Ein Staat für Palästina-Israel«), dass »einer der wenigen – ja vielleicht der einzige – zionistische Sprecher auf der Konferenz, der frühere stellvertretende Bürgermeister von Jerusalem Meron Benvenisti, kam, nicht um den Zionismus anzupreisen, sondern um ihn zu begraben.« Hijab zitierte Benvenisti mit seiner Aussage: »Ich als Zionist wollte einen jüdischen Staat, aber diese Option hat sich erledigt. Den ›einen Staat‹ gibt es bereits. Die Frage ist jetzt nur noch, was für eine Art von Staat das sein wird.« Benvenisti habe weiter gesagt, der weitere Weg sei aber noch nicht gangbar, denn es sei noch nicht klar, um welche Art von politischer Vereinbarung man sich bemühen wolle, und auf jeden Fall werde das Endergebnis vermutlich das Resultat eines äußerst mühsamen Prozesses sein. Ilan Pappe, der ebenfalls auf der Konferenz sprach, schlug vor, angesichts der extremen Schwierigkeit der Situation, solle man an diesem Punkt nicht auf eine »Lösung« aus sein. Eher müsse man sich auf einen Prozess ständigen Dialogs verlassen, dessen Diskussionsgrundlage die Anerkennung der berechtigten Ansprüche des palästinensischen Volkes sei.

Stephen Walt, Professor für internationale Beziehungen an Harvards *Kennedy School of Government* und Mitautor von *The Israel Lobby* (»Die Israel-Lobby«) schaltete sich in die Diskussion über dieses Thema im April 2009 mit einem Beitrag in der Zeitschrift *Foreign Policy* ein, in dem er die Frage stellte: »Was sind eigentlich Israels Optionen?« »Eine Alternative wäre, die Westbank und Gaza zu Bestandteilen Israels zu machen, jedoch den dort lebenden Palästinensern die vollen politischen Rechte zuzuerkennen, womit eine binationale liberale Demokratie geschaffen würde. Diese Idee wurde von einer Handvoll israelischer Juden und einer wachsenden Zahl von Palästinensern vorgebracht, aber die Einwände gegen sie sind zwingend. Das hieße nämlich, die zionistische Vision eines jüdischen Staates aufzugeben, weshalb das für fast alle israelischen Juden absolut unannehmbar ist, denn sie wollen in einem jüdischen Staat leben.«

Aber was ist an diesen Einwänden gegen die Idee einer liberalen, pluralistischen Demokratie auf dem Territorium des historischen Palästina so absolut »zwingend«? Macht der einfache Umstand, dass manche Juden die Vorstellung eines gemeinsamen Staates nicht akzeptieren wollen, diese Idee etwa inakzeptabel oder stellt sie sie außerhalb der Grenzen eines erlaubten Diskurses? Die

Frage muss gestellt werden: Wollen die Juden in einem jüdischen oder in einem sicheren und blühenden Staat leben? Kann die in Israel geschaffene dynamische jüdische Gesellschaft ihren jüdischen Charakter bewahren und zugleich auch Teil von etwas anderem sein, etwas Vielfältigerem; von etwas, das eine größere Vision umfasst als jenes heißgeliebte Recht auf ein nationales Heimatland im historischen Palästina, das sie sich vor über hundert Jahren selbst verliehen haben? Ist es möglich, dass diejenigen, die hartnäckig daran festhalten, ihren Staat als den einer privilegierten, exklusiven Gruppe verliehenen Preis zu betrachten, in Israel eine Minderheit werden, ziemlich genau wie die ausgegrenzten Ultra-Nationalisten und ethnischen Rassisten, die es weltweit in anderen pluralistischen, demokratischen Gesellschaften gibt? Könnte es möglich sein, dass die Juden Israels, ja die Juden weltweit kurz davor stehen, sich mit der Vorstellung anfreunden zu können, dass das historische Palästina ein »Vaterland für alle seine Bürger« sein könnte, wie der Untertitel der Konferenz von Boston lautete? Könnten wir zu begreifen beginnen, dass eine Lösung, die dieser einfachen Beschreibung entsprechen würde, welche politische Form sie auch immer annehmen würde, die Lösung wäre, die Israel retten könnte, ganz gleich, was es wird und wie es sich nennt?

Einer Tatsache können wir gewiss sein, und Walt sagt das in seinem Beitrag ganz deutlich: Die Zeit für die Zwei-Staaten-Lösung läuft ab. Es wird zunehmend klar, dass Israels derzeitige Regierung nicht für die Einrichtung eines lebensfähigen Palästinenserstaats in der Westbank und Gaza ist. Walt appelliert an die Unterstützer Israels in den USA, jedes erdenkliche Mittel dafür einzusetzen, um die Obama-Regierung in einer festen Haltung gegenüber der Netanjahu-Regierung zu unterstützen. »Falls sie das nicht tun«, so warnt er, »müssen sie womöglich eines Tages ihren Enkeln erklären, warum sie zuschauten, wie Israel auf einen Abgrund zuraste und sie nichts taten, um es aufzuhalten.«[8]

Welche Alternativen gibt es zu der nicht-demokratischen Apartheid-Wirklichkeit, die dabei ist, sich zügig zu entwickeln? Es gibt zwei. Die erste besteht darin, dass Israel sich auf die Grenzen des Waffenstillstands von 1949 zurückzieht, also auf seine de facto anerkannten Grenzen, die inzwischen auch von der Arabischen Liga und mehreren arabischen Regierungen einschließlich palästinensischer anerkannt worden sind. Es müsste dabei die Siedlungen räumen; die Kontrolle über die Straßen, Grenzen und Wasserressourcen der Westbank aufgeben; die Rückkehr oder Wiederansiedlung palästinensischer Flüchtlinge erlauben. Die Alternative wäre ein einheitlicher, multinationaler Staat, vielleicht in einer föderalen Struktur. Welches Szenario ist das plausiblere?

Diese Frage zu beantworten, ist nicht der Gegenstand dieses Buches. Qualifizierte Geister studieren das und arbeiten hart daran, die Grundlagen für den

Wandel zu schaffen, der kommen muss. Wichtig ist, dass das Gespräch darüber stattfindet. Falls die »Ein-Staat-Option« abgelehnt wird, ist klar, dass sich an der derzeitigen politischen und militärischen Realität im historischen Palästina in signifikanter Weise etwas ändern muss. In beiden oben Szenarien muss Israel rückgängig machen, was es in vierzig Jahren der Besetzung angerichtet hat. Falls es das nicht tut, wird es zugeben müssen, dass es das gesamte Gebiet erobert hat und jetzt beherrscht und folglich die Verantwortung dafür übernehmen muss, eine Kolonialmacht geworden zu sein. Es hätte dann die Zukunftsperspektive, die ethnische Säuberung immer weiter durchzuziehen und das bereits bestehende Apartheids-System auszubauen. Nur die Beendigung der Besetzung, sei es durch Teilung oder Vereinigung, bringt die Möglichkeit eines Friedens mit sich. Alle anderen Alternativen werden weiterhin den Volksaufstand nähren, den Konflikt verewigen und Israel weiter vom Rest der Welt isolieren.

DAS ENDE DES STAATES ISRAEL?

Das Konzept des einen Staates hilft bei der Klärung der Diskussion über die Zukunft Israels. Die leidenschaftliche Ablehnung eines einzigen, im Miteinander gestalteten Staates seitens des größten Teils des Weltjudentums beruht auf der Vorstellung, dass dies das Ende Israels bedeuten würde. Aber wäre der »eine Staat« tatsächlich das Ende Israels? So wie wir es kennen, ja. Aber müsste dies wirklich das Ende sein? Könnte es nicht auch ein neuer Anfang sein, bei dem man die Fehler bereinigt, die man bei der Gründung Israels machte und die in diese Sackgasse geführt haben? Wäre das Ende Israels als Staat mit einer jüdischen Mehrheit das Ende des jüdischen Volkes? Warum sollte das der Fall sein? Weil man ein »starkes«, jüdisches Israel braucht, um den nächsten Holocaust zu verhindern? Was würde Benjamin Netanjahu ohne die Bedrohung durch einen mit Nuklearwaffen gerüsteten Iran tun? Würde er einen anderen Todfeind erfinden? In einem Beitrag vom Mai 2009 bezeichnete Stephen Walt Netanjahus Umgang mit der Macht als »den Verrat der Falken«. Er gebrauchte dabei den von Fred Iklé, Ronald Reagans Staatssekretär für Verteidigung, geprägten Begriff, mit dem dieser »die tragischen Situationen« beschrieben hatte, »wo Hardliner sich stur weigern, Frieden zu schließen und dadurch ihre Länder in die Katastrophe führen.«[9] Wenn wir uns die Aktionen der aufeinanderfolgenden israelischen Regierungen und die Rhetorik der derzeitigen Führung Israels ansehen, passt Walts historische Analogie erschreckend genau. Wir müssen uns dem »Verrat der Falken« widersetzen, also derjenigen, die Israel in einen verheerenden Krieg um den andern führen möchten, und wir sollten nicht vom Ende, sondern von der Zukunft des jüdischen Volkes her denken. Können wir etwa in den USA und den anderen Ländern der sogenannten Diaspora nicht jüdisch sein? Könnten wir in einem neuen Israel nicht jüdisch sein, einem Israel, in dem wir mit den anderen Menschen auf diesem Land gemeinsam und von gleich zu gleich leben könnten, wie auch immer dieses Land genau heißt und wie es politisch organisiert ist? Natürlich könnten wir das, sofern – um Herzls bekannten Ausspruch bei der Inauguration des zionistischen Projekts vor über hundert Jahren zu gebrauchen – wir das nur wirklich wollen. Wir stehen vor einer Bedrohung unseres Fortbestandes, die genauso stark ist wie diejenige, der sich die Juden im ungastlichen Europa zur Zeit Herzls ausgesetzt sahen. Aber im Unterschied zu Europa in der damaligen Zeit kommt die derzeitige Bedrohung nicht von außen. Sie rührt vielmehr von unserer eigenen Unfähigkeit, uns von der Verteidigungshaltung zu lösen, die wir uns in Jahrhunderten der Verfolgung angewöhnt haben. Was jetzt gefordert wird, ist nicht einfach: Wir müssen erkennen, dass heute die größte Bedrohung unseres Überlebens nicht von der Existenz eines äußeren Feindes ausgeht, sondern dass sie von unserer eigenen Unfähigkeit rührt, das andere Volk zu akzeptieren, in dessen Mitte wir leben und mit dem wir uns versöhnen müssen.

Die Christen standen vor einer ähnlichen Herausforderung, als sie mit den Folgen ihres Umgangs mit dem jüdischen Volk durch Jahrhunderte hindurch konfrontiert wurden. Die Lösung war: Versöhnung, Dialog und gegenseitige Akzeptanz. Ilan Pappe sagte auf der Konferenz im März 2009, dass hinter der Diskussion über die Schaffung eines einzigen Staats mehr steckt als bloßes politisches Kalkül. Sie verlangt dem jüdischen Volk in Wirklichkeit eine Diskussion darüber ab, auf welche Weise sich unsere frühere Erfahrung auf unsere heutigen Entscheidungen auswirkt. Diese Diskussion hat im amerikanischen Judentum an der Basis begonnen. Unlängst veröffentlichte der rekonstruktionistische Rabbi Brant Rosen in einem Blog anlässlich der Staatsgründungsfeier Israels – dem Tag, der heute eigenartigerweise als *Yom Ha'atzmaut*, »Unabhängigkeitstag« bezeichnet wird – die folgende Erklärung: »Ich habe heute den *Yom Ha'atzmaut* nicht gefeiert. Ich glaube, ich kann diesen Feiertag nicht mehr begehen.« Dazu sei angemerkt, dass der *Yom Ha'atzmaut* nicht nur in Israel ein Feiertag ist, sondern weltweit in den jüdischen Kalender aufgenommen wurde und in unseren Synagogen, Schulen und Gemeindezentren mit Umzügen und Festfeiern begangen wird. Rosen erläutert seine Entscheidung so:

»Das heißt nicht, dass ich nicht den Jahrestag von Israels Unabhängigkeit anerkenne, sondern nur, dass ich diesen Meilenstein nicht mehr als Tag zum Feiern ansehen kann. Ich bin zur Überzeugung gekommen, dass es angemessener wäre, wenn die Juden den *Yom Ha'atzmaut* zum Anlass nehmen würden, eine Bestandsaufnahme zu machen und in sich zu gehen. Mich als Juden, der sich sein Leben lang mit Israel identifiziert hat, schmerzt es zutiefst, dass ich bezüglich dieses Tages ehrlicherweise zugeben muss: Die Gründung von Israel ist untrennbar damit verbunden, dass es die angestammten Einwohner dieses Landes enteignet hat. Letztlich sind der *Yom Ha'atzmaut* und das Ereignis, das die Palästinenser als die *Nakba* bezeichnen, zwei untrennbare Seiten ein und derselben Medaille. Und ich kann diese beiden Realitäten einfach nicht mehr auseinanderhalten … Viele von uns in der Koexistenz-Gemeinschaft sprechen von ›zwei verschiedenen Erzähltraditionen – und wie schwierig es für jede Seite sei, sich offen die ›Erzählung‹ der anderen Seite anzuhören. Ich bin jetzt davon überzeugt, dass es für uns nicht annähernd genügt …, einfach nur für die Erzählung der *Nakba* und alles das, wofür sie für die Palästinenser steht, offen zu sein. Letztlich müssen wir auch willens sein, zu unserer eigenen Rolle in dieser Erzählung zu stehen. Solange wir das nicht tun, so scheint mir, ist schon der Begriff der Koexistenz nichts als ein leeres Klischee.«

Diese Aussagen eines israelischen Historikers und amerikanischen Rabbis sind Beispiele für die Erfahrung des »Augenblicks der Wahrheit«, von dem im 1. Kapitel die Rede war. Für das jüdische Volk ist dieser Augenblick jetzt gekommen. Für Christen, die derzeit Zeugen der Zerstörung einer Gesellschaft und des Leidens der Unterdrückten sind, bedeutet es den Aufruf, in ihren Herzen ins Palästina vor zweitausend Jahren zurückzukehren, in eine Zeit, in der die Ankündigung des Propheten Jesaja wiederholt und an den Anfang aller vier Evangelien gestellt wurde:

»Eine Stimme ruft in der Wüste: Bereitet dem Herrn den Weg! Ebnet ihm die Straßen!«
(Markus 1,3).

Dieser Aufruf zum Handeln ist laut und deutlich.

KAPITEL 13
EIN AUFRUF ZUM HANDELN

Lass einen anderen Wind wehen, gestalte die Debatten um, setz in der Diskussion einen neuen Impuls, verwandle den politischen Kontext, in dem Entscheidungen getroffen werden sollen, und du wirst ein neues Ergebnis erzielen. Lenke also das Gespräch über ein entscheidendes Thema an einen ganz neuen Ort. Das eröffnet dir Veränderungsmöglichkeiten, von denen du dir nie hättest träumen lassen. Du wirst staunen, wie schnell die Politiker sich der neuen Windrichtung anpassen.

Jim Wallis, God's Politics

Im Februar 2009, direkt nach der Bombardierung Gazas, saß ich mit Lana Abuhijleh, der Leiterin einer in der Westbank und Gaza tätigen internationalen Hilfsorganisation in ihrem Büro in Ramallah zusammen. Wir sprachen über drängende Fragen und auch darüber, dass sie ihrem Team in Gaza keine psychologische Hilfe leisten könne, da Israel weiterhin die Grenzübergänge und den Hafen blockiere. Lana konnte, wie fast alle unter der Besetzung lebenden Palästinenser, ihre ganz eigene Geschichte erzählen. An einer Stelle unseres Gesprächs schilderte sie mir den Morgen, an dem ihre Mutter in Nablus vor ihrem Haus von israelischen Soldaten erschossen wurde. Lanas Vater und Bruder saßen neben ihr, als das passierte, und wurden verletzt. »Noch etwas Tee?«, fragte sie, während sie das ganz sachlich erzählte. Solche Geschichten werden nicht erzählt, um Sympathie zu ernten oder die weitere Diskussion anzuregen, sondern sie sind eine einfache Aussage: Das ist unsere Wirklichkeit. Ich fragte Lana, wie sie derzeit lebe. Ob sie eine Familie habe? Wie sie es schaffe, mit der Einschränkung ihrer Bewegungsmöglichkeiten zurecht zu kommen? Sie erzählte mir, dass sie jetzt in Jerusalem wohne und immer nach Ramallah komme, was eine kurze Fahrstrecke sei, wenn man einmal von den Kontrollpunkten absehe. Eines Tages habe sie ihre achtjährige

Tochter mitgenommen. Man fährt die ganzen knapp zehn Kilometer längs der direkt neben der Straße errichteten acht Meter hohen Trennungsmauer. Diese trennt die von Israel annektierten nördlichen Vorstädte, die diese dem »Größeren Jerusalem« zuschlagen soll, von dem, was vermutlich als palästinensische Westbank übrigbleibt. Ihre Tochter habe eine zeitlang still dagesessen und sie dann plötzlich gefragt: »Mama, warum lassen sie die Juden hinter dieser Mauer leben?«

Diese Mauer war errichtet worden, um dieses Kind draußen zu halten, aber das Kind hatte ihre Erbauer als die Gefangenen wahrgenommen. Meiner Erfahrung nach haben die Palästinenser nicht ihre Würde, ja nicht einmal ihre Hoffnung verloren, obwohl sie in ihren immer kleiner werdenden »Bantustans«[1] festsitzen, abgetrennt von ihrem Ackerland, ihren Märkten und Großfamilien und obwohl sie gezwungen sind, an jeder Straßenkreuzung erniedrigende und willkürlich in die Länge gezogenen Verzögerungen über sich ergehen zu lassen. Im Gegensatz dazu besteht die große Mehrheit der jüdischen Bürger Israels aus Gefangenen der eigenen Angst, und diese Angst wird noch dadurch verstärkt, dass sie es nicht fertigbringen, ihre palästinensischen Nachbarn als die Nachbarn kennenzulernen, die sie in Wirklichkeit sind. Beide Volksgruppen sitzen in der Falle, und beide sehnen sich nach Erlösung und Befreiung. Die Palästinenser sind Gefangene in ihrem eigenen Land: Sie sind enteignet und machtlos und müssen mit ansehen, wie Israels Programm der Beschlagnahmung und Kolonisierung unablässig weiter durchgeführt wird und ihnen ihre Zukunft raubt. Die Israelis leben hinter einer Mauer aus Angst, Isolation und seelentötendem Rassismus gegenüber einem Volk, mit dem sie eine Geschichte teilen, kulturelle Elemente gemeinsam haben und ein und dasselbe Land lieben. Der politische Prozess hat darin versagt, die Mauern abzureißen und die Menschen dieses Landes freizusetzen. Es ist an der Zeit, auf Walter Winks Aufruf, »die Mächte zu befreien«, zurückzukommen. Die Mächte befreien heißt, dass wir die Macht selbst in die Hand nehmen. Der Zweck dieses Schlusskapitels ist es, zu skizzieren, wie das geschehen kann.

EINE KURZE BEURTEILUNG

Bevor wir auf die einzelnen Handlungsmöglichkeiten eingehen, wird es hilfreich sein, an dieser Stelle die zentralen Aussagen des vorliegenden Buches zusammenzufassen:

Es geht um ein gerechtes, moralisches und dringendes Anliegen. Der Welt-friede hängt davon ab, dass dieser Konflikt gelöst und dem Heiligen Land ein stabiler, dauerhafter Friede beschert wird.

Der Friede wird nicht ohne Gerechtigkeit kommen. Politische Schlichtun-gen und Vereinbarungen müssen von einem wachen Gespür für die Themen der Gerechtigkeit und Fairness getragen sein. Politische Schlichtungen, die nicht darauf beruhen, werden keinen Frieden bringen, sondern den Konflikt lediglich fortsetzen und verschlimmern.

Die Politiker haben darin versagt, einen entsprechenden Beschluss zu fassen. Es bedarf einer breiten sozialen Bewegung, die – mit Jim Wallis gespro-chen – einen neuen Wind wehen lässt und den politischen Prozess antreibt. Diese Bewegung muss aus Menschen weltweit bestehen, die mit internationa-len Friedensgruppen und Menschenrechtsorganisationen in Israel/Palästina zusammenarbeiten.

Es ist an der Zeit, den interreligiösen Dialog in einen neuen Rahmen zu stellen. Den Glaubensgemeinschaften fällt in dieser Bewegung eine besondere Rolle zu, denn sie sind aufgrund ihrer innersten Natur dazu berufen, sich für soziale Gerechtigkeit einzusetzen. Dieser Konflikt fordert sowohl die jüdische als auch die christliche Gemeinschaft heraus, tief verwurzelte Überzeugungen und Einstellungen bezüglich des Landes und das Verhältnis der Religionen zueinander selbst zu überprüfen. Er fordert uns heraus, miteinander Formen der Begegnung und des Austauschs zu schaffen, die dazu dienen, einen dauer-haften Frieden herzustellen. Im Prozess dieser Gespräche müssen beide Seiten die Härte und die Konsequenzen des früheren und heutigen Unrechtes erken-nen, das dem palästinensischen Volk angetan wurde. Für beide Gruppen wird dazu gehören, dass sie über ihre Beweggründe hinauskommen, die Fakten dieser Ungerechtigkeit zu übersehen, zu verdrängen oder zu überspielen. Sie müssen bereit sein, den Schaden wahrhaben zu wollen, den diese Fakten allen im Hei-ligen Land lebenden Menschen und Religionen zufügen und einsehen, was für ein unüberwindliches Hindernis das für den Frieden bedeutet. Für Juden wie Christen heißt es, Mut und Aufrichtigkeit in den interreligiösen Austausch einzubringen.

Für das jüdische Volk heißt das, dass wir darüber hinwegkommen, die Iso-lation und den Sonderstatus als Verteidigung gegen Verfolgung und Ausgren-zung einzusetzen. Es heißt, dass wir im theologischen und kulturellen Bereich das Bild unserer selbst als besondere und vor den anderen bevorzugte Men-schen aufgeben. Nur aus dieser neuen Position heraus werden wir fähig sein, uns auf die Gemeinschaft mit den Palästinensern einzulassen, mit denen wir das Land teilen, genauso wie wir uns mit den anderen Religionen in einem

Kampf verbünden müssen, mit dem wir eine Welt der Gerechtigkeit und Gleichheit aller gestalten.

Für Christen heißt das, die unverminderte Wichtigkeit der Sühne für die Judenfeindlichkeit in ihrer Vergangenheit zwar ernst zu nehmen und wachsam darauf zu achten, dass diese nicht wieder auftritt, aber diese Aufmerksamkeit nicht damit zu verbinden, Unrecht nicht beim Namen nennen und bekämpfen zu dürfen, wenn es von Juden verursacht wird. In der derzeitigen Situation heißt das, die Angst in Kauf zu nehmen, die Ergebnisse einer sechzigjährigen interreligiösen Versöhnungsarbeit zu gefährden, indem sie das Missfallen des jüdischen Establishments erregen. Das bedeutet sogar, sich auf den traurigen Fall gefasst zu machen, dass manche Beziehungen zu jüdischen Freunden und Familienmitgliedern in die Brüche gehen könnten. Falls sie angesichts des Schmerzes und der Unannehmlichkeit dieses Prozesses die Geduld verlieren, so seien sie an das Gleichnis vom Feigenbaum im Lukasevangelium erinnert: Lasst dem Baum drei Jahre Zeit, um Frucht zu tragen.

Die interreligiöse Versöhnung ist ein wertvolles Unternehmen, in das man Zeit investieren sollte. Aber es darf nicht zugelassen werden, dass man ihretwegen den dringend notwendigen Hinweis auf das Unrecht, das im Heiligen Land geschieht, unterdrückt, statt ihm die Stirn zu bieten. Die Christen haben ihre Geschichte des Antisemitismus eingestanden und auch zugegeben, dass es in ihren Reihen immer noch hie und da Vorurteile gegen die Juden gibt. Aber sie dürfen nicht den Fehler machen, zu meinen, aus Treue zu diesem Bekenntnis dürften sie nicht prophetisch gegen das Unrecht die Stimme erheben, wo gerade dies jetzt dringend notwendig ist. Die Christen sind zu diesem Engagement durch das Gebot sozialer Gerechtigkeit in ihrem Glauben verpflichtet. Es ist die treibende Kraft ihres Sendungsauftrags, die Gerechtigkeit zu fordern, wo immer in der Welt sie gefragt ist. Es wäre wunderbar, wenn die Christen ihrer Berufung entsprechen würden und dies gemeinsam mit anderen Religionen tun könnten. Tatsächlich geschieht es auch in gewissem Umfang. Wenn es jedoch manche in der jüdischen Gemeinschaft ablehnen, dabei mitzumachen, darf dies nicht als Hindernis aufgefasst werden. Wenn eine kleine organisierte Gruppe der jüdischen Gemeinschaft behauptet, für alle zu sprechen und offiziell Einspruch gegen Aktionen amerikanischer Kirchen erhebt, die Unrecht gegen die Palästinenser kritisieren, so darf das diese Arbeit weder behindern noch verlangsamen. Denn falls die Christen Widerstand von einigen jüdischen Gruppen zulassen, die ihren Einsatz für Gerechtigkeit und Frieden im Heiligen Land vereiteln wollen, müssten sie womöglich irgendwann in der Zukunft wieder ein Schuldbekenntnis ablegen: nämlich dasjenige, den Ruf der Leidenden, die im Heiligen Land schlimm unterdrückt wurden, nicht beachtet zu haben.

Eine Vereinbarung macht noch lange keinen Frieden. Zum Zeitpunkt dieser Niederschrift hat die neue US-Administration versprochen, die Politik der Nichteinmischung der vorherigen Regierung umzukehren und sich hartnäckig vorwärts zu bewegen, um eine politische Vereinbarung zu erreichen, die auf die Schaffung zweier Staaten zielt. Aber die Frage bleibt: Wie soll diese Vereinbarung aussehen? Jeder, der »die Fakten vor Ort« gesehen hat, fragt sich, was eine »Rückkehr zu den Grenzen von 1967« heißen kann: Da ist die gewaltig ausgebaute Infrastruktur der drei Siedlungsblocks, die tief ins palästinensische Territorium vorstoßen und das Netzwerk der für Israelis vorbehaltenen Straßen, die diese mit dem Israel von vor 1967 verbinden. Es gibt diejenigen, die mit vorsichtigem Optimismus vermuteten, die Signale seitens des amerikanischen Präsidenten bezüglich des Konfliktes zwischen Israel und den Palästinensern seien ein Zeichen dafür, dass es in seiner ersten Amtszeit zu einer Vereinbarung kommen könnte, vielleicht sogar schon innerhalb der ersten zwei Jahre. Wir genehmigten uns die Phantasievorstellung, dass die Kontrollpunkte wegfallen und die Palästinenser freien Zugang zu ihren Märkten, Feldern und religiösen Zentren haben würden. Wir stellten uns vor, dass die Erniedrigung der Palästinenser und die Brutalisierung der israelischen Gesellschaft aufhören könnten. Eine politische Vereinbarung ist wesentlich, ja dringend notwendig. Aber das ist nur der Anfang. Angenommen, die Fragen um Grenzen, Jerusalem und die Flüchtlinge wären gelöst, blieben immer noch die größten Fragen, die heißen: Wie wird die palästinensische Gesellschaft nach dieser Vereinbarung aussehen und wie wird die Beziehung zwischen den beiden Völkern beschaffen sein?

Die Glaubensgemeinschaft muss sich engagieren. Im Konflikt in Israel-Palästina geht es nicht um Religion, sondern um Land, Wasser, Demographie und Menschenrechte. Damit soll jedoch nicht gesagt sein, dass nicht auch die Religion eine zentrale Rolle im Blick auf den Ausgang dieses Konflikts spielen würde. Was in Palästina vor sich geht, ist für die Menschen aus den drei abrahamitischen Religionen von großer Bedeutung. Wie wir in diesem Buch gesehen haben, beschränkt sich diese Bedeutung nicht nur auf die Gruppen an den »extremen« Rändern: die fundamentalistischen jüdischen Siedler, die dispensationalistischen Christen oder die fundamentalistischen Muslime. Diese Gruppen üben Einfluss aus, aber als eine Minderheit. Im Gegensatz dazu zeigen die Beispiele von zionistischen Überzeugungen innerhalb des liberalen Mainstreams, wie wichtig es ist, dass sich die großen christlichen Denominationen am Gespräch über die Zukunft des Heiligen Landes beteiligen. Wenn ein lutherischer Theologe sagen kann, das Land sei das« jüdische Sakrament und ein katholischer Historiker und ein protestantischer Theologieprofessor am Bund mit Abraham und damit auch an der Landverheißung als Grundlage des christlichen Glaubens festhalten können, muss man das als Beleg dafür werten, wie sich mitten im Mainstream der Christenheit ganz offen starke zionistische Einstellungen finden.

Die Glaubensvorstellungen, die die Menschen von der Bedeutung des Heiligen Landes haben, sind Teil des Problems, aber auch Teil der Lösung. Diejenigen Überzeugungen, die den jüdischen Übergriffen einen Freibrief ausstellen und die Christen vom Einschreiten gegen diese Sünden abhalten, sind sehr stark, aber nicht unüberwindbar. Die Mehrheit der gläubigen Menschen möchte, dass die Parteien das Land gerecht miteinander teilen und in Harmonie und Sicherheit koexistieren. Auf Gerechtigkeit zu dringen muss der Kern eines neuen, gemeinsamen Bundes sein. Hat man erst einmal begriffen, welche Schranken dem Schmieden dieses neuen Bundes noch im Weg stehen, kann die Arbeit des Aufbaus, beginnen.

STIMMEN DES GLAUBENS

Erleben wir derzeit eine neue »große Erweckungsbewegung«?[2] Mit dem gleichnamigen Titel seines Buches aus dem Jahr 2008[3] sagt uns Jim Wallis, dass »etwas im Gang ist. Der Glaube kommt beim Einsatz für soziale Gerechtigkeit auf unterschiedliche Weise zum Tragen, wie wir uns das vor wenigen Jahren noch gar nicht hätten vorstellen können« (1). Wallis vertritt die These, dass, wenn es die Zeitumstände erfordern, der Glaube die Kraft sei, die die Bewegungen für politischen und gesellschaftlichen Wandel vorantreibe. Ferner behauptet er, der Glaube sei ein natürlicher Gehilfe politischer Aktivität – ja dessen Triebkraft. Als herausragendes Beispiel dafür beschreibt er, wie die Erweckung in den amerikanischen schwarzen Kirchen der 1950er und 1960er Jahre in den USA ein wesentliches Element für den Erfolg der von Dr. Martin Luther King Jr. geführten Bürgerrechtsbewegung wurde. King sei von seinem persönlichen Glauben getragen worden, der ihn alle Feuerproben, Todesdrohungen und Enttäuschungen habe bestehen lassen. Wallis schreibt, der Glaube liefere »das Feuer, die Leidenschaft, die Stärke, die Ausdauer und die erforderliche Hoffnung, die notwendig sind, damit soziale Bewegungen siegen und die Politik verändern« (21). Aber was King die Struktur und die Plattform für seine Bewegung geliefert habe, sei die Kirche mit ihrem starken Programm sozialer Gerechtigkeit gewesen. Erinnern wir uns an die Schlusssätze von Kings »Brief aus dem Gefängnis in Birmingham« von 1963, diesen bewegenden Aufruf zum gewaltfreien Widerstand gegen den über dreihundertjährigen institutionalisierten Rassismus in Amerika. Als Antwort auf den Appell zur Mäßigung und zum Warten, bis die Zeit dafür reif sei, rief King schmerzerfüllt aus: »Ja, ich liebe die Kirche ... Ja, ich verstehe die Kirche als Leib Christi. Aber ach! Wie haben wir diesen Leib entstellt und verwundet mit unserer sozialen Nachlässigkeit und unserer Angst davor, Nonkonformisten zu sein!« Und er fuhr fort:

Es gab einmal eine Zeit, wo die Kirche sehr mächtig war. Das war damals, als die Christen sich noch freuten, wenn sie für wert erachtet wurden, für ihren Glauben zu leiden. In jenen Tagen war die Kirche nicht nur ein Thermometer, das die Ideen und Grundsätze der öffentlichen Meinung anzeigte, sie war der Thermostat, der die Sitten der Gesellschaft regelte. In jeder Stadt, in die die frühen Christen kamen, wurden die Machtverhältnisse gestört, und die Machthaber versuchten sofort, sie als »Friedensstörer« und »fremde Agitatoren« zu überführen. Aber sie blieben bei ihrer Überzeugung, eine »Siedlung des Himmels« zu sein und Gott mehr gehorchen zu müssen als den Menschen. ... Aber das Gericht Gottes ist über der Kirche wie nie zuvor. Wenn sie den heiligen Geist, der die frühe Kirche beseelte, nicht wiedergewinnen kann, wird sie ihre Glaubwürdigkeit verlieren, die Treue von Millionen von Gläubigen verwirken und als ein für das 20. Jahrhundert bedeutungsloser geselliger Verein abgetan werden.«[4]

Genau wie die Kraft der Prophetie, wie der ungeheure Antrieb des Propheten Amos lässt sich die Leidenschaft für Gerechtigkeit auf Dauer nicht zurückhalten. Aus diesem Grund hat innerhalb der Kirche der Impuls, das Thema der Gerechtigkeit in Palästina anzusprechen, die Zurückhaltung durchbrochen, aus Sühne für den Antisemitismus dazu nichts zu sagen. Damit diese soziale Bewegung an Schubkraft zulegt, muss – um mit Richard Horsleys Worten zu sprechen – die Entpolitisierung der Religion überwunden werden. Die Rolle der *ecclesia*, also der Gruppen, die im Glauben vereint und in der Gemeinschaft verwurzelt sind, muss wieder zum Tragen kommen. Heute, knapp fünfzig Jahre, nachdem King seinen Brief verfasste, um auf dringende Menschenrechtsfragen in globalem Maßstab zu antworten, erheben sich Stimmen, die dem Glauben seine Rolle wiedergeben wollen.

EIN NEUER WIND

Der Zeitpunkt naht – alles für eine breite soziale Bewegung notwendige, das es braucht, um die Politik in Israel-Palästina zu ändern, ist vorhanden. Kleine, aber hartnäckige Gruppen in Israel und den Palästinensergebieten unternehmen täglich auf vielfältige Weise gewaltlose Widerstandsaktionen und leben alternative Möglichkeiten der Gemeinschaft. Menschen aus der ganzen Welt unterstützen vor Ort im Heiligen Land oder von ihren eigenen Ländern aus diese Aktivisten und Gruppen in der Zivilgesellschaft sowie Einzelne und Gemeinschaften, die vom Konflikt und der andauernden Besetzung betroffen sind.

Und der schlafende Riese wacht bereits in der amerikanischen Kirche auf. Die Unterstützung für das Heilige Land und die Verbindung mit diesem ist nicht mehr nur die Angelegenheit humanitärer Einrichtungen wie der Krankenhäuser und Schulen, die die Denominationen seit Generationen unterstützt haben. Jetzt laden Gemeinden Menschen aus der Region zu Vorträgen über ihre Erfahrung unter der Besetzung oder über ihren Einsatz für politische Veränderungen ein. Amerikaner aus allen Lebensbereichen und mit unterschiedlichster politischer Ausrichtung verlangen dringend nach Aufklärung über die Geschichte des Konflikts. In zunehmendem Maße enthalten Programme für religiöse Wallfahrten ins Heilige Land auch Besuche bei Aktivisten und Friedensgruppen. Christliche und interreligiöse Delegationen besuchen Stätten wie Hebron, Bethlehem, Gaza und andere Orte, wo die Menschen unter Enteignung und starken Einschränkungen des Geschäftslebens, der Gottesdienste und des Familienlebens leiden. Israelische Friedensaktivisten und Militärdienstverweigerer unternehmen Vortragsreisen durch die USA, auf denen sie über die Auswirkungen der Politik ihres Landes sprechen und über ihre wachsende Klarheit über Israels Geschichte des Unrechts gegenüber den Palästinensern. Allein oder in Begleitung von israelischen Juden kommen Palästinenser in Kirchen, Synagogen, Moscheen und Gemeindezentren, um dort von ihren Erlebnissen zu erzählen und entscheidende Bande zwischen unserer Gesellschaft und der ihren zu knüpfen. Experten führen in Kirchengemeinden vor Augen, dass der Zeitpunkt nahe bevorsteht, zu dem ein jüdisches »Größeres Jerusalem« der Möglichkeit eines Palästinenserstaats in der Westbank ein Ende bereiten wird. Sie führen in erschütternder Ausführlichkeit vor Augen, wie in Ostjerusalem und in ursprünglich palästinensischen Bezirken der Altstadt Jerusalems ganze Wohngebiete durch Vertreibung und Abriss von Häusern systematisch von ihren nichtjüdischen Bewohnern »gesäubert« werden. Die palästinensischen Christen emigrieren weiterhin in großer Zahl, da ihnen die Möglichkeiten, für den Lebensunterhalt zu sorgen, genommen werden. Ihre Kinder verlassen das Land, um anderswo die Möglichkeiten für Ausbildung und Beruf zu finden, die ihnen in ihrem Heimatland verschlossen sind. Die Weltchristenheit steht vor der Aussicht, dass binnen zweier Generationen die christliche Bevölkerung der Westbank praktisch verschwunden sein wird.

Menschen an der Basis beginnen jetzt die wahren Gesichter des Heiligen Landes zu sehen: Palästinenser, die Landwirte sind und keine Terroristen; Juden, die gegen den Krieg sind und keine Soldaten, und sich als Friedensstifter statt als Mauerbauer betätigen. Die Konfessionen und Denominationen haben dieses Thema auf ihren Nationalkonferenzen auf die politische Ebene gehoben und fassen Beschlüsse ins Auge, ihr Geld von Firmen abzuziehen, die von der militärischen Besetzung und der illegalen Kolonisierung palästinensischen Grund und Bodens profitieren. Und schließlich kommt dieses Thema auch auf ökumenischer und interreligiöser Ebene zur Sprache. Diese Verknüpfungen quer durch alle Konfessionen, Denominationen und Religionsgemeinschaften sowie zwischen Religionsgemeinschaften und säkularen Organisationen, die sich für den Frieden engagieren, könnte sich letztlich als der wichtigste Faktor erweisen, der zu einer Änderung führt und einen frischen Wind wehen läßt.

Zum Zeitpunkt, als dieses Buch entstand, war die politische Landschaft im Begriff, sich zu verändern; in welche Richtung, ist nicht vorhersehbar. Die Dinge mögen rasch in Bewegung kommen oder in ihrem derzeitigen Zustand des schwelenden, langsamen Niedergangs verharren. Aber ganz unabhängig davon, ob binnen der nächsten Jahre eine politische Vereinbarung zu einem dauerhaften Frieden führen wird, oder die derzeitige Pattsituation und der ständige Konfliktzustand anhalten werden, müssen die Glaubensgemeinschaften befähigt und mobilisiert werden und auf zwei Ebenen aktiv sein: Sie müssen die Zivilgesellschaft unterstützen und direkt politisch aktiv werden. Unter jedem Szenario – dem des Übergangs zu einer gerechten politischen Lösung oder der Fortdauer der Besetzung – wird es ganz wichtig sein, die Zivilgesellschaft in Israel/Palästina zu unterstützen. Die Priorität wird weiterhin darauf liegen müssen, die Verknüpfung zwischen den drei abrahamitischen Religionsgemeinschaften und den Menschen, die im Heiligen Land um ein Leben in Menschenwürde kämpfen, aufrechtzuerhalten.

Am Anfang dieses Buches stand die Bemerkung von Jim Wallis, dass dann, wenn die Politik versagt, einen notwendigen Wandel herbeizuführen, große soziale Bewegungen entstehen. Wir erleben den Anbruch einer solchen Zeit, denn wir sehen uns mit der Unrechtssituation und dem anhaltenden Konflikt im Heiligen Land konfrontiert. Und wir haben deutlich zwei Schranken erkannt, die uns daran hindern, diesen Zustand deutlich anzusprechen: den Umstand, dass sich die Juden auf ihren Selbstschutz und ihre Privilegien versteifen und die Christen sich von ihrer Konzentration auf die Sühne ihrer Schuld am Leiden der Juden derzeit lähmen lassen. Auf der Suche nach etwas, das uns diese Schranken überwinden helfen könnte, haben wir uns das Beispiel der Jesus-Bewegung zum sozialen Wandel angesichts von Bedingungen angesehen, die eindeutige Ähnlichkeiten mit der Misere der heutigen Palästinenser aufweisen. Und wir haben bedacht, dass auf dem Weg über eine neue Bundesgemeinschaft, bei der sich die Schranken zwischen Religionsgemeinschaften, Konfessionen und Denominationen überwinden lassen, eine Bewegung ins Leben tritt, die tatsächlich die so dringend notwendige Verwandlung zuwege bringen kann.

PRAKTISCHE HANDLUNGSANWEISUNGEN

Die folgenden fünf Abschnitte fassen die Aktivitäten zusammen, die bisher in den Vereinigten Staaten und Kanada zwischen den Religionsgemeinschaften, ökumenischen und interreligiösen Organisationen und säkularen Friedens-gruppen im Gang sind. Sie werden hier als Beispiele für die Arbeit vorgestellt, die begonnen hat und weitergeführt werden muss. Unter den organisierten Religionsgemeinschaften haben in dieser Sache die Kirchen einen Vorsprung. Wenn nun diese Aktivitäten auf lokaler, regionaler und nationaler Ebene welt-weit weiter um sich greifen und quer durch die Gemeinden, Konfessionen und Denominationen koordiniert werden und die Verknüpfungen mit säkularen Organisationen stärker werden, ist zu hoffen, dass die jüdischen und islami-schen Gemeinschaften sich in zunehmendem Maß anschließen werden.

AKTIONEN VOR ORT

Das kirchliche Aktionsprogramm für soziale Gerechtigkeit lässt sich wahr-scheinlich am besten am Beispiel der globalen Missionsarbeit aufzeigen, die auf Gemeindeebene stattfindet. In den meisten Kirchen gibt es Ausschüsse, die globale Missionsprojekte aussuchen und weiterverfolgen. Die Gemeinden be-treiben diese Missionsarbeit oft in Partnerschaft mit »Schwester«-Kirchen in anderen Gemeinschaften innerhalb der USA oder im Ausland. In anderen Fäl-len unterstützen lokale Ausschüsse die Krankenhäuser, Schulen oder anderen humanitären Projekte ihrer jeweiligen Denominationen oder knüpfen Beziehungen zu Gemeinden, die langfristiger Unterstützung oder punktueller Soforthilfe bedürfen, die durch Naturkatastrophen, Konflikte oder Umweltverschlechterung notwendig geworden ist. Dank des zunehmenden Bewusstseins davon, wie es um Palästina steht, nehmen die Gemeinden auch palästinensische Fälle (in den besetzten Gebieten und auch in Israel) in die Liste ihrer globalen Missionstätigkeiten auf.

AUFKLÄRUNG AN DER BASIS

Gemeinden können auf lokaler, regionaler und nationaler Ebene Aufklärungsarbeit leisten, um das Bewusstsein auf die Probleme bezüglich der Menschenrechte und der Zivilgesellschaft in Israel/Palästina zu lenken. Das lässt sich auch durch Internetkampagnen bewerkstelligen, wie sie etwa das amerikanische Programm »Peace Not Walls« der *Evangelical Lutheran Church of America* und die Webseite des *Israel Palestine Mission Network* der Presbyterianischen Kirche (USA) durchführt. In den Gemeinden können im Rahmen der Erwachsenenbildung Referenten eingeladen werden, oder es können auf Gemeinde- oder lokaler Ebene Pilgerreisen ins Heilige Land organisiert werden, bei denen Kontakte mit Gemeinden und Organisationen geknüpft werden, die sich im Heiligen Land für Gerechtigkeit und Koexistenz einsetzen, sodass Hilfe geleistet werden kann. Lokale, regionale und nationale Konferenzen sind nicht nur eine reiche Quelle der Information und Weiterbildung, sondern bieten zudem Einzelnen und Gemeinden hervorragende Gelegenheiten, Kontakte zu anderen Gemeinden und Gruppen zu knüpfen, die sich für Bildung und Aktionen einsetzen. Und schließlich ist es wichtig, dass den Geistlichen bei ihrer Seminarausbildung Kenntnisse über das breite Spektrum der mit diesem Konflikt zusammenhängenden Fragen vermittelt werden. Dazu sollten auch die politische und kulturelle Geschichte des Heiligen Landes und eine gründliche, offene Behandlung der mit der Landverheißung verbundenen theologischen Fragen gehören, die den aktuellen Diskussionsstand widerspiegelt.

PILGERREISEN

Tausende von Christen besuchen alljährlich auf von den Kirchen organisierten Pilgerreisen das Heilige Land. Hunderte von Seminaristen tun im Rahmen ihrer Ausbildung das Gleiche. Für solche Pilgerreisen wird herkömmlicherweise mit dem Spruch geworben: »Die Wege gehen, die Jesus ging«. Die heutige Situation im Heiligen Land ermöglicht es tatsächlich, genau das zu tun. Jesu öffentliches Wirken spielte sich im Kontext einer erdrückenden Macht und eines beängstigenden Militarismus ab. Er setzte sich für sozialen und politischen Wandel ein, der die Menschen Palästinas – nicht nur die Unterdrückten, sondern auch die Unterdrücker – von den für ihre Seelen zerstörenden Auswirkungen von Krieg, Armut und Ungerechtigkeit befreien sollte. Aus diesem Grund bieten heute Reisen ins Heilige Land vielleicht mehr denn je in der neueren Geschichte tatsächlich die Möglichkeit, die Wege zu gehen, die Jesus ging, zu sehen, was er sah und den Dienst zu verrichten, zu dem er seine Anhänger aufrief. Der Besuch der »lebendigen Steine« des Heiligen Landes – der Organisationen, der Einzelpersonen und Gemeinschaften, die sich für Frieden und Koexistenz einsetzen – ist die effizienteste Weise, um die Menschen aller Glaubensrichtungen in die Lage vor Ort einzuweihen. Genauso wichtig ist es, Israelis und Palästinenser zu besuchen, die sich mutig für den Frieden einsetzen, ja es trägt ganz wesentlich dazu bei, ihre Hoffnung lebendig zu halten, solange sie weiterhin ihre Arbeit unter schwierigen und frustrierenden Umständen fortsetzen müssen.

UNTERSTÜTZUNG VON FRIEDENS- UND SOZIALWERKEN UND BEMÜHUNGEN UM DIE ZIVILGESELLSCHAFT IN ISRAEL/PALÄSTINA

Internationale Organisationen können direkt auf ein Spektrum von friedensbildenden Aktivitäten einwirken, wenn sie Partnerschaften mit Organisationen und Gemeinschaften in Israel/Palästina eingehen. Das lässt sich auf dem Weg direkter finanzieller Unterstützung mittels globaler Missionsinitiativen in die Tat umsetzen; durch die finanzielle Unterstützung von Reisen durch die USA für Vortragsredner, Ausstellungen und darstellende Künstler; durch den Verkauf lokaler Produkte sowie andere Aktivitäten, bei denen Spendengelder zusammenkommen.

FÖRDERUNG VON AKTIVITÄTEN
AUF DER EBENE DER DENOMINATIONEN

Die *Evangelical Lutheran Church of America* richtete ihre Kampagne »Peace not Walls« (»Nicht Mauern, sondern Frieden«) ein, in deren Rahmen sie Bildungs- und Informationsmaterial anbietet, um das Bewusstsein auf die Situation im Heiligen Land zu lenken und Bahnen für direktes Engagement zu eröffnen. Die Presbyterianische Kirche der USA verfügt über ein aktives *Israel-Palestine Mission Network* (IPMN), das auf Anordnung der Generalversammlung von 2004 eingerichtet wurde. Im Sommer 2009 begann IPMN ein professionell hergestelltes Buch samt DVD zu verbreiten. Es trägt den Titel »Steadfast Hope: the Palestinian Quest for a Just Peace« (»Unerschütterliche Hoffnung: die palästinensische Suche nach einem gerechten Frieden«). Zusätzlich zu diesen Bildungsprogrammen und globalen Missionsaktivitäten zur Förderung des Friedens im Heiligen Land haben manche Denominationen Resolutionen und Initiativen ins Auge gefasst, ihre Geldanlagen gezielt von bestimmten Institutionen abzuziehen und anderswo anzulegen. Zudem haben die presbyterianischen und methodistischen Kirchen der USA Aktionen gestartet, um sich konstruktiv mit Firmen auseinanderzusetzen, die von der israelischen Besatzung profitieren. Diese Initiativen haben innerhalb dieser Kirchen intensive Dialoge und Kontroversen ausgelöst. Dieser Prozess ist zwar unbequem, aber ein Zeichen der Veränderung und Erneuerung. In gewisser Weise ist das Unangenehme sogar zu begrüßen, statt es zu vermeiden, denn es ist ein Beweis dafür, dass eine echte Reform in Gang ist.

ÖKUMENISCHE UND INTERRELIGÖSE AKTIVITÄTEN

Ökumenische und interreligiöse Diskussionen, wie man diese Region befrieden könnte, sind nichts Neues, jedoch zeichneten sie sich bis vor Kurzem im Allgemeinen durch sorgfältige »ausgewogene« Stellungnahmen über die Notwendigkeit des Friedens für beide Völker aus. Dabei wurde es vermieden, zu spezifischen politischen Themen Stellung zu nehmen oder spezifische Aktionen der Konfliktparteien oder ausländischer Regierungen, die sich in signifikanter Weise äußerten, zu nennen. In Stellungnahmen sowohl ökumenischer wie interreligiöser Konferenzen und Unterzeichner wurde immer sorgfältig darauf geachtet, jeden Eindruck zu vermeiden, gegenüber einer Seite besonders kritisch zu sein. Faktisch jedoch hat man doch dazu geneigt, stärker den gewalttätigen Widerstand seitens palästinensischer Gruppen zu beklagen und dabei darüber hinweggesehen, dass der israelische Staat Gewalt anwendet und gegen internationales Recht verstößt. Aber in jüngster Zeit haben die durch das Scheitern aller Friedensbemühungen zunehmend frustrierten Dialog- und Fürsprechergruppen doch angefangen, sich auf reale politische Fragen zu konzentrieren. Sie wagen es häufiger, gegen die ungeschriebenen Gesetze der »interreligiösen Etikette« zu verstoßen, indem sie beginnen, sich gegen diejenigen Aktionen Israels zu stellen, die den Fortschritt in Richtung einer gerechten Vereinbarung verhindert haben. Im September 2008 berief der Weltrat der Kirchen im Rahmen der »Palästina-Israel-Initiative des Ökumenischen Forums« eine Konferenz ins schweizerische Bern ein. Diese Theologenkonferenz, an der auch palästinensische Christen teilnahmen, einigte sich auf die gemeinsame Erklärung, dass »die Bibel nicht zur Rechtfertigung von Unterdrückung oder für vereinfachende Kommentare über heutige Ereignisse benutzt werden darf«.[5] Der amerikanische Theologe Harvey Cox aus Harvard erklärte, zwar bedürfe es einer »Wiedergutmachung« für die Art und Weise, auf die die Christen die Bibel gegen die Juden eingesetzt hätten. Aber diese sei zugleich auf eine Art und Weise betrieben worden, die die »Solidarität mit Israel« gefördert, auf der anderen Seite jedoch übersehen habe, dass dabei die Rechte der Palästinenser geschmälert wurden. Zudem wandte sich Cox mit einer starken Stellungnahme gegen eine theologisch begründete Rechtfertigung jüdischer Ansprüche auf das Heilige Land.

Zu den eindrucksvollsten und inspirierendsten Beispielen für ökumenisch unternommene Aktivitäten von Christen und christlichen Organisationen gehören die Teams, die im Heiligen Land vor Ort mit Israelis und Palästinensern zusammenarbeiten, um die Rechte der Palästinenser zu schützen. Der Umstand, dass diese Gruppen an denjenigen Orten im Heiligen Land präsent sind, an denen die stärksten Menschenrechtsverletzungen stattfinden, ist sehr wichtig. Als Beispiele für solche Gruppen seien das *Ecumenical Accompaniment Program in Palestine and Israel* (»Ökumenische Begleitprogramm in Palästina und Israel«, EAPPI) des Weltrats der Kirchen und die von den Mennoniten, Brudergemeinden und Quäkern (mit breiter ökumenischer Beteiligung) initiierten *Christian Peacemaker Teams* (»Christlichen Friedensstifter-Teams«) genannt.

Bei den *Churches for Middle East Peace* (»Kirchen für Frieden in Nahost«, CMEP) handelt es sich um eine Koalition von zweiundzwanzig amerikanischen Kirchen, orthodoxen, katholischen und protestantischen Büros für Öffentlichkeitsarbeit nationaler Kirchen und Behörden. Die CMEP sind wachsam und arbeiten aktiv in Richtung einer gerechten Lösung des Konflikts. Angesichts der zunehmenden Vertiefung dieses Konflikts haben die CMEP die Politiker der USA unermüdlich dazu aufgerufen, sich schärfer gegen die Menschenrechtsverstöße zu wenden, die den Fortschritt in Richtung einer gerechten Lösung verhindern. Diese Gruppe verschickt regelmäßig aktuelle Informationen an ihre Mitglieder, veranstaltet eine Jahreskonferenz und führt Briefkampagnen durch, um dieses Thema in der Aufmerksamkeit der US-Regierung wach zu halten.

VERNETZUNG MIT SÄKULAREN MENSCHENRECHTSORGANISATIONEN

In den letzten drei Jahrzehnten sind zahlreiche Organisationen entstanden, die sich für den Erhalt und die Verteidigung der Menschenrechte in Israel/Palästina einsetzen. Viele dieser Organisationen haben ihren Sitz in den USA und Europa, aber noch viel mehr sind direkt in Israel/Palästina im Einsatz und bieten dort Einzelnen und Gruppen direkte Fürsprache und Hilfe. Diese Organisationen sind in den USA zwar säkularer Natur, jedoch oft mit jüdischen, islamischen oder christlichen oder direkt den arabischen (oder genauer palästinensischen) Gemeinden vernetzt. Wieder andere entstanden, um direkt eine bestimmte Organisation im Heiligen Land zu unterstützen. Diese Organisationen veranstalten Vorträge und Darstellungen, liefern Informationen und bieten Möglichkeiten zum direkten Mitmachen bei Aktionen für Menschenrechtsfälle und zur Unterstützung der Zivilgesellschaft im Heiligen Land.

EIN GEMEINSAMER BUND

Das Christentum führte zu einer Neudefinition der Natur der Beziehung Gottes zu den Menschen und zu einem Glauben, der in der Liebe und dem Engagement für die Würde des Menschen gründet. Mit diesen Eigenschaften baut es direkt auf der monotheistischen Revolution des Judentums auf sowie auf den weiterhin gültigen Lehren, die Gottes Bund mit dem jüdischen Volk entstammen. In einer bemerkenswerten und mutigen Entwicklung verwarfen die christlichen Denker der Phase nach der Ablösungstheologie das uralte Dogma, demzufolge das Christentum mit seiner Glaubenslehre dem Judentum überlegen sei, welches »der Schatten sei, gegenüber dem das Christentum als Licht scheinen könne«, wie es James Carroll formulierte.[6] Das Judentum ist die Grundlage, auf der die christlichen grundlegenden Begriffe der Treue gegenüber Gott, des

Engagements für die Gemeinschaft und des Einsatzes für soziale Gerechtigkeit beruhen. Aber heute sind Juden in großer Gefahr, weil unser nationalistisches Projekt uns an eine Stelle gebracht hat, die wir genau diesen Grundwerten zu verdanken haben. Die Juden sind zwar bestimmt nicht die einzige religiöse Gruppe, die sich jener großen Verbrechen schuldig gemacht hat, die sich aus dem blinden, arroganten Sonderstatus ergeben können, das die Religion fördern kann. Aber die Dringlichkeit unserer derzeitigen Lage macht es notwendig, dass sich das jüdische Volk in Israel und auf der ganzen Welt wie mit einem Laserstrahl genau auf dieses Thema konzentriert, das uns jetzt bedrängt. Wir müssen uns selbst die gleiche Demut, den gleichen Mut und die gleiche Fähigkeit zur Selbstreflexion abverlangen, die viele Christen an den Tag gelegt haben.

Heutige christliche Denker schlagen vor, dass wir alle – Christen, Juden und Muslime – die folgenschweren Ereignisse des 1. Jahrhunderts unserer Zeitrechnung noch einmal genau in Augenschein nehmen müssten. Wenn wir den außergewöhnlichen Juden Jesus betrachteten, liegt auf der Hand, welche Fragen wir uns stellen sollten: Was sagte Jesus zu den Machtstrukturen seiner Zeit, – denen der Priester, der Monarchen und des Imperiums? Aus welchem Grund genau kam es zur Trennung zwischen den Juden der damaligen Zeit und denen, die dann später Christen genannt wurden? Und was das Wichtigste daran ist: Welche Fragen bezüglich des Glaubens und der sozialen Gerechtigkeit lagen dem Streit der Parteien in diesem historischen Drama zugrunde und müssen folglich wir Heutigen uns vor Augen halten, wenn wir die dringenden Themen unserer Zeit anpacken wollen? Daher müssen wir uns über den Zweck des interreligiösen Dialogs, den wir unternehmen, ganz genau im Klaren sein. Wir müssen diejenigen christlichen Theologen in die Schranken weisen, die bei ihrem Bemühen um die »interreligiöse Versöhnung« und die Wiedergutmachung der Abwertung des Judentums durch die Christen darauf verfallen sind, den theologisch begründeten jüdischen Besitzanspruch auf das Land zu unterstützen. Es genügt nicht, ja ist geradezu gefährlich, einander bei Begegnungen bloß mit vorsichtigen Fomulierungen der »gegenseitigen Bewunderung« zu versichern, dass man die Verschiedenheit schätze und gemeinsame Werte vertrete, jedoch sorgfältig alle Themen und Fragen meidet, die zu Unbehagen oder Konflikten führen könnten. Die heutige Zeit gestattet uns diesen Luxus nicht. Vielmehr müssen wir uns in unseren Dialogen die Frage stellen: Wie kann die Beziehung zwischen unseren Religionen so gestaltet werden, dass sie dem Besten in jedem von uns gerecht wird und uns in unserem gemeinsamen Bemühen um Gerechtigkeit weiterbringt? Welche Aktionen müssen wir gemäß unserem Gewissen und der prophetischen Stimmen, die zu uns sprechen, in unseren

Familien, religiösen Einrichtungen und Parlamenten unternehmen? Beim genaueren Nachdenken über diese Fragen müssen wir uns die Worte von Rosemary Ruether in Erinnerung bringen, die unlängst Jesus als Propheten beschrieb, dem es um »eine Umkehr der Sozialordnung« gegangen sei, »eine neue Wirklichkeit, in der Hierarchie und Beherrschung als Prinzipien von Sozialbeziehungen überwunden« seien.[7] Wenn wir einen neuen, gemeinsamen Bund haben wollen, muss das ein Bund sein, bei dem man nicht auf die archaische und schmerzliche Vergangenheit zurückblickt, sondern nach vorn auf den Tag, an dem endlich Gerechtigkeit einkehren wird.

EPILOG

1998 erschien der Roman *Gate of the Sun* (»Das Tor zur Sonne«) von Elia Khoury, der von der *Nakba* handelt. Seine Hauptpersonen sind die palästinensischen Dorfbewohner, die zwischen 1947 und 1949 aus ihren Häusern in Galiläa vertrieben wurden und zum größten Teil nach Norden in den Libanon flohen und dort unter freiem Himmel oder in provisorischen Unterkünften in Dörfern und Städten lebten. Bis 1952, als die große Mehrheit dieser Flüchtlinge im Libanon auf Dauer in Flüchtlingslagern angesiedelt wurde, versuchten viele, in ihre Häuser in Palästina zurückzukehren. Sie liefen dabei Gefahr, vom israelischen Militär gefangengenommen oder getötet zu werden.

Die Themen von *Gate of the Sun* sind Identität, Heimat und Geschichte. Der Roman handelt davon, was mit dem Selbstwertgefühl und den Beziehungen zu anderen passiert, wenn einem mit Gewalt der Heimatort weggenommen wird, der Ort, an dem man von seiner Mutter genährt wurde, an dem man seine eigenen Kinder aufgezogen hat und aus dessen Erde das Brot und die Früchte stammten, die man verzehrt hat. Im Roman sitzt der Erzähler, ein junger Palästinenser, am Bett eines palästinensischen Freiheitskämpfers, der nie mehr zu Bewusstsein kommen wird. Ist der sterbende Mann sein Vater, sein Freund, sein Befehlshaber, sein Held? Während seine Erinnerungen ihn überfluten, weiß der Erzähler das selbst nicht. Identitäten und Beziehungen verschieben sich. Nichts ist mehr klar, wenn Geschichte ausgelöscht und der Ort vernichtet wurde. Das bedeutete die Nakba. Mütter rufen die Kinder anderer mit den Namen ihrer toten Söhne. Khoury schreibt: »Opfer von Massakern verschwinden, weil sie keine Namen haben ... [und] auf Zahlen reduziert sind.«[1] Der Erzähler versucht vergebens, die Geschichte seines eigenen Lebens zu rekonstruieren: seiner Familie, seiner Geliebten, seines Dorfes, seines Volkes. Wahrheit und Legende verschwimmen ineinander – Phantasien, Träume, Erinnerungsfetzen und Wunschvorstellungen wirbeln in den Geschichten der Hauptpersonen, die im Schutt eines Lagers, einer provisorisch als Unterkunft hergerichteten Höhle oder im Schutz eines Baums außerhalb eines verwüsteten Dorfes nach ihrem Lebensfaden suchen, schwindelerregend durcheinander. Wenn einem seine bisherige Geschichte weggenommen wurde, wird einem die Zukunft unvorstellbar und das Gefühl, irgendwo hinzugehören, verschwindet. Nahila, eine der Hauptpersonen in Khourys Roman, »glaubte nicht mehr, dass diese auf Zerstörung gegründete Welt von Dauer sein werde.« Sie sagt: »Wir lebten in Erwartung von etwas Kommendem, als wären wir an einem unwirklichen Ort« (400). Bab al-Shams, das »Tor der Sonne«, ist das mythische Dorf, in das alle zurückzukehren hoffen. Für die Palästinenser in Khouris Roman ist es realer als ihr zeitweiliges Dasein in Qana, der Stadt im Südlibanon, wo die Flüchtlinge sich zusammenkauerten, bis die Lager eingerichtet wurden.

Khoury erzählt die Geschichte der palästinensischen *Nakba*, aber es ist zugleich die Geschichte *jedes* entwurzelten, vertriebenen Volkes, also *aller* Menschen, die aus ihrem Heimatland verjagt wurden, um im Exil zu landen. Sie handelt davon, was dabei mit der Identität, der vertrauten Nähe, dem Gefühl des Eingebundenseins in eine Generationenreihe, der Fruchtbarkeit, der Zukunft passiert. Es ist die Geschichte der Palästinenser, die so erzählt ist, wie das nur eine Handvoll anderer Dichter und Romanschriftsteller fertiggebracht haben. Aber es ist auch die Geschichte der Lakota-Indianer, der Kambodschaner, der Sudanesen, der Armenier und der Juden. Wann fangen wir an, einzusehen, dass wir miteinander diesen Ort des Suchens bewohnen, und uns angesichts der verhungerten und ermordeten Kinder trauernd zusammensetzen und von den kostbaren Orten unserer Herkunft träumen: den Dorfplätzen, den sonnenerfüllten Räumen und den gemeinsamen Mahlzeiten, die wir unter Gelächter oder Trauer miteinander erlebt haben? Dass wir alle gemeinsam uns sehnen nach Heimkehr, nach Sicherheit, nach einem Ort zum Lieben, Gebären und Sterben, und dabei wissen, dass unser Leben weitergehen wird, wenn wir unser Land bestellen und unsere Nachkommen zeugen? Dass wir alle als Brüder und Schwestern zusammensitzen, alle als Flüchtlinge, die nach Gemeinschaft suchen und auf das Reich Gottes warten, das wir, nur wir selbst, herbeiführen können?

»Großmutter hat mir nicht viel von Kana erzählt. Denn die Heimatlosigkeit begann in ihren Augen erst im Flüchtlingslager bei Tyrus. ›In Kana waren wir weder Ausgewanderte noch Flüchtlinge, dort haben wir vielmehr gewartet.‹ Weißt du, mein Lieber, was das Warten und die Hoffnung auf Rückkehr für jene Menschen bedeutete? Du weißt es natürlich nicht. Dabei berührte mich die Geschichte von den Büffeln aus Khalisa zutiefst. Als ich sie von Großmutter hörte, hielt ich sie zuerst für eines jener unglaublichen Märchen, die Erwachsene Kindern erzählen, damit diese sie anzweifeln.

Die Geschichte handelte von einem Mann namens Abu Arif, einem Beduinen aus der Gegend von Khalisa, vom Stamm der Haib. Wie viele andere Menschen war auch er nach Kana gekommen, zusammen mit seiner Frau und seinen fünf Töchtern. Er hatte seine Büffel mitgebracht. Sieben imposante Tiere. ›Alle haben wir von deren Milch getrunken‹, erzählte Großmutter. ›Abu Arif verteilte die Milch kostenlos an alle. Er wollte nichts dafür haben. Dies zu tun, hatte er sich als Gelübde auferlegt, bis sie wieder in Khalisa seien. Erst, wenn sie heimgekehrt seien, würde er die Milch wieder für Geld verkaufen. Wie Beduinen so sind, war er sehr freigebig, aber auch dickköpfig. Als der Frühling, die Paarungszeit für Büffel, kam, zog er mit seiner Herde gen Süden. Er sei, so bemerkte seine Frau, nicht ganz bei Trost, denn er war felsenfest davon überzeugt, dass seine Büffel sich nur in Khalisa paaren könnten. Er hatte mit einem seiner Cousins vereinbart, ihm die Tiere an der libanesisch-palästinensischen Grenze zu übergeben, um sie zwei Wochen später wieder abzuholen. Als Abu Arif aufbrechen wollte, nahm seine Frau auf dem Dorfplatz von ihm und den Büffeln unter Tränen Abschied, so als habe sie einen Toten zu beklagen, worauf ihr Mann sie aufgebracht zurechtwies. Kaum waren die Büffel außer Sichtweite, waren sie den Menschen auch schon aus dem Sinn.‹

Abu Arif sei allein und als gedemütigter, gebrochener Mann zurückgekehrt, erzählte Großmutter. ›Stumm, in Schweigen gehüllt und tränenüberströmt, ist er eine ganze Weile später in Kana wieder aufgetaucht. Wir wagten es nicht, ihn anzusprechen. Er war allein, von den Büffeln keine Spur.‹

›Wir haben alles verloren‹, klagte Umm Arif.

Er habe seine Büffel nach Khalisa führen wollen, erklarte Abu Arif, denn er war der Meinung, dass die Tiere sich nur in ihrer natürlichen Umgebung paaren könnten. An der Grenze aber sei das Feuer eröffnet worden. Die Büffel seien zu Boden gestürzt, ihr Blut habe den Himmel besudelt, er selbst stand machtlos mitten auf dem Schlachtfeld.

Als das Feuer eröffnet wurde, so erzählte er seiner Frau, habe er seinem Cousin auf der anderen Seit der Grenze Handzeichen gegeben.

Schreiend und die Hände erhoben sei er von einem blutüberströmten Büffel zum nächsten gerannt, doch die Tiere seien eines nach dem anderen verendet.

Sein Cousin, ein elender Hund, sei nicht erschienen, erzählte Abu Arif. Er habe die Kufiya vom Kopf genommen und in die Höhe gehalten, als deutliches Zeichen, dass er sich ergibt. Das weiße Tuch in der Hand sei er von einem Büffel zum nächsten gestürzt, um ihnen die Wunden zu verbinden. Dabei sei die Kufiya ganz blutig geworden. Dann habe er sie in der Luft geschwenkt und geschrien, dass sie doch das Feuer einstellen sollten, vergeblich. ›Riesige Blutlachen färbten den Boden, die Büffel rangen mit dem Tod, und ich habe geweint. Wieso habe ich mich nicht auch gleich erschossen? Ich wischte mir das Gesicht mit dem besudelten Tuch und ließ mich zwischen die Büffel auf den Boden sinken.‹

Gedemütigt und verängstigt kehrte Abu Arif zu seiner Frau zurück. Ohne seine Büffel, die blutige Kufiya in der Hand und verzweifelt.

So war Kana, mein Lieber.«[1]

NACHWORT

von Walter Brueggemann

Mark Braverman hat ein mutiges, aufrüttelndes Buch geschrieben, das starke Beachtung verdient. Es fordert auf, gründlich nachzudenken, und appelliert drängend und mit kritischer Schärfe daran, neue Entscheidungen zu treffen. Ich habe daraus viel gelernt und freue mich, ein Nachwort zum Buch beisteuern zu können.

Braverman, ein leidenschaftlicher Jude mit einer starken, tiefen Liebe zu Israel wagt es, das verfahrene Thema des konfliktreichen Miteinanders des Staates Israel und des palästinensischen Volkes anzupacken. Er sieht ganz deutlich, dass keine der Lösungsvorschläge, die bis heute gemacht wurden, irgendeine Aussicht in sich bergen, einen dauerhaften Frieden zu gewährleisten. Solange nicht alle Unrechtszustände behoben sind und wir nicht den Mut zu einem neuen Denken aufbringen, um die theologisch-ideologischen Grundlagen dieses Konflikts gründlich zu durchleuchten, wird es keine Lösung geben. Braverman formuliert mutig seine kritischen Gedanken als Jude, bekennt sich zu seiner Verwurzelung in der jüdischen Tradition und seiner Verehrung für Jerusalem, spricht aber auch ganz offen von der tagtäglich stattfindenden unmenschlichen Brutalität auf diesem heiligen Boden, die er als Augenzeuge kennt. Er ist der Überzeugung, dass dieses Verhalten beiden Parteien eine verheerende Zukunft beschert, weil dadurch die Juden zum Dasein in einer Festung verdammt sind und den Palästinensern ihre Würde und Menschenrechte vorenthalten werden.

Bravermans gesamten Argumentation liegt die ausführlich begründete These zugrunde, dass die Wurzel dieses Konflikts in Israels Grundüberzeugung liegt, Gottes auserwähltes Volk zu sein und in der daraus abgeleiteten Einstellung, dass in seinem Fall die gängigen sozialen und politischen Regeln nicht gelten. Diese dem ganzen Konflikt zugrunde liegende Überzeugung der Juden unterwirft er einer kritischen Überprüfung und fordert eindringlich, sie radikal zu revidieren. Die Behauptung, auf allen Gebieten einzigartig und eine Ausnahme zu sein, wie sie sowohl Israels eindimensionalste Parteigänger als auch die weltoffensten Kritiker der Juden vertreten, mache ernsthaftes, realistisches politisches Denken unmöglich und liefere ständig die Rechtfertigung für die brutalen politischen Maßnahmen der israelischen Regierung, die destruktiv, selbstzerstörerisch und letztlich verantwortungslos seien.

Bravermans Hauptkritik richtet sich gegen die, die für Israel einen Ausnahmestatus reklamieren. Diese Auffassung habe zur Glaubensüberzeugung geführt, das Judentum könne sich ständig eine ungezügelte Militärpolitik leisten. In seiner Argumentation konzentriert er sich bewusst nicht auf die radikalen und gewalttätigen Befürworter des Zionismus, die er für bloße »Strohmänner« hält, sondern auf sorgfältigere, ernsthaftere Denker, die seiner Überzeugung nach in der Falle genau der gleichen selbstgerechten Ideologie sitzen. In der Argumentationsführung von Braverman sind zwei Punkte bemerkenswert. Erstens verkennt er nicht die Auswirkungen des Holocausts auf Israels Denken und Politik, sondern er weiß um dessen nachhaltige traumatische Nachwirkungen. Aber er macht deutlich, dass das Bewusstsein, etwas Einzigartiges zu sein, von sehr viel älteren und tieferen Wurzeln als dem Holocaust herrührt. Zweitens weiß er um die Bedeutung des Staates Israel und macht sich um dessen Sicherheit Sorgen. Er betont jedoch, dass die derzeitige, auf dem Bewusstsein der Einzigartigkeit beruhende Politik nicht zur Sicherheit des Staates Israel führe, sondern immer wieder davon weg. Das liege daran, dass ein so geartetes Selbstverständnis genau die Art von politischem Realismus ausschließe, wie er für das Überleben und die Wohlfahrt des Staates, ja jedes Staates wesentlich sei.

Diese kritische Überzeugung bezüglich des Status Israels als Gottes auserwähltem Volk hat Auswirkungen, die weit über die jüdische Verehrung für den Staat Israel hinausweisen. Braverman findet auch tadelnde Worte für Christen, die sich als Freunde und Fürsprecher Israels betätigen wollen. Ich fand es überraschend, dass er für die christlichen Rechten und ihre Leidenschaft für den Staat Israel so wenig übrig hat und etwa Pastor Hagee nur zweimal kurz erwähnt. Stattdessen konzentriert er sich auf die progressiveren Christen, die aus dem Gefühl heraus, sich auf keinen Fall des »Antisemitismus« schuldig machen zu dürfen, dem Staat Israel alles nachsehen. Braverman möchte solchen wohlmeinenden Christen deutlich machen, dass eine reflektierte Kritik der zionistischen Politik etwas ganz anderes als Antisemitismus ist, nämlich eine legitime Kritik, die verantwortungsbewusste Christen unbedingt vorbringen müssten, wenn sie sich um Israels Wohlergehen Sorgen machten. Er ist der Auffassung, es sei weder für Christen legitim noch für den Staat Israel hilfreich, wenn man sich eine derartige Kritik verbietet oder angesichts der destruktiven und selbstzerstörerischen Politik Israels den Mund hält. Gerade weil die starken Befürworter des Militarismus und der Gebietsansprüche Israels sehr rasch dabei sind, jede Kritik an Israel als Antisemitismus zu etikettieren, unterscheidet Braverman klar zwischen dem Antisemitismus und der Ablehnung bestimmter Handlungsweisen Israels. Er fordert die Christen eindringlich auf, Israel ernsthaft und mit nüchternem Sachverstand zu kritisieren. Man dürfe Israel auf keinen Fall wegen seiner Behauptung, etwas Einzigartiges zu sein, vom kritischen Denken über seine staatliche Politik ausnehmen.

Aber Braverman geht mit seinen Anweisungen für gutmeinende Christen noch weiter. Er spricht von seiner Beobachtung, dass progressive Christen aus ihrem dringenden Wunsch heraus, einen gemeinsamen Boden mit dem Judentum zu finden, den jüdischen Glauben allzu leichtfertig nach den Kategorien des christlichen Glaubens umgedeutet hätten. Das gelte vor allem bezüglich des Begriffs der »Gnade«. Damit hätten sie das Judentum »christianisiert« und etwas anderes aus ihm gemacht, als was es sei:

»Die Torah ist kein Evangelium. Auserwählung ist nicht das Gleiche wie Gnade. Der alttestamentliche Bund ist nicht das neutestamentliche Heilsgeschenk. Die Verheißung im Judentum handelt nicht von der Vergebung der Sünde. Vielmehr geht es hier um die Segnung in dem Sinn, wie die antike Welt diesen Begriff verstand: um Volkstum, Nachkommenschaft, Wohlstand und – im Fall des Judentums – Land.«

Von daher konstatiert Braverman bei progressiven Christen die eigenartige Tendenz, sich bezüglich des politischen Extremismus, der in Gewalttätigkeit ausartet, stumm zu bleiben und zugleich in theologischer Hinsicht imperialistisch zu sein. Auf beiden Gebieten seien es die Juden, die den Preis zahlen müssten, sowohl für die Ängstlichkeit als auch für die Bevorzugung seitens der Christen. Das große Verdienst Bravermans ist es, die Kategorien zu klären, innerhalb derer die Diskussion stattfindet und darauf aufmerksam zu machen, dass eine völlig andere Diskussion möglich wird, wenn man zuerst einmal die Kategorien geklärt hat.

Die zentrale Absicht dieses wichtigen Buches ist es, den Ausnahmestatus Israels zu hinterfragen und ganz deutlich darauf hinzuweisen, dass das jüdische Beharren auf der Einstellung, Gottes auserwähltes Volk zu sein, in einer uralten Stammesmentalität wurzelt, die in der heutigen pluralistischen Welt nicht länger lebbar ist. Diese Kritik am Glauben, von Gott auserwählt zu sein, konzentriert sich naturgemäß auf die jüdischen Ansprüche, aber genau genommen zielen Bravermans mutige Worte weit darüber hinaus. Einerseits fordert er mit seiner Sichtweise auch die Christen auf, ihr eigenes Empfinden, auserwählt zu sein, zu überdenken – also die Vorstellung, sie seien das neue von Gott auserwählte Volk und Anhänger des einen auserwählten Messias. Für manche progressive Christen ist das kein neuer Denkanstoß, aber es ist wichtig und erhellend, dass Braverman diesen Anspruch auch auf den Kontext des Christentums überträgt. So enthält dieses Buch implizit auch den Aufruf an die Christen, ihre monopolistischen christologischen Ansprüche, die in mancher Hinsicht von den Ansprüchen der Juden abgeleitet sind, neu zu durchdenken.

Andererseits ließe sich über Bravermans eigene Aussagen hinaus die Kritik am Gefühl, etwas Besonderes zu sein, auch ausdehnen auf die Haltung der USA, einzigartig zu sein.

Diese Haltung wirkte sich ja konkret dahin aus, dass es dem expansionsbestrebten Imperialismus Amerikas die religiös-ideologische Begründung lieferte. Auch diese nationalistische Ideologie wurzelt auf eigenartige Weise in einer Art von Stammesdenken, selbst wenn es hier um eine ganz andere Art von »Stamm« geht. Mich erinnert das an die These von Regina Schwartz (1997), der Monotheismus sei implizit gewalttätig: Die Vorstellung – Israels oder der Kirche oder der USA –, ein auserwähltes Volk zu sein, weckt auf jeden Fall das Gefühl, mit Absolutheitsanspruch auftreten zu können, und darin steckt bereits der Keim der Gewalttätigkeit.

Weil Braverman auf mein eigenes Werk Bezug genommen hat, darf ich mir hier vielleicht die Freiheit nehmen, noch einmal kurz auf meinen eigenen Weg bezüglich dieses komplizierten Fragenkomplexes zu sprechen zu kommen. Als ich 1977 mein Buch »The Land: Place as Gift, Promise and Challenge in Biblical Faith« (»Das Land: der Ort als Geschenk, Verheißung und Herausforderung im biblischen Glauben«) veröffentlichte, war ich genau wie viele andere christliche Bibelwissenschaftler gegenüber dem Phänomen, dass aus der biblischen Landverheißung an Israel inzwischen eine israelische Ideologie gemacht worden war, ziemlich unbedarft. Ich unterstellte einfach, es sei legitim, dass sich das heutige Judentum auf die alten Landverheißungen berufen könne; und natürlich tut ein Großteil des heutigen Judentums tatsächlich genau das. Wegen meiner Unbedarftheit wurde ich kritisiert, aber es sei zumindest angemerkt, dass ich zu der Schlussfolgerung kam:

»So gibt es also das gemeinsame Anliegen von Juden und Christen, sich auf das Ergreifen und Warten, das Bewahren und Verlieren einzulassen. Weil beide, Christen wie Juden, sich sowohl um das Ergreifen als auch das Warten bemühen müssen, könnte dies ein Thema sein, über das es zwischen ihnen zu einem neuen Dialog kommen könnte. Weder Juden noch Christen verfügen über ein Monopol über einen dieser beiden Aspekte. Sowohl Christen wie Juden stehen immer vor der Aufgabe, sich selbst zu schützen und zugleich Vertrauen zu haben. Der Selbstschutz scheint zu funktionieren und führt dennoch zum Tod. Vertrauen scheint unwahrscheinlich und birgt dennoch die Verheißung. Aus dieser Zwickmühle kommen weder Juden noch Christen jemals heraus. Für beide ist das gewiss die Schlüsselfrage ihres Glaubens« (169).

Wie dieser Text zeigt, hatte ich also gesehen, dass beides, das Ergreifen und der Selbstschutz in den Tod führen. Zwar hatte ich dies nicht direkt mit dem israelischen Vorgehen in Zusammenhang gebracht, aber klar ist, dass das implizit darinsteckte.

Nach dieser Veröffentlichung wurde ich deswegen in einer Publikation des katholischen Befreiungstheologen Michael Prior gebührend und zu Recht gemaßregelt. Folglich nahm ich im Jahr 2002 in einer neueren Ausgabe meines Buches eine wichtige Änderung vor und schrieb: »Es ist nach jeder Lesart klar, dass der moderne Staat Israel alte Traditionen über Landbesitzansprüche und die für einen modernen Staat denkbar stärkste militärische Kapazität miteinander verschmolzen hat. Diese Verschmelzung eines alten traditionellen Anspruchs mit einer heutigen militärischen Schlagkraft hat ein nicht tolerierbares Maß an Gewaltanwendung zur Folge, das mit der Staatsräson gerechtfertigt wird« (xv).

Und 2009 schrieb ich in einem Beitrag in Christian Century in Entgegnung auf eine Behauptung, Israel habe einen »übernatürlichen« Anspruch auf das Land: »Mich erschreckt diese ungemein gewagte Berufung auf ein übernatürliches Recht mitten im Kontext der Realpolitik, zumal dieses Recht mit militärischer Grausamkeit und politischem Exklusivanspruch einhergeht. Ein solches Recht mag der Bewahrung der eigenen Identität dienen, aber es macht nur im Rahmen eines Geschichtsmythos Sinn. Außerhalb desselben ist es lediglich eine Ideologie, und als solche liefert sie für das aufrichtige Bemühen um Frieden und Gerechtigkeit keine Basis. Die Fähigkeit, einen theologischen Anspruch (mit dem ich aufgewachsen bin und daher nicht in Zweifel ziehe) und die Notwendigkeiten des politischen Realdenkens zusammenzuhalten, ist wahrhaftig ein Kunststück« (26).

Wenn man in Gegenwart der Palästinenser von der jüdischen Einzigartigkeit spricht, ist diese Behauptung nichts anderes als eine Ideologie der Selbstbestätigung. Sie ist in einer pluralistischen Welt, in der andere Ideologien mit der gleichen leidenschaftlichen Loyalität vertreten werden, keinen Pfifferling wert. Was eine derartige Überzeugung noch am ehesten fertigbringen kann, ist »die Basis zu mobilisieren«, in diesem Fall insbesondere die »Siedler«.

So hat sich bei mir zwar das Bewusstsein, dass hier alte Verheißungen in eine giftige Ideologie umgewandelt wurden, nur langsam entwickelt, aber ich empfinde die Lage ganz und gar so wie Braverman. Meine Erkenntnisse auf diesem Gebiet stelle ich hier aus zwei Gründen vor. Zum einen möchte ich zeigen, auf welche Weise ich dazu gekommen bin, Bravermans dringendem Aufruf zuzustimmen. Und außerdem glaube ich, dass meine wachsende Erkenntnis, dass hier aus einer Verheißung eine Ideologie geworden ist, nicht atypisch ist, sondern für die Wahrnehmung sehr vieler anderer Bibelinterpreten steht. Ich bin Braverman dankbar, dass er die anspruchsvolle Aufgabe, vor der wir jetzt in unseren vielen verschiedenen Auslegungstraditionen stehen, so kühn formuliert hat.

Im Schlusskapitel seines Buchs zeigt Braverman in konkreten strategischen Schritten auf, was getan werden kann und muss. Sein Mut und seine Weisheit auf diesem Gebiet sind bestechend und dürften weder von jüdischen noch christlichen Ideologen übersehen werden, die sicher indigniert aufschreien werden.

Braverman sieht, dass die Krise im Heiligen Land ein tiefes Loch ist, und solange die Ideologen immer weitergraben, wird man aus diesem Loch nicht herauskommen. Immer mehr Gewalttätigkeit seitens der Besatzer wird die Spirale nur höherschrauben und niemals der anderen Partei das Rückgrat brechen. Das heißt, weder eine »Zwei-Staaten-Lösung« noch eine »Ein-Staat-Lösung« werden realisierbar sein, solange der jüdische Anspruch, etwas Besonderes zu sein, nicht zulässt, dass auch »Andere« legitimerweise auf diesem Boden leben dürfen; dass also die Palästinenser, die nicht Juden sind, trotzdem gleich starke Besitzrechte haben wie die Juden und diese mit gleicher Leidenschaft und Legitimität vertreten können. Die Wunschwelt der Ideologie wird diese Realität vor Ort nicht verändern.

Es ist an der Zeit, wenn auch schon sehr spät, neue Initiativen zu ergreifen. Zwar mag es unter der neuen US-Regierung unter Präsident Obama einige Hoffnungsschimmer geben, aber Braverman weiß, dass eine neue Initiative aus einer Bewegung großherziger, umsichtiger, hartnäckiger Menschen kommen muss und nicht von oben nach unten mit Mitteln der Politik durchgesetzt werden kann. Die Kritik an der Ideologie, etwas Besonderes zu sein, steht ganz dringend an. Falls und wenn Schritte außerhalb dieser Ideologie unternommen werden, könnten die humanitären Fragen, die menschlichen Verletzungen und die menschlichen Hoffnungen frische, wirksame Kraft entwickeln. Aber solange die Ideologie des erwählten Volkes vorherrscht und über jede Kritik erhaben bleibt, besteht keine Chance für Kraft des Wandels — weder der menschlichen Verletzungen noch der menschlichen Hoffnung.

Mir kommt es so vor, als glichen Bravermans Aussagen in manchem denjenigen des biblischen Hiob. Hiob wehrt sich gegen die verbohrte Ideologie, die alle Antworten schon im Voraus weiß, sich moralisch aufs Podest stellt und es zulässt, dass die Ideologie die konkreten menschlichen Gegebenheiten ausblendet. Die Absicht des Buchs Hiob ist es, eine derart starre Ideologie aufzubrechen und die Möglichkeit für eine neue Form des Engagements zu schaffen. Zweifellos käme das Aufbrechen der fixen Vorstellung vom »Auserwähltsein« dem Phänomen gleich, dass die Stimme aus dem Wettersturm, die alles neu macht, die bisherige Welt infrage stellt.

Dieses Buch ist eine Einladung, der man Gehör schenken muss. Würde man sie beherzigen, so könnte schon bald in Jerusalem Friede sein, wenn auch nicht gleich nächstes Jahr. Lässt man sich nicht auf sie ein, so wird der heilige Boden immer mehr zum Schlachtfeld werden. Es gibt eine Zeit zum Festhalten und eine Zeit zum Loslassen.

Jetzt ist es an der Zeit, sagt Braverman, eine Ideologie loszulassen, die man zu lange gehegt hat. Der erste Schritt beginnt mit Loslassen; das ist immer so. Braverman zitiert mehrmals die Geschichte von dem Affen, der nicht nach dem Ast auf Höhe seiner Genossen greifen konnte, weil er den Ast, den er in der Hand hatte, nicht loslassen wollte. So verlor er den Anschluss an seine Familie.

In der christlichen Tradition ist der entscheidende Begriff für »Loslassen« das griechische Wort kenosis. Im Philipper-Brief heißt es in poetischer Form über Jesus: »Er erniedrigte sich selbst ... und ward gehorsam bis zum Tod ... Darum hat ihn Gott über alle erhöht ...« (Philipper 2,7–9). Es ist eine Kernaussage der christlichen Tradition, dass neues Leben erst dann entstehen kann, wenn man das Alte losgelassen hat. Dieses den Christen so wichtige Gespür für das Geschenk von etwas Neuem haben sie natürlich vom Judentum gelernt. Am Wendepunkt des Exils, nach der Zerstörung Jerusalems, ruft der Dichter das jüdische Volk auf:

> Denkt nicht mehr an das, was früher war;
> auf das, was vergangen ist, sollt ihr nicht achten.
> Seht her, nun mache ich etwas Neues.
> Schon kommt es zum Vorschein, merkt ihr es nicht?
> (Jesaja 43,18–19)

Beim Anspruch auf das Heilige Land gibt es die Versuchung, allzu lange auf dem zu beharren, was früher galt. Wie Miroslav Volf (2006) es ausdrückt, gibt es eine Zeit zum Vergessen, um das wahrnehmen zu können, was einem neu geschenkt wird. Braverman ruft alle Streitparteien dazu auf, auf das »Neue« zu achten, das »schon zum Vorschein kommt«. Wer wollte schon das Neue verpassen, weil er zu lange in der alten ideologischen Wahrnehmung befangen bleibt?

2. Juni 2009

Walter Brueggemann
Columbia Theological Seminary

Walter Brueggemann ist emeritierter McPheeters Professor für Altes Testament am Columbia Theological Seminary, Decatur, Georgia, und Autor zahlreicher Bücher und Aufsätze, von denen leider nur wenige ins Deutsche übersetzt sind. Zu seinen wichtigsten Werken zählen: Theology of the Old Testament (1997); The Prophetic Imagination (2. Aufl. 2001), The Book That Breathes New Life (2005) und Mandate to Difference: An Invitation to the Contemporary Church (2007).

DANKSAGUNG

Ein Mann, den ich unlängst kennenlernte, lehrt die »Wahrheiten des Großen Werks«, wie er es nennt. Eine dieser Wahrheiten ist, dass »ein Werk kein Soloakt ist. Man muss die Weisheit, Erfahrung und Einfühlung der Menschen aus seiner Umgebung nutzen.«[1] Seit ich mit dem Werk angefangen habe, zu dem auch das Schreiben dieses Buchs gehört, war ich mit einer großen Gemeinschaft von Freunden und Kollegen gesegnet. Ich bin diesen außergewöhnlichen Menschen für ihre Ermutigung, Hilfe und Weisheit dankbar.

Der Kern dieses Buches ist das Manuskript eines Vortrags, den ich 2007 auf einer Konferenz zum Thema »Interreligiöse Streckenabschnitte auf der Straße zur Befreiung im 21. Jahrhundert« hielt. Diese Konferenz wurde vom *Center for Jewish Studies* an der *Baylor University* in Waco, Texas unter Vorsitz von Dr. Marc Ellis veranstaltet. Ich bin Marc dankbar dafür, dass er mir die Gelegenheit bot, mich in ein Denken und Forschen einzuarbeiten, das zum vorliegenden Buch geführt hat. Darüber hinaus bin ich Marc für sein mutiges und bahnbrechendes Werk zu tiefem Dank verpflichtet, mit dem er diesen kritischen Wendepunkt der jüdischen Geschichte aus der Sicht der Befreiungstheologie erhellt hat. Am Ende dieses Buches werden die Leserinnen und Leser verstanden haben, wie wichtig sein Werk für das meinige war.

Gabrielle Sutherland lernte ich 2007 bei der Konferenz am *Center for Jewish Studies* in ihrer Rolle als Koordinatorin dieser Konferenz kennen. Ihr fachlicher Rat in den Frühphasen der Konzipierung dieses Buchs und ihre Ermutigung und Freundschaft während des gesamten Schreibprozesses waren für mich von unschätzbarem Wert. Keren Batiyov, eine leidenschaftliche Friedensaktivistin und Dichterin, brachte mich zur Konferenz an der *Baylor University* und machte mich mit Marc Ellis bekannt. Kerens leidenschaftlicher Einsatz für Gerechtigkeit inspiriert mich stark. Unsere tiefe Verbindung und Kerens anhaltende Unterstützung sind mir ein kostbares Geschenk.

Joseph Groves, Mike Daly und Jacob Pace von den *Interfaith Peace Builders* (IFPB) verschafften mir die Möglichkeit, während zweier aufeinanderfolgender

Sommer Israel/Palästina zu besuchen. Joe, Mike und Jake bleiben mir gute Freunde und wichtige Unterstützer. Was ich ihnen und den IFPB-Leuten verdanke, ist unschätzbar.

Reverend Naim Ateek vom *Sabeel Liberation Theology Center* in Jerusalem ist einer meiner Lehrer. Naims Werk auf dem Gebiet der Befreiungstheologie sowie sein unermüdliches Tätigsein inspirieren mich weiterhin und fordern mich heraus. Naims Geschichte, sein Geist und sein Anliegen liegen in der spirituellen Mitte meines eigenen Werks. Es ist mir eine Ehre, ihn meinen Freund nennen zu dürfen. Mein Dank für ihre Freundschaft und Unterstützung geht an Naim, an die Leute von *Sabeel* und an meinen Freund und Kollegen Reverend Dick Toll von den *Friends of Sabeel North America*.

Anfang 2007 hatten mich Greg und Susan Drinan von *Abraham's Children* eingeladen, bei Father Elias Chacour, inzwischen Erzbischof der Melkitischen Griechisch-Katholischen Kirche von Galiläa und Gründer der Mar Elias-Schule, eine Reihe von Vorträgen zu halten. Diese Erfahrung zählt zu den großen meines Lebens. Mein brüderliches Verhältnis zu Abuna Chacour, das sich im Augenblick unserer ersten Begegnung einstellte, gehört zum Kern dieses Buches. Ich verdanke Abuna sehr viel, sowie auch Greg und Susan. Ich schätze unsere Freundschaft und unsere gemeinsame Arbeit im Anliegen der Gerechtigkeit für alle Menschen im Heiligen Land sehr.

Pastor David Good von der *First Congregational Church of Old Lyme* in Connecticut hat einen zentralen Beitrag zu meinem Denken geleistet sowie zur Entwicklung meiner Stimme, um alle Glaubensgemeinschaften ansprechen zu können, und er tut das weiterhin. David und die Menschen seiner Gemeinde haben schon seit einer Generation ihren Worten über soziale Gerechtigkeit Taten folgen lassen. David hat mir die Möglichkeit verschafft, von seiner Kanzel zu predigen, hat mir eindrücklich aufgezeigt, dass wir eine gemeinsame Tradition haben und mich zu meiner Liebe zur Heiligen Schrift zurückgeführt. Als Vorsitzender des *Tree of Life Educational Fund* hat David mein Werk auf vielfältige Weise unterstützt. Es war für mich ein Privileg, David kennenzulernen und an seiner Seite zu arbeiten, und ich habe vor, mich weiterhin zusammen mit ihm für Gerechtigkeit und Versöhnung einzusetzen.

Als Pastor Steve Hyde von der *Ravensworth Baptist Church* in Annandale, Virginia und ich einander vor wenigen Jahren erstmals begegneten, wussten wir auf der Stelle, dass wir Brüder waren. Steve und seine Gemeinde haben mich in ihrer Familie willkommen geheißen und aktiv den Bau von Brücken zwischen unserer Gesellschaft und dem Heiligen Land unterstützt. Als Jude, der mit Steve gemeinsam eine prophetische Tradition hat, habe ich an seiner Seite gepredigt, die Bibel studiert, theologische Themen erörtert und mich wie so viele andere in der Liebe gesonnt, die dieser Mann so großzügig ausstrahlt. Von Steve habe ich gelernt, was es heißt, seinen Glauben in den Einsatz für soziale Gerechtigkeit umzusetzen. Ghassan und Kay Tarazi, Mitglieder von *Ravensworth*, inspirierte Aktivisten und jetzt gute Freunde von mir, haben mich ermutigt und mir Gelegenheit verschafft, andere anzusprechen. Ich freue mich auf die gemeinsame Arbeit, die uns erwartet.

Nach der Rückkehr unserer Delegation aus dem Heiligen Land im Jahr 2006 arrangierte der hingebungsvolle Friedensaktivist und Künstler Lee Porter für uns einen Vortrag in der Reihe der Freitagsforen der *New York Avenue Presbyterian Church* in Washington, DC. Das war für mich ein bahnbrechendes Ereignis und nur die erste der vielen Weisen, auf die Lee mein Werk im Lauf der letzten Jahre unterstützt hat. Ich bin Lee dafür dankbar und schätze unsere Freundschaft sehr. Ein weiterer Gefährte der Reise von 2006 ins Heilige Land war John Van Wagoner. Unsere gemeinsamen Erlebnisse festigten unsere Freundschaft, die bis heute anhält. Ich schätze John sehr. Er lebt seinen Glauben. Eine weitere Washingtonerin und Mitdelegierte ist Ann Loikow, die die Arbeit für Gerechtigkeit in Israel/Palästina energisch weitergeführt hat. Ann und ihr Mann John leisteten mir wichtige Unterstützung und ich bin ihnen dafür dankbar.

Mit meinem Vortrag in der *New York Avenue Presbyterian Church* begann auch meine Freundschaft mit Roger Gench, dem Hauptpastor dieser Kirche. Mein Kontakt mit Roger, dem begabten Pastor, Verfechter der Menschenrechte und Kenner der Theologie war einer der Auslöser für dieses Buch hier. Roger hat mich mit wertvoller Literatur über die heutige Theologie versorgt, deren Lektüre für das Verfassen meines Buchs von entscheidender Bedeutung war. Roger war es auch, der mich mit Walter Brueggemann bekannt machte, der im Herbst 2006 in seiner Kirche eine Vortragsreihe hielt.

Daoud und Jihan Nassar vom *Tent of Nations* in Bethlehem haben mich in ihre Familie eingeführt. Sie haben mir die Bedeutung des arabischen Worts *sumud* vorgelebt: Beharrlichkeit und Hingabe an das, was kostbar und es wert ist, dafür zu kämpfen. Mir war es eine Ehre, sie kennenzulernen und wenigstens in bescheidenem Maß an ihrem Arbeiten und Ringen teilhaben zu können. Seit ich die Zusammenarbeit mit Daoud begonnen habe, ist mir hier in Washington eine zweite Familie zugewachsen: Bill und Kay Plitt, Bill Mims und Steve France sind das Leitungsgremium der *Friends of Tent of Nations North America*. Sie haben mich bei meiner Schreibarbeit angefeuert und zugleich liebevoll meine Ablenkung vom Werk unserer Organisation toleriert. Ich hoffe, sie wissen, wie sehr sie für mich etwas Besonderes sind und wie ich mich geehrt fühle, an ihrer Arbeit mitbeteiligt zu sein.

Die Freundschaft und Unterstützung von Hannah Schwarzchild von den *American Jews for a Just Peace* ist eines der wunderbaren neuen Dinge, die sich in meinem Leben ereignet haben. Hannah kann fast Wunder wirken, zum Beispiel binnen 48 Stunden das Register für dieses Buch erstellen. Sie hat mir auch großartige Ratschläge für einige der heikelsten Themen dieses Buchs gegeben. Von Hannahs unermüdlicher – und lebenslanger – Arbeit für die Gerechtigkeit lerne ich tagtäglich.

Es überrascht nicht, dass Anna Baltzer, die Autorin von *Witness in Palestine*, mit ihrer sorgfältigen, prägnanten und unschätzbaren Durchsicht des Manuskripts alle übertraf. In wenigen Jahren hat Anna einen einzigartigen Schub für die Bemühungen bewirkt, der amerikanischen Öffentlichkeit den Kampf der Palästinenser um Gerechtigkeit zu Bewusstsein zu bringen. Auch uns verbindet eine tiefe und unerschütterliche Freundschaft, die im Augenblick unserer ersten Begegnung begann. Das vorliegende Buch hat dank Annas redaktionellen Vorschlägen und herausfordernden Kommentaren zu Themen wie aktive Friedensarbeit, Sicht des Konflikts und Substanz und Sinn der Gerechtigkeit auf signifikante Weise gewonnen.

Walter Brueggemann dürfte überrascht sein, hier zu erfahren, dass er mich wieder zu meiner ersten Liebe zurückgeführt hat, aber genau das ist dank der Vorträge passiert, die er im Dezember 2006 in Washington, DC hielt. Walter weckte wieder meine Liebe zur Heiligen Schrift – vor allem zu den Propheten – und half mir, zu meinen Wurzeln zurückzufinden und diesen Weg hier einzuschlagen. Seine Vorträge stießen mich zugleich auf seine Schriften und damit sein Werk, das auf diesen Seiten hier eine so große Rolle spielt. Als ich Walter nicht ohne Bangen meine Besprechung – und Kritik – seiner Aussagen über die Landverheißung geschickt hatte, las er sie, lud mich zu einem Besuch ein, erklärte mir, das sei solide und drängte mich, weiterzumachen und meine Stimme weiterzuentwickeln. Eines der guten Dinge, die aus diesem Projekt erwuchsen, war seine Freundschaft. Ich danke Walter für seine Ermutigung und das Geschenk seiner Weisheit.

Die im Folgenden genannten Kollegen und Freunde haben alle auf irgendeine Weise und in irgendeinem Maß am Denken, Erleben und Engagement für die Gerechtigkeit teilgenommen, das in die Konzeption und Abfassung dieses Buchs eingeflossen ist. In der folgenden Liste habe ich sicher einige Menschen vergessen, wofür ich sie um Entschuldigung bitte:

Todd Deatherage, Rela Mazali, Shireen Khamis, Ghada Ageel, Dora Johnson, Alma Jadallah Abdel-Hadi, John Salzberg, Paul Verduin, Jerry und Gene Bird, Tal Dor, Amal Nassar, Mazin Qumsiyeh, Mai Abdul-Rahman, Dave und Betsy Sams, Suzanne Hoder, Grace Said, Philip Farah, Susan Wilder, Phil Anderson,

Father Albert Scarioto, Tarek Abuata, Rachel Tzvia Back, Hythem und Beth Shadid, Fahed Abu-Akel, Canon John Peterson, Lisa und Mac Erlich, Billy Boardman, Bischof John Chane, Said Rabieh, Tals Abu Rahmeh, Joel Kovel, Kent Buduin und Carol Bullard-Bates, Reverend Catherine Alder, Bruder Jack Curran, Reverend Conrad Braaten, Reverend Phil Anderson, R. Kendall Soulen, John Berquist, Walt Davis, Reverend Don Wagner, Hassan und Margaret Fouda, Jeff Halper, Harold Gorvine, Nina Mayorek, Robert Smith, Carol LaHurd, Joel Kovel, Nur Masalha, Bischof Richard Graham, Ray McGovern, Laila Liddy, Scott Munger, Sara Roy, Emily Siegel, Pastor Russ Siler, Bischof Allen Bartlett, Rabbi Arthur Green, Elizabeth und Peter Viering, Joan und Jerry Silberberg, Rabbi Brian Walt, Jim Wall, Neil Elliot, Jim Wallis, Sam Jones und Karin Ryan, Gregory Khalil, Jo und Bob Busser, Leila Sansour, Carol Salzman, Rabbi Brant Rosen, Rosemary Ruether, Richard Falk, Stephen Walt, Stephen Sizer und Max Ticktin.

Ohne die Vorstellungskraft von Dr. Heike Goebel und Dr. Robert Jewett hätte es diese deutsche Ausgabe des Buches nicht gegeben. Ich bin beiden sehr dankbar dafür, dass sie es möglich gemacht haben, einer deutschsprachigen Leserschaft diese wichtige Diskussion zugänglich zu machen. Nachdem es Heike und Bob gelungen war, den Verlag zu gewinnen, war es Sache des Gütersloher Verlagshauses, sich die Vision zu eigen zu machen und das Projekt zu verwirklichen. Es war ein Vergnügen, mit Herrn Diedrich Steen von Gütersloher Verlagshaus zusammenzuarbeiten, der dieses Projekt mit großem persönlichen Einsatz begleitet hat.

Ganz besonderen Dank habe ich Dr. Heike Goebel zu sagen. Zusammen mit mir und den Mitarbeitern des Verlages hat sie unermüdlich gearbeitet, um sicherzustellen, dass die deutsche Ausgabe die Treue zum Original bewahrt. Heikes großer Einsatz für die Sache des Friedens und der weltweiten Gerechtigkeit sowie die Hingabe, mit der sie sich für interkulturelles Verständnis einsetzt, werden in der Leidenschaft sichtbar, mit der sie sich für dieses Projekt eingesetzt hat.

Ich bin mit einer außergewöhnlichen Familie gesegnet, und wie immer war ihre Unterstützung außerordentlich.

Während der Abfassung eines früheren Buches gab mir mein damals dreizehnjähriger Sohn Jacob wertvolle Anregungen für Stil, Gehalt und vor allem Klarheit der Gedankenführung. Auch jetzt hat er mich wieder mit seiner großartigen Fähigkeit zum Schreiben und kritischen Denken beim Durchsehen des Manuskripts beschenkt. Bei dem früheren Buch sagte Jacob abschließend: »Gut gemacht, Dad, aber wann schreibst du endlich einen Roman?« Ich habe seinen Wunsch immer noch nicht erfüllt, aber wiederum stehe ich in seiner Schuld dafür, wie er mich ermutigt und intellektuell gefordert hat, dieses Mal aus der Entfernung zweier Erdteile. Meine anderen erwachsenen Kinder, Noah Zuckerman und Leah Barcan und ihre Ehepartner Marianne Zuckerman und Daniel Barcan standen mir auf diesem Weg bei und schenkten mir laufend ihre Unterstützung. Ich glaube, es gibt kaum ein größeres Glücksgefühl, als zu spüren, dass die eigenen Kinder stolz auf einen sind.

Meine Eltern leben nicht mehr, um die Veröffentlichung dieses Buchs miterleben zu können, was mich betrübt. Ich hätte erleben wollen, wie sie begierig gewesen wären, es zu lesen, denn sie waren immer aufgeschlossen für kritische neue Ideen. Meine Mutter liebte Israel leidenschaftlich – und sie hätte Geist und Herz aufgeschlossen und verstanden, dass dieses Buch Ausdruck der gleichen Liebe ist, die ich mit ihr teile. Meines Vaters größtes Geschenk für mich war seine skeptische Einstellung und sein scharfer Geist; er blieb nie stehen. Die Wissensbegierde meiner Eltern, ihre Liebe zu ihrem Volk und ihr Engagement für Güte und Gerechtigkeit leben in jeder Seite dieses Buchs.

Dieses Buch ist meiner Frau Susanne Braverman gewidmet. Susan ist unermüdlich und hochqualifiziert beim Lektorieren von Büchern. Sie machte mir in den frustrierendsten Phasen Mut und opferte Zeit, Geld und Familienleben, um dieses Projekt zu unterstützen. Für dies alles bin ich ihr dankbar. Aber nicht deshalb widme ich ihr dieses Buch. Die Widmung »Für Susie« gilt einfach schlechthin. Wie alles andere ist auch das für sie.

Bethesda, Maryland
Im Mai 2011

ANMERKUNGEN

Vorwort

1. R. P. Erickson: Theologen unter Hitler. Das Bündnis zwischen evangelischer Dogmatik und Nationalsozialismus, München 1986.
2. In: R. P. Ericksen/S. Heschel, Betrayal: German Churches and the Holocaust, Minneapolis 1991, 23-24.
3. In: J. W. de Gruchy, The Church Struggle in South Africa, Minneapolis, 2005, 30.
4. A. a. O., 31.
5. A. a. O., 29.
6. J. Rose, The question of Zion, Princeton 2005, xi.
7. L. Pinsker, Auto-Emancipation (1882), in: A. Hertzberg, The Zionist Idea, Garden City 1959, 185.
8. T. Herzl, The Jewish State (1896), in: A. Hertzberg, a. a. O., 225.
9. H.-J. Iwand, Theologie in der Zeit, KT 85, München 1992, 179.
10. G. Baum in: R. Ruether, Faith and Fratricide, Eugene, OR 1997, 6–7.
11. R. T. Osborn, »The Christian blasphemy: A non-Jewish Jesus.« In: Jews and Christians: Exploring the past, present, and future, ed. James H. Charlesworth, New York 1990, 214.
12. In: H. P. Ericksen/S. Heschel, Betrayal: German Churches and the Holocaust, Minneapolis 1991, 21.
13. Die Untersuchung der Fragestellung einer Theologie des Landes übersteigt den Rahmen des vorliegenden Buches; sie wird jedoch Eingang in mein nächstes Buch finden. Ein wichtiger jüngerer Beitrag zu diesem Thema ist: G. Burge, Jesus and the Land: the New Testament Challenge to »Holy Land« Theology, Grand Rapids 2010.

Zur Einführung

1. M. Ellis, »On the Jewish Civil War and the New Prophetic« im *Tikkun Magazine* 2001.

2. In einem Interview in der Sendung »Fresh Air« des *National Public Radio* der USA vom 3. Dezember 2008.

3. Das Abkommen oder die »Declaration of Principles« von 1993 in Oslo war die erste Vereinbarung zwischen Israel und politischen Vertretern der Palästinenser. Es war als erster Schritt in Richtung eines unabhängigen Palästinenserstaates in der Westbank und Gaza sowie als Weg zu normalen Beziehungen mit Israel gedacht. Dieses Abkommen schuf die »Palästinenserbehörde« (PA, *Palestinian Authority*), die in verschiedenen Graden die Kontrolle über einen Teil des von Israel besetzten Gebiets ausüben sollte. Dafür wurden drei Zonen eingerichtet: Zone A unter der vollständigen Kontrolle der PA; Zone B unter der zivilen Kontrolle der PA und der Militärkontrolle Israels; und Zone C unter der vollständigen Kontrolle Israels. Zone C besteht ausschließlich aus jüdischen Siedlungen und »Sicherheitszonen«, in die Palästinenser keinen Zutritt haben. Das Abkommen bestimmte eine Übergangsperiode von fünf Jahren, in der die Fragen bezüglich der »Dauerhaftigkeit« der jüdischen Siedlungen, Jerusalem, und der Heimkehr der Flüchtlinge gelöst werden sollten, die man bei den Verhandlungen ausgeklammert hatte. Der Ausbruch der *Al Aqsa Intifada* (»Zweiten Intifada«) wird allgemein als Ergebnis der Frustration der Palästinenser darüber angesehen, dass das Abkommen die versprochenen Ziele verfehlte sowie als Reaktion darauf, dass die ausschließlich jüdischen Siedlungen in der ganzen Westbank und in Gaza gewaltig zunahmen.

Kapitel 1, Der Augenblick der Wahrheit

1. J. Carter, Palestine: Peace not Apartheid, New York 2006, 208f.
2. J. Mearsheimer/S. Walt, The Israel Lobby and U.S. Foreign Policy, New York 2007.
3. I. Pappe, Die ethnische Säuberung Palästinas, Frankfurt am Main 2007 (zuvor englisch 2006).
4. G. Gorenberg, The Accidental Empire: Israel and the Birth of the Settlements, 1967–1977, New York 2007.
5. H. Agha/R. Malley, »Camp David: The Tragedy of Errors« in: New York Review of Books 2001, 48.
6. Anm. d. Ü.: Als »Denominationen« werden – im Unterschied zu den drei christlichen »Konfessionen« der Katholiken, Protestanten und Orthodoxen – die zahlreichen Untergruppierungen des (amerikanischen) Protestantismus bezeichnet, gelegentlich auch diejenigen des Judentums.
7. Jiddischer Ausdruck hebräischer Herkunft für charmante Dreistigkeit und Rücksichtslosigkeit.
8. R. R. Ruether, Faith and Fratricide: The Theological Roots of Antisemitism, Eugene, OR, 1997.

Kapitel 2, Mein Weg

1. Nach der Eroberung der Westbank 1967 annektierte Israel illegalerweise Ost-Jerusalem. In den folgenden Jahren wurde ein systematisches und aggressives Programm der »Judaisierung« der Gebiete nördlich, östlich und südlich des jüdischen West-Jerusalem durchgezogen. Dazu gehörte die Beschlagnahmung palästinensischen Landes für den Bau ausschließlich jüdischer Wohnbezirke und Vorstädte, die praktische Eliminierung aller nicht-jüdischen Bauten, die Zerstörung der palästinensischen Häuser und der Bau der Trennungsmauer sowie ein System neuer, nur für Juden reservierter Straßen, um eine geschlossene jüdische Megalopolis zu schaffen, die nur Juden betreten dürfen. Im Zug der Durchsetzung des von der Regierung geförderten und finanzierten Plans des »Größeren Jerusalem« werden bislang palästinensische Siedlungsgebiete nördlich und südlich der Stadt geschluckt und es wird Ackerland östlich davon in Richtung Jordantal überbaut, wodurch praktisch das, was von der palästinensischen Westbank übrig geblieben ist, in zwei getrennte Gebiete unterteilt wird.
2. Der zweite Aufstand der Palästinenser.
3. N. Ateek, Justice Only Justice: A Palestinian Theology of Liberation, New York 1989.
4. M. Ellis, Toward a Jewish Theology of Liberation: The Challenge of the 21st Century, Waco 2004.
5. Katamon ist ein Wohnbezirk im jüdischen Westjerusalem.
6. Gush Katif war eine jüdische Siedlung in Gaza, die 2005 gewaltsam von der israelischen Regierung evakuiert wurde.
7. Anata ist ein palästinensisches Dorf in der Westbank vier Kilometer östlich von Jerusalem, wo von der israelischen Regierung viele Häuser zerstört wurden. Es war der Schauplatz gewaltfreier Proteste gegen diese Zerstörungen von palästinensischen und israelischen Friedensgruppen.

Kapitel 3, Der Antisemitismus, die jüdische Identität und der Staat Israel

1. Die Hamas ist eine palästinensische politische Partei, die die Wahlen zur gesetzgebenden Versammlung der Palästinenser im Januar 2006 mit überwältigender Mehrheit gewann. Israel, die USA und andere Länder stufen die Hamas als terroristische Organisation ein. Ihr Name besteht aus dem arabischen Akronym für »Islamische Widerstandsbewegung«.
2. A. H. Rosenfeld, »Progressive Jewish Thought and the New Anti-Semitism« in: American Jewish Committee 2006.
3. A. Forster/B. R. Epstein, The New Anti-Semitism, New York 1974.
4. Eine antisemitische gefälschte Schrift aus dem 19. Jahrhundert, die angeblich das Dokument einer jüdischen Geheimgesellschaft darstellen soll, die sich verschworen habe, die Weltherrschaft zu erringen.

5. I. Greenberg, »The Third Great Circle in Jewish History« in: Perspectives, September 1981, 15 u. 18.

6. W. Brueggemann, The Prophetic Imagination, Minneapolis 2001, 46; Hervorhebung im Original.

7. A. Burg, The Holocaust is Over and We Must Rise from Its Ashes, New York 2008.

8. B. Beit-Hallahmi, Original Sins, New York 1993, 198.

9. M. Ellis,Toward a Jewish Theology of Liberation, Waco 2004, 206.

10. Dieses Thema wurde unlängst in der israelischen Politik aktuell. Nach den Nationalwahlen Anfang 2009 brachte Avigdor Lieberman, der Führer der Partei Yisrael Beitenu (»Unser Haus Israel«), den Antrag ein, einen Loyalitätseid auf Israel als »jüdischem, zionistischem und demokratischem Staat« einzuführen« (»Yisrael Beitenu To Advance Bill on Loyalty Oath«, Haaretz vom 29. Mai 2009). Angesichts der ultra-nationalistischen Plattform seiner Partei hatte diese Gesetzesvorlage das Ziel, den palästinensischen Bürgern Israels diesen Eid abzuverlangen und Israel so weit zu bringen, dass es die Nichtjuden aus dem Staat schafft. Daniel Levy, der Mitdirektor der »Middle East Task Force of the New America Foundation« schrieb dem »Phänomen Lieberman« das Verdienst zu, für Israel einen »Augenblick der Wahrheit« geschaffen zu haben (»Israel's Loyalty Oath« in: The Real News Network vom 20. Februar 2009).

11. J. Rose, The Question of Zion, Princeton 2005.

12. Lerners Definition in einem Beitrag von 2007 im Tikkun Magazine ist es wert, zitiert zu werden: »Wenn ich von der Israel-Lobby spreche, beziehe ich mich nicht nur auf AIPAC oder »The Conference of Presidents«, sondern auf eine große Bandbreite von Organisationen, darunter den American Jewish Congress, das American Jewish Committee, den World Jewish Congress, B'nai Brith, die Anti-Defamation League (ADL), Hassadah, das Wiesenthal Center, die Federation und den United Jewish Appeal (UJA), die verschiedenen Jewish Community Relations Councils, die meisten der lokalen Hillel Foundations in den Colleges, die meisten hebräischen Schulen und Konvikte, die ihre Schüler in das Judentum und die jüdische Kultur einführen, sowie das Spektrum der von der Federation gesponserten Zeitungen, die in fast jeder jüdischen Gemeinde in Amerika verteilt werden.«

13. S. Roy, Failing Peace: Gaza and the Palestinian-Israeli Conflict, London 2007.

Kapitel 4, Eine Bewegung voller Hoffnung und Sehnsucht

1. Die Geschichte der Rückkehr der Nachfahren der Bewohner von Kfar Etzion ist ergreifend und hilft uns die Emotionen verstehen, die den Impuls wachhalten, die Westbank zu besiedeln und so ins Land »heimzukehren«. Aber es ist wichtig, sich vor Augen zu führen, dass die israelische Regierung es Palästinensern, die jetzt in der Westbank, in Jordanien, im Libanon und anderen Ländern leben und dereinst

mit Gewalt aus ihren Dörfern im heutigen Israel vertrieben wurden, nie erlaubt
hat, wieder »heimzukehren«. Für den Hinweis auf diesen Aspekt bin ich Anna
Baltzer dankbar.

2. R. Boudreaux, »A Westbank Struggle Rooted in Land«, Los Angeles Times vom
27. Dezember 2007.

3. A. Hass, »The Hebron Tactic« in: Haaretz vom 8. August 2007.

4. J. Rose a. a. O. xi.

5. D. B. Gurion, Israel: A Personal History, London 1972, zitiert von Rose, a. a. O.
46.

6. D. B. Gurion, The Forefathers of the Jewish Nation, TS, Jerusalem, 1. Zitiert von
Rose, a. a. O. 46.

7. Man beachte nicht nur die Bezeichnung »Stadt« (city), sondern auch die Verwendung des Begriffs »Hügel von Judäa.« »Judäa und Samaria« sind die biblischen
Begriffe für das heutige Gebiet der Westbank. Die jüdischen Siedler bezeichnen
dieses Gebiet immer mit diesen Namen, denn ihrer Auffassung nach haben sie
darauf als Teil des »Eretz Yisrael«, des biblischen Landes Israel, Anspruch. Politische Grenzen, Waffenstillstandslinien, internationale Vereinbarungen und Gesetze
sind für diese ideologischen Pioniere zweitrangig, ja für die Macht ihrer Ansprüche
irrelevant. Mit der Wahl einer Regierung des rechten Flügels im Februar 2009 ist
dieser Sprachgebrauch im israelischen politischen Mainstream üblich geworden
und Premierminister Benjamin Netanjahu sprach im Juni 2009 in einer Rede von
Israels »Präsenz in Judäa, Samaria und Gaza.« (»Netanyahu: How Judea and Samaria Can Become ›Palestine‹« in Jewish World Review vom 14. Juni 2009, www.
jewishworldreview.com).

8. A. I. Kook, »Erez Yisrael« in: Orot Hakadesh, 9. Jerusalem, 1963; zitiert von Rose,
a. a. O., 23.

9. A. Hertzberg, The Fate of Zionism: A Secular Future for Israel and Palestine, San
Francisco 2003.

10. I. Greenberg, »The third great cycle in Jewish history« in: Perspectives, September
1981, 26.

11. Es ist interessant zu erwägen, dass Benjamin Netanjahu vom rechten Flügel 2009
bei den Wahlen zum Teil deshalb an die Macht kam, weil man die Angst vor Irans
Drohung geschürt hatte, Israel mit einem Nuklearangriff auszulöschen.

12. J. Kovel, Overcoming Zionism: Creating a single democratic state in Israel/Pales-
tine, London 2007, 20; Hervorhebung von mir.

13. M. Ellis, Toward a Jewish theology of liberation: The challenge of the 21st century,
Waco 2004, 205.

14. B. Evron, »The Holocaust: Learning the wrong lessons« in: Journal of Palestine
Studies 10 (3), 16–26; zitiert von Ellis, a. a. O., 54; Hervorhebung von mir.

Kapitel 5, Schadensbekämpfung:
die christliche Theologie nach dem Holocaust

1. R. K. Soulen, Rezension von Paul M. van Buren, According to the scriptures: The origins of the Gospel and of the church's Old Testament, in: Theology Today, April 2008.
2. J. Wallis, Post-Holocaust Christianity: Paul van Buren's Theology of the Jewish-Christian Reality, Lanham, MD 1997.
3. P. M. van Buren, According to the Scriptures: The Origins of the Gospel and of the Church's Old Testament, Grand Rapids 1998, 85.
4. Triumphalismus bedeutet, dass eine bestimmte Religion oder Doktrin anderen überlegen ist.
5. P. M. van Buren, »The Jewish people in Christian theology: Present and future« in: The Jewish people in Christian preaching, hg. v. Darrell J. Fasching, Lewinston, New York 1984, 19–33.
6. R. K. Soulen, The God of Israel and Christian Theology, Minneapolis 1996.
7. M. Wyschogrod, »Christology: The immovable object« in: Religion and intellectual life 3. Zitiert von R. K. Soulen in: The God of Israel and Christian Theology, Minneapolis 1996, 79.
8. M. Wyschogrod, Body of faith: God and the people Israel, San Francisco 1989, 57.
9. R. K. Soulen, »Michael Wyschogrod and God's first love« in: The Christian Century vom 27. Juli 2004, 22–27.
10. J. Carroll, Constantine's Sword: The Church and the Jews, Boston 2001, 109f.
11. J. Carroll, Constantine's Sword: The Church and the Jews, Boston 2001

Kapitel 6, Die Theologische Not und die Verheißung des Landes

1. J. D. G. Dunn, The Cambridge Companion to St. Paul, Cambridge 2003, 9.
2. R. T. Osborne, »The Christian Blasphemy: A Non-Jewish Jesus« in: Jews and Christians: Exploring the Past, Present, and Future, hg. v. J. H. Charlesworth, New York 1990, 214.
3. P. van Buren, »The Jewish People in Christian Theology: Present and Future«, in: The Jewish People in Christian Preaching, hg. v. Darell J. Fasching, New York 1984, 23.
4. C. M. Williamson, A Guest in the House of Israel: Post-Holocaust Church Theology, Louisville 1993.
5. I. Greenberg, »Cloud of Smoke, Pillar of Fire: Christianity and Modernity after the Holocaust« in: Auschwitz: Beginning of a New Era? Reflections on the Holocaust, hg. v. Eva Fleischner, New York 1977, 7–55.
6. Liberale christliche Interpreten wie Marcus Borg, John Shelby Spong, Dominic Crossan, Richard Horsley und Neil Elliot teilen diese Sicht, dass Jesu öffentliches

Auftreten vom Widerstand gegen die römische Unterdrückung (und deren jüdische Klienten-Klasse) angetrieben gewesen sei, sich also nicht primär direkt gegen das Judentum oder die jüdische Praxis als solche gerichtet habe. Ich werde in späteren Kapiteln genauer ausführen, wie diese Sicht Jesu und des Frühchristentums diese Denker in eine völlig andere Richtung führt als die von Williamson artikulierte restaurativen Sicht.

7. J. G. Gager, The Origins of Anti-Semitism, New York 1983, 202.

8. J. D. G. Dunn, Jesus, Paul, and the Law, Louisville 1990: »New Perspective on Paul«.

9. Manche christliche und jüdische Interpreten behaupten zwar, in den biblischen Texten nach dem Pentateuch gebe es Belege dafür, dass Gottes Auftrag an die Juden in eine Sendung für die ganze Menschheit ausgeweitet werde, besonders bei Deutero-Jesaja, Jona und Ruth. Auf dieses Argument werde ich in späteren Kapiteln zurückkommen.

10. Der Begriff »Völker« oder »Nationen« (im Hebräischen gojim oder zuweilen amim), wie er von Jesaja verwendet und im Alten Testament geläufig ist, wird im Neuen Testament gewöhnlich mit »Heiden« übersetzt. Aber es handelt sich hier keineswegs um identische Begriffe. Wenn Jesaja diese Worte gebraucht, meint er andere Nationen, also die uns umgebenden Völker, die Nichtjuden, diejenigen, die anders sind als wir. Aber der Begriff der »Nationen« erfährt im Neuen Testament eine Bedeutungswandel, die die Umstellung der Übersetzung von »Nationen« in »Heiden« anzeigt. Wenn Paulus von »Heiden« spricht, bezieht er sich speziell auf Nichtjuden, die Christen geworden sind und potenziell auf den gesamten Rest der Welt, dem man sich jetzt zuwenden kann, um sie zu Nachfolgern Christi zu bekehren. Der Unterschied – der fundamentaler nicht sein könnte – ist der, dass man im alttestamentlichen Kontext eine klare Demarkationslinie zwischen »uns und ihnen« zieht (ganz gleich, ob in freundlicher oder feindlicher Absicht), während man im Schoß des Neuen Testaments darauf aus ist, diese »anderen« in die eigene Herde hereinzuholen.

11. P. van Buren, »The Jewish People …«, a. a. O. 25.

12. J. Carroll, Constantine's Sword, a. a. O. 566.

13. David Rosen, »The Churches and the Battle Against Anti-Semitism«, Ansprache in http://rabbidavidrosen.net/Articles/Christian-Jewish%20Relations/The%20 Churches%20%and%20the%battle%20against%20antisemitism%20June%202004. pdf.

14. P. A. Pettit, »Pain and God are on Sides in Middle East«, in: Allentown Morning Call vom 11. Februar 2008.

15. J. D. G. Dunn, The Cambridge Companion to St. Paul, Cambridge 2003, 10.

16. Williamson weist auch darauf hin, dass die Juden zur Zeit von Paulus unter enormem Druck seitens der Römer waren. Der makkabäische Aufstand und seine grässlichen Folgen waren noch nicht lange her und in lebhafter Erinnerung. Wenn man damals also die Juden aufforderte, die »Erkennungszeichen« ihrer Volkszugehörigkeit aufzugeben, erinnerte das stark an das, was ihnen auch die Besatzer

abverlangt hatten, um sie zu entmachten und zu vernichten. Die Beschneidung, der Sabbat, die Speisegesetze und andere jüdische Observanzen sind nicht bloße Rituale, sondern »Identitätsausweise«. Von daher kam das, wozu Paulus die Juden aufforderte, der Aufforderung zum nationalen Selbstmord gleich. Williamson dankt Dunn für diese Beobachtung.

17. Ein Hinweis auf die Vernichtung der jüdischen Kinder in den Todeslagern der Nazis.

18. R. R. Ruether, »The Why's of Holocaust Denial«, in: National Catholic Reporter von 4. April 2008.

Kapitel 7, Walter Brueggemann und »The Prophetic Imagination«

1. W. Brueggemann, The Prophetic Imagination, Minneapolis 2001 (Neuauflage), 7; Hervorhebung im Original.
2. A. a. O., 35.
3. W. Brueggemann, The Land, Philadelphia 1979, 5.
4. W. Brueggemann, The Land (2. Aufl.), Minneapolis 2002, xv.
5. Rosemary Ruether und Herman Ruether haben dieses Thema von jüdischer Identität und Land aufgegriffen. Zusammen mit anderen Autoren vertreten sie die Meinung, in der heutigen Zeit und angesichts der Geburt des jüdischen Staats und des Umstands, »dass für viele Juden das Judentum als Grundlage einer religiösen Gemeinschaft zerbröckelt, der Einsatz für den Zionismus dazu dient, diesen an Stelle des Judentums zur Grundlage der jüdischen Identität zu machen.« R. R. Ruether/H. J. Ruether, The Wrath of Jonah: The Crisis of Religious Nationalism in the Israeli-Palestine Conflict, 2. Aufl., Minneapolis 2002, 227.
6. J. H. Wallis, Post-Holocaust Christanity: Paul van Buren's Theology of the Jewish-Christian Reality, Lanham, MD 1997, 53.
7. S. Brown, »Theologians Warn on ›Biblical Metaphors‹ in Middle East Conflict«, in: ENI Bulletin vom 24. September 2008.
8. H. Cox, a. a. O., 33.

Kapitel 8, Das progressive Christentum, Israel und der Aufruf zur Reform

1. Anm. d. Ü.: Als »Dispensationalismus« bezeichnet man die theologische Vorstellung, die Heilsgeschichte bestehe aus einer Abfolge von verschiedenen »Haushaltungen« (Dispensationen) oder Zeitaltern/Epochen, innerhalb derer Gott mit den Menschen auf jeweils ganz unterschiedliche Weise umgegangen sei bzw. umgehe. In der Bibelauslegung sei es daher wichtig, die einzelnen Texte in den Kontext ihrer jeweiligen »Dispensation« einzuordnen. Seit Anfang des 19. Jahrhunderts wurden daraus vor allem im breiten Spektrum der Denominationen des amerikanischen Protestantismus zahlreiche (Heils-)Geschichtsinterpretationen und

vor allem Spekulationen über die Wiederkunft Christi, das Tausendjährige Reich und den Weltuntergang entwickelt.

2. D. E. Wagner, Anxious for Armageddon, Scottsdale 1995, 63.

3. Das Verb horisch, das im Alten Testament für diese Verleihung des Lands an das jüdische Volk verwendet wird, lässt sich am besten mit »erben« übersetzen. Für diese Form des Besitzanspruchs gelten nur wenige oder gar keine Bedingungen.

4. R. R. Ruther/H. J. Ruether, The Wrath of Jonah: The Crisis of Religious Nationalism in the Israeli-Palestinian Conflict, 2. Aufl., Minneapolis 2002.

5. R. R. Ruether, Faith and Fratricide: The Theological Roots of Anti-Semitism, Eugene, OR 1995.

6. Rosemary Ruether sah das bereits 1990 so und äußerte diese Überzeugung im selben Jahr in der Aufsatzsammlung Beyond Occupation, die sie zusammen mit Marc Ellis herausgab. Sie vermerkte darin mit verblüffender Klarheit, dass die israelische Regierung darin »gelähmt« sei, die Besetzung zu beenden, weshalb »die Bürger Amerikas – Christen, Juden und eine zunehmend größere Anzahl arabischstämmiger, sowohl christlicher wie moslemischer Amerikaner ganz stark in der Pflicht stehen, jenen kollektiven Willen zu mobilisieren, der die amerikanische Regierung zwingen kann, in dieser Angelegenheit entschieden zu handeln.« Bemerkenswerterweise konzentrierte sie sich sodann diesbezüglich auf die Christenheit Amerikas und äußerte ihre Beobachtung, dass »die christlichen Kirchen in Amerika zu diesem Thema besonders schweigsam waren. Sie haben nicht die Rolle der moralischen Führerschaft übernommen, die sie auf anderen Gebieten der internationalen Gerechtigkeit ergriffen haben, etwa in Mittelamerika und Südafrika. Die Gründe dafür liegen in einer Kombination aus Unkenntnis und Fehlinformation bezüglich der aktuellen Lage, Schuldgefühl für die üble Geschichte der schlimmen Behandlung der Juden im Lauf der christlichen Geschichte und Identifikation mit Israel aus Gründen einer gemeinsamen biblischen und westlichen Kultur« (193). Die amerikanischen Kirchen können inzwischen nicht mehr Unwissenheit vortäuschen, aber die Schranken des Schuldgefühls und der Identifikation mit den Juden auf theologischem und kulturellem Gebiet bleiben. Immerhin haben inzwischen die amerikanischen Kirchen auf individueller Basis und auf der Ebene ihrer Denominationen angefangen, sich auf verschiedene Weisen für das Anliegen der Gerechtigkeit in Palästina einzusetzen.

**Kapitel 9, »Ich lasse dich nicht los, wenn du mich nicht segnest«:
Jüdische Progressive ringen mit Israel**

1. A. Burg, The Holocaust Is Over: We Must Rise From Ist Ashes, New York 2008.

2. A. a. O., 64.

3. Im Lauf des 20. Jahrhunderts und nach 1947 in beschleunigtem Maß hatten Hunderttausende von Juden arabische Länder verlassen, um sich in Israel und anderen Ländern anzusiedeln. Nach Angaben der World Organization of Jews

from Arab Countries war diese Migration das Ergebnis antijüdischer Gewaltausschreitungen und der systematischen Politik der Regierungen dieser Länder. Es gab Behauptungen, dass die Zionisten daran mitgewirkt hätten, diese Auswanderungswellen auszulösen. Dieses Thema ist komplex und kontrovers. Infolge antijüdischer Ausschreitungen wurden in den frühen Jahrzehnten des 20. Jahrhunderts auch Juden aus palästinensischen Städten wie Ramallah und Hebron vertrieben.

4. Ich bin Rabbi Brian Walt dankbar dafür, mich auf diese Textstelle hingewiesen zu haben.

5. Mit »Intifada« ist hier die Erste Intifada (1987–1991) gemeint. Das war ein weithin gewaltfreier palästinensischer Aufstand gegen die israelische Herrschaft in den von Israel im Krieg von 1967 eroberten Gebieten. Der Aufstand (im Arabischen bedeutet er wörtlich »Abschüttelung«) begann im Flüchtlingslager Jabalia und griff rasch auf Gaza, die Westbank und Ostjerusalem über. Der Umstand, dass sich die Intifada so weit verbreitete und hartnäckig hielt, wird im Allgemeinen damit erklärt, dass die unter der israelischen Besetzung lebenden Palästinenser tief frustriert waren. Denn dieser Aufstand zeichnete sich aus durch brutale Behandlung der Palästinenser, Landnahme, intensive Bautätigkeit für jüdische Siedlungen und zunehmende Enttäuschung und Wut auf die Palästinensische Befreiungsorganisation, weil diese es nicht schaffte, die Rechte der Palästinenser wirksam zu schützen und eine Verbesserung ihrer Situation herbeizuführen.

6. A. Green, »We are all Israel: Thoughts of a religious Jew and a secular Zionist«. Vortrag auf der Zweiten Nordamerikanischen Konferenz über Judentum und Menschenrechte, Washington DC im Dezember 2008.

7. A. Shlaim, »How Israel brought Gaza to the Brink of Humanitarian Catastrophe«, in: The Guardian vom 7. Januar 2009.

8. B. Avishai, The Tragedy of Zionism: How Ist Revolutionary Past Haunts Israeli Democracy, New York 2002, xvi.

9. W. Wink, Engaging the Powers, Minneapolis 1992, 13.

10. W. Brueggemann, The Prophetic Imagination, a. a. O. 42.

11. B. Avishai, The Tragedy of Zionism, a. a. O. xvi.

12. A. Green, »We are all Israel«, a. a. O., Hervorhebungen von mir.

13. M. Ellis, Toward a Jewish Theology of Liberation 2004, a. a. O. 162f.

14. A. Green, »We are all Israel«, a. a. O., Hervorhebung von mir.

15. Hier wird Bezug genommen auf eine von mehreren Stellen im Alten Testament, an denen Gott dem Volk Israel befiehlt, den in seiner Mitte lebenden Nicht-Israeliten Mitleid entgegenzubringen und sie gleichwertig zu behandeln. In Levitikus 19,33–34 heißt es: »Wenn bei dir ein Fremder in eurem Land lebt, sollt ihr ihn nicht unterdrücken. Der Fremde, der sich bei euch aufhält, soll euch wie ein Einheimischer gelten, und du sollst ihn lieben wie dich selbst; denn ihr seid selbst Fremde in Ägypten gewesen« (Deutsche Einheitsübersetzung).

16. A. Green, »We are all Israel«, a. a. O.

17. Der Talmud wurde als Verzeichnis rabbinischer Diskussionen und Entscheidungen ab dem 3. Jahrhundert unserer Zeitrechnung verfasst und im 6. Jahrhundert kodifiziert. Obwohl er weiterhin der Auslegung unterliegt, bleibt er das zentrale Schriftwerk und die Quelle der jüdischen Religions- und Zivilgesetze, Ethik und Bräuche.

18. P. van Buren, »The Jewish People in Christian Theology«, a. a. O. 25.

19. M. Neumann, The Case Against Israel, Oakland 2005, 86.

20. J. S. Spong, The Sins of Scripture: Exposing the Bible's Texts of Hate to Reveal the God of Love, San Francisco 2005, 263.

21. W. Wink, Engaging the Powers, a. a. O. 52.

22. N. S. Ateek, Justice and Only Justice: A Palestinian Theology of Liberation, Maryknoll, NY 1989, 101.

23. N. S. Ateek, A Palestinian Christian Cry for Reconciliation, Maryknoll, NY 2008, 77.

Kapitel 10, Der Mythos von der erlösenden Gewalt

1. Als 1948 die Waffenstillstandslinien und damit die Grenzen von Israel gezogen wurden, wurde ein Großteil Galiläas Teil des neuen Staates. Zwar wohnen jetzt in Galiläa viele Juden, aber es bleibt vorwiegend von Palästinensern bevölkert, die Bürger Israels sind.

2. J. S. Spong, The Sins of Scripture (2005), a. a. O.

3. W. Wink, Engaging the Powers, a. a. O. 188.

4. A. a. O., 188f., Hervorhebung von mir.

5. J. Kovel, Overcoming Zionism, a. a. O.21.

6. W. Wink, Engaging the Powers, a. a. O. 45.

7. D. Harris, »Shame! In the Trenches« im Blog der Jerusalem Post, vom 11. Januar 2009.

8. G. Levy, »And There Lie the Bodies« in: Haaretz vom 26. Januar 2009.

9. Michael Neumann, The Case Against Israel, a. a. O. 89.

10. A. Shlaim, »How Israel Brought Gaza to the Brink of Humanitarian Catastrophe«, in: The Guardian vom 7. Januar 2009.

11. H. Arendt, »The Jewish State: Fifty years later, where have Herzl's politics led?«, in: The Jewish Writings, Hg. Jerome Kohn u. Rom H. Feldman, New York 2007, 385.

12. E. W. Said, From Oslo to Iraq and the Road Map: Essays, New York 2005, 179.

Kapitel 11, Ein neuer Bund

1. W. Brueggemann, »Prophetic Ministry in the National Security State«, in: Theology Today 64 (Oktober 2008), 286.

2. J. Carter, Palestine: Peace not Apartheid, New York 2006, 208f.
3. R. A. Horsley, In the Shadow of Empire, Louisville 2008, 81.
4. Nach Horsley, a. a. O.
5. W. Wink, a. a. O. 119.
6. N. Peled-Elhanan, »A Speech to Women in Black« vom 8. Juni 2001.
7. M. Ellis, Toward a Jewish Theology of Liberation, a. a. O. 287.
8. M. Borg, Jesus: Uncovering the Life, Teachings, and Relevance of a Religious Revolutionary, San Francisco 2006, 135.
9. D. Crossan, God and Empire: Jesus Against Rome, Then and Now, San Francisco 2007, 73.
10. R. Horsley, In the Shadow of Empire, Louisville 2008, 39.
11. M. Ellis, Toward a Jewish Theology of Liberation, a. a. O. 217.

Kapitel 12, Eine neue Vision für Israel und die Rolle der Kirche

1. J. Halper, An Israeli in Palestine: Resisting Dispossession, Redeeming Israel, London 2008, 268.
2. Y. Epstein, »The Hidden Question«, ursprünglich eine Rede auf dem 7. Zionistenkongress in Basel 1905 und 1907 veröffentlicht; zitiert von Halper, a. a. O., 268f. Die folgenden Epstein-Zitate stammen ebenfalls daraus.
3. R. Falk, »Slouching Toward a Palestinian Holocaust«, The Transnational Foundation for Peace and Future Research, 29. Juni 2007.
4. W. Wink, Engaging the Powers, Minneapolis 1992, 4.
5. R. Horsley, Jesus and Empire: The Kingdom of God and the New World Disorder, Minneapolis 2003.
6. R. Horsley, Jesus and Empire, a. a. O., 148.
7. I. Pappe, The Ethnic Cleansing of Palestine, Oxford 2006, 253.
8. Dieses gleiche Bild, »dass wir einen Abgrund [wörtlich: »eine Felsenklippe«] hinabstürzen«, gebrauchte im Juni 2009 Daniel Levy, der Konrektor der »Einsatzgruppe für den Mittleren Osten« der New America Foundation in einer Rede bei der Jahreskonferenz der Organisation »Kirchen für den Frieden im Mittleren Osten« in Washington, DC. Levy rief seine aus Delegierten christlicher Denominationen quer durch die USA bestehenden Zuhörer auf, sich aggressiv und dringend für eine starke Rolle der USA beim Aushandeln einer Friedensvereinbarung einzusetzen, die zu einer Zwei-Staaten-Lösung führe. Er erklärte: »In Israel verlieren wir den Kampf um den Frieden«, wobei er mit »wir« die Friedensbewegung in Israel meinte. Er vertrat die Meinung, die einzige Hoffnung liege auf den USA unter der neuen Obama-Regierung. Diese müsste dazwischentreten und der Netanjahu-Regierung in kritischen Punkten wie etwa dem ständig weiteren Bau von israelischen Siedlungen in der Westbank klare Grenzen setzen.
9. S. M. Walt, »Treason of the Hawks«, in: Foreign Policy vom 28. April 2009.

Kapitel 13, Ein Aufruf zum Handeln

1. Als Bantustan galt ein Gebiet, das für die schwarzen Bewohner von Südafrika ausgegeben wurde, um darin die Politik der Apartheid zu demonstrieren. Ein Bantustan bedeutete also schwarz-afrikanisches »Homeland«, ein Heimatgebiet, mit dem die Isolierung und Entmischung von Schwarz und Weiß verfestigt wurde.
2. Anm. d.Ü.: Braverman bzw. Wallis verwendet hier den amerikanischen Begriff »Great Awakening« (»Große Erweckung«). Damit werden mehrere Wellen großer protestantischer Erweckungsbewegungen in Nordamerika von 1740 bis ins 20. Jahrhundert bezeichnet.
3. J. Wallis, The Great Awakening. Reviving Faith and Politics in a Post-Religious Right America, San Francisco 2008.
4. M. Luther King, Jr., »Letter from Birmingham Jail«, in: The Christian Century vom 12. Juni 1963.
5. S. Brown, »Theologians warn on ›biblical metaphors‹ in Middle East Conflict, in: ENI Bulletin vom 24. September 2008, 33.
6. J. Carroll, Constantine's Sword: The Church and the Jews, Boston 2001, 109.
7. R. R. Ruether, »The Why's of Holocaust Denial«, in: National Catholic Reporter vom 4. April 2008.

Epilog

1. Aus: Elias Khoury, Das Tor zur Sonne, Deutscher Taschenbuch Verlag, München, 2007, S. 490ff.

Danksagung

1. M. Bungay Stanier, Find Your Great Work, Toronto 2008.

LITERATUR

Abrams, Jeremiah/Zweig, Connie, Meeting the shadow: The hidden power of the dark side of human nature, New York 1990.

— /**Zweig, Connie** (Hg.), Die Schattenseite der Seele. Wie man die dunklen Bereiche unserer Psyche ans Licht holt und in die Persönlichkeit integriert. Aus dem Englischen übersetzt von Jochen Eggert u. a., Bern/München/Wien 1993.

Agha, Hussein/Malley, Robert, Camp David: The tragedy of errors. New York Review of Books, 48 (13), http//www.nybooks.com/articles/14380, 2001.

Amichai, Yehuda, A life of poetry, 1948–1994. Trans. Benjamin and Barbara Harshav. New York 1995.

Arendt, Hannah, The Jewish state: Fifty years later, where have Herzl's politics led? In: The Jewish writings, ed. Jerome Kohn and Ron H. Feldman, 375–387. New York 2007.

Ateek, Naim S., Justice only justice: A Palestinian theology of liberation. Maryknoll, NY 1989.

—, Recht, nichts als Recht! Enwurf einer palästinensich-christlichen Theologie. Aus dem Englischen übersetzt von Edmund Arens, Fribourg 1990.

—, A Palestinian Christian cry for reconciliation. Maryknoll, NY 2008.

—, Gerechtigkeit und Versöhnung. Eine palästinensische Stimme. Mit einem Vorwort von Desmond Tutu. Aus dem Englischen übersetzt von Rainer Zimmer-Winkel, Berlin 2010.

Avishai, Bernard, The tragedy of Zionism: How its revolutionary past haunts Israeli democracy. New York 2002.

Back, Rachel Tzvia, On ruins & return: Peoms, 1999–2005. Exeter, UK 2007.

Bechler, Rosemary, Nation as trauma, Zionism as question: Jacqueline Rose interviewed. Open Democracy, August 18, 2005.

Ben-Gurion, David, The forfathers of the Jewish nation. TS, Jerusalem 1950, 1. Quoted in Rose 2005, 46.

—, Israel: A personal history. London 1972, Quoted in Rose 2005, 25–26.

Beit-Hallahmi, Benjamin, Original sins. New York 1993.

Borg, Marcus J., Jesus: Uncovering the life, teachings, and relevance of a religious revolutionary, San Francisco 2006.

— and N. T. Wright, The meaning of Jesus: Two visions. New York 1999.

Brown, Stephen, Theologians warn of »biblical metaphors« in Middle East conflict. ENI Bulletin September 24, 2008.

Brueggemann, Walter, The prophetic imagination. Minneapolis 2001.

—, The land. 2nd ed. Minneapolis 2002.

—, Prophetic ministry in the national security state. Theology Today 64 (October 2008): 285–311.

Burg, Avraham, The Holocaust is over and we must rise from its ashes. New York 2008.

—, Zionism, Israel and human rights. Presentation at the Second North American Converence on Human rights sponsored by Rabbis for Human Rights North America, December 7, 2008.

Carroll, James, Constantine's sword: The Church and the Jews. Boston 2001.

Carter, Jimmy, Palestine: Peace not apartheid. New York 2006.

—, Palästina – Frieden, nicht Apartheid. Mit einem Vorwort von Abraham Melzer. Aus dem Amerikanischen übersetzt von Helgard Barakat, Neu-Isenburg 2010.

Chacour, Elias/Hazard, David, Blood brothers. Grand Rapids, MI 2003.

—, Und dennoch sind wir Brüder! Frieden für Palästina. Aus dem Englischen übersetzt von Harald Schiffl und Michela Gruber, 2. Aufl., Frankfurt a. M. 1991.

Dunn, James D. G., Jesus, Paul, and the law. Louisville 1990.

—, ed., The Cambridge companion to St. Paul. Cambridge 2003.

Ellis, Marc, On the Jewish civil war and the new prophetic. Tikkun Magagzine 2001.

—, Toward a Jewish theology of liberation: The challenge of te 21st century, Waco 2004.

Eppstein, Jerome/Sheingold, Carl/Yoffie, Eric, American Synagogue Leaders Decry Presbyterian Church's »Revised« Statement on »Vigilance against Anti-Jewish Ideas and Bias.« Union for Reform Judaism, June 13, 2008, http://new.urj.net/about/union/pr/2008/presbyterian_jewish_relations/indes.cfm?

Epstein, Yitzchak, The Hidden Question, 1905, Quoted in Halper 2008, 268–69.

Evron, Boaz, The Holocaust: Learning the wrong lessons. Jounal of Palestine Studies 10 (3, 1981), 16–26. Quoted in Ellis 2004, 54.

Falk, Richard, Slouching toward a Palestinian Holocaust. The Transnational Foundation for Peace and Future Research. http://www.transnational.org/Area_MiddleEast/2007/Falk_PalestineGenocide.html., June 29, 2007.

Forster, Arnold/Epstein, Benjamin R., The new anti-Semitism. New York 1974

Gaillardetz, Richard R., Ecclesiology for a global Church: A people called and sent. Maryknoll, NY 2008.

Gager, John G., The origins of anti-Semitism. New York 1983.

Garrow, David, Bering the cross: Martin Luther King, Jr., and the Southern Christian Leadership Conference, New York 1987.

Goren, Arthur A., ed., Dissenter in Zion: From the writings of Judah L. Magnes, Cambride 1982.

Gorenberg, Gershom, The accidental empire: Israel and the birth of the settlements, 1967–1977. New York 2007.

Green, Arthur, We are all Israel: Thoughts of a religious Jew and a secular Zionist. Lecture given at the second North American Converenz on Judaism and Human Rights, Washington. D. C. December 2008, http//www.rhr-na.org/resource/we-are-all-israel-thoughts-of-religious-jew-and-secular-.

Greenberg, Irving, Cloud of smoke, pillar of fire: Judaism, Christianity, and modernity after the Holocaust, in: Auschwitz: Beginning of a new era? Reflections on the Holocaust, ed. Eva Fleischner, 7–55. New York 1977.

—, The third great cycle in Jewish history. Perspektives, September 1981.

Hagee, John, AIPAC Policy Conference 2007, March 11, 2007, http://www. aipac.org/Publications/SpeechesByPolicymakers/Hagee-PC-2007.pdf.

Halper, Jeff, An Israeli in Palestine: Resisting dispossession, redeeming Israel. London 2008.

—, Ein Israeli in Palästina. Widerstand gegen Vertreibung und Enteignung – Israel vom Kolonialismus erlösen. Aus dem englischen übersetzt von Jürgen Jung, Berin 2010.

Harris, David, A Jewish political platform. In the Trenches: The Jerusalem Post blogs, October 9, 200?, http://cgis.jpost.com/Blogs/harris/entry/a_jewish_po-litical_platform_posted.

—, Shame! In the Trenches: The Jerusalem Post Blogs, January 11, 2009, http:// cgis.jpost.com/Blogs/harris/entry/shame_posted_by_david_harris.

Hertzberg, Arthur, The fate of Zionism. San Francisco 2003.

Heschel, Abraham Joshua, The prophets. Philadelphia 1962.

Hijab, Nadia, Olmert's nightmare. Counterpunch, April 8, 2009, http://www. counterpunch.org/hijab04082009.html.

Horsley, Richard A., Jesus and empire: The Kingdome of God and the New World disorder. Minneapolis 2003.

—, ed., In the shadow of empire. Louisville 2008.

Khoury, Elias, Gate of the sun. Trans. Humprey Davies. New York 2007, 348–349.

—, Das Tor zur Sonne. Roman, Stuttgart 2004.

King, Martin Luther, Jr., Letter from Birmingham Jail. The Christian Century, June 12, 1963.

—, Sermon: A time to break silence, in: A testament of hope: The essential writings and speeches of Martin Luther King, Jr. ed. James M. Washington, 231–244. New York 1990.

—, Testament der Hoffnung. Letzte Reden, Aufsätze und Predigten (GTB Sie-benstern 79). Eingeleitet und übersetzt von Heinrich W. Grosse, 6. Aufl., Gü-tersloh 1989.

Kook, Abraham Isaac, Eretz Yisrael, in: Orot Hakadesh, 9. Jerusalem 1963, Quoted in Rose 2005, 23.

Kovel, Joel, Oversoming Zionism: Creating a single democratic state in Isreael/Palestine. London 2007.

Levy, Gideon, And there lie the bodies. Haaretz, January 26, , 2009, http://www.haaretz.com/hasen/spages/1052348.html.

Magnes, Judah, Letter to Chaim Weizmann. 1929, Quoted in Goren 1982, 62.

Mearsheimer, John J./Walt, Stephen M., The Israel lobby. London Review of Books 28 (6, 2006), http://www.lrb.co.uk/v28/n06/mear01_.html.

—, The Israel lobby and U.S. foreign policy. New York 2007.

—, Israels Lobby versus Amerikas Interessen. Die Debatte um die Thesen von Mearsheimer und Walt (Forum junge Politikwissenschaft, Bd. 21), Bonn 2009.

Obama, Barak, Presidential campaign speech, Seattle, WA February 8, 2008.

Osborn, Robert T., The Christian blasphemy: A non-Jewish Jesus, in: Jews and Christians: Exploring the past, present, and future, ed. James H. Charlesworth, 214. New York 1990.

Papeh, Ilan, The ethnic cleansing of Palestine. Oxford 2006.

—, Die ethnische Säuberung Palästinas. Aus dem Englischen von Ulrike Bischoff, Frankfurt a. M. 2010.

Peled-Elhanan, Nurit, A speech to Women in Black, Tel Aviv, June 8, 2001, http://www.nimn.org/Perspectives/international/000132.php?section=.

Pettit, Peter A., Pain and God are on sides in Middle East. Allentown Norning Call, February 11, 2008.

Remnick, David, The apostate: A Zionist politician loses faith in the future. The New Yorker, July 30, 2007, http://www.newyorker.com/reporting/2007/07/30/070730fa_fact_remnick.

Rabbis for Human Rights, http://rhr.israel.net/rabbis-for-human-rights.

Rosen, David, »The Churches and the Battle Against Anti-Semitism.«, June 2006, Address, http://rabbidavidrosen.net/Articles/christian-Jewish%20Relations/The%20Churches%20and%20the%20battle%20against%20antisemitism%20June%202004.pdf.

Rosenfeld, Alvin H., Progessive Jewish thought and the new anti-Semitism. American Jewish Committee 2006.

—, »Fortschrittliches« jüdisches Denken und der neue Antisemitisus. Mit einem Vorwort von Leon de Winter, 2., überarb. Auflage, Augsburg 2007.

Rose, Jacqueline, The question of Zion. Princeton 2005.

Roy, Sara, Failing peace: Gaza and the Palestinian-Israeli conflict. London 2007.

—, How can children of the Holocaust do such things? Counterpunch, April 7/8, 2007, http://www.counterpunch.org/roy04072007. html.

—, Israel's »victories« in Gaza come at a steep price. Christian Science Monitor, January 2, 2009, http://www.csmonitor.com/2009/0102/p09s01-coop.html.

Ruether, Rosemary R., Faith and fratricide: The theological roots of anti-Semitism. Eugene, OR 1997.

—, Nächstenliebe und Brudermord. Die theologischen Wurzeln des Antisemitismus. Aus dem Amerikanischen übersetzt von Ulrike Berger, München 1978.

—, The why's of Holocaust denial. National Catholic Reporter, April 4, 2008, http://ncronline.org/node/591.

—/**Ellis, Marc H.,** ed. Beyond occupation: American, Jewish, Christian and Palestinian voices for peace. Boston 1990.

—/**Ruether, Herman J.,** The wrath of Jonah: The crisis of religious nationalism in the Israeli-Palestine conflict. 2nd ed. Minneapolis 2002.

Said, Edward W., From Oslo to Iraq and the road map: Essays. New York 2005.

Schwartz, Reina M., The curse of Cain: The violent legacy of monotheism. Chicago 1997.

Shlaim, Avi, How Israel brought Gaza to the brink of humanitarian catastrophe. The Guardian, January 7, 2009, http://www.guardian.co.uk/word/2009/jan/07/gaza-israel-palestine.

Soulen, R. Kendall, The God of Israel and Christian Theology. Mineapolis 1996.

—, Michael Wyschogrod and God's first love. The Christian Century, July 27, 2004, 22–27.

—, Review of According to the scriptures: The origins of the Gospel and of the church's Old Testament, by Paul M. van Buren. Theology Today, April, 2008, http://findarticles.com/p/articles/mi_qa3664/is_200004/ai_n8887732/?tag= content;col1.

Spong, John Shelby, Why Christianity must change or die: A bishop speaks to believers in exile. San Francisco 1999.

—, Warum der alte Glaube neu geboren werden muss. Ein Bischof bezieht Position. Aus dem Englischen übersetzt von Gerhard Klein, Düsseldorf 2006.

—, The sins of Scripture: Exposing the Bible's textes of hate to reveal the God of love. San Francisco 2005.

—, Die Sünden der Heiligen Schrift. Wie die Bibel zu lesen ist. Aus dem Englischen übersetzt von Gerhard Klein, Düsseldorf 2007.

Stainer, Michael Bungay, Find your great work. Toronto 2008.

Van Buren, Paul M., The Jewish people in Christian theology: Present and future. In: The Jewish people in Christian preaching, ed. Darrell J. Fasching, 19–33. Lewiston, New York 1984.

Volf, Miroslav, The end of memory: Remembering rightly in a violent world. Grand Rapids. MI 2006.

Wagner, Donald E., Anxious for Armageddon. Scottsdale 1995.

Wallis, James H., Post-Holocaust Christianity: Paul van Buren's theology of the Jewish-Christian reality. Lanham, MD 1997.

Wallis, Jim, God's politics: Why the right gets it wrong and the left doesn't get it. San Francisco 2005.

Walt, Stephen M., Treason of the hawks. Foreign Policy, April 28, 2009, http://walt.foreignpolicy.com/posts/2009/04/28/the_treason_of_the_hawks.

Washington, James M., A testament of hope: The essential writings and speeches of Martin Luther King, Jr. New York 1990.

Wills, Gary, What Paul meant. New York 2006.

Wink, Walter, Engaging the powers. Minneapolis 1992.

—, Jesus and nonviolence: A third way. Minneapolis 2003.

—, Easter: What happened to Jesus? Tikkun Magazine, March 2008.

Williamson, Clark M., A guest in the House of Israel: Post-Holocaust Church theology. Louisville 1993.

Wyschogrod, Michael, Christology: The immovable object. Religion and intellectual life 3 (1986). Quoted in Soulen 1996, 79.

—, Body of faith: God and the people Israel. San Francisco 1989.

Mark Braverman, geb. 1948, arbeitete als klinischer Psychologe und entwickelte neue Behandlungsansätze in den Bereichen Krisenintervention und Traumatherapie. Heute widmet er sich vor allem der Arbeit für den Frieden in Palästina. Dabei setzt er seinen Schwerpunkt auf die Frage nach der Rolle religiöser Überzeugungen in diesem Konflikt und den Möglichkeiten, die das interreligiöse Gespräch bei der Lösung des Konfliktes bieten könnte. Braverman ist Mitbegründer der Organiation Friends of Tent of Nations North America und gehört zum Vorstand des Israeli Committee Against House Demolitions-USA. Er ist Mitglied des Leitungsgremiums der Friends of Sabeel North America, einer ökumenischen Friedensbewegung, die palästinensische Christen im Heiligen Land unterstützt.; www.markbraverman.org